Kirsten Jüngling und Brigitte Roßbeck gehen sorgsam verwischten Spuren der Bestsellerautorin Elizabeth von Arnim nach. Alte Fotos, Tagebücher, Briefe, Erinnerungen von Menschen, die Elizabeth kannten – vieles davon erstmals publiziert – fügen sich zur Lebensgeschichte dieser widersprüchlichen Person: sensibel und boshaft, schwärmerisch und pragmatisch, in vielen Ländern zu Hause und doch immer auf der Suche nach einem Paradies, wie sie es einmal in ihrem geliebten pommerschen Garten fand. Elizabeth von Arnim, die souveräne Dame der Gesellschaft, ist von überraschender Arglosigkeit bei der Wahl ihrer Partner: Da sind die beiden Ehemänner, der deutsche Graf Arnim, besessen vom Wunsch nach einem Erben, den er ihr nach vier Töchtern abtrotzte, und der englische Earl of Amberley Francis Russell, der sich als ein selbstgefälliger Tyrann entpuppte; schließlich ihre beiden großen Lieben: der berühmte Romancier H. G. Wells und zum Schluß ein um die dreißig Jahre jüngerer Geliebter. Mit großem Einfühlungsvermögen beschreibt diese Biographie, wie Elizabeth von Arnim ihr Leben gelebt hat.

insel taschenbuch 1840
Jüngling/Roßbeck
Elizabeth von Arnim

# Elizabeth von Arnim

Eine Biographie von Kirsten Jüngling
und Brigitte Roßbeck
Mit zahlreichen Photographien
Insel Verlag

*Happy*

*23 rd*

*Birthday*

*Mauufo*

insel taschenbuch 1840
Erste Auflage 1996
Erstausgabe
© Insel Verlag Frankfurt am Main und Leipzig 1996
Alle Rechte vorbehalten
Vertrieb durch den Suhrkamp Taschenbuch Verlag
Umschlag nach Entwürfen von Willy Fleckhaus
Satz: Fotosatz Otto Gutfreund, Darmstadt
Druck: Nomos Verlagsgesellschaft, Baden-Baden
Printed in Germany

1 2 3 4 5 6 – 01 00 99 98 97 96

# Inhalt

».. .Wie seltsam, daß die Schrecken, Schmerzen, frühen Kinderleiden, daß Trübsal, Ärger, tiefe Müdigkeit, daß alles dies gemischt in meiner Seele, teilhatte (und sehr wicht'gen Teil) am Werden des heitern Daseinsglücks, das heute mein ist, wenn meiner selbst ich wert bin! Heil dem Ausgang, und Dank dem Weg, den die Natur mich führte durch sanften Beistand oder solche Mittel, die leis in Unruh' mich versetzten; oder zuweilen auch durch ernstern Eingriff, sichtbar mich leitend, wie's zu ihrem Ziele gut war . . .«

*William Wordsworth, Präludium oder*
*Das Reifen eines Dichtergeistes*

# Kindheit und Jugend: 1866-1889

Henry Herron Beauchamps Tagebuch berichtet von Reisen wie von Alltagsbegebenheiten.[1] Es ist mit Esprit geschrieben, zeigt die scharfe Beobachtungsgabe und große Belesenheit seines Verfassers. Väterliches Erbteil für seine Tochter? Die einmal unter dem Namen *Elizabeth* schreibende Bestsellerautorin Mary Annette Beauchamp, genannt May, war im Alter von etwa dreieinhalb Jahren in ihrer Sprachentwicklung nicht sonderlich weit fortgeschritten und hatte typisch kindliche Artikulationsprobleme, die der Vater amüsiert in seinem Tagebuch vermerkte.[2] Er erwähnte seine sechs Sprößlinge während einer fast fünfzehn Wochen dauernden Passage von Sydney nach London sonst eher ganz allgemein: mit Schmunzeln, wenn sie meinten, ein auf dem Schiff geborenes Kind sei von einem riesigen Fisch gebracht worden – bislang glaubten sie fest an Babies aus Petersilienbeeten[3] –, mit dankbarer Freude, wenn sie die Anstrengungen der Reise tapfer meisterten, und hin und wieder besorgt, wenn sich Unpäßlichkeiten wie Zahnschmerzen oder Scharlach einstellten. Insgesamt spricht aus seinen Notizen ein zeitgemäß wohlwollend-distanziertes Verhältnis zu seinen Kindern, für deren Betreuung das Personal zuständig war. Davon zeugten im Beauchamp-Gefolge die Gouvernante sowie ein Kindermädchen für May. »... ging mit meiner lieben Frau (pas née M. L.), sechs Kindern, Nichte Emma, Miss Miles und dem Kindermädchen Hoolohan an Bord der ›Hogue‹.«[4] Das geheimnisvolle Kürzel M. L. steht für Henrys erste große, nie vergessene Liebe, Matty Levein. Es war jedoch Louey Weiss Lassetter (eigentlich Elizabeth, auch Louisa genannt), die in Launceston, Tasmanien, geborene Tochter eines Baptistenpredigers, die er heiratete.

Für die hübsche, kapriziöse junge Frau war das eine gute Partie: Seitdem Henry Beauchamp 1848 von London zunächst nach Mauritius und dann nach Australien segelte,[5] war er vor allem durch sein Engagement im Zuckerhandel, später auch als Reeder, vermögend geworden. In den ersten zehn Ehejahren gelang es ihm, diesen Reichtum noch zu mehren, während Louey Kinder zur Welt brachte: 1857 Ralph, 1858 Charlotte, 1861 Sydney, 1862 Walter, 1864 Harry und schließlich, am 31. August 1866, Mary Annette.[6] Geboren wurde sie in Kirribilli Point in New South Wales, einem abgeschiedenen, ländlichen Ort.[7] In ihren glänzendsten Zeiten konnten die Beauchamps sich einen feudaleren Wohnsitz leisten: Beulah Street, beste Adresse mit Blick auf die Hafeneinfahrt Sydneys – ein Wirklichkeit gewordener australischer Traum.

In Mays Geburtsjahr aber wendete sich das Blatt. Erstmals waren herbe finanzielle Verluste hinzunehmen. ». . . der Börsenkrach von 1866 hatte mich in Sydney voll erwischt, und ich war nahezu ruiniert, gerade als ich mich nach 28 Jahren elender Plackerei mit einem auskömmlichen Vermögen zur Ruhe setzen wollte.«[8] Plackerei schon, aber eben auch Zeiten wirtschaftlichen Erfolgs, gesellschaftlicher Anerkennung und intensiver Kontakte – besonders im Verwandtenkreis, der, für Auswandererfamilien typisch, eng zusammenhielt. Emma war beispielsweise nach dem Tod ihres Vaters von ihrem Onkel Henry Herron und dessen Frau adoptiert worden.

Zwischen den Beauchamps und Loueys Bruder Fred Lassetter mit dessen Frau Charlotte (Chad, manchmal auch Shad) bestand – auch in der Kinderzahl – sogar größtmögliche Übereinstimmung. Als 1869 diese sehr engen Freunde nach England gingen, verlor das Leben der Beauchamps in Sydney und das der Lassetters in London viel von seinem

*Henry Herron Beauchamp und Elizabeth (Louey) Beauchamp*
*geb. Weiss Lassetter – Mays Eltern.*

früheren Reiz. Beschwörende Briefe priesen so lange potentielle Annehmlichkeiten, bis die Beauchamps sich endlich entschlossen, den Verwandten nach England zu folgen. Zudem gab es noch weitere Argumente für diesen Schritt: so die 200-Pfund-Überweisung für Loueys Reisekleidung – deklariert als sehr verspätetes Hochzeitsgeschenk des Bruders –, die Aussicht auf Europa- und Amerikatrips der Männer, während sich die weiblichen Familienmitglieder gemeinsam anderweitig amüsieren könnten, und vielleicht sogar Auslandsaufenthalte inklusive aller Kinder verbunden mit Schulgeldeinsparungen und günstigerem Privatunterricht. Henry und Louey beschlossen einen Versuch. Warum nicht einfach den Spaß im guten alten England neu aufleben lassen? Um bereits an Bord der *Hogue* damit beginnen zu können, komplettierten einige Fläschchen Champagner das mitgeführte Gepäck. Mit einem Satz hakte Mays Vater zwanzig australische Jahre ab: »Viel Geld verdient, sehr viel verloren, ein bißchen beiseite gelegt.«[9]

Von nun an bewährte er sich als gewissenhafter Chronist, auch dieser Überfahrt. Anfangs berichtete er vom Raucherzirkel in einer Kabine, in dessen Zentrum vorteilhafterweise ein Spucknapf stand. Er überlieferte Speisepläne oder bedauerte Unwohlsein wegen stürmischer See. Doch je länger sich die zusammengewürfelte Reisegesellschaft aneinander gewöhnen konnte, desto lockerer wurde die Stimmung an Bord – wie beispielsweise am 3. Februar 1870 anläßlich des gemütlichen Beisammenseins zum Ausklang der (von May kindlich kommentierten) Bestattungsfeierlichkeiten für einen jungen Passagier, der sich in den eisigen Temperaturen um Kap Hoorn eine tödliche Erkältung zugezogen hatte: »So kam es, daß ich mich auf einem Sofa wiederfand, wo ich neben der munteren kleinen Witwe saß, die immer kalt und warm, verdrießlich und vergnügt, feurig und philosophisch zugleich ist.«

Oder am 3. März 1870 (nach einem eleganten Supper auf hoher See, bei dem, wie Henry spöttisch anmerkte, die Spitzen der Gesellschaft im Umkreis vieler Meilen anwesend waren): »Um Mitternacht zogen sich einige aufs Deck zurück, von wo ich meine liebe Frau gegen ein Uhr morgens nur mit Mühe fortbringen konnte. (Ach, Louisa!).«

Loueys heftiger Flirt mit dem jugendlichen Kapitän der *Hogue* flog auf. Henry blieb gelassen. Dennoch: Es wurde allerhöchste Zeit, der allmählich lästig werdenden Gemeinschaft zu entrinnen und festen Boden unter die Füße zu bekommen.

Und May? Nur schemenhafte Erinnerungen sind ihr geblieben. Die Dreijährige wurde wohl kaum Zeugin von Frivolitäten. Das streng geregelte Bordleben der mitreisenden Kinder steuerten, getrennt von dem der erwachsenen Hauptakteure, Gouvernanten und Kindermädchen.

Nach etwa zehn Wochen begann auch das äußere Bild sich zu wandeln: Landvögel verirrten sich aufs Deck, immer häufiger grüßten Passagiere von vorbeiziehenden Seglern und Dampfern. Rally, Mays ältester Bruder, gab endlich seine geheimen Ängste preis: »Manchmal kommen die Schiffe ja wirklich zu Hause an, und vielleicht auch unseres.«[10]

London im April: Das ist Aufbruch in den Sommer, frischgrünes Laub an Sträuchern und Bäumen, blühende Gärten um würdevolle Häuser hinter schwarzen schmiedeeisernen Gittern, an Straßenecken Verkaufsstände mit dicken Büscheln sonnengelber Osterglocken, die selbst den wie üblich grauen englischen Himmel aufzuhellen scheinen.

Die Beauchamps waren Gäste der Lassetters, die in weiser Voraussicht ein ausreichend geräumiges Haus gemietet hatten: für vier Erwachsene und zwölf Kinder und für vorerst ein Jahr. Wiedersehensfreude paarte sich mit rührendem Eifer, hochgesteckte Erwartungen vom ersten Augenblick an zu erfüllen. Dagegen sprach zunächst in der Beauchamp-Fraktion erneut aufflackernder Scharlach. Während Louey sich noch damit tröstete, es handele sich schließlich um eine Erste-Klasse-Krankheit,[11] quartierte Chad entnervt ihren eigenen Nachwuchs aus. Henry gewann auf Spaziergängen Abstand von den Turbulenzen des Alltags, vielfach die Jüngste, May, an der Hand. Froh, einmal ungeteilte Aufmerksamkeit zu erfahren, begleitete ihn das kleine Mädchen auf Streifzügen, mit Vorliebe ging es zu privaten und öffentlichen Gärten, denn Henry suchte gern Zeugnisse englischer Gartentradition auf. Manche Anlässe erforderten dagegen elegantere Entourage; ganz nach seinem – und auch Loueys! – Geschmack war da der 25. Mai 1870: »Herrlicher Tag, blauer Himmel. Bummelte allein in Hampstead Heath herum und grübelte über vergangene Jugendtage und das Leben im allgemeinen nach. Bei Fred zu Mittag gegessen und danach zu viert zu einer Blumenschau der Royal Botanic Society im Regent's Park, wo uns die geschmackvollen Blumenarrangements, die schönen Gartenanlagen und die Musikkapellen der Leibgarde und der Royal Horse Guards begeisterten. Man sah viele elegante Menschen, vornehme Herren und Damen – teure Kleider in großer Vielfalt und Sonnenschirme in allen möglichen Formen und Farben –, die zwischen den schönen blühenden Bäumen und Sträuchern über den samtartig grünen Rasen stolzierten oder schlenderten . . . Ganz aus der Nähe bekamen wir den Prinzen und die Prinzessin von Wales und den König der Belgier zu Gesicht . . . Unsere königliche Hoheit wirkte überaus wohlgenährt und aufgeschwemmt, aber seine arme kleine Frau war das gerade Gegenteil, abgemagert und hohlwangig . . . Aßen bei Fred zur Nacht und redeten Blödsinn bis gegen zehn, dann trotteten Louey und ich nach Hause.«[12] Immer wieder bezeugt das Tagebuch, wie sehr sich die Beauchamps zur Welt des Adels hingezogen fühlten.[13]

Entschied sich Henry für einsame Tagesausflüchte weg von ihr und der trubeligen Großfamilie, dann reagierte Louey mit Symptomen, die sie scheinbar ganz unvermittelt überfielen. Auch die herbeigerufenen – ach so kostspieligen! – Ärzte konnten da nicht helfen. May beobachtete zunehmend irritiert, wie ihre Mutter aus heiterem Himmel todkrank wurde und tagelang das Sofa hüten mußte, um ebenso jählings wieder zu genesen. So zum Beispiel an dem Tag, als Henry und die Kinder vorzeitig zurückkehrten und feststellen konnten, daß Ehefrau und Mutter, schwer leidend zurückgelassen, inzwischen sorgfältig zurechtgemacht, im Begriff stand auszugehen. Louey war zwar lebenslustig, aber auch pragmatisch: Solche Strategien wird sie allmählich als sinnlos und lästig erkennen, also aufgeben. Wenig später sorgte das eigene, von den Beauchamps gemietete, vollständig möblierte Haus im Stadtteil Hampstead für zusätzliche Entspannung. Eine Bereicherung in der Eingewöhnungszeit wurden Henrys Cousinen Laura und Annie Powell. Deren Einladungen zum Dinner oder zu einem Kinderfest erleichterten der Familie Beauchamp das Heimischwerden in London, eine gemeinsame Schottlandreise festigte die Freundschaft.[14]

Während beide Elternpaare neue Bekannte, vorzugsweise solche mit Landhäusern, rekrutierten, pilgerten die Kinder mit Miss Miles zu historisch-patriotischen Stätten und, vergnüglicher, zu ländlichen Events – Zuchtschweine-Ausstellungen waren besonders beliebt! Viele solcher Unternehmungen tragen im Tagebuch des Vaters den Vermerk »ohne May«. Das mehr auf innere Werte hin orientierte Erziehungsprogramm der Kindermädchen und Gouvernanten setzte für Kleinkinder gewöhnlich ganz andere Akzente. Nur absolute Ehrlichkeit, so wurde diesen gepredigt, erspare ihnen dereinst böse Überraschungen beim Jüngsten Gericht.[15] Selbst das, was man als Schwindeleien zu bezeichnen pflege, würde mit Fegefeuer bestraft. May wird diese Norm übernehmen, auch als Erwachsene kompromißlos auf Lügen reagieren. Ohnehin glaubte sie vorerst alles, was andere ihr erzählten; eine heilige Einfalt, von ihren Geschwistern mit unbarmherzigem Spott verfolgt. Lediglich Charlotte und Sydney hielten sich bei Boshaftigkeiten zurück – und begründeten damit die lebenslange vertrauensvolle Zuwendung ihrer kleinen Schwester. Wenn May, während die Großen von der Gouvernante unterrichtet wurden, mit ihrem zuckerbestreuten Elf-Uhr-Butterbrot in den Garten ging, um die Gesellschaft von Löwenzahn und Gänseblümchen zu genießen, mag sie zwar für den Augenblick erleichtert, nicht aber völlig unbeschwert gewesen sein.[16] Charlotte sprach noch Jahrzehnte später eine deutliche Sprache: von den Eltern vernachlässigt, von den Geschwistern unterdrückt, gehänselt, bestenfalls ignoriert, immer an letzter Stelle kommend oder gar vergessen, häufig in unvorteilhaften Kleidern steckend, die sie von ihr, der älteren Schwester, oder den Lassetter-Mädchen geerbt hatte – so lautete das harte Urteil über Mays Stellung innerhalb der Familie.[17] Henrys alte Tanten, die sagenhaften Stone-Sisters,[18] brachten ihre Einschätzung gleichfalls auf den Punkt: »Ein eigensinniges Kind! Ein vorlautes, unliebenswürdiges Kind!«[19] sei die kleine May gewesen.

Es scheint, als hätte sich jeder in seine Familienecke zurückgezogen: Louey »umschwärmt von zahlreichen Freunden und Bewunderern«, Henry »ein rechtschaffener, aber reizbarer Mann«, der sich seiner Frau gegenüber um Nachgiebigkeit bemühte, »weil er wohl befürchtete, daß sie dann weniger zärtlich und anschmiegsam sein würde« und, so erinnerte sich die jüngste Tochter noch im Alter von fast siebzig Jahren weiter: ». . . ich ahnte dunkel, daß davon zum Teil unser Familienfriede abhing.«[20] Die Phalanx der Brüder Sydney und Walter, in deren Schlepptau der eher schlichte, erstgeborene Ralph, und Harry, der jüngste dieser Truppe, die schöne, anmutige Charlotte und dann May als Außenseiterin – so waren die Rollen verteilt.

Spannungen, auf die besonders Vater Henry empfindlich reagierte, blieben nicht aus. Er überließ sich dann gern melancholischen Stimmungen, in denen sich Heimweh nach Australien, sentimentale Kindheitserinnerungen an das London früherer Tage sowie Unzufriedenheit mit seinem Status als Privatier und Anhängsel der reicheren Lassetters mischten. Wohl war ihm vage bewußt, daß seine Heimwehanfälle nur Kokettieren mit einer Wahlmöglichkeit bedeuteten, die er längst nicht mehr nutzen mochte. Durch harte Arbeit wäre vermutlich ein finanzieller Ausgleich zu schaffen gewesen, aber es gab da noch eine weitaus verlockendere Alternative: Man konnte verreisen. Hartnäckig suchte Mays Vater nach guten Gründen, die Familie wieder mit auf Tour zu nehmen. Einen lieferte der auslaufende Mietvertrag für das Haus in Hampstead, zum anderen mußte in punkto Bildungsgang seiner Kinder – was heißt, seiner Söhne – etwas geschehen. Aus eigener Erfahrung war er von der Vorstellung durchdrungen, Auslandsaufenthalte statteten sie besser fürs Leben aus als traditionelle englische Schulen. Ein Argument, dem die Jungen begeistert zustimmten. Und da gab es noch die Gesundheitsfrage – zeitweilig glich sein Heim einem Kinderkrankenhaus. Auch Henry war anfällig, mußte die zwei Stunden auf einer Bank stehend verbrachte Wartezeit, um seiner Queen Victoria anläßlich der Parlamentseröffnung am 9. Februar 1871 zuwinken zu können, mit Husten und Fieber bezahlen. »Sofort Gamaschen, Bücher über die Schweiz besorgen!«, war die in seinen Augen alles ins Lot bringende Konsequenz. Auf ein Jahr in der Schweiz, der Gesundheit wegen, sollte dann je ein zu Bildungszwecken in Deutschland und Frankreich verbrachtes folgen. Denn: englische Public Schools machten »zu gelehrt für den Kaufmannsberuf«.[21] Angenehmer Nebeneffekt: Es war möglich und gesellschaftlich akzeptiert, sich mit reduziertem Haushalt und Personal finanziell ein wenig zu sanieren. Dennoch leistete man sich drei Mädchen zur allgemeinen Bedienung sowie Miss Miles zur Betreuung und Unterrichtung der Kinder.

Im Mai 1871, also gerade gut ein Jahr nach der Ankunft in England, startete May mit ihrer Familie erneut zu einer großen Reise. Dieses Mal auf den Kontinent, der nach dem Deutsch-Französischen Krieg im Frankfurter Frieden gerade acht Tage zuvor neu geordnet worden war. Bot die vierzehnköpfige[22] Reisegesellschaft an sich schon einen eindrucksvollen Anblick, als sie samt Gepäck in zweisitzigen Pferdedroschken am Bahnhof Cannon Street vorfuhr, so wurde dieser Eindruck zweifellos durch einen spektakulären Auftritt noch übertroffen: den von Louey, die mit einer Hand ihre Röcke raffend und mit der anderen ihren Hut sichernd, unter den anfeuernden Zurufen ihrer Kinder den Bahnsteig entlangspurtete, um auf den bereits losfahrenden Zug aufzuspringen.[23] Seekrankheit konstatiert Henrys Tagebuch für die Kanalüberquerung bis Ostende, und am nächsten Tag hat ihnen ». . . die Landschaft am Rhein zwischen Koblenz und Mainz natürlich gefallen«.[24] In Heidelberg rannte man nach dem bereits vollbesetzten Anschlußzug. »Basel – direkt – Familie!« schrie Henry dem Bahnhofsvorsteher ununterbrochen ins Ohr, und, sich zu seinem Gefolge umdrehend: »Family, back me up.«[25] Eine ältere Dame entfernte der beeindruckte Beamte ziemlich rüde aus ihrem Abteil. Dafür landeten die Beauchamps im Erste-Klasse-Wagen – ungeachtet dessen, daß man nur die zweite Klasse bezahlt hatte, wie Henry gleichfalls und höchst befriedigt vermerkte. Fünf Tagesreisen benötigte man insgesamt bis Lausanne. Vier Wochen lebten sie in der Pension *Mon Port* – bereits dorthin bestellte der Vater ein gemietetes Klavier samt Lehrerin sowie eine Mademoiselle für Französisch; er selbst immatrikulierte sich an der *Librairie Anglaise* – um in aller Ruhe die *Times*, die dort auslag, studieren zu können.

Dann, während eines Abendspaziergangs in *Mont Riond*, entdeckten Louey und Tochter Chaddie (Charlotte, manchmal auch Shaddy, später Tit, Titter) das Haus. Es konnte tatsächlich gemietet werden: fünfzehn Zimmer, reizender Garten, Nebengebäude. Am 19. Juni 1871 zog die Familie ein. »...ich habe mich zum Maurer, Zimmermann und Gärtner entwickelt. In meinem Hause herrscht ein Durcheinander... sind dabei, für unsere Freunde und unsere Hühner Behausungen zu schaffen. Wir pflanzen Orangenbäume und Zwiebeln, Tulpen und Karotten. An allen Ecken und Enden fehlt etwas. Es gilt, Karthago neu zu gründen.«[26] Exakt so hätte Henry Beauchamp seine Situation damals beschreiben können, doch diese Zeilen stammen von François-Marie Arouet, viel besser bekannt unter dem Namen Voltaire, der den Landsitz in den fünfziger Jahren des 18. Jahrhunderts erworben und circa 20 Jahre bewohnt hatte. Bereits zum Einzugstermin war die Familie Beauchamp ausreichend mit Dienstboten, Vorräten, Wäsche und Möbeln ausstaffiert. Jetzt reichte der Platz sogar für einen Flügel. »Die Kinder trinken unter den Bäumen Tee, sehr glücklich.«[27] Und sie vergnügten sich mit Scharaden. Darsteller: die Beauchamp- und bald auch die Lassetter-Sprößlinge.

Themen: Kleopatras Tod, die Hinrichtung der schottischen Queen Mary . . . Der dreijährige Arthur Lassetter wollte wissen, ob es auch für ihn »a hact« gebe. Mit der nachsichtigen Überlegenheit der Älteren antwortete May, es sei kein »hact«, sondern ein »act«, also ein Auftritt, und zwar ein ganz kleiner.[28] Unter dem 25. Juni hält Henrys Tagebuch etwas besonders Hübsches bereit: ein stolzer schwarzer Hahn, die dazugehörige Henne und ein Nest voll mit Eiern wurden eingeklebt – kolorierte Ausschneidebildchen, beschriftet mit »Le Coq du Village et sa femme – cadeau de ma chère tante Leslie à votre – chère petite ›May‹ – 1871«.[29]

Fred und Chad Lassetter mit Anhang waren also auch da. Ein Vergnügen jagte künftig das andere: festliche Essen, Ballbesuche, Bergtouren für die Eltern – der Nachwuchs absolvierte Ausflugsfahrten, auch mit Dampfern über den Genfer See. Letzteres entpuppte sich als anstrengendes Unterfangen, und Henry zollte seiner Jüngsten Respekt: »Erstaunlich, wie gut die kleine May Hitze und Strapazen erträgt.«[30] Um diese Zeit wurde die nun Fünfjährige ins Schulzimmer aufgenommen, erstmals erhielt sie einen halbwegs geregelten Unterricht. Dem neuen Status versuchte sie durch eifriges Buchstabenmalen und freche Bemerkungen gerecht zu werden. »Punissez-la«[31] wurde zum ständigen Hilfeschrei, der besonders häufig Harry entfuhr.

Trotz des angeblich so gesunden Schweizer Klimas legten sich die Kinder erneut reihenweise krank ins Bett. Wie viele wackere Viktorianer hatte Mays Vater ein sehr zwiespältiges Verhältnis zu unpäßlichen Sprößlingen: Einerseits lenkten sie das Weibervolk angenehm ab, boten auch interessanten Gesprächsstoff, andererseits fühlte er sich ein bißchen vernachlässigt – an die Arztrechnungen mochte er schon gar nicht denken. Aber das waren Petitessen im Vergleich zu den Sorgen im ersten Schweizer Winter. Sydney erkrankte im Januar 1872 schwer an Hirnhautentzündung, gleichzeitig wurde Henry selbst während einer Londonvisite Patient: »Mit Rheumatismus im Bett bei der lieben Annie Powell, 4 Kensington Gardens, ... Frau und Kinder in Lausanne...«[32] Anlaß der Reise war der Tod eines alten Freundes gewesen; bis Weihnachten wollte Henry eigentlich zurück sein, konnte jedoch erst Anfang Februar die Heimreise wagen. Louey zeigte sich verstimmt über sein allzulanges Fernbleiben und mußte ausgesöhnt werden. Eine Reise mit Fred und Chad durch Italien erwies sich als genau das richtige. Am 22. Mai 1872 waren alle vier wieder zurück in *Mont Riond* und »treffen Miss Miles und die größeren Kinder gesund und munter an und die kleineren friedlich schlafend«.[33] Doch der Nachwuchs hatte kaum Zeit, sich an die Anwesenheit der Eltern zu gewöhnen: Vom 8. Juni bis zum 10. Juli waren Henry und Louey bei Annie Powell in London zu Gast – ein preiswerter Aufenthalt, so sprang noch eine aufwendige Rheintour heraus. Bei ihrer Rückkehr stellten sie fest, daß Rally und Chaddie »sehr gewachsen sind, Sydneys Zustand sich deutlich gebessert hat und die anderen schmächtig aussehen und nicht so robust wirken wie sonst«.[34]

Offenbar hatten die Eltern sich nun lange genug allein amüsiert; den Rest des Sommers teilten sie jedenfalls vorwiegend mit den Kindern, ohnehin waren alle Lassetters im Juni nach England abgereist.[35]

In wechselnden Formationen, als deren harter Kern sich die Gruppe Henry, Miss Miles, Emma, Chaddie und Rally herausbildete, kämpfte man sich auf hohe Berge, über Seen und durch städtische Sehenswürdigkeiten. Einmal war sogar May dabei, vom 19. bis zum 23. September im *Grand Hotel des Bains* in Aigle, eine vergleichsweise moderate Angelegenheit. Doch am 26. Oktober ging dieser betriebsame Sommer jäh zu Ende: »Rally ziemlich fiebrig, Miles mit Rheuma im Bett... Shaddy mit Windpocken im Bett, May mit schwerer Erkältung im Bett. Reizender Tag...«[36] Henry und Louey machten den geplanten Tagesausflug glücklicherweise trotzdem, trafen sie doch bei dieser Gelegenheit einen vermögenden jungen Mann namens George Waterlow.[37]

Ab 11. November 1872 erfüllte sich Henry Beauchamp einen langgehegten Traum: Er startete zu einer Reise um die Welt. In Ceylon wartete Annie Powell (sie besuchte dort Verwandte), und auf dem südchinesischen Meer kreuzend, schwelgte er gemeinsam mit dem fünfundsiebzigjährigen Schokoladenfabrikanten Philippe Suchard in Erinnerungen an die Schweiz...

Derweil ging das Leben in *Mont Riond* einen lässigen Gang. Chaddie, längst von den Windpocken genesen und wieder das auffallend hübsche Mädchen wie zuvor,[38] hatte im zweiundzwanzigjährigen George Waterlow einen enthusiastischen Verehrer gefunden. Selbst May profitierte von der gelösten Stimmung: Chaddies junger Mann schenkte der kleinen Schwester seiner Angebeteten – zur Ablenkung? – einen Hund. Er wurde Bijou genannt, und May durfte ihn wunderbarerweise behalten. Am Tag, an dem sie mit Bijou photographiert wurde, widmete sie jedoch ihren neuen, gelben, mit Quasten besetzten Schuhen mehr Aufmerksamkeit als dem kleinen Wesen, das mit gutmütigernster Miene zu ihren Füßen saß – so jedenfalls erinnert sie sich an diese Hundebekanntschaft im Alter.[39] Noch war May zu klein, um den neuen Kameraden so richtig schätzen zu können. Und doch: Das Hündchen tat ihr sicher gut, denn als jüngstes Kind in einer äußerst lebhaften, ja extrovertierten Familie war May »oft schrecklich einsam«,[40] in ihren Ängsten und Hoffnungen im wesentlichen sich selbst überlassen. Von den Geschwistern separiert, lebte sie in einer eigenen phantastischen Welt und sah darin lebenslang die Wurzel für ihr Talent zum Schreiben.

Der Winter 1872/73 im Gebirge war herrlich – bis im Februar alle Beauchamp-Sprößlinge mit der Zweite-Klasse-Krankheit Masern darniederlagen. Für Henry ein Horror und ausreichender Grund zur Flucht. In Frankreich hatte er Zeit zum Nachdenken: über die Rückkehr nach London zur Intensivierung seiner Geschäfte und die Tatsache, daß man eine so große Kinderschar nicht ständig ignorieren und ohne geregelte Schulabschlüsse aufziehen kann. Loueys Zustimmung war ihm sicher. Trotz eines leichtlebigen Naturells vergaß sie doch nie ihre vitalen Lebensinteressen. Und diese gründeten sich für die Tochter des Reverends Lassetter mehr auf Arbeit – die sie als Dame ihrer Zeit natürlich von ihrem Gatten erwartete! – als auf glückliche Zufälle. Henry dagegen hatte trotz aller Alltagsempfindlichkeiten prinzipiell ein starkes Vertrauen in sein ihm wohlwollendes Schicksal. Doch gerade dieses Vertrauen war in den letzten Jahren mehrfach heftig erschüttert worden, und so nahm er sich vor, aktiv gestaltend einzugreifen.

Zuvor wurde noch einmal alles aufgeboten, um mit dem Nachwuchs und oft auch mit George Waterlow die schöne Schweiz zu bereisen: zum Abschied. Auf dieser Tour im Juli 1874 erfuhren sie, daß Annie Powell mit 47 Jahren in London verstorben war.

Ende August 1874 bezog man (ohne Bijou, der Hund ging »leider« auf der Rückreise »verloren«[41]) *Mayfield Lodge* in Southgate, im Norden Londons; Lassetters wohnten selbstverständlich ganz in der Nähe. Sydney, Walter und Harry wurden zum Michaelmasterm (also zum Herbsttrimester) an der University College School, Frognal, angemeldet – schon ihr Vater hatte sie besucht. Chaddie und May fanden sich zum Unterricht in Mrs. Wrights Blythewood House, Belsize Park, ein und konnten sich dort in erstaunlich mannigfaltigen Fächern erproben: Latein, Französisch, Deutsch,[42] Italienisch, Naturphilosophie, Geologie, Botanik, Zeichnen, Klavier, Harfe, Gesang, Tanz, Gymnastik und Rhetorik. Inzwischen war Mays hohe Musikalität erkannt worden, ja sie hatte sogar das absolute Gehör. Und so erhielt sie zusätzlich private Geigenstunden, später, ab ihrem elften Lebensjahr etwa, auch Orgelunterricht. Um die französischen Sprachkenntnisse der Kinder noch weiter zu verbessern, hatte man eine Mademoiselle aus der Schweiz mitgebracht.

May blieb gerade ein Monat Zeit, vom Angebot in Blythewood House zu profitieren: Im Oktober 1874 war sie mit Scharlach an der Reihe. In 6, Mount Vernon wurde eine möblierte 4-Zimmer-Wohnung gemietet und Emma mit der Achtjährigen für drei Monate dorthin in Quarantäne geschickt. Louey verabschiedete sich von ihrer Tochter liebevoll unter Küssen und Tränen – und küßte dann die Geschwister, um sofort das Desinfizieren des Zimmers der Patientin anzuordnen. Im November besichtigte der Vater seine May »am Fenster . . . sie wirkte ungewöhnlich kräftig & munter«,[43] und um die Weihnachtszeit, als May wieder auftauchte, war sie unübersehbar dick geworden, ein triftiger neuer Anlaß für Neckereien der Geschwister. In ihrem Unglück und nach einer Hungerkur schwor sie sich, niemals im Leben mehr übergewichtig zu werden.[44]

Während May ihren Unterricht wieder aufnahm, ging für die siebzehnjährige Charlotte die Schulzeit im Mai 1875 zu Ende: »Abends schaute G. S. W. vorbei, bestens gelaunt, wo er nun mit Chaddie verlobt ist . . . George und Chaddie ›dans la joie‹«.[45] Hin- und hergerissen zwischen Freude über einen Schwiegersohn aus guter vermögender

Familie und Ablösungsproblemen von der reizenden Tochter wählte Henry wie stets einen Mittelweg: Warum schon jetzt entscheiden? Eine Geschäftsreise nach Australien verschaffte willkommenen Aufschub um 269 Tage. Dann war das Familienoberhaupt bereit: Chaddie und George heirateten am 1. August 1876, am 6. Mai 1877 wurde ihre Tochter Zoe geboren, die im Alter von nur einem halben Jahr starb. »Die Ärzte können uns nicht sagen, warum und weshalb«,[46] so Henry Herron in seinem Tagebuch. Im Oktober 1878 brachte Chaddie ihren ersten Sohn zur Welt: Timothy (genannt Sydney).[47] Es folgten John (Johnny, Jack) 1880, Margery (Drish, Drisch, Drischie) 1881, Guy Waldron 1884 (May wurde seine Patin) und 1887 Cecil. Wie gut, daß die Beauchamps inzwischen ganz in der Nähe wohnten: *Tanner's Hall* in Edmonton wurde neues Familiendomizil mit deutlich ländlichem Charakter, eine Reminiszenz an *Mont Riond*. »Zwei Ferkel gekauft... & sie in einen der Schweineställe gestellt, und«, so fügte Henry in seinem Tagebuch wahrhaftig hinzu, »jetzt habe ich etwas, für das ich leben kann.«[48] Von der Erbsen pflückenden, Äpfel erntenden, Heu machenden, Küken aufziehenden May wurde künftig berichtet. Waren die Gartenarbeiten erledigt, folgte Sportives: Tennis und Dauerlauf, auch richtige Wettrennen standen auf dem Programm. Couragiert trat May zu zehn Runden gegen den Vater an, bis Louey dem Spiel ein Ende machte.[49]

Und was wird aus den Jungen? Rally, der Älteste, blieb, nach gut fünf Jahren Ausbildung im Teehandel und vorübergehender Tätigkeit im Büro zusammen mit Henry, dem Kaufmännischen zwar treu, verknüpfte es jedoch in späteren Jahren mit seiner Liebe zur Musik und arbeitete in der Verwaltung des Royal College of Music. Sydney versuchte sich zunächst im Geschäft seines Schwagers. Eine ungeliebte Arbeit, sie machte ihn krank. Endlich wird er sich in Cambridge immatrikulieren, Medizin studieren und als einer der gesuchtesten Gynäkologen sogar zum Leibarzt von Queen Victoria berufen werden. Walter ging bei einem Wollmakler in die Lehre und lebte später in Australien. Harry war sehr musikalisch, lernte Cellospielen, bildete seine Stimme aus und wurde Professor an der London Academy of Music.[50]

1881 stand ein neuerlicher Umzug an. *East Lodge* hieß das in Acton gelegene Landhaus. Die große Terrasse, von schmiedeeisernen Regencybalustraden umgeben, und der zwei Stockwerke hohe vorgebaute Portikus waren architektonische Glanzlichter des an sich schlichten rechteckigen Ziegelbaus – alles zusammen wirkte ein wenig altmodisch und sehr repräsentativ. Auf dem weitläufigen Grundstück gab es verwilderte Partien mit halbverfallenen Nebengebäuden, mit Gewächshäusern, deren Scheiben schon längst zersprungen waren, und mit niedergesunkenen, überwucherten Zäunen. Aber auch ein besser gehaltenes Parkgelände war da, auf drei Seiten von jungen Bäumen begrenzt. Hier entdeckte und entfaltete Henry seine Liebe zum aktiven Gärtnern. Sollten die Beauchamps nun seßhaft werden? Statt sich über »Rechnungen für Schuhe, Medikamente, Zahnärzte, Ferienreisen, Regenmäntel und Schirme«[51] aufzuregen, bezahlte das Familienoberhaupt nun klaglos Blumenzwiebeln. Die fünfzehnjährige May wurde in diese Interessensphäre einbezogen, studierte mit ihrem Vater Pflanzenkataloge, begleitete ihn zu Blumenausstellungen.

Louey zeigte derweil eine zunehmende Neigung, Leute aus dem klerikalen Umfeld um sich zu scharen: Pastoren, Chorknaben und die sie unweigerlich begleitenden »alten Schachteln«,[52] wie Henry sie in seinem Tagebuch verächtlich nennt. May durchlebte gleichfalls eine religiöse Phase, allerdings um einige Grade ernsthafter als ihre Mutter. Schon die Dreijährige, die erstmals an der Hand des Vaters ein englisches Gotteshaus betrat, war zutiefst beeindruckt von der eigentümlich wohltuenden Atmosphäre im Dämmer des Kirchenschiffs, gewoben aus mystischen Düften und Klängen. Auch als junges Mädchen beugte sie zunächst noch voller Inbrunst die Knie zum Gebet, erlebte beglückt am 18. Juni 1882 ihre Konfirmation: vom Bischof von London höchstpersönlich in der St. Mary's Church zelebriert.[53] Ja sie unterrichtete sogar an der Sonntagsschule ihrer Gemeinde. »Sie fragte die Klasse: ›Na, warum streuten sie ihm denn Palmen auf den Weg?‹ Ein ziemlich unbändiger & meist verstockter Junge von fünf Jahren erwiderte sofort: ›Ich nehme an, damit sich Jesus seine Stiefel nicht schmutzig macht, Lehrerin‹.«[54] Auch das »Unschuldsweiß ihrer Seele« verlor May in jenen Tagen, wenn man ihrer Schilderung Glauben schenken darf: ». . . indem ich mich mit fünfzehn in den Gemeindeorganisten verliebte, vielmehr in den Anblick des Chorrocks, der Adlernase und des feuerroten Schnurrbarts – das war alles, was ich je von ihm zu sehen bekam, und ich liebte es mindestens sechs Monate lang wie rasend. Als ich nach dieser Zeit einmal in Begleitung meiner Gouvernante ausging, kam ich auf der Straße an ihm vorbei und entdeckte, daß seine nichtamtliche Tracht ein Gehrock war, dazu ein Umlegekragen und ein Bowler, und aus war's mit der Liebe.«[55] Das weltliche Gebaren einiger geistlicher Herren im Salon ihrer Mutter trug gleichfalls zur Ernüchterung bei. Die Brüder schienen dagegen ganz und gar nicht infiziert vom Kirchenbazillus: Harry bastelte eine Vogelscheuche, um Amseln von den ersten Erdbeeren zu vertreiben. Er kleidete sie in ein Erzbischofsgewand . . .[56] 1882 wechselte May die Schule. In der Queen's College

School in Acton traf sie auf Miss Summerhayes, eine geschickte Pädagogin. Erstmals in ihrem Leben gewann die nun Sechzehnjährige Vertrauen in ihre intellektuellen Fähigkeiten, Freude am Lernen. Für den Aufsatz über Blumen erntete sie besonderes Lob, und ihre Geschichtskenntnisse wurden mit einem Preis honoriert: »May ausgezeichnet, weil sie in Geschichte die Beste war.«[57] Sie arbeitete an sich, verlor ihren australischen Akzent und übernahm eine vornehm-schleppende Sprechweise. Klein und sehr zierlich sei sie gewesen, mit blauen Augen und frischem Teint, die langen goldblonden Haare habe sie im Nacken mit einer Schleife zusammengenommen – so die Beschreibung einer Mitschülerin, die ein wenig für May schwärmte.[58] November 1883 (der Mietvertrag für *East Lodge* wurde um fünf Jahre verlängert, und eine Phase der Kontinuität kündigte sich an) waren Aufnahmeprüfungen für Cambridge vorgesehen – doch May wurde krank. Drei entscheidende Wochen fehlten zur Vorbereitung, dann war es zu spät, eine Chance offensichtlich für immer vertan. Ihr Herz hatte May daran gehängt und zeigte dennoch nach dieser Enttäuschung, daß sie, wenn es darauf ankam, hart im Nehmen war. Am 25. Mai 1884 notierte ihr Vater erleichtert, animiert: »Heute nachmittag brachte Rally ein neues Dreirad ins Haus, und May bewirtete neun Kinder ihrer Sonntagsschule. Hübsch, sorglos & rundherum glücklich.«[59]

Überhaupt: Womit verbrachte May ihre Tage ab 1884 – nach Beendigung der Ausbildung an der Queen's College School? Mit Musikunterricht, Sonntagsschule und . . . dem Warten auf einen zum Heiraten geeigneten Mann! Diesem Warten durch aktive Suche ein Ende zu bereiten, wie es üblich gewesen wäre, dazu hatte Louey wahrlich keine Lust. Noch von Chaddie her wußte sie, welch mühsames Geschäft es ist, eine Tochter unter die Haube zu bringen.

Dankbar registrierten es die erschöpften Eltern: Ihre Jüngste hatte sich zu einer ruhigen, pflegeleichten Tochter entwickelt, die keine Scherereien machte. Am 31. August 1887 wurde May volljährig: »Der einundzwanzigste Geburtstag unserer Jüngsten, unserer gescheiten, fleißigen, braven May. George, Chaddie, ›Ma‹ Johnson und Ettie Keyl tafelten mit uns. Viele Karten, Telegramme und einige Geschenke trafen ein, und es war im großen und ganzen ein heiterer und glücklicher Tag.«[60] So vergingen Jahre... May widmete sich mit großem Fleiß ihren Musikstudien am Royal College of Music; an einem ersten Weihnachtsfeiertag trat sie dort als Organistin auf: »Etwas Ruhm und wenig Profit.«[61] Ihr alter Orgellehrer Parratt war nun Organist in Windsor und ließ sie hin und wieder Bach-Fugen in der St.-Georges-Kapelle spielen. Sicher war es ein seltsamer Anblick, wie May, gerade einmal 1,53 Meter groß, sich abarbeitete, um Register, Manual und Pedal zu bedienen. Der Vater liebte es, im heimischen Garten herumzuwandern, Düfte und Farben der jedes Jahr reifer und schöner werdenden Rabatten in sich aufzunehmen, während die Tochter im Haus am Flügel saß und bei geöffneten Schiebefenstern seine Lieblingsstücke spielte. An den Wochenenden waren oft Freunde der Brüder zu Gast in *East Lodge*. Im Park gab es mittlerweile einen Tennisplatz, auf dem sich junge Leute standesgemäß austoben konnten, winters traf man sich zu Tanzabenden. Doch wird von keinem Mann berichtet, der May nähergestanden hätte. Louey begann zu mäkeln. Besonders die Tage, an denen eine der zahlreichen Lassetter-Cousinen heiratete, waren hart für May. Dann mußte sie Sticheleien einstecken, vor allem solche, daß sie sich zu kratzbürstig, zu blaustrümpfig gebärde. Was immerhin eines zur Folge hatte: daß sie tatsächlich immer kratzbürstiger und blaustrümpfiger wurde und sogar ängstlich darauf achtete, weder Kleidung noch Frisur zu ansprechend ausfallen zu lassen. Und so dauerte es gar nicht lange, da entwarf sie für sich einen Lebensplan in Selbständigkeit und Unabhängigkeit von Eltern oder Ehemann.[62] Zukunftsträume rankten sich jetzt um Cottage und Kuh, was Louey aufs höchste alarmierte: Ihre May war damit auf dem besten Wege, eine dieser vertrockneten Jungfern zu werden – eine Krise! Und wie man Krisen bewältigt, damit hatte Henry Erfahrung: Eine Reise würde helfen.[63]

## Kapitel I: 1889-1896

*»Sie werden mich heiraten, und*
*dann werden Sie schon sehen. «*
*Alle meine Hunde*

Anfang Januar 1889 – Victoria Station. May und Henry starten zu ihrer *Grand Tour*, von Freunden und Verwandten »sorgenvoll«[1] verabschiedet. Louey ist vorerst als Gast der Lassetters zurückgeblieben, der Mietvertrag für *East Lodge* konnte nicht mehr verlängert werden, nun muß sie das Einlagern der eigenen Möbel überwachen, auch Ralph, Sydney und Harry dabei helfen, sich in 2, Westover Road, Wandsworth, einzurichten. Am 9. Dezember war schon eine Abordnung der Dienerschaft dort eingetroffen, um einzuheizen und zu putzen. Trübe, ja eisige Dezembertage waren es, an denen vier Möbelwagen den weiterverwendbaren Hausrat der Beauchamps von *East Lodge* ins neue Domizil auf der anderen, der südlichen Seite der Themse transportierten. Louey, Rally, Sydney, Harry und May folgten – nur Henry blieb zurück, um abzuwickeln: Eine Art Flohmarkt im Freien veranstaltete er, um überflüssige Gegenstände loszuwerden. Anders als der letzte Umzug stellt dieser ganz eindeutig keine Verbesserung dar. Natürlich finden sich Gründe dafür, daß Henrys Bemühungen um ökonomischen Erfolg fehlschlugen – die Sogwirkung internationaler Schwierigkeiten, individuell kaum zu korrigieren, lassen sich immer anführen: Waren nicht im Juni 1878 erneut Verluste als Resultat mehrerer Jahre harter Arbeit zu beklagen gewesen? War nicht der Weizenmarkt, an dem Henry sich engagiert hatte, 1882 zusammengebrochen mit der Folge von ».. . schreckliche Angst bei der Aussicht auf Ein-

künfte, die nicht so recht ausreichen, um die vielen Extra-
ausgaben zu decken, die fortlaufend anfallen, wenn man seinen Jungen den Start ins Berufsleben ermöglicht, Arztrechnungen zu bezahlen hat etc.«?[2] Der Abstieg manifestierte
sich in der Notwendigkeit, ›John‹, mit bürgerlichem Namen George Pyment, Gärtner der Beauchamps seit 1876, zu
entlassen. Offenbar war bei all diesen Überlegungen eins
nicht von Belang: May hätte Geborgenheit möglicherweise
noch gutgetan. Doch es ist entschieden: Nach einem fried-
lichen Weihnachtsfest bei Chaddie und George – Glanz-
licht unter den Geschenken war ein Album mit Photographien von *Mayo Lodge*, *Mont Riond*, *Tanner's Hall* und *East
Lodge* – werden letzte Reisevorbereitungen getroffen. Daß es
vor allem nach Italien gehen wird, ist mindestens seit einem
Vierteljahr klar, denn bereits am 18. September 1888 notierte Henry in seinem Tagebuch: »May und ich nahmen
unsere erste Unterrichtsstunde in Italienisch bei Signore
Maestro Bernasconi, 56 Newman Street (›L'acqua, il fuoco
e l'onore fecero la società, etc., etc.‹).«[3]

Vater und Tochter überqueren den Kanal von Dover nach
Calais und nehmen den Zug nach Mailand. Ein mitreisen-
der deutscher Offizier ist von May so entzückt, daß er zaghaft beginnt, ihr den Hof zu machen, von Henry ohne Begeisterung beobachtet. So schnell will er die angenehme
Zweisamkeit mit seiner kleinen May nicht aufgeben. Er läßt
dem jungen Mann keine Chance.

Kirchen, Musik und Gärten bestimmen das Besichti-
gungsprogramm: Sie besuchen im Mailänder Dom eine
Messe, in der Scala eine Oper, in Pegli bei Genua die Gärten der Villa Palavicini. Anfang Februar sind sie in Rom.
Unbeeindruckt von den unter Polizeiaufgebot stattfinden-
den Arbeitslosendemonstrationen schleppt Henry May von
einer Sehenswürdigkeit zur anderen. Zur Teezeit kommt ein

Italienischlehrer und übt mit ihr Konversation, abends hat sie Gelegenheit, das Gelernte anzuwenden, denn, ausgestattet mit einem Bündel von Empfehlungsschreiben, öffnen sich den Beauchamps viele Türen. So machen sie am Samstag, dem 23. Februar 1889, Gebrauch von einem dieser Billetts, das Sir Grove an Signore Giovanni Sgambati, den berühmten Pianisten, Komponisten, Dirigenten, gerichtet hatte. Ein später Gast fällt auf, ein glänzender Kenner der Musikszene und ehemaliger Liszt-Schüler, wie Sgambati. »Gerade als wir zu Bett gehen wollten, erschien ›il Conte‹, herausgeputzt wie ein Pfingstochse, auf dem Weg zu einem Ball im Quirinalspalast und blieb länger als eine Stunde.«[4] May hält die Begegnung für schicksalhaft, erinnert sich künftig eines – nicht unangenehmen! – Gefühls der Gottergebenheit, während sie sich für diesen Abend ankleidete.[5]

Il Conte: Henning August Graf von Arnim-Schlagenthin, geboren am 21. April 1851 und damit 15 Jahre älter als May, ist ein überdurchschnittlich großer, stattlicher Mann. Als Kavallerieoffizier hat er im Deutsch-Französischen Krieg 1870/71 gekämpft. Er ist der einzige Sohn von Harry Kurt Eduard Carl Graf von Arnim-Suckow und Elisabeth Louise von Prillwitz, einer Tochter aus morganatischer Ehe des Prinzen August von Preußen und der Tänzerin Auguste Arendt.[6] Die Mutter starb, als Henning drei Jahre alt war. Harry von Arnim verlobte sich dann mit einer jungen Engländerin, verließ sie aber und heiratete eine Cousine, Sophie Adelheid von Arnim-Boitzenburg. Henning von Arnim ist, als er May kennenlernt, Witwer. Seine erste Frau war im Jahr zuvor nach nur sechzehnmonatiger Ehe bei der Geburt des ersten Kindes gestorben. Das kleine Mädchen überlebte sie nur kurz.

Doch Henning von Arnim trägt nicht nur an diesem Unglück. Vom Vater wurde ihm eine Last auferlegt, von der er sich zeit seines Lebens nicht vollständig befreien kann. Dr. Harry von Arnim, von Haus aus Jurist, hatte um 1850 eine diplomatische Karriere begonnen. Er war unter anderem Legationssekretär in Rom, Gesandter in Lissabon und wieder in Rom beim päpstlichen Stuhl (während des Vatikanischen Konzils). Anfang 1871 führte er die Friedensverhandlungen mit Frankreich in Brüssel und ging zu deren Abschluß auf Geheiß Bismarcks nach Frankfurt am Main. Im August des gleichen Jahres wurde er Gesandter und bald darauf Botschafter des neuen Deutschen Reiches in Paris, wo er die Regelung der Kriegsentschädigung noch zur Zufriedenheit Bismarcks durchführte. Doch nach dem Krieg begannen Arnims Differenzen mit dem Kanzler, der sich als ein äußerst harter Gegner erweisen sollte. Die Niederlage Frankreichs und vor allem die darauf folgende Abtretung Elsaß-Lothringens verschärften den alten Konflikt mit Deutschland. Außenpolitisches Leitmotiv der 3. Republik wurde die Rückgewinnung dieser Gebiete. Innenpolitisch bestimmend erwies sich dagegen die Rivalität zwischen Republikanern und Monarchisten. Bismarck favorisierte die französische Republik, denn er fürchtete, daß ein monarchistisches Frankreich in Europa leichter Bundesgenossen für die Durchsetzung seiner Revanchebestrebungen finden würde. Im Gegensatz dazu suchte Arnim engere Verbindung zu den Monarchisten, in denen er die künftigen Herren Frankreichs sah. Das konnte unter Umständen auch seinen ganz persönlichen Interessen nützlich sein. Unterstützt von den Altkonservativen, vom Adel und in der Gunst des Kaiserhauses, stand er Bismarcks vergleichsweise liberaler Politik kritisch gegenüber. Sollten diese Kreise sich durchsetzen, so fürchtete Bismarck, der den Ehrgeiz Arnims wohl richtig einschätzte, könnte er erheblich unter Druck geraten. Er ließ sich von einem Legationssekretär über Arnims Aktivitäten in Paris berichten, erteilte Verweise, brüskierte ihn. Arnim, im Vertrauen auf seine guten Kontakte zum Kaiser, blieb auf dem Posten, ja er durchkreuzte offen Bismarcks Politik. Dieser erreichte im Frühjahr 1874 endlich die Versetzung des Botschafters nach Konstantinopel. Doch Arnim ging nicht darauf ein. Auf der Grundlage von Schriftstücken, die er aus der Botschaft mitgenommen hatte, lancierte er Enthüllungen durch die Presse, die vor allem beweisen sollten, daß seine Politik zur Zeit des Vatikanischen Konzils weitblickender gewesen sei als die Bismarcks. Weitere Veröffentlichungen konnten folgen. Wilhelm I. ließ das nicht durchgehen, er verweigerte Harry von Arnim eine Audienz, und Bismarck hatte die Chance, seinerseits die Presse zu mobilisieren und disziplinarische sowie strafrechtliche Schritte einzuleiten. Das Ergebnis war zunächst Arnims Versetzung in den einstweiligen Ruhestand. Im Oktober 1874 kam es zur Verhaftung, da Arnim sich der Anordnung widersetzte, die Schriftstücke auszuhändigen. Er blieb aber gegen Kaution in Freiheit. In erster Instanz wurde er zu drei Monaten, danach vom Kammergericht zu neun Monaten Gefängnis verurteilt. Arnim entzog sich der Verbüßung der Strafe durch Flucht und veröffentlichte 1876 in Zürich eine Schrift über die »Affäre Arnim« aus seiner Sicht. Die Folge war eine Anklage wegen Landesverrats und Beleidigung des Kaisers und des Kanzlers, das Urteil lautete schließlich auf fünf Jahre Zuchthaus. Harry von Arnim blieb bis zu seinem Tod 1881 im französischen Exil in Nizza. Während der Jahre des Rechtsstreits und des Exils liefen erhebliche Schulden auf, die Henning, der einzige Sohn, am Ende erbte.

Noch 1889, nach acht Jahren, ist Mays Verehrer damit beschäftigt, Ordnung in seine Finanzen zu bringen. Die

Schulden hat er anerkannt – nach Henrys abschätziger Meinung ein weltfremdes Verhalten! – und versucht sie abzutragen, indem er beispielsweise sein mütterliches Erbe mit Hypotheken belastet. Er führt Prozesse, um seinen Vater so weit als möglich zu rehabilitieren.

Henry Beauchamp betrachtet auch diesen Mann, der May so große Aufmerksamkeit schenkt, mit Skepsis. Er will kein Risiko eingehen und fährt mit ihr Anfang März nach Neapel und nach Capri. Ende März kehren Vater und Tochter nach Rom zurück. Sie besuchen am nächsten Tag die Morgenandacht in der amerikanischen Kirche St. Paul's, im Anschluß daran bittet May, die Orgel spielen zu dürfen. Es wird ihr gestattet, ja sie soll sogar ein Konzert geben. Am 5. April 1889 trifft May auf einem Empfang der Sgambatis Arnim wieder: »Graf sehr aufmerksam gegen May«,[7] registriert Henry überrascht – ja, wenn sie spielt, blättert Arnim ihr gar die Noten um . . .[8] – und hält weiter an seinen Reiseplänen fest; es soll nun nach Florenz gehen. Mitte April etabliert er dort May in der Pension der Damen Davis-Piccioli und Brown und gönnt sich einen Ausflug nach Lucca, Montecatini Terme, Pistoia, Siena. Henning von Arnim scheint diese Zeit gut genutzt zu haben. Natürlich war er May nach Florenz gefolgt, das Paar hat dank Henry zwei herrliche Wochen für sich allein. Und so kommt es zum denkwürdigen Antrag auf dem Domturm: »Alle Mädchen mögen die Liebe. Sie ist etwas sehr Angenehmes. Sie werden sie auch mögen. Sie werden mich heiraten, und dann werden Sie schon sehen«, so der Wortlaut, wie ihn die Angesprochene etwa fünfundvierzig Jahre später in ihren autobiographischen Roman *All the Dogs of my Life* (*Alle meine Hunde*) aufnehmen wird. »Und als wir oben angelangt waren, schloß er mich plötzlich in die Arme. Ich erinnere mich, daß ich mich sträubte. Umarmt zu werden war mir etwas völlig Neues, und ich mochte es durchaus nicht. Daß er dann noch erklärte, als er mich freigab, daß dies nur ein Anfang sei, erschreckte mich eher, als daß es mich beruhigte. Aber mit dem Ring, den er aus der Tasche zog und an meinen Finger steckte, um so gleich die Angelegenheit zu besiegeln, hatte es gar nichts Schreckliches auf sich. Es war ein überaus reizender Saphir- und Diamantring, der seiner ersten Frau gehört hatte . . . und sein Besitz entzückte mich. Ebenso entzückt war ich von meiner plötzlichen Bedeutung in der Familie.«[9] Und nun läßt vor allem der englische Originaltext an Deutlichkeit nichts zu wünschen übrig: »Up to then I had been nobody, and suddenly to be somebody, or indeed, for a time everybody«,[10] das ist eine neue, angenehme Erfahrung. Wie wunderbar, mit frisch erworbenem Selbstbewußtsein alte Verbote zu unterlaufen! »Rasch lernte ich es, meine Nase hierhin und dorthin zu wenden, sobald ich nur etwas roch, worauf ich gerade Appetit hatte . . .«[11] Bei seiner Rückkehr wird Henry klar, daß er durch seine Abwesenheit eine Entwicklung befördert hat, deren Wert er ganz und gar nicht erkennen kann und will. Arnim ist nicht der Ehekandidat, an den er im Zusammenhang mit May gedacht hatte. Die beiden passen nicht zusammen. May wirkt gegen den Grafen direkt, nun ja, ein wenig einfach. Gut, sie macht recht nett Musik, sieht auch niedlich aus mit ihrem rotgoldenen Lockenschopf und kann im Gespräch durchaus amüsant sein. Aber was ist das gegen die Weltläufigkeit des Grafen! »May schäkert mit Baronen, Grafen etc.« und »Barone, Grafen etc. sehr aufmerksam gegen May«,[12] so lauten die Kommentare des staunenden Vaters. Es scheint Arnim sogar Spaß zu machen, auf Mays kindliche Launen einzugehen. Anders kann Henry es nicht sehen, denn er, »der die Unsitte, zwischen den Mahlzeiten etwas zu sich zu nehmen, niemals begünstigt hatte, fand sich genötigt, mich an den Ort zu führen, dem der verheißungsvolle Duft entströmte, und mir mißmutig zuzusehen, wie ich irgendwelche Kuchen verschlang«. »Das Kind muß etwas zu essen haben«, so der Zauberspruch Hennings, der das bewirkte, und ein weiterer Zauberspruch: »Das Kind muß einen Hund haben«, soll noch ein altes Tabu brechen. Zum zweiten Mal in ihrem Leben darf sich May als Hundebesitzerin fühlen. Wiederum ist das Glück nur von kurzer Dauer, dann wird das Geschenk zum Händler zurückgebracht. Es ist zu schwierig, auf Reisen einen Hund mit sich zu führen . . .

Der dritte Zauberspruch macht die meisten Umstände. »Das Kind muß nach Bayreuth«,[13] verkündet der Graf und organisiert den Besuch der Wagnerfestspiele im Juli. Mittlerweile war Louey in Begleitung ihrer Halbschwester Jessie aus England eingetroffen. Wohl weil sie eine Ahnung hatte, daß Henry das Geschäft der Bräutigamschau nur halbherzig betreiben würde, und wegen fehlender Erfolgsmeldungen, hatte sie sich darauf eingestellt, die Angelegenheit selbst in die Hand zu nehmen. Äußerst überrascht muß sie nun erkennen, daß die kleine May gute Chancen hat, eine veritable Gräfin zu werden. Ohne langes Zögern beschließt sie, vorläufig ihre Meinung May gegenüber für sich zu behalten über das, was sie an der Verbindung nicht ideal findet, wie zum Beispiel den Alters- und Klassenunterschied oder die Tatsache, daß ihre Tochter weit weg in einem Land leben würde, dessen Sprache keiner in der Familie wirklich beherrscht. Die Nationalität des Bräutigams ist dagegen kein Problem: »Zu jener Zeit hatten wir noch nichts gegen die Deutschen, und meine Eltern sahen mich eine Deutsche werden, ohne mit der Wimper zu zucken.«[14] Doch bis es soweit war, wird noch einige Zeit vergehen. Louey beflügelt zunächst der Gedanke an den Neid der Schwägerin.

Chad hat ihrer Meinung nach einen Dämpfer mehr als verdient, denn sie protzt neuerdings entschieden zuviel mit ihrem Reichtum. So beginnt Louey, die Verbindung tatkräftig zu unterstützen und das zu tun, was sie für das Wichtigste hält, nämlich Mays (und nebenbei auch ihre eigene) Garderobe für Bayreuth zu ergänzen. Eltern und Tochter fahren nach Cadenabbia. Dort residiert, wieder einmal, Chad Lassetter im Kreis von Freunden, und dort kann man Kurzweil haben, während die Schneiderarbeiten gemacht werden. Jessie kehrt unterdessen mit spektakulären Neuigkeiten nach England zurück. May und Henning, nun getrennt, schreiben sich täglich lange sehnsuchtsvolle Briefe auf französisch. Mitte Juni sind sie wieder einige Tage zusammen: der Graf kommt nach Triberg in Baden ins *Hotel Schwarzwald* (»very German«[15]), wo die Beauchamps auf der Reise durch Süddeutschland abgestiegen sind. Hier trägt May ihr neues Kleid für kühlere Gegenden – grüner Serge (ein Geschenk Chaddies) mit grünem Samtkragen und Manschetten und breiter Schärpe. Louey findet sie sehr hübsch darin, sieht aber offenbar an allem Preisschilder: »Was werde ich für eine reiche Frau sein, wenn er sie heiratet. Sie ruiniert mich jetzt, macht mir aber viel Freude.«[16] Bei der neuerlichen Trennung fließen Mays Tränen reichlich.

Zur Festspielzeit ist in Bayreuth der Teufel los. Seit der Eröffnung des Festspielhauses 1876 (damals ein finanzieller Mißerfolg) und mehr noch seit Cosima Wagner nach dem Tode ihres Mannes 1883 das Management übernommen hat, fällt die gute und weniger gute Gesellschaft wie ein Heuschreckenschwarm in das fränkische Städtchen ein, das unter diesem Ansturm ächzt. ». . . im Jahre 1889 waren alle Parsifal-Aufführungen übervoll, die Meistersinger und Tristan nahezu ganz besetzt. Tannhäuser war zum erstenmal

schon wesentlich besser als die Meistersinger besucht . . .«[17]
Da geht es um ganz elementare Fragen: »Wo wohnt man,
wie gelangt man, ohne den Besitz eines eigenen Wagens, in
Festkleidung zum Festspielhaus und wieder zurück in die
Stadt, wo kann man sich die Zeit vertreiben bis zum Auf-
führungsbeginn am frühen Nachmittag? Und vor allem: wo
erhält man in den von Wagner angeordneten einstündigen
Vorstellungspausen etwas zu essen?«[18] Essens-, Wohnungs-
und Transportprobleme stellen sich für May und ihre Eltern
nicht. Henning von Arnim holt alle am Bahnhof ab und
bringt sie in die Alexanderstraße 4, wo die Kaufmannswitwe
Maria Specht Räume an Logiergäste vermietet. Aus dieser
Privatpension macht Louey in einem Brief an Jessie das beste Hotel Bayreuths . . . Sofort wird klar, daß der Graf zum
inneren Zirkel der Wagnergemeinde zählt. Er scheint einfach jeden zu kennen, mit der Hohen Familie ist er gar
befreundet, und eine ganz besonders enge Bindung besteht
zu Cosima Wagner, eine sehr gute Bekannte schon seiner
Eltern. Auf ihre Meinung legt Henning größten Wert, ihr
will er May vorstellen. Die beiden Beauchamp-Damen kleiden sich mit besonderer Sorgfalt, und Louey ist es eine gewisse Beruhigung, daß sie selbst »sehr hübsch aussah, wie
einige sagten«.[19] May trägt ein cremefarbenes Seidenkleid,
wiederum ein Geschenk ihrer Schwester Chaddie; sie
schmückt es mit einigen Rosenknospen aus einem Bouquet
von Henning. Louey und Henry kehren nach diesem Empfang sehr nachdenklich in ihre Pension zurück. Glanz und
Bedeutung der anwesenden Gesellschaft haben sie stark beeindruckt und aufs neue verunsichert: »Er und seine Familie
sind viel zu vornehm für uns.«[20] Wie kindlich ihre May
neben dem Grafen wirkte. Freilich, er wich keinen Moment
von ihrer Seite und präsentierte sie stolz allen seinen Bekannten. Doch es ist nicht zu übersehen, daß May als seine

Frau eine Stellung einnehmen würde, auf die sie in keiner Weise vorbereitet ist. Und sie bleiben dabei: es scheint mehr denn je unwahrscheinlich, daß er ihre Tochter wirklich heiraten will.

Das ist allerdings genau das Gegenteil des Eindrucks, den Arnim erwecken wollte. Diese offizielle Präsentation Mays als seine Braut sollte ernste Absichten zum Ausdruck bringen, ihre Eltern beruhigen. Dennoch ist ihm klar, daß er noch einige Zeit benötigen wird, um finanzielle Angelegenheiten zu regeln, bis dahin kann es nach seiner Überzeugung keinen festen Hochzeitstermin geben. Aber die Gegenwart Mays möchte er schon genießen. Während Henry die ganze Sache verdrossen und unkend beobachtet, stellt sich Louey noch klaglos den Anforderungen als Anstandsdame, und das ist in Bayreuth äußerst aufwendig! Jeden Abend während der Festspielwochen muß May zur Oper begleitet werden, wo sie mit Henning »allein« die Aufführung bis zur Pause verfolgen darf. Dann haben die Eltern dem Paar beim Essen Gesellschaft zu leisten. Während der zweiten Hälfte der Aufführung können sie wieder in ihre Pension gehen, müssen aber warten, bis gegen elf Uhr der Graf May zurückbringt.

Wie stolz Henning auf seine Eroberung ist, macht er deutlich durch das Arrangieren eines Musikabends für May. Sie soll vor einem kleinen Kreis geladener Gäste Stücke von Liszt spielen. Die Wahl des Komponisten ist eine Verbeugung vor der anwesenden Liszt-Tochter Cosima und zugleich vor seinem eigenen Klavierlehrer. Die Interpretin sieht sich also einem hohen Anspruch ausgesetzt, auf bewunderungswürdige Weise wird sie ihm gerecht.

Die Festspielwochen ziehen sich hin, Mays Eltern überkommt Langeweile. Henry beschließt, allein eine kleine Extratour nach Nürnberg zu machen. Und Louey läßt sich nur zu gern davon überzeugen, Henning würde es auch ohne ihre Unterstützung schaffen, darauf zu achten, daß May in den Pausen genug zu essen bekommt. Doch es dauert nicht lange, und das Essen wird durch einen Spaziergang ersetzt, und nach wiederum kurzer Zeit kehren May und Henning nach der Pause nicht mehr ins Festspielhaus zurück. Bald gibt es – zumindest nach dem Eindruck der Braut – im Umkreis von fünf Meilen keinen Baum in Bayreuth, unter dem May nicht geküßt worden wäre.[21]

May ist geschmeichelt, ja verliebt – und voller Zweifel, wie die aufmerksame Beobachterin Louey feststellt. »Nach wie vor finde ich, es wäre besser für sie, wenn sie jemanden aus ihren Kreisen heiratete. Ich kann mir nicht vorstellen, daß sie mit ihm glücklich wird. Er ist ihr völlig ergeben und ließe es sich nicht träumen, daß sie auch nur einen Augenblick wankend wird, aber es gibt Phasen, in denen sie sich nicht ganz sicher ist, und doch fühlt sie sich einsam und elend, kaum daß er ein paar Stunden weg ist. Dennoch sieht sie mit mir ein, daß ihr Leben ziemlich schwierig werden wird . . . die Frage ist: liegt ihr genug an ihm, daß sie uns alle hier verlassen und ihr Leben ihm weihen kann.«[22] Und doch will niemand zu diesem Zeitpunkt die Entwicklung stoppen: Henning von Arnim ist nun mal ein attraktiver Ehekandidat.

Anfang August reisen die Beauchamps zu einem längeren Aufenthalt nach Dresden. Ein Grund: auf dringenden Rat ihres Verlobten lernt May Deutsch, um später mit den Dienstboten umgehen zu können![23] Von dort aus fährt Henry nach Berlin, er will Henning von Arnim in dessen Stadthaus in der Genthiner Straße 5 treffen. Mr. Beauchamp ist sehr, sehr beeindruckt: »Es ist prächtig möbliert, wirklich wertvolle Sachen.«[24] Henry bringt den Grafen für einen Tag mit nach Dresden. Dann hat er das Gefühl, alles sei nun gut geregelt, es würde nur noch wenige Monate dauern, bis May Gräfin Arnim ist. Und er fährt nach London. Am Ankunftstag wird es spät in der Westover Road, denn Henry hat den Söhnen viel zu erzählen. Es ist der 31. August 1889, Mays dreiundzwanzigster Geburtstag. Henning schenkt ihr ein Armband. Das gibt noch einmal angenehmen Stoff für einen Brief an Jessie ab, doch dann sind Loueys Reserven endgültig erschöpft. Daß sie sich langweilt, mag sie zwar nicht direkt zugeben, klagt aber, nicht ewig lesen und lernen zu können, wie es May tue. Louey fühlt sich isoliert und, wie sie Henry schreibt, »gereizt, krank und jämmerlich«.[25] Also macht dieser sich umgehend wieder auf den Weg nach Deutschland und erlöst sie: Beide Damen sollen mit ihm zurück nach England kommen. Ein kurzer Zwischenstopp bei Henning in Berlin wird zu einem deutlichen Gespräch unter Männern genutzt, doch es bringt nicht die angestrebte Nennung eines Hochzeitstermins. So kehren die drei am 25. Oktober 1889 ziemlich enttäuscht nach London zurück. Dort können sie sich wenigstens mit Sydney freuen. Er hat seine Studien mit Erfolg abgeschlossen (er ist nun B. A. (Cantab.)), eine neue Wohnung bezogen, in der Henry, Louey und May für einige Zeit unterschlüpfen, und eine junge Dame kennengelernt, mit der er sich kurz darauf verlobt. Die Wohnung, 146, Cromwell Road, ist so ausgewählt, daß Sydney seine Praxis darin betreiben kann: zentral gelegen und daher laut. Erst Mitte 1891 werden Louey und Henry 91, Addison Road mieten können, ein kleines Haus mit Garten. Doch selbst die dadurch verursachten Kosten beunruhigen den Familienvater: ». . . lange Rechnungen für ›et ceteras‹ laufen in unserem neuen Heim ein. Muß Religion, Philosophie und Bankguthaben in Anspruch nehmen.«[26] Um ein letztes eventuelles Heiratshindernis zu beseitigen, wird May am 14. März 1890 bei Hof vorgestellt. Sie ist unglücklich. Wieder zu Hause in der Familie wird ihr klar, daß sie auf Hennings Aufmerksamkeiten nicht mehr verzichten will. Trotz gewisser Bedenken, die sie sich durchaus eingesteht, sieht sie doch letztendlich in einer Verbindung mit dem Grafen Arnim die Chance ihres Lebens. Vergessen sind die feministischen Träume, nur das Cottage geht ihr nicht aus dem Sinn. May mietet es in Goring an der Themse als Schauplatz für einen ganz speziellen Akt der Selbständigkeit und löst damit eine Entwicklung aus, deren Stationen sich im Tagebuch ihres Vaters nachlesen lassen:

9. Juni 1890: »Brachte Louey zum *Hazel Cottage*, Goring, wo May eine Wohnung hat.«

15. Juni 1890: »Louey, May & Arnim in Goring.« Als Arnim abreist, verläßt auch Louey Goring. Aber schon am

25. Juli 1890: »Arnim gestern eingetroffen, um May in ihrer Einsiedelei im *Hazel Cottage*, Goring, zu besuchen. Louey fuhr gestern hin, um auf Posten zu bleiben.«

3. August 1890: »Louey die ganze Woche in Goring« – bis zur Abreise Arnims am 6. August nach Berlin.

21. August 1890: »Arnim wieder in Goring aufgetaucht. Kate L. spielt dort den Anstandswauwau, da Louey unpäßlich ist.«

31. August 1890: »Louey seit Mittwoch in Goring, um ein Auge auf das Liebespaar zu haben.«

3. September 1890: »Die Zelte in Goring abgebrochen. Arnim aß mit uns in der Cromwell Road[27] und reiste nach Deutschland ab.«[28]

Und erklärte sich immer noch nicht! Die Beauchamps sind mit ihrem Latein am Ende. Mehr Entgegenkommen ist nicht möglich. Am 17. September verläßt May mit Lomasch, ihrem deutschen Mädchen, England, um sich eine vierwöchige Trostreise nach Cadenabbia zur Chad-Lassetter-Clique zu gönnen. Ob das den gewünschten Erfolg bringt, ist mehr als fraglich, denn sie wird dort konfrontiert mit den Vorbereitungen zur Hochzeit ihrer Cousine Belle Lassetter, die am 11. November stattfindet. Resignation macht sich breit, und am 30. November schreibt das Familienoberhaupt Henry nach Absprache mit seiner Tochter einen deutlichen Brief an Henning. Doch insgeheim hat der unverbesserliche Optimist noch nicht aufgegeben: als am 7. Dezember eine Taube den Kamin in seinem Ankleidezimmer herunterkommt, hält er dies für ein gutes Omen. Nun, Henry sollte recht behalten: Was sich zunächst als Unglück darstellt, geht am Ende in jeder Beziehung gut aus: Anfang 1891 wird Louey krank, eine Operation notwendig, von der sie sich letztlich gut erholt.[29] Keine Woche nach dem Eingriff – am 3. Februar – trifft Henning von Arnim ein. Und wiederum drei Tage später: ». . . mit Arnim & May . . . zum Notar und zum deutschen Konsulat wegen Heiratserlaubnis und Ehevertrag.« Nun überschlägt sich die ganze große Beauchamp-Familie in Hochzeitsvorbereitungen. Am Samstag, dem 21. Februar 1891, ist es geschafft: »Um 13 Uhr Arnim mit May vermählt. Hinterher Imbiß bei Laura, 7, Prince of Wales Terrace, die freundlicherweise ihr Haus für diesen Anlaß zur Verfügung stellte. Das glückliche Paar reiste um Viertel vor drei ab nach Paris . . . Stimmung der beiden bestens – wie alles.«[30]

Aus Mary Annette Beauchamp wird eine Gräfin Arnim. Als Ort der Trauung verzeichnen die Heiratspapiere St. Stephen, Gloucester Road, London, und als Profession von Bräutigam sowie Brautvater ganz einfach: Gentleman. Am Nachmittag tritt das junge Paar seine Hochzeitsreise nach Paris an. Die Gräfin trägt ein heliotropfarbenes Kostüm mit schwarzen Samtbesätzen, dazu eine kleine schwarze Kappe mit Pelzdekoration, eine Pelzboa und einen Muff. Sie wirkt

*Ein ungleiches Paar: Henning August und Mary Annette, Graf und Gräfin Arnim-Schlagenthin, Anfang der 1890er Jahre.*

in dieser etwas bombastischen Aufmachung besonders zierlich und jung im Vergleich zum Grafen. Noch ist May überzeugt, einen Mann gefunden zu haben, der sie verwöhnen wird, der ihre Liebe zur Musik teilt, der interessante Leute kennt und in großen Häusern verkehrt, somit ihr selbst einen prächtigen Rahmen bieten kann. Die Tage in Paris sollen standesgemäßer Auftakt sein für eine erfolgreiche, möglichst auch glückliche Ehe. Freilich, seit der ersten Umarmung auf dem Glockenturm des Doms in Florenz hat sich an Mays unbehaglichen Gefühlen in Arnims nächster Nähe nichts geändert. Und in Paris verstärkt sich ihr Eindruck. Sie habe keine »Begabung für Hochzeitsreisen«,[31] wird sie später einer ihrer Romanheldinnen in den Mund legen und auch noch deutlicher werden: ihr Ehemann »roch niemals so, wie er sollte«.[32]

Nach Berlin zurückgekehrt, findet sich die Gräfin in einer lauten Mietwohnung wieder. Das »prächtig« möblierte Haus mit den »wirklich wertvollen Sachen«, das Henry so bewundert hatte, ist verkauft, mit dem Geld wurden Schulden abgetragen. Doch für May heißt es, diesen Schock schnell überwinden, denn sie, die noch vor einigen Monaten von ihrer Mademoiselle eine »petite sotte«[33] genannt worden war, steht nun einem Haushalt vor, soll Dienstboten anleiten und das in einer Sprache, die sie nur unzulänglich beherrscht. Dabei fühlt sich die junge Frau unter Erfolgszwang, denn sie muß Einladungen geben und sieht sich scharfer Beobachtung ausgesetzt: einmal natürlich, weil manche Besucherin sich in der Bedeutung der eigenen Leistung um so mehr bestätigt sieht, je häufiger der Anfängerin Schnitzer unterlaufen, zum anderen, weil Berlin, ja ganz Deutschland, eine patriotische Phase durchlebt und alles Fremde ohnehin extrem kritisch beäugt wird. Henning ist seiner Frau in dieser schwierigen Anpassungszeit keine große Hilfe. Es ist, seinem Rollenverständnis entsprechend, allein ihre Sache, wie sie das Problem löst, den gesellschaftlichen Status derer von Arnim-Schlagenthin[34] durch die Führung des Haushalts angemessen zu repräsentieren. Seine Aufgabe sieht Henning von Arnim darin, diesen Status durch die Pflege von Beziehungen und die Beschaffung der erforderlichen Mittel abzusichern. Daß beides nicht von zu Hause aus erledigt werden kann, versteht sich von selbst. Doch May hat eine kleine Fluchtmöglichkeit entdeckt: Sie liebt es, sich aufs Rad zu setzen und ein gutes Stück durch Berlin zu fahren. So kann sie in aller Ruhe ihre Gedanken ordnen und wohl auch manche Frustration loswerden. Doch nur zu bald wird ihr klar, daß sie diesen Sport aufgeben muß und ihr nur noch Spaziergänge mit der Dackelhündin Cornelia bleiben, die sie, ebenso wie den Verlobungsring, von Hennings erster Frau erbte. May ist schwanger – und sie genießt es nicht. Sie empfindet die körperlichen Veränderungen als beängstigend, die Reaktion ihrer Umgebung, die eine Entbindung, zumal vom künftigen Träger eines alten Namens, zum heroischen Akt hochstilisiert, als nicht hilfreich. May hat Heimweh. In England wären ihre Mutter und ihr Bruder Sydney, der Arzt. Da würde sie sich sicher fühlen. Doch Henning lehnt die Bitte, das Kind in England bekommen zu dürfen, kategorisch ab. Sein Stammhalter muß in Deutschland geboren werden. Nach sechsunddreißig Stunden in den Wehen bringt May am 8. Dezember 1891, nach gut neun Ehemonaten, ihr erstes Kind zur Welt – ein Mädchen. Irgendwelche Erleichterungen für die Gebärende gibt es nicht. Während der langen, schweren Geburt steht ihr kein mitfühlender Mensch zur Seite, sondern ein Arzt, der ihr klarmacht, daß Schmerzen einfach dazugehören, was jede tapfere Frau möglichst klaglos zu akzeptieren habe. Mangelndes medizinisches Wissen über den

Mary Annette (May) mit einer der Töchter, vermutlich ist es Evi, die Erstgeborene, das April-Kind.

*Henning von Arnim-Schlagenthin, der Töchter-Vater.*

Umgang mit Chloroform und mehr noch religiöse Vorbehalte – »unter Schmerzen wirst Du Deine Kinder zur Welt bringen«! – sind Ende des 19. Jahrhunderts Gründe für diese weitverbreitete Haltung. May hat keine Chance, sich körperlich und seelisch von dieser Erfahrung zu erholen, denn sie bekommt eine äußerst qualvolle Brustdrüsenentzündung mit sehr hohem Fieber. Die Stunden und Tage, während sie in den Randbereichen des Bewußtseins schwebt, während sie nur Schmerz und Todesangst fühlt, werden sie verändern. Henning ist zwar sehr erleichtert, daß sich das Unglück seiner ersten Frau und seiner ersten Tochter nicht wiederholten, aber *sein* Leben hat keine entscheidende Wende erfahren – ein Sohn hätte seinen Gefühlshaushalt stärker durcheinandergewirbelt. Auch Henry reagiert auf das Ereignis in Mays Augen unsensibel, wenn er seine Gratulation zur Geburt mit der Empfehlung verknüpft, nur ja das Kind nicht zu verwöhnen.[35]

May ist weit davon entfernt, sich an diesen Rat zu halten. Eva Sophie Louise Anna Felicitas von Arnim-Schlagenthin[36] ist der Augapfel ihrer Mutter. Im gleichen Maß, wie May sich von ihrer Umgebung zurückzieht, wendet sie sich dem Kind zu, beugt sich »in mütterlicher Verzückung über die Wiege«.[37] Evi entwickelt sich tatsächlich zu einem besonders hübschen und freundlichen Kind, und ganz allmählich beginnt May, ihre Depression zu überwinden. Bittere Selbstironie schwingt mit, wenn sie sich mit ihrer Dackelhündin vergleicht: »Zur selben Zeit, als ich mein erstes Kind bekam, wurde auch Cornelia Mutter; aber während ich nur eines hatte, konnte sie deren sechs aufweisen. Wenn man dieses halbe Dutzend so ansah, war man versucht zu glauben, daß ihr Wochenbett sechsmal so lange gedauert hätte wie das meine. Keineswegs! Sie stand sofort auf und lief nach einer Woche wieder so munter herum wie nur je, während ich die Wochen nicht zählen möchte, die vergingen, ehe ich mich nur einigermaßen erholte, von einem Muntersein ganz zu schweigen. Ich glaube, daß ich niemals wieder so munter wurde wie früher.«[38]

Als Evi etwa fünf Monate alt ist, fühlt sich May jedenfalls ausreichend gefestigt, um nach England zu fahren. Sie möchte sich als stolze Mutter ihren Verwandten und Freundinnen präsentieren und bleibt eine Woche. Knapp einen Monat später kommt sie erneut, dieses Mal mit Henning, für fünf Tage. Und als Henry und Louey ab August ein Sommerhaus im ländlichen Woodbury Green beziehen, ist die Tochter bis zum September dabei, zeitweise in Hennings Begleitung. In diesen Wochen wird May klar, daß sie wieder schwanger ist. Sie sucht Unterstützung bei Eltern und Bruder für den Plan, das Kind in England zu bekommen, doch wie zuvor lehnt Henning ab. Ganz offensichtlich ist May in Panik wegen der bevorstehenden Geburt, und so bringt Henry Chaddie im Februar nach Berlin, sie soll der Schwester beistehen. Als Elisabeth Irene, genannt Liebet, Lieb, am 15. Februar 1893 geboren wird, hat ihre Mutter exakt das gleiche durchzumachen wie gut vierzehn Monate zuvor. Lediglich die Mastitis bleibt ihr erspart. Und bevor sie sich richtig erholt hat, ist sie schon wieder schwanger! May ist außer sich. Dieses Mal läßt sie sich nicht halten. Das Kind wird in London geboren werden, ihr Bruder wird dabeisein, und sie wird, wenn sie es wünscht, Chloroform bekommen. Nie mehr will sie so unsinnig leiden wie bei den beiden Geburten in Berlin. Henning spürt, daß er nachgeben muß. Vor allem, weil May nun ein starkes Argument hat: die kleine Liebet war infolge einer Impfung lebensbedrohlich an Blutvergiftung erkrankt, Zweifel an der Kunst deutscher Ärzte waren aufgeflammt.[39] Anfang November treffen Mutter und Töchter in Begleitung einer

Amme aus dem Spreewald im Haus Nr. 91, Addison Road ein, zwischen Weihnachten und Neujahr wechseln sie in eine eigene Wohnung ganz in der Nähe der Eltern und des Bruders Sydney: »Die Deutschen räumten heute nachmittag ›Nr. 91‹, und wir werden sie alle vermissen, da sie unser oberes Stockwerk seit dem 1. November mit Fröhlichkeit und Leben erfüllt haben. Gräfin Elisabeth wollte nicht weg – wehrte sich mit Händen und Füßen dagegen und schrie, wurde aber von May tüchtig verdroschen, bis sie gehorchte.«[40] Auch gegenüber ihrem englischen Personal tritt May energisch auf: zwei Wochen in Diensten und schon entlassen – weil die Qualitäten doch nicht die gewohnten preußischen sind!? Louey ist gefordert, praktische Hilfe zu leisten, Henning kommt mehrmals für ein paar Tage zur moralischen Unterstützung. Am 3. April 1894 wird schließlich Beatrix Edith, die dritte Tochter, so sanft geboren, wie es sich ihre Mutter gewünscht hat.

»Die arme kleine May, inmitten von Babies...«,[41] und doch gelingt es ihr, sich hin und wieder loszueisen, sich in das gesellschaftliche Leben Londons einzufädeln. Sie lebt auf in dieser Stadt, die ihr so vertraut ist. Sie freundet sich mit Maud Ritchie an, einer guten Bekannten schon ihres Bruders Harry, mit dem die begabte junge Dame zu musizieren pflegt. Mit ihr geht May ins Theater und sieht Sarah Bernhardt als *Kameliendame* so oft wie nur irgend möglich.[42] Ganz London steht im Bann dieser sich phantastisch inszenierenden Schauspielerin. Bei einer solchen Gelegenheit lernt May eine Freundin Miss Ritchies kennen, Maud Stanley, eine handfeste Feministin, in deren Salon avantgardistische Gedanken offen und tolerant diskutiert werden. Aber diese Dame beschränkt sich nicht nur aufs Reden, sondern sie setzt beispielsweise ihren Ehrgeiz daran, den Londoner Strichmädchen Alternativen zu ihrer Arbeit zu eröffnen, indem sie ihnen Unterricht in Handarbeit und gutem Benehmen erteilt – ein Feld der Sozialarbeit, das schon vierzig Jahre zuvor Queen Victorias Finanzminister Gladstone kühn beackert hatte.[43] In Maud Stanleys Begleitung befindet sich deren Neffe John Francis Stanley Russell, Viscount Amberley, Enkel eines Premierministers. Er ist achtundzwanzig Jahre alt, also im gleichen Alter wie May, groß, gutaussehend, mit altmodisch-langen blonden Locken und exzellenten Manieren. Seine schäbige, wenngleich sichtbar teure Tweedjacke, seine edle alte Pfeife entsprechen voll und ganz dem romantischen Habitus des englischen Landedelmannes, »wie ein echter Lord«.[44] Er ist, so wie Henning von Arnim auf die preußische Art, die britische Version des Typs von Mann, der Mays Aufmerksamkeit erregt. Francis erinnert sich später an diese Zeit des Kennenlernens: 1894 habe er eine sehr charmante, attraktive, kunstsinnige Dame getroffen, mit der er die Bewunderung für Sarah Bernhardt teilte. Gemeinsame Theaterbesuche schufen damals eine Stimmung, in der beide glaubten, ineinander verliebt zu sein. Ganz entzückende Liebesbriefe habe die Dame ihm geschrieben, und er habe den überaus anregenden Umgang mit ihr in vollen Zügen genossen.[45]

Bis Mitte Juni bleibt May in London, dann fährt sie für zwei Wochen allein nach Berlin. Zur Taufe der jüngsten Tochter am 1. Juli ist sie mit Henning wieder zurück, um danach endgültig nach Berlin abzureisen. Die mittlere Tochter, Elisabeth, bleibt für acht Monate bei den Großeltern.

May hat während ihrer Londoner Zeit einen Entschluß gefaßt. Da sie, wie später oft von ihr spöttisch geäußert, schon schwanger wurde, wenn Henning in ihrer Gegenwart nur nieste, will sie ihn künftig auf Abstand halten. Sie ist felsenfest davon überzeugt, daß er nur Töchter haben wird,

*Eine Arnim-Tochter – wahrscheinlich Liebet, das ›May‹-Kind,*
*mit Großvater Henry Herron Beauchamp.*

und will die Kette der Versuche, einen Erben zu bekommen, nicht weiter fortführen. Henning ist wütend. Er macht ihr Vorhaltungen, die Bedeutung eines männlichen Nachkommen für eine so alte Familie, deren Mitglied sie nun schließlich sei, nicht hoch genug einzuschätzen. Doch bestärkt durch den Einfluß ihrer neuen englischen Freunde zeigt sie sich unnachgiebig. Aber alle sonstigen Aufgaben versucht sie perfekt zu lösen. Sie vertieft sich in die Finessen der deutschen Sprache und ist bald in der Lage, sie nuanciert in Gesellschaft anzuwenden. Graf und Gräfin Arnim pflegen zahllose Kontakte, vorzugsweise in Adelskreisen – von Bassewitz, von Berlepsch, von Bredow, von Brockdorff, von Dirksen, von Eulenburg, von Faber, von Gersdorf, von Helmholtz, von Mohl, von Perponcher, von Riepenhausen, von Rosenberg, von Seckendorf, von Wedel, von Zedwitz, von . . . , von . . .: leicht ließe sich die Reihe verlängern.[46] Auch Einladungen des spanischen, niederländischen, türkischen Botschafters oder der japanischen Vertretung sind, wie alle anderen Verabredungen, in Mays Tagebuch notiert – in dieser Zeit wird es eifrig wie eine Tanzkarte geführt.

Mode ist ein wichtiges Thema. Ende Januar sucht May Frau von Riepenhausens Schneider auf, um dort deren neue Hofrobe zu begutachten und sich Anregungen zu holen. Eine Kappe, Handschuhe, Bänder, Federn, ein Schleier, ein Fächer, Pelzwerk, schließlich das große Gesellschaftskleid mit Schleppe – das kleine Persönchen staffiert sich eindrucksvoll heraus.[47] Zofe Lomasch, die ihre Rolle schon in Goring einüben konnte, richtet der Gräfin das Haar, bückt sich, um ihr die Schuhe zu schnüren oder Dinge aufzuheben, öffnet für sie die Tür und knickst im richtigen Moment. Mittlerweile beherrscht May auch alle »Höflichkeitstricks«[48] und ist sich über den Unterschied zwischen »Hochgeboren« und »Wohlgeboren« ebenso im klaren wie

*May mit den in rascher Folge geborenen Töchtern*
*Evi, Liebet und Trix.*

darüber, daß sie als »Hochgeborene«, wenn auch angehei-
ratete, möglichst keine »Wohlgeborenen« zum Essen einladen sollte. Die komplizierte Kunst des richtigen Umgangs
mit Visitenkarten hat sie geschickt aus Tante George[49] her-
ausgefragt. Jüngste politische Entwicklungen machen es für
May doppelt notwendig, sich letzten gesellschaftlichen
Schliff zu geben: Nach dem Tod Wilhelms I. und der kurzen Regentschaft Friedrichs III. im Dreikaiserjahr 1888 hat
ein junger ehrgeiziger Kaiser, Wilhelm II., in Berlin die politische Bühne betreten. Schnell kommt es zu Differenzen
mit Bismarck, die in dessen Entlassung gipfeln. Harry von
Arnims Sohn und dessen Frau müssen den Hof nicht mehr
meiden:

29. Januar 1896: »Ging mit H. zum Defilee bei Hofe. War
angetan und unterhielt mich blendend.«

Aber auch:

10. Februar 1896: »Ging abends mit H. zum Konzert des
Wagnervereins, wo Lilli Lehmann sang . . .«[50]

14. Februar 1896: »Ging zum Ball bei Böttichers. Sehr
nett.«[51]

Selbstverständlich muß das eigene Heim Repräsenta-
tionszwecken dienen: May kauft Massen von Tulpen,
Narzissen, Maiglöckchen, Mimosen – eine luxuriöse Angelegenheit im tiefsten Berliner Winter. Dennoch ist die Wirkung unbefriedigend, ab Februar suchen die Arnims eine
neue Wohnung.[52] Welche Erleichterung, wenn sich die
Töchter ins harmoniebetonte Bild fügen: »Evi-Felicitas
heute besonders entzückend« anläßlich einer Teegesell-
schaft mit wichtigen Freunden ist wert, im Tagebuch notiert
zu werden, aber auch: »Evi ein Fiasko«[53] beim Besuch der
vornehmen Verwandtschaft.

May weiß mittlerweile, von welcher Art die Erziehung
der Mädchen sein muß. Henning hatte schon ein fertiges

Konzept für seine Söhne, die Eltern sehen keinen Grund, für die Töchter wesentlich davon abzuweichen. Eine ganz und gar nicht selbstverständliche Haltung im wilhelminischen Deutschland. Kurz, May hat ihre Rolle als Hausfrau und Mutter akzeptiert, ja sie als Herausforderung angenommen. Den anderen, den »sogenannten« ehelichen Pflichten verweigert sie sich indessen.

Berlin: ein Netzwerk gesellschaftlicher Verpflichtungen, kultureller Anregungen. Und doch ist der nach Lebenslauf und Neigung urban geprägte Henning erstaunlich oft gerade dort nicht anzutreffen. Unterwegs in Pommern, inspiziert er seine Güter. Eines davon wird künftig die Bühne fürs Arnimsche Familientheater abgeben, nicht nur mit neuen Kulissen, sondern auch mit umgeschriebenen Hauptrollen.

*Eine der Töchter, es ist wohl Evi, aufgenommen vom Arnimschen Photographen C. Brasch, Berlin, Leipziger Str. 9. In dieses Bild ließ Elizabeth später einen kleinen Hund hineinkopieren und gab es als eigenes Kinderportrait mit Bijou, ihrem ersten Hund, aus.*

## Kapitel II: 1896-1898

*»Was bin ich doch für eine glückliche Frau, daß ich in einem
Garten lebe, mit Büchern, Kindern . . . und reichlich Muße . . . «*
Elizabeth und ihr Garten

Von Bedeutung ist: am 1. Januar 1896 beginnt May ihr
Tagebuch[1] mit »Schrieb nachmittags *F. W.*«.[2] Bis in den
Juni hinein findet sich diese Abkürzung, deren Bedeutung
nicht erklärt wird. Unter dem 13. Februar 1897 dann die
Eintragung: »Noch einmal die ersten sieben Kapitel von
*Amelia's Husband* durchgelesen und beschlossen, damit
fortzufahren.«[3] Und sie experimentiert weiter, vom Abschluß einer anderen Arbeit ist am 6. November zu lesen:
*The Tearose* erzählt die Geschichte eines jungen Mädchens,
das dem drängenden Bräutigam die Hochzeit versprochen
hat, wenn alle Teerosen in ihrem Garten aufgeblüht sind.
Der junge Mann beobachtet verständlicherweise voller Un-
geduld das allmähliche Sichentfalten der Knospen. Aber
auch die Mutter der Braut durchstreift kritischen Blicks tagtäglich den Rosengarten, allerdings mit ganz gegensätzli-
chen Empfindungen: Sie fürchtet um ihre Bequemlichkeit,
wenn die Tochter das Haus verläßt. Die Handlung kulmi-
niert – und stürzt ab! – in der Zerstörung der Pflanzen am
Tag nach einer heftigen Auseinandersetzung – von wem
und warum das Frevelwerk vollbracht wurde, läßt die Autorin leider offen. Ihr selbstkritisches Urteil über das fertige
Werk: »Las es und fand es sehr unausgegoren. Schloß es weg
und begann abzuschreiben, was ich von *German Garden* geschrieben habe, weil es mir viel besser vorkommt.«[4]
   Oh, ja! Nicht die Zerstörung eines Gartens, sondern dessen Wachsen und Werden ist das Thema, das sie authen-

tisch gestalten kann, nicht Ströme von Leidenschaft und wilder Aktionismus, sondern kanalisierte Emotionen und sanft dahinplätschernde Handlung entsprechen dem Lebensgefühl, das sie perfekt idealisiert. Eine literarische Vorlage und eigene Eindrücke hatten sich ihr aufgedrängt. Die literarische Vorlage ist Alfred Austins *The Garden that I Love*, das eigene Erleben intensive Naturbeobachtung in Pommern. Doch welch ein Unterschied zum würdevollen Poeta laureatus Austin.[5] Unter der so angenehm glatten Oberfläche ihres Textes spitzt immer wieder ungezügelter Widerspruchsgeist hervor: Die Autorin weiß um die Preise, die eine Frau wie *Elizabeth of the German Garden* für die Inszenierung der beschriebenen Idylle entrichten muß. Und wie die Sache ausgeht, ob sie immer bereit sein will und wird, sie zu zahlen, ist durchaus nicht entschieden.

Zunächst schreibt sie sich einfach frei: frei von den traumatischen Erlebnissen bei den Geburten ihrer Töchter, frei vom Druck ihrer gesellschaftlichen und familiären Stellung, das Stadium der Liebesbriefe an einen Freund fern in London entschieden hinter sich lassend. May folgt damit einem Trend, der in ihren neuen Londoner Kreisen mit Sicherheit auf Anerkennung gestoßen ist. Schreibende Frauen sind ganz und gar keine Rarität. Beachtlich ist jedoch der Biß, den sie zeigt. Viele Jahre harten Musikstudiums hinterließen deutliche Spuren, denn mit dem gleichen Fleiß, der gleichen Ausdauer dient May jetzt ihrer neuen Muse. Aber es wird noch ein wenig dauern, bis sie sich – anonym – an die Öffentlichkeit wagt.

Gut möglich, daß *The Garden that I Love* ein Mitbringsel von Laura (Mouse), Annie und Pos(e)y war. Der Besuch dieser drei Damen war am 6. September 1896 unter Necken und Gelächter in London abgesprochen worden[6] – als Lockmittel diente das sagenhafte neue Domizil der Arnims in

Pommern. Henry und Louey hatten sie zum Dinner in die Addison Road geladen, eine der vielen Festlichkeiten, die im Umfeld von Mays dreißigstem Geburtstag am 31. August stattfanden: »Löbliche Versuche, ihn nach deutschem Brauch zu begehen, mit eher kläglichem Erfolg.«[7] Daß May überhaupt in England feiern konnte, hat eine turbulente Vorgeschichte – nachzulesen in ihrem Tagebuch:

9. Juni 1896: »An H. geschrieben mit der Bitte, mich zu Griefies Hochzeit fahren zu lassen.« (Es handelt sich um die Hochzeit von Mays Bruder Harry. Sie muß Henning schriftlich um Erlaubnis für die Reise bitten, da er unterwegs ist – und Mays Status in der Partnerschaft noch nicht die Selbständigkeit späterer Jahre erreicht hat.)

18. Juni 1896: »H. wieder hier – ging ihm entgegen. Schmachvolle Szenen.«

3. Juli 1896: »Wollte schrecklich gern morgen den Zwölf-Uhr-Zug nach England nehmen zu Griefies Hochzeit. H. wütend, also kann ich nicht weg.«[8]

Ein verständlicher Fluchtversuch. Denn es sind nicht allein die Londoner Festlichkeiten, die sie treiben, sondern: »Im Haus gibt es Pflichten und Verdruß, Dienstboten, die man ermuntern und ermahnen muß...«[9] Und vor allem gibt es das Verwalterehepaar Schleck, das die Früchte von über zwei Jahrzehnten autonomer Herrschaft – seit Harry von Arnims Zeit ungestört genossen – gefährdet sieht und mit allen Mitteln um den weitgehenden Erhalt des Status quo kämpft. Für May und Henning sind sie Papst und Päpstin, ihr Haus der Vatikan... Stellvertretend für ihre Herrin haben sie es auf eins der Mädchen abgesehen, Emma, das schon in Berlin für May gearbeitet hatte.

9. Juli 1896: »Päpstin offenbarte mir Emmas Missetaten, und ich entließ das arme Mädchen.«

Etwa eine Woche später: »Ausgedehnter Besuch der Päpstin, die mir inzwischen unerträglich ist und nicht mehr auszuhalten.«[10] Zu allem Überfluß wird die Köchin krank. Mitten in diese Turbulenzen kommt Bernd von Arnim-Criewen, will einige Tage bleiben – ein unter normalen Umständen willkommener Besuch, nun aber zusätzliche Belastung. May ist gefordert, und sie entzieht sich nicht: »Bernd hier. Kochte den ganzen Tag.«[11] Das war am 30. Juni. Doch dann fährt sie – ohne Erlaubnis! Das Tagebuch ihres Vaters verzeichnet unter dem 27. Juli 1896: »Telegramm von May, daß sie heute abend mit Evi am Victoria-Bahnhof ankommt.«[12] Einen Monat lang schmollt Henning, dann überwindet er sich. Am Tag vor Mays Geburtstag taucht er plötzlich bei den Beauchamps auf, innerlich zwar längst bereit zur Versöhnung, aber nach außen noch kühl und widerborstig. Henry, der in seinem gutgemischten Portefeuille immer auch ein Plätzchen fürs Engagement im Getreidehandel reserviert hält, schließt gern vom Regionalen aufs Globale, ist daher ein interessierter Besucher von landwirtschaftlichen Ausstellungen und Vorträgen. Den fachkundigen Schwiegersohn nimmt er einfach mit, ohne sich um dessen Verstimmung zu kümmern. Henning taut auf, seine Frau ist bereit, den zweiten Schritt zu tun, auf ihn zuzugehen. Und so genießen bald alle das Beisammensein. Glücklich erzählt May nun den Freundinnen von ihrem neuen Zuhause, weckt deren Neugierde. Natürlich wollen die drei mit eigenen Augen sehen, was so paradiesisch sein soll an Pommern. Ein typisch deutsches Weihnachtsfest mit Schlittenfahrten durch knirschenden Schnee, mit lodernden Kaminfeuern und christbaumseligen Kindern, mit duftendem Glühwein und Bleigießen zum Jahreswechsel:[13] eine bezaubernde Vorstellung! Und so kommen Annie, Posy und Laura tatsächlich nach Nassenheide.

Nassenheide . . .

Frühmorgens am 8. März 1896 hatte die junge Gräfin zusammen mit ihrem Mann eine Reise angetreten. Sie fuhren mit der Bahn von Berlin nach Stettin und von da aus in einer Kutsche nach Nassenheide. Dort, inmitten von Ackerland und Wiesen, Heide und Wäldern liegt ein Landgut. Es gehört zum väterlichen Erbe Henning von Arnims. Viel Zeit hatte er in den letzten Monaten hier draußen verbracht, um die landwirtschaftlichen Möglichkeiten des Gutes zu erkunden und die unumgängliche Drainage der Böden zu überwachen. May begleitete ihn, um sich das alles anzusehen. Sie ließ sich Zeit, schlenderte zunächst ein wenig durch den öden, verlassenen Garten, wo ».. . weiß Gott welcher Geruch von nasser Erde oder verfaultem Laub schlagartig meine Kindheit in Erinnerung rief und all die glücklichen Tage, die ich in einem Garten verlebt hatte. Werde ich diesen Tag jemals vergessen? Es war der Anfang meines wahren Lebens, sozusagen mein Mündigwerden und der Eintritt in mein Königreich. Frühmärz, grauer ruhiger Himmel und braune ruhige Erde; kahl und etwas trist und wahrhaft einsam dort draußen in der Feuchtigkeit und Stille; doch da stand ich, und die fünf vergeudeten Jahre fielen von mir ab, und die Welt war hoffnungsvoll und ich weihte mich unverzüglich der Natur, und seitdem bin ich glücklich.«[14] Fünf vergeudete Jahre: das waren die Jahre im Lärm, Schmutz und Gestank der, trotz vielfältigen sozialen Eingebundenseins, ungeliebten Großstadt Berlin, gelegentlich unterbrochen von Sommerfrischen an der See mit den Kindern – nach Art einer Familie von Stand. Doch an diesem unfreundlichen Vorfrühlingstag hatte May ihre Vision vom Paradies. Plötzlich war es nicht mehr kalt und trostlos. Sie legte den Kopf in den Nacken und staunte über das Grün der Misteln in den bräunlich-schwarzen Kronen alter Bäume. Der Märzwind zerrte ihren Rock nach allen Seiten, als sie dann ein Stück weit in ein lichtes Birkenwäldchen hineinlief. Und »inmitten der verwelkten Blätter vom Vorjahre« fand sie »gleich kleinen Wasserlachen, Tümpeln, Bächen und an einigen Stellen in wahren Seen« Leberblümchen, die mit ihrem »himmlischen Blau« den Boden überzogen.[15] Sie entdeckte inmitten dieser Herrlichkeit ein altes, graues, vielgiebeliges Haus. Nicht umsonst ist May in einem Land aufgewachsen, in dem das feine Leben auf dem Lande Tradition hat, und sie erkannte sofort die Möglichkeiten, die das Anwesen bot. »Vermessungen vorgenommen«,[16] lautet folgerichtig die Eintragung der pragmatischen May ins Tagebuch. Das war der Anfang.

Zehn Tage später saß sie, nun wieder nach Berlin zurückgekehrt, auf einer sonnigen Bank im Tiergarten, in ein Buch übers Gärtnern vertieft. »Ging später zu Cohns & kaufte zwei Badewannen & vier Blechkannen für Nassenheide.«[17] In den darauffolgenden Monaten setzte sie alles daran, ihre Märzvision Wirklichkeit werden zu lassen. Viele Male mußte sie die Fahrt zwischen Berlin und Nassenheide machen, Handwerker finden und beauftragen, Dekorationen auswählen, vom eigenhändigen Nähen blauer Portieren und gelber Vorhänge ist in ihrem Tagebuch zu lesen. Viele Wochen verbrachte sie ganz in Nassenheide, um die Arbeiten besser überwachen zu können. Nach fast fünfundzwanzig stillen Jahren wurde es wieder lebendig in den alten Räumen. Und im Garten vollzog sich vor ihren Augen das alljährliche Wunder des Sich-Erneuerns der Natur.

»Das Haus ist uralt und ein paarmal erweitert worden. Es war vor dem Dreißigjährigen Krieg ein Kloster . . . Gustav Adolf II. und seine Schweden sind mehr als einmal vorbeigezogen«,[18] so kennt die Gräfin alte Überlieferungen der Geschichte Nassenheides. Im 18. Jahrhundert war das Gut in den Besitz von General Otto von Lepel übergegangen,

1786 hatte es sein Sohn Friedrich Wilhelm Graf von Lepel geerbt, auf den Wilhelm Heinrich Carl Graf von Lepel, preußischer Gesandter in Stockholm, folgte. Dieser war ein höchst kultivierter Mann, mit einer besonderen Vorliebe für den Süden Europas. Auf seinen Reisen sammelte er Samen von Pflanzen, nahm sie mit nach Pommern und experimentierte damit im Park von Nassenheide. Einige, wie Edelkastanien, Pyramideneichen, Magnolien, brachte er tatsächlich durch;[19] sie und ihr Nachwuchs waren fortan bestaunte Exoten in diesem nördlichen Landstrich. Flieder liebte Lepel wohl besonders, denn davon pflanzte er eine ganze Kollektion, von Gräfin Arnim später ergänzt. Auch die Anlage des formellen Gartenteils um die Sonnenuhr herum geht auf ihn zurück. Da er ohne direkte Nachkommen starb, erbte 1822 Eleonore Gräfin Henckel von Donnersmarck geborene von Lepel, Oberhofmeisterin der Großherzogin Maria Paulowna in Weimar (und Großmutter der Schwiegertochter Goethes), den Besitz. Von ihr erwarb ihn 1872 Harry Graf von Arnim, Hennings Vater, auf dem Höhepunkt seiner Karriere. Tatsächlich gelebt hatten die Arnims jedoch damals kaum in Nassenheide, denn sie gingen bald darauf ins Exil. (Aus dieser kurzen Glanzzeit stammen auch die von May später in ihren Büchern erwähnten Attribute herrschaftlichen Lebens, wie beispielsweise die wappenverzierte Kutsche und die Livreen der Diener.)

Die junge Gräfin orientierte sich nicht am örtlichen Geschmack, aber auch nicht am ihr bekannten repräsentativen Wohnstil der ehrgeizigen englischen Mittelklasse, als sie das »Schloß«, wie es die Leute der Gegend nennen, renovieren ließ. Statt der schmutzunempfindlichen, schokoladenbraunen Tapeten, die sie bei ihren aufs Pflegeleichte bedachten Gutsnachbarn – möglicherweise auch bei den Stettiner Familien, mit denen die Arnims verkehrten –

sehen konnte,[20] mochte sie die Wände lieber in klarem Weiß getüncht oder mit freundlich-floralen Mustern dekoriert. Statt wuchtiger dunkler Möbel bevorzugte sie helle leichte, in lockeren Gruppen angeordnet. Wie anmutig die Wirkung war, davon geben viele alte Photographien einen Eindruck. (Auf Drängen ihrer Lesergemeinde sind sie in spätere Auflagen von *Elizabeth and her German Garden (Elizabeth und ihr Garten)* von 1907 und dessen Ergänzung, *The Solitary Summer (Einsamer Sommer)* von 1910, aufgenommen worden.) Sie zeigen Familienerbstücke und Neuerwerbungen, Prätentiöses und Praktisches in geglückter Mischung. Es gab Gemälde, Bücher – sogar Erbstücke von Prinz August sind darunter –, Blumen im Überfluß und viele bequeme Sessel zum Hineinkuscheln, Entspannen. In der Bibliothek standen zwei Schreibtische, einer davon, der mit dem Fell unterm dazugehörigen Lehnsessel und den vielen gerahmten Photographien, ist zum Fenster hin gerückt, wir denken ihn uns als Mays häuslichen Arbeitsplatz. Nahe dabei ist die berühmte Büchersäule zu erkennen, allerdings keine Trittleiter oder Stufen – wie mag die kleine May wohl an ihre Idole Goethe, Keats, Thoreau, Whitman und vor allem Wordsworth herangekommen sein, die sie bevorzugt dort untergebracht hatte? Als, zögerlich und zunächst noch durch das Beibehalten einer Berliner Stadtwohnung abgesichert, Henning sich damit einverstanden erklärte, den Hauptwohnsitz der Familie aufs Land zu verlegen, kam der aufwendige Haushalt erst richtig in Schwung: Es gibt nicht wenige Kamine und Öfen, sie werden vorwiegend mit dem auf eigenem Grund gestochenen Torf beheizt – wie viele Körbe davon müssen herangeschleppt werden?, aber keine Elektrizität oder Gas – wer reinigt und füllt täglich die unzähligen Öllampen?, kein fließendes Wasser – wie viele Fuhren müssen wohl von der einzigen Pumpe auf dem Guts-

*Evi, Liebet und Trix, genannt April, May und June, vor ihrem »Schloß«,
dem 1896 von der Arnim-Familie bezogenen Gutshaus im
pommerschen Nassenheide (oben). Das Nassenheider
Parktor (unten).*

*Die Eingangshalle, ehemals die Klosterkapelle des Guts
in Nassenheide, die Bibliothek (unten).*

Die Bibliothek in Nassenheide: rechts im Bild (und in der Mitte der Abbildung Seite 72 unten) die berühmte Büchersäule mit Elizabeths jeweiligen Favoriten: Werke von Goethe, Keats, Thoreau, Whitman, Wordsworth.

gelände herbeigekarrt werden? Auch die Toilettenfrage ist
einfach rückständig gelöst: ein altes, krummes Weiblein,
von allen die Hexe genannt, hatscht noch vor der Morgen-
dämmerung von einem Nachtstuhl zum anderen, um zu ent-
sorgen und der Herrschaft seinen Anblick und den der
Exkremente zu ersparen; die Gerüche werden durch ständig
neue Desinfektionsgaben unterdrückt. Es gibt im ganzen
Schloß nur ein einziges Badezimmer! Was vormals Refugium einer Nonne war, ist nun Naßzelle. Auch an die
Wäscherei, das Bügelzimmer, das Schuhputzzimmer, den
Raum für die Pflege des Silbers, die Domänen von Butler
und Leibdiener und des sonstigen Personals, an Küche und
Vorratskammern ist zu denken.[21] Trotz oder gerade wegen
der Schattenseiten des herrschaftlichen Lebens: Nassenheide ist ein – hart erkämpfter – Traum. »Schuften«, so
nannte es May, und ihr Tagebuch vermittelt eine Ahnung
von der Arbeit, die im ersten Nassenheider Jahr geleistet
wurde. Am 22. Mai 1896 war das Haus in einem bewohnba-
ren Zustand, sie konnte es wagen, Mann und Kinder aus
Berlin zu holen. Unglücklicherweise fühlte sich Henning
nicht gut, ja, in Nassenheide wurde er richtig krank, und
May mußte ihn unter den erschwerten Bedingungen eines
nicht voll funktionsfähigen Haushalts pflegen. Erst nach
einer Woche war er wieder einigermaßen hergestellt und eine
Hilfe beim Gießen der frisch gekeimten Aussaaten: Wik-
ken, Prunkwinden, Isländischer Mohn um die Sonnenuhr
herum, auch neu gepflanzte Clematis und vom Nachbargut
Boeck herübergeholte Rosen forderten gewissenhafte gärt-
nerische Zuwendung. Ein Rasenstück, das einmal den Tennisplatz abgeben soll, wurde frühzeitig eingesät und mit der
neuen Walze bearbeitet – Ende Mai konnte erstmals gemäht
werden. Nährsalze, Tabakjauche und Maulwurfsfallen be-
anspruchten Mays Aufmerksamkeit. Wie ist diese entschie-

*Nassenheide als Kinderparadies: Zwei kleine Arnim-Töchter vor der Spazierfahrt – die Pferde hält der Kutscher Wilhelm –, eine Erzieherin führt die beiden Doggen Ingulf und Ingraban.*

dene Abkehr von ihrem alten Leben zu erklären? Noch wenige Wochen zuvor deutete sie im Tagebuch an, unter im Berliner Freundeskreis erfahrenen Kränkungen zu leiden, nun war das Meditieren im Garten über die Gemeinheit der Menschen erwähnenswert – mehr wollte sie nicht preisgeben... Falsch: May fügte hinzu »... aber so müde, daß ich mich kaum noch hinschleppen konnte«.[22]

Am 27. September, kurz nach der Rückkehr von jener ertrotzten Englandreise, konnte die Familie erstmals das neue Speisezimmer benutzen, und einen Monat später schrieb die Hausherrin ins Tagebuch: »Es sieht allmählich hübsch aus. Bibliothek fertig.«[23]

Wie wundervoll, nun den drei Freundinnen all die Herrlichkeiten zeigen zu können! Das neue Jahr 1897 beschert, als besonderes Bonbon für die Gäste, die nur mildes Inselklima gewöhnt sind, einige frostklare Tage, Hennings Drainagegräben frieren zu, und so kann den winterlichen Vergnügungen noch das Schlittschuhlaufen über dunkelgrün schimmerndes Eis hinzugefügt werden: Den Wind im Rücken geht es dahin bis zu einem Platz, wo der Pferdeschlitten bereit steht für die Heimfahrt. May denkt sich, »daß alle Deutschen gut eislaufen, einfach weil sie es jedes Jahr drei bis vier Monate lang können, sooft sie wollen«.[24]

Laura, Annie und Posy sind mal quirlig, mal auch mürrisch; wechselhaft, wie das Wetter. Am ersten Weihnachtsfeiertag gibt es einen handfesten Krach mit Laura, am ersten Tag des Neuen Jahres ist es Annie, die sich unbeliebt macht. Der Konflikt schwelt bis zu einer finalen Explosion am Tag vor der Abreise der beiden Kelly-Schwestern – die letzte Woche verbringen May und Laura in Eintracht. Auch Henning, der Grimmige, präsentiert sich befreit und guter Laune – Zahnschmerzen hatten ihn gequält, nun ist er »zahnlos und glücklich«![25]

Ende Januar ist May erleichtert, sich von den Ansprüchen der Freundinnen befreit zu sehen, wieder in ihrem
eigenen Rhythmus leben zu können: »Mit Caesar vor und
nach dem Mittagessen im Garten spazieren gegangen.
Scharfer Wind – Babies und Hund ein großer Trost. War
so hingerissen von *Garden that I love,* daß ich dem Autor
einen überschwenglichen Brief schrieb, den ich dann weg-
schloß.«[26] Obwohl unbestimmt, inwieweit die drei Engländerinnen Vorbilder sind für die jungen Damen Irais und
Minora im Buch, das May etwa vier Monate nach deren
Besuch beginnen wird,[27] kann vermutet werden, daß sie
zumindest Ideen für diese beiden literarischen Geschöpfe
lieferten. Ohne weiteres nachvollziehbar ist auch: Nach
den turbulenten Wochen mit ihnen ist May reif für die
nachfolgende kontemplative Phase, die Rezeption des Buches von Alfred Austin – und bereit, sich selbst an einem
derartigen Sujet zu versuchen.

Ganz auf das schon vom vergangenen Jahr her vertraute
Frühlingswunder eingestimmt, nimmt sie wieder bewußt
jede Etappe wahr, die Laub, Gräser, Blumen ums Schloß
herum neu erstehen läßt. Es ist die sanft gebändigte Natur
im Freiraum zwischen Wäldern, Heidestreifen und Ackerland und der Intimität des Hauses, auf die sie sich konzentriert, davon will sie zu schreiben versuchen. Wie ihr
Vorbild Austin strebt sie keinesfalls danach, praktische
Gartentips zu geben, sondern es geht ihr um die Wirkung
der sich ständig wandelnden Umgebung auf Stimmung und
Verhalten der Menschen, die sich darin bewegen:

> »Had I a garden, it should lie
> all smiling to the sun,
> and after bird and butterfly
> children should romp and run . . .«[28]

In diesem Sinn gewährt May Einblick in ihren Garten. Eine Photographie aus jener Zeit erscheint wie eine Metapher: der Eingang zum Park von Nassenheide, zwei in dekoriertem Ziegelmauerwerk hochgezogene Säulen, an der rechten ein deutliches Schild »Verbotener Eingang!!«, ein reich verziertes Holztor, weit offen und den Blick freigebend auf den Weg, der sich im Schatten von Büschen und Bäumen verliert. Artifiziell und unprätentiös zugleich, den Wunsch nach Distanz signalisierend und sich doch öffnend.

Sie entwirft Gartenbilder:

Die leuchtende Frühlingspflanzung weitab in einer Lichtung im Schutz der ehrwürdigen Solitäreiche mit Gruppen von Hyazinthen, Osterglocken, Narzissen, Krokussen . . .

Die sich in lebhaften Farben an der langen grauen, von der Sommersonne erwärmten Hausfront entlangziehende Rabatte mit Rittersporn, Akelei, Madonnenlilien, Goldlack, Stockrosen, Phlox, Pfingstrosen, Lavendel, Astern, Kornblumen, Lichtnelken . . .

Die naturnahe Sandbirkenpflanzung mit Azaleen, Akazien, Wacholder, ein melancholisches Herbstbild . . .

Den in einem dunklen Kieferngehölz überraschend aufleuchtenden gelben Garten mit Ringelblumen, Kapuzinerkresse, Goldmohn, Dahlien, Sonnenblumen, Zinnien, Portulakröschen . . . [29]

Den streng formellen, in elf buchsgesäumten Beeten um eine Sonnenuhr angeordneten Rosengarten, ein Düfte- und Farbenrausch von rahmweiß über kupfriggelb zu lachsrosa, kirschrot, purpurrot. Moosrosen, wie *Mme Laroche-Lambert*, Teerosen, wie *Marie van Houtte*, Chinarosen, wie *Laurette Messimy*, Bourbonrosen, wie *Souvenir de la Malmaison* – wer wollte, könnte einen solchen Garten noch heute nach ihren präzisen Angaben gestalten.

Nachgestalten?! Das würde bedeuten, diese Entwürfe

seien Wirklichkeit geworden. Weder im ersten noch im zweiten Nassenheider Sommer, in dem *Elizabeth und ihr Garten* entstand, war das der Fall. Hier wird noch viel ersehnt und auch erlitten: Erst bringt das alles überwuchernde Unkraut May aus der Fassung; schluchzend steht sie vor den ordinären Unterdrückern zarter Blütenträume – und bekennt sich trickreich literarisch zur Schönheit der Wildpflanzen. Dann wollen die Gärtner nicht mitziehen. Schlichte preußische Ordnung in den Blumenbeeten versus hochentwickelte englische Gartenkompositionen – der Kompromiß kann nur bizarr ausfallen. Besser: weniger konkret die Poesie beschwören. Und so kommt es, daß die angesehene Kritikerin Rebecca West mit intellektueller Arroganz viele Jahre später den Einfluß der ersten beiden *Elizabeth*-Bücher auf zahllose unbedarfte Frauen in England beklagt, die nach deren Lektüre mit neckischem Grinsen durch ihre Gärten streiften, als ob sie eine höchst befriedigende Affäre mit dem Rittersporn hätten.[30] Doch selbst diese Rezension, die, man darf es nicht ganz außer acht lassen, dann von der ehemaligen Rivalin im Bemühen um den gleichen Mann stammt, bestätigt es nur: Die frühen Werke sind keine praktischen Leitfäden durch das Gartenjahr, wie *Elizabeth und ihr Garten* und *Einsamer Sommer,* oder Reiseführer, wie *The Adventures of Elizabeth in Rügen (Elizabeth auf Rügen)* und *The Caravaners (Die Reisegesellschaft),* sondern weisen Wege, Stimmungsbilder wahrzunehmen. In diesem Sinne sind sie zeitlos.

Das Szenarium »Dame in Garten« entspricht jedoch ganz der Vorstellungskraft des ausgehenden 19. Jahrhunderts: Im 1889 in Berlin erschienenen *Gartenbuch für Damen* wird Unerhörtes thematisiert, mit aller gebotenen Zurückhaltung, versteht sich: »Der Gärtner . . . stößt den . . . eisernen Teil des Spatens, das Blatt, ziemlich senkrecht in den Boden und zwar mit Hilfe des Fußes und bedient sich dann des langen Stieles als eines Hebels, um die losgelöste Erde aufzuheben und umzuwerfen. Die Quantität der so herausgehobenen Erde wird ein Spatenstich genannt . . . Dies ist die gewöhnliche Weise des Grabens. Sie erfordert kräftige Muskeln, im Fuße, um den Spaten in die Erde zu stoßen, im Arme, um ihn zu heben, in den Händen, um den Stiel zu fassen. Also werden sich nur wenige Damen zur Übernahme einer solchen Arbeit verstehen wollen. Aber es gibt Ausnahmen.«[31] Und dann wird überzeugend dargetan, wie wohltuend sich Gartenarbeit auf das weibliche Seelenleben auswirken, ja sogar das Eheleben günstig beeinflussen kann. Daran denkt May derzeit allerdings weniger, vielmehr geht ihr das Unverständnis der Gärtner auf die Nerven. »Von ganzem Herzen wünsche ich mir, ich wäre ein Mann, denn ich würde mir natürlich als erstes einen Spaten kaufen und gärtnern, und dann hätte ich das Vergnügen, für meine Blumen alles aus eigener Hand zu tun und bräuchte meine Zeit nicht damit zu vergeuden, jemandem zu erklären, was er machen soll.«[32] Die *Elizabeth* in *German Garden* hat einen Versuch gewagt: ». . . schlich ich mich doch tatsächlich verstohlen an einem warmen Sonntag im April letzten Jahres während der Mittagsstunde des Personals, doppelt sicher vor dem Gärtner durch den Feiertag und die Essenszeit, mit einem Spaten und einer Harke hinaus und hob fieberhaft ein kleines Stück Boden aus, wühlte die Erde um, säte heimlich Prunkwinden und rannte völlig erhitzt und schuldbewußt wieder zurück ins Haus, ließ mich in einen Sessel fallen, hinter ein Buch verschanzt, und setzte eine gleichgültige Miene auf, gerade noch rechtzeitig, um meinen guten Ruf zu retten. Und warum darf man das nicht? Es ist nicht anmutig und es macht einen heiß; aber es ist eine gesegnete Art von Arbeit . . .«[33]

Auf dem Gut Nassenheide gibt es allerdings viele weibliche Wesen, die den Segen der körperlichen Arbeit überreichlich genießen dürfen und an deren Erhitztsein niemand Anstoß nimmt. Auch ihr Bild ist uns überliefert: sechs von ihnen präsentieren sich lachend auf einem gerade abgeernteten Kartoffelacker stehend, helle Kopftücher flattern im Wind. Kräftige Gestalten sind das – oder sollten die in vielen Schichten übereinandergetragenen Röcke täuschen? Über ihre Lebensverhältnisse berichtet die Autorin in *Einsamer Sommer*. Sie beschreibt das Straßendorf Nassenheide, langgestreckte einstöckige Fachwerkhütten, die sich hinter rohe Holzzäune ducken. Vier Behausungen führt sie ihren Lesern vor und erschließt damit eine Welt, die mit der des Schlosses kaum etwas gemein hat: Hier gibt es für jede Familie nur einen Raum, in dem gekocht und gewaschen, geboren und gestorben wird. Hier gelten nicht nur räumlich, sondern auch sonst andere Maßstäbe, andere prestigefördernde Requisiten werden gepflegt: das hochaufgetürmte Daunenbett, der sauber mit hellem Sand ausgestreute Fußboden, das buntbemalte Geschirr hinter den blanken Scheiben des Küchenschranks, in der Kommodenschublade das beste schwarze Kleid, die feinste weiße Wäsche, aufgespart fürs Totenhemd. Hühner und Schweine scharren und wühlen im feuerbohnenumrankten Hausgarten, Brennholzstapel beweisen vorausschauende Haushaltsplanung. Die gut behüteten Kinder werden in der Stube eingeschlossen, während die Erwachsenen auf den Feldern der Arnims arbeiten. Aus Sicherheitsgründen! Die Gräfin versucht vergeblich, den Wert der frischen Luft für Kleinkinder zu propagieren, und weist auf tragische Unfälle hin, deren Opfer die unbeaufsichtigt unter Verschluß gehaltenen Kinder immer wieder werden. Aber weder das Angebot eines Kinderhauses, in dem eine Vorläuferin der heutigen Erzieher die Sprößlinge beaufsichtigt, noch das neue Geburtshaus, wo die Frauen in Ruhe, von einer Hebamme betreut, entbinden können, werden auf Dauer angenommen. Die »Mauer von Unwissenheit und Vorurteilen«[34] erweist sich als undurchdringlich. Und doch verläuft das Leben dieser Menschen komfortabel und aufgeklärt im Vergleich zu dem der meist in Rußland angeheuerten Saisonarbeiter des Gutes. In den sogenannten Schnitterkasernen hausen Frauen, Männer, Kinder in Dreck und Lumpen, von Aufsehern mit scharfen Hunden und geladenen Gewehren bewacht. Ihre Ernährung basiert auf Kartoffeln, die sie mit verdünntem Weinessig hinunterspülen. Vor so viel Elend kapituliert auch Mays sonst so scharfes Gespür für Menschen in ihren spezifischen Verhältnissen: Hilflos schildert sie deren Gemütszustand als irgendwie wohl doch nicht ganz unzufrieden...[35]

Ohne diese Menschen wäre aber die Arbeit auf Nassenheide nicht zu bewältigen. Henning hat sich zum ambitionierten Landwirt entwickelt, führt seine pommerschen Güter professionell. Er investiert viel Zeit und Geld in Pflanzungen und Anlagen – hier vor allem zeigt sich der Einfluß des Schwagers Bernd von Arnim-Criewen, immerhin Königlich-Preußischer Landwirtschaftsminister. Nach englischem Vorbild führt Henning einen »Tag der offenen Tür« ein, an dem der Gutsbetrieb besichtigt werden kann, das Programm gibt Einblick in seine Arbeitsschwerpunkte: Nassenheide verfügt bald über eine mustergültige Anlage zur Getreidereinigung und -trocknung sowie über präsentable Rinder- und Schweineställe. Hauptattraktion sind jedoch die landwirtschaftlichen Zuchtgärten: Besucher defilieren an Hunderten mit Nummerntäfelchen markierten Sämlingskartoffelpflanzen vorbei, sogar importierte amerikanische Sorten sind zu sehen. Und die hier gezüchtete

Stecklingskartoffel *Erste von Nassenheide!*[36] Lupinen, vorwiegend als Viehfutter angebaut, sind die zweite Nassenheider Spezialität. Da gibt es früh reifende weiße Italienische Lupinen, gelbe Sorten, Rosatöne und blaue: wenn im Sommer die Felder in voller Blüte stehen, wird das Land von ihrem frischen Duft und den wunderbaren Farben geprägt. Interessenten werden auch zu den Getreideäckern geführt. Hierauf ist vor allem das nahegelegene zweite von Arnimsche Gut im Kreis Randow, Boeck, eingerichtet: Es sind Winterroggen, Primusgerste, verschiedene Hafersorten zu sehen.[37] Schwiegervater Henry Beauchamp hätte es vermutlich genossen, sich ins fachkundige Publikum einzureihen. Aber er bekommt eine Privatführung im September 1897, als er die Teutonen, wie er die deutsche Verwandtschaft gern nennt, besucht. In seinem Tagebuch faßt er zusammen: »Wieder zu Hause nach einem ausgiebigen, sehr angenehmen Aufenthalt bei ihnen, Miss Stavely,[38] den drei allerliebsten Kindern und ihren drei Kätzchen. H. ist sehr rührig und *arbeitet wirklich.* Als sein Vater vor etwa 25 Jahren den Besitz (gut 3200 Hektar) kaufte, standen drei Viertel davon mehr oder weniger unter Wasser, und jetzt ist alles Acker- und Weideland bis auf einen kleinen See und ein paar Stellen, an denen Torf (vom dem er jährlich fast einen Hektar zum Eigenverbrauch entnimmt) gestochen wird und in die sofort Wasser nachfließt. Seine Kühe haben ständig Tuberkulose – vor allem die in den Ställen. Er verkauft zwischen 300 und 400 Stück Mastvieh im Jahr und schickt im Durchschnitt 3 Zentner Butter wöchentlich nach Stettin, wofür er über eine Mark pro Pfund bekommt. Seine Magermilch geht an Margarinehersteller. Viel Rotwild, Rebhühner und Hasen vor Ort, und die Familie scheint jeden Tag ›herrlich und in Freuden zu leben‹, und das fast ausschließlich von den eigenen Produkten. Gar kein schlechtes Leben, besonders für einen Mann in den besten Jahren. May widmet sich ihrem Garten, den sie in ziemlich großem Stil bepflanzt. Der Boden ist sandig und braucht viel Dünger. H. war gerade dabei, von etwa 400 Hektar Kartoffeln zu ernten, die sofort in seine Brennereien kommen – von denen es auf dem Besitztum vier gibt –, damit sie in fast reinen Alkohol umgewandelt werden. Einen Tag besuchten wir die Vulkan-Schiffswerft in Stettin, wo 5500 Mann beschäftigt sind. Interessant und aufschlußreich.«[39] All das hört sich recht gut an. Viel Ehrgeiz hat Henning von Arnim entwickelt, und auch sonst stehen die Zeichen, oberflächlich betrachtet, eigentlich nicht schlecht: Etwa seit 1822 gibt es in Vorpommern befestigte Straßen, die Eisenbahnlinie Berlin-Stettin datiert von 1843, so daß der Markt für Agrarerzeugnisse sich ausweitet. Mit Kunstdünger und verbessertem Saatgut können Erträge gesteigert werden. Es sind die Jahre, in denen die Kartoffel ihren Siegeszug antritt. Und doch: Größere Märkte bedeuten auch mehr Konkurrenz, züchterische Verbesserungen stellen oft höhere Anforderungen an die Böden, der richtige Umgang mit Kunstdünger verlangt erfahrene Landwirte, Investitionen auf Kredit erhöhen den Erfolgsdruck. Vielfältig sind die Erklärungsansätze dafür, daß Graf Arnims Anstrengungen letztlich erfolglos blieben. Weisen die Bedingungen, unter denen er in den krisenhaften neunziger Jahren seine Entscheidungen zu treffen hat, schon ins 20. Jahrhundert, so muß er, muß seine Familie doch auch Rollenerwartungen erfüllen, die durchaus gestrig sind.

»Eine pommersche Dorfkirche: Die Gemeinde füllt das Kirchenschiff, Männer und Frauen nach guter alter Art durch den Mittelgang getrennt . . . Seitlich aber, herausgehoben, hängen wie Schwalbennester die Patronatsgestühle. Aus ihnen blicken als stolz ihre Vorrechte wahrende Inhaber die Gutsherren auf den Pastor und die Gemeinde herab.«[40] Die Sitzordnung ist Ausdruck der Hierarchie. Der Patronatsherr wählt, als Gemeindehaupt, den Pastor, aus seiner Tasche fließen letztlich dessen Einkünfte. Im Kreis Randow sind es die Bewohner der Pfarrhäuser von Boeck und vor allem von Blankensee,[41] mit denen die gräfliche Familie verkehrt: Pastor Hökels Kinder sind etwa gleichaltrig mit dem Arnim-Nachwuchs.[42] Diese liberale Haltung von seiten der Gutsherrschaft entspricht nicht der Norm. Üblich ist die Beschränkung der Kontakte auf amtliche Anlässe unter Ausschluß von Frauen und Kindern. ».. .über die Einsamkeit der Pfarrfrau kann man kaum anders als dramatisch sprechen. Mit wem eigentlich sollte sie gesellig verkehren? Die vielen Einladungen, die dem Pastor im Rahmen seiner Amtshandlungen zufallen, erreichen sie kaum. Und auf die eine förmliche Einladung ins Gutshaus für das Ehepaar kommen für den Pastor die Anlässe im Dutzend, dort vorzusprechen. . . .«[43] Wie gut die Gräfin sich hier informiert und einfühlt, davon legt ihr Buch *The Pastor's Wife* eindrucksvoll Zeugnis ab. Was allerdings ihr eigenes Eingebundensein in das Netzwerk der pommerschen Landjunker betrifft, so ist zu vermuten, daß es längst nicht so stark war wie einst die Kontakte innerhalb des Berliner Kreises. Hinweise in ihren Büchern und ihrem Tagebuch lassen diesen Schluß zu. Gleichwohl ist sie eine scharfe Beobachterin von Stärken und besonders Schwächen vor allem der männlichen Vertreter des höheren und niederen Landadels. Einige der am lebendigsten und originellsten ausgeformten Charaktere ihrer Bücher entstammen diesem Milieu. Baron Otto von Ottringel aus *Die Reisegesellschaft* und Axel von Lohm aus *Benefactress (Anna Estcourt)* sind zwei gegensätzliche Vertreter dieser Kaste – wobei ihr die Zeichnung des aufgeblasenen Ottringel unvergleichlich besser gelungen ist als die des Courths-Mahler-Helden[44] Lohm.

Doch 1897 interessieren May solche gesellschaftlichen Finessen wenig. Sie ist froh über jede Stunde, in der es ihr glückt, den Menschen und deren Behausungen zu entrinnen. Von diesem Gefühl ist vor allem ihr erstes Buch durchdrungen:

7. Mai 1897: »Begann an *In a German Garden* zu schreiben, um mich herum Regentropfen und Eulen. H. schlechtgelaunt.«[45]

Doch nur gelegentlich hat May in diesem Sommer Muße, sich auf ihre schriftstellerische Arbeit zu konzentrieren. Selten sind Tagebucheintragungen wie die folgende:

11. Juli 1897: »Ich saß im Garten und schrieb an *In a G. G.*«[46]

Endlos scheinen die Probleme mit den Dienstboten, ständig werden neue eingestellt und wieder entlassen – wenn sie nicht selbst kündigen. Und das, während sich die Sommergäste die Klinke in die Hand geben.[47]

Auch an der Ehefront hat sie wieder die alten Kämpfe zu bestehen:

31. Juli 1897: »H. und ich stritten uns, weil er ein Baby möchte und ich nicht.«

Drei Tage später: »H. nach Berlin. Große Erleichterung und ein Segen.«[48]

Kann es sein, daß die beiden Rügen-Aufenthalte dieses Sommers ihren Nerven gutgetan haben? Als May vom 21. November bis zum 3. Dezember in London ist, findet ihr Vater, sie »sieht aus wie das blühende Leben«.[49] Sie macht Einkäufe, geht zum Friseur und zur Maniküre, trifft Laura und Annie und verläßt London ohne Bedauern. »Ich war in England. Ich wollte mindestens einen Monat dort bleiben, verbrachte eine Woche im Nebel und wurde im Sturm wieder heimgeweht... Aber als ich mein Zuhause erreichte und aus dem Zug in die reinste und glänzendste Schnee-stimmung stieg, da war die Luft so still, als ob die ganze Welt lauschte, der Himmel wolkenlos, der knisternde Schnee funkelte unter dem Fuß und auf den Bäumen, und ich sah die wartende Schar von drei glücklich strahlenden Kin-dern... Alle Kleinen hielten in der einen Hand ein Kätz-chen und in der anderen einen eleganten Strauß aus Kiefernnadeln und Gräsern, und da die Sträuße feierlich überreicht werden mußten und die Kätzchen herumzappel-ten, war es mit dem Umarmen und Küssen nicht ganz so leicht. Kätzchen, Sträuße und Kinder wurden alle irgend-wie in den Schlitten gezwängt, und los ging's mit Glöck-chengeläut und Freudenjauchzern.«[50]

Im Januar lädt Henning zur Hasenjagd ein. Was ursprüng-lich als glanzvolles gesellschaftliches Ereignis gedacht war, gerät jedoch ganz in die Nähe eines Desasters. Die Köchin, die eigens in Berlin engagiert worden war, kommt, sieht sich um und reist nach zwei Tagen wieder ab. Statt eines Ersatzes schickt die Stettiner Agentur zwei... Während die Spitzen der pommerschen Junkerschaft mit Hunden und Jagdknechten viele eisige Stunden über verschneite Felder streifen, um einigen Hasen aufzulauern, muß sich die Haus-frau mit ihrem unzulänglichen Stab bemühen, den Helden bei der Heimkehr Behaglichkeit zu bieten. Trotzdem gelingt es May, während die Hände tätig sind, im Kopf ihre Ge-schichte weiter voranzutreiben und sie in verstohlenen Stunden aufzuschreiben. Am 11. Februar 1898 kann sie ihrem Tagebuch anvertrauen: »G. G. fast beendet, abends H. einige Stellen gezeigt, und er sagte, das müsse veröffent-licht werden; so schrecklich durcheinander, daß ich nicht schlafen konnte, weil das bedeutet, alles zu überarbeiten.« Und schon am nächsten Tag: »Quälte mich durch die Änderungen an G. G. Ungeheuer nervös und verzweifelt deswegen.«[51] Eine Woche ist sie mit den Korrekturen beschäftigt, dann schreibt sie alles noch einmal ab.

Am 3. März endlich bringt May selbst das Manuskript ins etwa fünfzehn Kilometer entfernte Grambow. Dort gibt es eine Haltestelle der Bahnnebenstrecke Stettin – Pasewalk – Berlin und also die beschleunigte Beförderung nach London zu Macmillan, dem Verlag, der schon Alfred Austins Gartenbuch herausgebracht hatte.[52]

Zuvor war noch ein wichtiges Problem zu lösen. Gräfin Mary Annette von Arnim als Buchautorin? Schwer vorstellbar, vor allem wenn es ein Roman mit autobiographischen Zügen ist. Undenkbar auch, daß Henning in der Maske des Grimmigen identifiziert werden könnte. Das Buch muß anonym erscheinen, die in Ich-Form erzählende Figur einen anderen Namen tragen: »Elizabeth« – nach ihrer Mutter, ihrer Schwiegermutter, ihrer zweiten Tochter . . . oder hat May an Bettine (Elisabeth Catharina Ludovica, auch Bettina) von Arnim gedacht? Darüber gibt es keine schlüssige Auskunft. Fest steht, daß die Autorin sich künftig mit diesem Namen identifizieren wird. In allen folgenden Büchern weist sie darauf hin, auch privat läßt sie sich gern so anreden, ihr Exlibris trägt die Aufschrift: *Dieses Buch gehört Elizabeth.*[53]

## Kapitel III: 1898-1902

*»Bis spät saß ich am Fenster meines Zimmers, schaute hinaus auf das Mondlicht im stillen Garten, mit einem Gefühl, als sei ich mit Sägespänen ausgestopft, und dachte trübselig an den Tag, der so strahlend begonnen hatte und so abscheulich endete.«*
Einsamer Sommer

Ist es wirklich nur das wechselhafte Märzwetter, das Elizabeths Stimmung so leicht ins Depressive kippen läßt, wie sie es sich in ihrem Tagebuch glauben machen will?

6. März 1898: »Ekelhaftes, trübes, nasses, matschiges Tauwetter. Blieb im Haus und fragte mich, warum ich geboren wurde. Mademoiselle gereizt wegen ihrer Schlafzimmervorhänge, was zur allseits gedrückten Stimmung ein übriges beitrug. H. weg, wie anscheinend immer.«

13. März 1898: »Himmlischer Frühlingstag, still und göttlich. Nachdem ich Mademoiselle wegen ihrer Ungezogenheit eine Standpauke gehalten hatte, saß ich den ganzen Vormittag im Garten und sann darüber nach, welch ein Segen es ist, daß es Gärten und Sonnenschein gibt.«

18. März 1898: »Entsetzlich niedergeschlagen ... gab mir vergeblich Mühe, vernünftig zu sein.« So der Kommentar zu einem besonders düsteren stürmischen Tag, an dem Elizabeth zu einem drastischen Mittel greift, um ihre Nerven zu beruhigen: Sie näht!

29. März 1898: »Strahlender, warmer, friedlicher Tag. Fuhr morgens ein wenig Fahrrad, aber grübelte fast den ganzen Vormittag. Nach dem Mittagessen mit den Babies zwischen den Krokussen um die Eiche herumgetollt.«

30. März 1898: »Bewölkt, windig und warm. Erhielt Antwort in Sachen G. G., daß es angenommen wurde ...«

Eine unauffällige Eintragung, die der Bedeutung der Sache in keiner Weise gerecht wird. Das findet Elizabeth auch, als sie neununddreißig Jahre später die Aufzeichnungen wieder in Händen hält und hinzufügt: »Ich stelle fest, daß ich über diese für mich so bedeutsame Nachricht kein weiteres Wort verliere, aber ich erinnere mich lebhaft, daß ich damals beim Mittagessen mit der Familie vor lauter Glück wie auf Wolken schwebte und dabei mein Geheimnis zärtlich an mich drückte. Das war vielleicht der glücklichste Augenblick in meinem Leben – und ich übergehe ihn wortlos. Oh, ich kleiner Brummbär, daß ich einsam und niedergeschlagen bin, halte ich immer fest, aber kein Wort zu diesem glücklichen Ereignis.«[1]

Den ganzen April und Mai hindurch ist sie damit beschäftigt, Druckfahnen zu korrigieren, Elizabeth tut es mit äußerster Akribie – ihr ganzes Autorinnenleben lang. Dann gönnt sie sich eine Rügenreise mit Laura, und als sie am 23. Juni zurückkehrt, bei Regen und Sturm, ist ihr Schreibtisch in der Schloßbibliothek überreich geschmückt – »wie eine Rosenschau«.[2]

Elizabeth hat sich entschieden: Ihr zweites Buch soll sich ans erste anlehnen, ein sehr weiser Entschluß, wie sich bald herausstellen wird, angesichts des phänomenalen Verkaufserfolgs von *Elizabeth und ihr Garten*. Am 15. Juli 1898, und nicht, wie *Einsamer Sommer* es glauben machen will, im Mai, beginnt sie mit diesem zweiten Werk. Die Tage sind zunächst strukturiert nach mittlerweile gewohntem Muster: »Stiller, grauer Vormittag – schrieb an *S. S.* [*Solitary Summer*, Anm. d. Verf.]. Nachmittags klarte es auf, und ich fuhr bei himmlischstem Sonnenschein und Wärme durch Pampow und in den Wald – die Lupinenhügel vor dem blauen Himmel und die blühenden Hecken und Gräser ein Traum.«[3] Der Hochsommer jedoch bringt den gewohnten

Besucheransturm und eine erneute Reise nach Rügen, dieses Mal mit den Töchtern: »Ich wünschte, Du könntest die Kleinen im Wasser herumplantschen sehen – nie hätte ich gedacht, daß kleine Kinder so glücklich sein können – und sie sind wirklich bildhübsch – den ganzen Tag drängen sich die Leute um sie und schauen ihnen ganz hingerissen zu, aber sie scheinen es gar nicht zu bemerken«,[4] läßt die stolze Mutter den Großvater wissen.

Im September ist es wieder einmal soweit: Henning von Arnim wagt einen neuen Vorstoß in Sachen Erben. Bemerkenswert ist, daß das leidige Thema zeitlich genau mit dem Erscheinen von *Elizabeth und ihr Garten* wieder aufkommt: Am 23. September lesen die Arnims im *Standard*, daß das Buch in England seit dem 20. auf dem Markt ist, an jedem der nächsten Tage lautet Elizabeths Tagebucheintrag »Krach mit H.«[5] – bis sie am 28. für einen Monat allein nach London reist.

Elizabeth muß sich nun mit den Kritiken auseinandersetzen. Hauptangriffspunkt ist die Verklärung einer ganz und gar egoistischen Lebensweise der Protagonistin,[6] auch grammatikalische Schnitzer sind aufgefallen. Natürlich wird über die Autorenschaft wild spekuliert. So charmant – und aus deutscher Feder? So geistreich – und von einer Frau? Je nach Einschätzung wird das eine und/oder andere angezweifelt. Doch die elf Auflagen noch im Erscheinungsjahr kann kein Rezensent übersehen. Als Henry Herron Beauchamp seine Lesart der Tochter mitteilt, klingt ihr die Kritik nicht so eindeutig positiv, wie es für ihr seelisches Gleichgewicht gut gewesen wäre. Auch (gerade?) ein Vater weiß schließlich nicht sofort und ganz von sich aus, wie er die Leistung seiner Tochter zu bewerten hat. Einige der Kritikpunkte umschifft Elizabeth in *Einsamer Sommer* geschickt und unverkrampft: Ihre hochgelobte stilistische Frische bleibt erhalten. Bis tief in den Winter hinein arbeitet sie an dem Manuskript. Im Februar 1899 liest sie ein letztes Mal Korrektur, im Mai liegt das Buch in den Läden. Nun ist sich Henry Herron sicher: »Na, für das, was sie in dieser Welt bisher veröffentlicht hat, wird sie wohl in der zukünftigen nicht verbrannt werden. Vielmehr dürfte sie dafür belohnt werden, weil sie ›die Blinden Sehen gelehrt‹ hat.«[7] Ihrem Selbstverständnis als Autorin entspricht der neue Arbeitsplatz: Ein abgeschiedenes Zimmer im ersten Stock – *Zimmer 13* – wird ihre Klause. Und war Elizabeths Garten schon 1898 zu einer paradiesischen Insel im pommerschen Kartoffel-Lupinen-Getreidemeer[8] gediehen, so berechtigt er weiterhin unter der Ägide ihres ersten professionellen Gärtners zu den schönsten Hoffnungen. Lienau ist ein Augenmensch, zu gegebener Zeit, vor allem den unausgegorenen Ideen seiner Chefin gegenüber, stellt er sich einfach taub . . .

Mai 1899, der vierte in Nassenheide: Anlaß für eine Zwischenbilanz. Viel wurde erreicht. Graf und Gräfin Arnim (die erfolgreiche Schriftstellerin!) leben mit drei entzückenden Töchtern auf dem aufstrebenden Landgut, die Weichen sind – allerdings unter Inkaufnahme zusätzlicher Verschuldung – so gestellt, daß daraus ein florierender Betrieb werden könnte. Das Haus ist exquisit eingerichtet und hat dennoch menschliches Maß. Der Personalstab gewinnt an Konturen, und, besonders wichtig, ein fähiger Gärtner kümmert sich um die Außenanlagen. Eine reizende junge Verwandte aus England war noch kürzlich zu Gast: Margery, die siebzehnjährige Nichte der Hausherrin. Sie sollte die Landessprache lernen (unterstützt von Pastor Hökel), vielleicht auch ein wenig reiten und schießen; einen sechsmonatigen Aufenthalt hatte man dafür ins Auge gefaßt. Kannte das Mädchen am 9. Februar, als es die lange Reise von London nach Nassenheide antrat, auch die Interessen seiner Gastgeberin? Hat es sich gefragt, warum die Tante an all den sportlichen Betätigungen im Freien nicht teilnimmt, ihre geliebten langen Wanderungen und Fahrradtouren zugunsten des Photographierens aufgegeben hat – ja, sich sogar die Zeit damit vertreibt, die Bilder selbst zu entwickeln? Wenn nicht, wird Charlotte Waterlow geb. Beauchamp, ihrer Tochter sicher die erforderlichen Erklärungen gegeben haben, als Margery Ende April zu einer von Chaddie arrangierten Visite wieder zu Hause ist – ach das Heimweh! Elizabeth ahnt das Komplott und ist »überrascht und ratlos, also vergoß ich heimlich Tränen«.[9] Doch sie wird getröstet: Margery kommt im Juni mit Mutter und Bruder zurück nach Nassenheide, um sie nach England zu eskortieren! »Die liebe May bei uns – kugelrund...«,[10] schreibt Henry am 18. Juni in sein Tagebuch. Kein Wunder: Elizabeth ist im achten Monat. Auch Henning trifft ein, bester Laune und voller Hoffnung auf einen Sohn und Erben. Es läßt sich leicht denken, welcher Art die Empfindungen seiner Frau in dieser Zeit sind. Wie immer, wenn sie schwanger ist, wird sie von Ängsten geplagt, von Weltuntergangsstimmung niedergedrückt. Es ist ein ungewöhnlich heißer Sommer – das macht ihr zusätzlich zu schaffen. Unbeweglich harrt sie in der Londoner Wohnung aus: »... Sie, die nie einen Gedanken an ihren Körper verschwendet hatte, sondern in ihm immer nur das Werkzeug sah, das ihrem Willen gehorchte, war nun gezwungen, beinahe ununterbrochen an ihn zu denken. Ihr Körper beherrschte sie. Sie mußte ihm endlos gut zureden, ehe sie ihn auch nur ein bißchen gebrauchen konnte. Ihr war, als sei er zu nichts anderem mehr gut, als ihn aufs Sofa zu schleppen, ihn flach hinzulegen und ihm jede Regung zu verbieten...«[11] Derweil steht Henning der Sinn nach Schweinezucht. Hochgestimmt ordert er, angeregt durch den Besuch einer Landwirtschaftsausstellung, in St. Ives eine kleine Herde englischer Schweine und regelt deren Transport nach Pommern, während seine Frau für den Fortbestand der Arnims leidet. Ein unzulässiger Vergleich? Die Autorin Elizabeth selbst legt ihn nahe in *The Pastor's Wife*; eine Predigt ihres Helden Dremmel zum Bibeltext »Sie essen das Fleisch von Schweinen...« (Jesaja 65, im 4. Vers), gehalten im Advent, um die Zeit des allgemeinen Schweineschlachtens, schafft sie sich als Anlaß, festzustellen: ». . . Bei dieser Predigt füllte sich die Kirche. Trotz der schlechten Meinung sowohl des Alten wie des Neuen Testaments über Schweine, wo sie, wie Herr Dremmel auf der Suche nach einem passenden Text für die Predigt feststellte, kaum erwähnt wurden, außer als beliebter Nistplatz für Teufel, ermöglichten sie doch am ehesten, ja stellten überhaupt den einzigen Weg dar, Zugang zu den zarteren Gefühlen der Gemeindemitglieder zu finden, ihrer Dankbarkeit, Liebe und Ehrfurcht. Wenn der Bauer diesen rosa Kelch seiner zukünftigen Freuden betrachtete, diesen wundersamen wandelnden Schmelztiegel, der, gleich welcher Abfall hineingeworfen wurde... zu Weihnachten unausweichlich die Form von Würsten annahm, konnte er einfach nicht anders, als zumindest eine gewisse Zärtlichkeit, eine kleine Spur von Ehrfurcht zu empfinden...«[12] Die Ähnlichkeit – und für Männer vom Schlag Dremmels die Überlegenheit! – von Schweinen im Vergleich zu Ehefrauen ergibt sich in Elizabeths Text keineswegs zufällig, sondern ist intendiert. 1987 hegt die Autorin Lisa St. Aubin de Terán stellvertretend für eine neue Leserinnengeneration keinen Zweifel an der Absicht hinter Elizabeths »surrealem Exkurs«: »Eine Abschweifung, ja. Aber vielleicht auch, irgendwie unterschwellig, ein Symbol. Denn Elizabeth von Arnim hat in *The Pastor's Wife* eine Männerwelt geschildert, in der Frauen mit demselben selbstzufriedenen Respekt angebetet und verehrt werden, den Bauern ihren Schweinen entgegenbringen. Wir Frauen, scheint sie sagen zu wollen, werden geschätzt, weil wir die Macht haben, ihr unerbetenes Sperma in Fleisch zu verwandeln, ihren ausgestreuten Samen in etwas, das für den Fortbestand des Geschlechts sorgt.«[13] Am 25. Juni reist Henning nach Nassenheide, er muß sich um seine vorausgeschickten Schweine kümmern.

Am 29. Juli 1899 bringt Elizabeth gegen Abend um halb sieben das vierte Mädchen zur Welt, Felicitas Joyce, wieder perfekt umsorgt von den Beauchamps: Bruder Sydney ist Geburtshelfer, Louey pflegt die Wöchnerin. Nach etwa vier Wochen kann die Rekonvaleszentin endlich die Hitze Londons verlassen, mit dem Neugeborenen und dem gerade wieder angekommenen Henning ins Landhaus ihrer Schwester Charlotte fahren. Endlich löst sich auch der Druck einer Wochenbettdepression: »Werde ich wohl je vergessen, welch ein Freudentaumel mich erfaßte ... als ich endlich Sheffield Terrace verlassen durfte, wo ich den ganzen Juli und August matt darniedergelegen hatte, und ... nach Uplands zu Tit fuhr? Im Zug zu sitzen und einfach nur die Felder und Bäume zu sehen, welch eine Wonne.«[14] Doch schon am 18. September bricht sie wieder auf, verbringt »den ganzen Tag im Zug – Baby schrie«.[15] Vorbei sind die Zeiten, in denen Elizabeth ihre Englandaufenthalte so lange wie irgend möglich ausdehnte. Ihr Schreibtisch lockt! Schnell will sie den um einen Säugling erweiterten Haushalt wieder in den Griff bekommen, sich in die frei gewählte Klausur begeben, an einem neuen Buch arbeiten. Am 20. September hat sie die Schwierigkeiten der letzten Monate überwunden, sie ist zu Hause: »Überall Girlanden und wunderschöne Blumen. Die Kleinen herziger denn je. Ungetrübte Freude, wieder daheim zu sein. Ging mit Lienau im Garten umher und war sehr angetan.«[16] Genau drei Tage lang kann sie dieses Gefühl genießen . . .

Der Mann an Elizabeths Seite: Mit vielen guten Vorsätzen ist sein Weg zu dem Platz in der Gesellschaft gepflastert, den er für sich und seine Familie reklamiert. Da sind die Versuche, einen Erben zu zeugen, der die Stafette weiterführen soll, noch die geringste Übung. Zunächst einmal darf er selbst den Stab nicht fallen lassen. Wie leicht das geschehen kann, der Vater hat es ihm vorgeführt, dessen Fehler wird er ganz sicher nicht machen. Aber es gibt noch andere Schwächen, die zum Verlust führen können. Physische und mentale Kraft sind vonnöten, Erreichtes festzuhalten, voranzukommen – über beides verfügt Henning nur begrenzt, sein Diabetes, und auch sein Naturell, beeinträchtigen ihn bald in beiderlei Hinsicht. Daraus erwachsen Probleme, die er vor seiner Frau verbirgt. Und so kommt die Katastrophe für Elizabeth ganz überraschend, bleibt ein Trauma lebenslang. Sie erinnert sich noch fünfunddreißig Jahre später: »Entsetzen und Trostlosigkeit allenthalben . . . Werde ich das je vergessen?« Und nach gut dreißig Jahren: »Nach dem Mittagessen wollte er auf Kaninchenjagd gehen. Statt dessen ging er ins Gefängnis. Ich erinnere mich an jede Einzelheit, selbst, was ich damals anhatte, weiß ich noch.«[17]

Jede Einzelheit: Es war am 23. September 1899, sie hielt sich nach dem Mittagessen noch allein im Salon auf, trug eine gestärkte Bluse, geschnitten wie ein Herrenhemd, die blaue Krawatte unterstrich den maskulinen Charakter ihrer Kleidung – ein Bedürfnis nach dem eminent weiblich akzentuierten der letzten Wochen und Monate. Horn, der Verwalter (Papst und Päpstin waren überstanden, er und seine Frau selbstgewählte Nachfolger) kommt herein, schlägt die Hacken zusammen und meldet: »Frau Gräfin, die wollen Herrn Grafen verhaften!« »Warum?« muß sie fragen.[18] 1994 findet sich die Antwort in etwa zehn umfangreichen Akteneinheiten aus der Zeit um 1900, aufbewahrt im Vorpommerschen Landesarchiv Greifswald unter den Beständen des Land- und Amtsgerichts Stettin. »In diesen Akten geht es um ein strafrechtliches Vorverfahren gegen den Rittergutsbesitzer Henning Graf von Arnim-Schlagenthin. In einer Akte ist eine 60seitige gedruckte Anklageschrift der Stettiner Staatsanwaltschaft enthalten, worin ... v. Arnim Verstöße gegen das Genossenschaftsgesetz und Bilanzfälschungen vorgeworfen werden. Hintergrund bildet die im Jahre 1871 gegründete Firma ›National-Hypotheken-Kreditgesellschaft Stettin‹. Gegenstand des Unternehmens war der Betrieb von Bankgeschäften zum Zwecke der Förderung des Realkredits ihrer Mitglieder. Die Gesellschafter des Unternehmens waren Rittergutsbesitzer, Industrielle und Bankdirektoren.«[19] Eine schwerwiegende Anklage, bedenkt man, daß die Arnimschen Güter im Kreis Randow – Nassenheide und Boeck – hoch verschuldet waren. Henning gelang es, die Vorwürfe zu entkräften. Daß sie überhaupt erhoben wurden, vor allem, inwieweit sein Verhalten gegenüber den Mitgesellschaftern dazu führte, damit muß er ganz für sich allein zurechtkommen. Wenigstens kann er dem verständnisvollen Henry Herron Beauchamp sein Herz ausschütten: »Lieber Schwiegervater, die letzten beiden Wochen hatte ich schwer zu kämpfen, nicht, wie es gemeinhin der Fall ist, mit meiner Frau, sondern mit den leitenden Angestellten einer Bank, deren Direktor ich bin. Ich wollte zwei von ihnen entlassen, weil es ihnen an Einsicht fehlt, weil sie sehr dumm sind und mich gern hinters Licht geführt hätten, sie wollten ihre Stelle behalten und mich vor die Tür setzen... Bis der Kampf vorbei war und ich mit den Skalps meiner Feinde nach Hause zurückkehrte, vergaß ich meine Frau, meine Kinder, Sie, mich und vieles andere mehr.«[20] Das schreibt Henning am 8. Mai 1897, noch im Glauben, seine Widersacher in Schach halten zu können. Doch die hatten einen langen Atem, nutzten die Zeit, um Material gegen den Grafen zu sammeln, das ausreicht, um ihn gut zwei Jahre später ins Gefängnis zu bringen. Zu Unrecht: »Der Prozeß endete, wie Sie wissen, mit einem strahlenden Sieg meinerseits, und ich hoffe, es wird mir die Freude zuteil, den betreffenden Beamten so bestraft zu sehen, wie er es verdient«,[21] kann Arnim am 29. Juli 1900 endlich nach London schreiben. Aber es gibt hier nicht nur die männliche Sichtweise, auf die sich Schwiegersohn und Schwiegervater verständigen, reduziert auf die Frage von Sieg oder Niederlage. Frau und Kinder schauen auch auf die Verluste. Zunächst die Töchter: Sie empfinden die Zeit von September 1899 bis Juli 1900 als extrem bedrückend. Der Versuch, die Kinder unbelastet zu lassen, schafft im Gegenteil eine verkrampfte Atmosphäre, die sie stark verunsichert, so stark, daß sie jeden Gedanken daran unterdrücken und erst in den zwanziger Jahren, so erinnert sich Liebet,[22] zaghaft beginnen, über die Ereignisse zu sprechen. Wie Elizabeth den Schock der Verhaftung erlebt hat, aus ihrem nächsten Roman ist es herauszulesen: »Anna [Estcourt] ging geradewegs ins Arbeitszimmer. Seine Papiere lagen unordentlich herum; die Schublade des Schreibtischs war geöffnet, und der Schlüssel steckte darin. Er hatte offensichtlich gerade Briefe geschrieben, denn ein nicht zu Ende gebrachter lag auf dem Schreibtisch. Einen Augenblick lang verharrte sie völlig reglos in dem totenstillen Zimmer . . . Die Trostlosigkeit des verlassenen Zimmers, das schreckliche Gefühl von Unglück, schlimmer als der Tod, das auf allem lastete, traf sie wie ein Schlag, der ihre heitere Jugend für immer zerstörte. Niemals vergaß sie den

Anblick dieses Zimmers und die Empfindungen, die es in ihr auslöste... Das Gefängnis lag in einer Nebenstraße mit heruntergekommenen Häusern. Köpfe tauchten an den Fenstern auf, als die Droschke über das unebene Pflaster ratterte... Sie stiegen ein paar schmutzige Stufen hinauf und klingelten. Sogleich wurde die Tür einen Spalt breit geöffnet von einem Beamten, der schrie: ›Die Besuchszeit ist vorüber‹ und die Tür wieder schloß... Nicht weinen... Der Kutscher braucht dich nicht so zu sehen... Er befand sich in einer Zelle, die etwa fünf Meter lang und drei Meter breit war. Der Platz reichte gerade aus, damit man zwischen dem Feldbett und dem kleinen Tisch aus Kiefernholz an der Wand gegenüber durchgehen konnte... Kurz, nachdem er in seine Zelle gesperrt worden war, kam ein Wärter mit einem großen Topf flüssiger Nahrung herein, einer Art dikker Suppe, die hauptsächlich aus Bohnen bestand und in der noch andere Sachen herumschwammen, die Axel nicht kannte... ›Kann ich eine Lampe oder sonst irgendwelches Licht bekommen?‹ fragte Axel, ›und Schreibzeug? Ich muß unbedingt...‹ ›Sie können hier nicht den Luxus eines Schlosses erwarten‹, sagte der Staatsanwalt mit finsterem Blick, machte auf dem Absatz kehrt und gab dem Wärter ein Zeichen, die Tür wieder abzuschließen... Was würde aus ihm werden, wenn er weder essen noch schlafen konnte? Wieviel innere Kraft würde er aufbieten können, wenn der Zeitpunkt kam, wo er sich verteidigen mußte? Er saß am Tisch, lehnte den Kopf gegen die Wand, die Augen geschlossen... saß noch immer genauso da, als gegen zehn Uhr die Tür erneut aufgesperrt wurde. Er regte sich nicht und hielt die Augen geschlossen. ›Ihr Fräulein Braut ist hier‹, sagte der Wärter... Und Anna, fast blind vor lauter Tränen, legte vorsichtig die Arme um seinen Hals, trat mit dieser einen Geste das Verfügungsrecht über sich und ihre

Zukunft an ihn ab, holte für immer ihr Banner weiblicher Unabhängigkeit ein . . .«[23]

So war das also. Leicht könnte Axel durch Henning, Anna durch Elizabeth, die Braut durch die Ehefrau ersetzt werden. Trotz literarischer Camouflage bleiben die Konturen der ganzen traurigen, schrecklichen, aufregenden Geschichte deutlich. Auch die im Buch eindringlich beschriebene Enttäuschung über ausbleibende Hilfe aus dem Verwandten- und Bekanntenkreis hat ihre Entsprechung in der Wirklichkeit: Auf eine, wie auch immer geartete, Unterstützung wartet Elizabeth vergebens, allein muß sie sich durchbeißen, ihrem Mann, der hilflos im Gefängnis sitzt, beistehen und zu Hause Contenance bewahren. Der Blick in Henry Beauchamps Tagebuch zeigt, daß dieser ganz erfüllt ist von einem bevorstehenden Wohnungswechsel: Am 4. Oktober endlich wird der Mietvertrag für *The Retreat*, Park Hill, Bexley, unterzeichnet, bald darauf nimmt er Besitz vom Garten durch zeremonielles Pflanzen von Fingerhut . . . Mitte November zieht die Familie um. Von Elizabeths Schwierigkeiten kein Wort. »Das schlimmste daran [war], . . . und das ist ein Detail, das Elizabeth selbst ihren Kindern gegenüber verblüfft und ungläubig erwähnen sollte, daß auch ihre Schwester sich fernhielt.«[24] Denn sie ist mit den Vorbereitungen für einen Ball beschäftigt! Was die deutsche Seite daran hindert, dem Grafen Arnim moralisch und praktisch wirkungsvoll beizuspringen, ist nicht bekannt. Doch es gibt auch einen Abglanz des strahlenden Anna-und-Axel-Happy-Endings für Elizabeth und Henning: »H. und ich sind nach stürmischer See im ruhigen Hafen angelangt . . . Ich bin überzeugt, obwohl es für uns schlecht gelaufen ist, wir hätten glücklich sein können . . .«[25] Versöhnliche Töne schlägt sie im Brief an ihren Vater an, beklagt mangelndes positives Denken in der Vergangenheit, leistet es sich, generös zu sein – mit Gefühlen und Geld: Gottlob reichlich fließende Buchhonorare gleichen durch Prozeßkosten entstandene Verluste aus. Ihre derzeitige Philosophie findet sie bei einem deutschen Dichter perfekt ausgedrückt. 1872 reimte der alte Spötter Wilhelm Busch unter dem Titel *Die fromme Helene (7. Kapitel: Interimistische Zerstreuung)*:

> »Ratsam ist und bleibt es immer
> für ein junges Frauenzimmer,
> einen Mann sich zu erwählen
> und wo möglich zu vermählen.
>
> Erstens: will es so der Brauch
> Zweitens: will man's selber auch
> Drittens: man bedarf der Leitung
> Und der männlichen Begleitung . . .«

Den letzten Vers stellt sie ihrer *Anna Estcourt* voran, zitiert ihn auch im Text.[26] Damit aber kein Irrtum aufkomme, sei auf den Tagebucheintrag vom 10. Mai 1901 verwiesen: »Nach dem Tee langweilige Liebesszene in *The Benefactress* umgeschrieben. Kann Liebes- und Haßszenen nicht ausstehen.«[27] – ». . . sie beugte sich zu dem Gesicht hinab, das sich ihr mit einem Ausdruck qualvoller Ungewißheit entgegenhob, und legte ihre Lippen auf die seinen. ›Nein‹, flüsterte sie und küßte ihn zwischen den einzelnen Worten mit inniger Zärtlichkeit, ›es ist nur Liebe – nur Liebe –‹ . . .«[28] So läßt sie es stehen.

Das Buch erscheint im Oktober 1901, seit November 1900 hatte Elizabeth ausschließlich darüber gegrübelt, daran geschrieben. Doch zwischen den bitteren Erfahrungen und der Verarbeitung der Erinnerung daran schuf sie ihr einziges Buch für Kinder, eine verspielte, nachdenkliche, schon mal kesse, ungemein reizvolle Arbeit, an der gerade auch Erwachsene ihre Freude haben können, wie die überwiegend zustimmende Kritik feststellt. Unangestrengt kommt das musikalische Können der Autorin zum Einsatz: *Elizabeth of the German Garden* verkürzt den ihrer Lesergemeinde schon bekannten April-, May- und June-Babies (Evi, Liebet und Beatrix nachgezeichnet, die so unausweichlich nacheinander geboren wurden, wie diese Monate aufeinander folgen) die Wartezeit auf ein der englischen Leserschaft wohl exotisch anmutendes deutsches Osterfest durch die Vertonung alter englischer Kinderreime. Indem sie diese Geschichte entwickelt, zeichnet sie einzigartige Bilder einer Mutter-Töchter-Beziehung, bezaubernde Impressionen aus dem Kinderzimmer, deren Lieblichkeit – die Autorin hieße sonst nicht Elizabeth – durch kräftige kindliche Bosheit vor dem Abgleiten ins allzu Süßliche bewahrt wird. *The April Baby's Book of Tunes (April, May und June)* erscheint rechtzeitig fürs Weihnachtsgeschäft 1900 und ist, als besonderes Bonbon, mit Zeichnungen der überaus populären Illustratorin Kate Greenaway ausgestattet.[29] »Wir hätten glücklich sein können«, hatte sie, mit dem Unterton des Bedauerns über die vergeudete Chance, ihrem Vater geschrieben. Mit der Arbeit an ihrem Liederbuch für Kinder hat sie das beschworen, was Glück für sie bedeutet. Nun, im März 1901, ist sie in der Lage, ihr Tagebuch fortzuführen; seit Hennings Verhaftung im September 1899 hatte sie damit ausgesetzt. Ganz im inneren Gleichgewicht – nachdem die Englandreise, mit der es neu beginnt, auch den letzten Schatten des Zweifels an ihrer Familie weggewischt hatte – beschreibt Elizabeth das Nachhausekommen:

Am 8. April 1901: »Wurde am Montag vom lieben [das Attribut ist neu, Anm. d. Verf.] H. in Berlin abgeholt und blieb dort die Nacht. Oh, so glücklich, wieder heimzukommen! Oh, oh, oh!«

Am 9. April 1901: »Frühmorgens von Berlin losgefahren nach Nassenheide. Drei Kinder mit Blumen an der Tür. Ach, wie herrlich, wieder zu Hause zu sein.«

Am 28. April 1901: »Schön warm und hell, aber windig. Den ganzen Tag im Garten, gelesen und glücklich gewesen. Tee auf der Veranda. Pflaumenbaum unter den Südfenstern fängt an zu blühen.«

Im ruhigen Fahrwasser werden selbst banale Alltagsereignisse getreu dem Motto »Glücklich sein!« ausführlich gewürdigt.

So am 11. Mai 1901: »Himmlischer Tag, still und heiß. Fuhr nach dem Mittagessen mit H. spazieren . . . Abends im warmen Garten, der wächst und gedeiht. Narzissen aufgeblüht. Leuchtender *Pirus floribunda*, der ganze Spaß beginnt. Hallelujah . . .« Am 12. Mai herrscht einige Aufregung über den Brand des Verwalterhauses, aber schon einen Tag später: »Schöner Tag. Fuhr nach dem Tee nach Blankensee und besuchte Hökels . . . aß Schokoladenpudding unter den Linden in ihrem Garten und hörte viel über Missionsstationen . . .«

Am 14. Mai 1901: ». . . Fuhr nach dem Mittagessen mit H. nach Aalgraben und schaute dort zu, wie die Würste geräuchert werden . . .«

Am 15. Mai 1901: ». . . den ganzen Tag mit der Tischwäsche beschäftigt . . . Wie schön wäre es, wenn man von allem etwas weniger hätte, ausgenommen freie Zeit. Es muß so viel getan werden, wenn der Haushalt ordentlich geführt werden soll, und der Tag ist vorbei, ehe man eine Minute Zeit hatte, sich des Lebens zu erfreuen.«

Am 22. Mai 1901: »Trix log vorsätzlich und abscheulich, und ich mußte sie anständig züchtigen, aber das konnte ihrer guten Laune nichts anhaben, die hinterher genau dieselbe war wie vorher.«[30]

Am 29. Mai 1901: »Makelloser Sommertag. Fuhr nach dem Mittagessen in den Stolzenburger Forst – unsagbar schön – hinterher im Garten, der von der Herrlichkeit Gottes zu funkeln schien.«

Am 5. Juni 1901: »Heiß und wunderschön und windstill. H. fuhr nach Güstrow.[31] Trank mit den Babies unten im Garten zwischen Heu und Stechmücken Tee. Abends nachgedacht...«

Am 8. Juni 1901: »Kalt, grau und windig – immer wieder Regenschauer. Wie gewöhnlich an Samstagen damit beschäftigt, Wäsche auszuteilen. Am Nachmittag eine prächtige Torte gebacken. Spaziergang im Garten. Sah *Benefactress* durch. H. fuhr weg und kam spät nach Hause.«

Das bedeutet: der Roman »steht«; Elizabeth ist bereit, die Idee für ein neues Buch auszuarbeiten. Auch dessen Entwicklung läßt sich anhand des Tagebuchs nachvollziehen:

Am 24. Juni 1901: »... Plötzlich ging mir auf, daß es eigentlich keinen Grund gibt, weshalb ich nicht nach Rügen fahren und dann über meine Erlebnisse ein Buch schreiben sollte. Erfüllt von dieser Idee, schrieb ich sofort an Oona [ihre Freundin Oona Buttler, die sie im März in Oxford getroffen hatte, Anm. d. Verf.], um sie zu überreden, mitzukommen.«

Am 25. Juni 1901: »... Bestellte amtliche Landkarten von Rügen, nachdem ich H. meinen Plan eröffnet hatte.«

Am 26. Juni 1901: »Kalt und eklig. Schrieb die Einleitung zum Rügen-Buch.«

Nun übt sich Elizabeth in Naturbeobachtungen – ihr sonst sachlich knapp gehaltenes Tagebuch übermittelt plötzlich Bilder wie dieses: »... Beschloß, einen so wunderschönen Tag in Horst [an der Ostsee, Anm. d. Verf.] zu ver bringen, fuhr deshalb nach dem Mittagessen mit den Babies und Mademoiselle hin. Unser Platz ist schöner denn je – üppig grün, am Wasser gelegen und so sonnig und einsam. Nach dem Tee pflückten die Babies Beeren und rutschten die steilen Dünen hinunter, und ich streifte eineinhalb Stunden lang durch das Kiefernwäldchen. Licht und Schatten ein Traum – das ganze Fleckchen so verträumt in seiner Schönheit. Begegnete ein paar Beerenpflückern, aber sonst keiner Menschenseele. Kam den grünen, feuchten Pfad zurück, der grüngolden in der Sonne schimmerte, vorbei an den Binsen am Ufer, und lag bis acht Uhr im Gras. Dann nach Hause, während ein riesiger gelber Mond über den Wipfeln der Kiefern aufging. Als wir heimkamen, waren die Babies fest eingeschlafen und der Mond hob sich weiß und klar gegen den Himmel ab – ein wundervoller Tag, für den ich Gott danke.«[32] Im Schloß wartet ein Telegramm auf sie: Oona reist mit, wird bald in Nassenheide eintreffen. Zehn Tage später nimmt die Freundin mit ihrem Ehemann an Elizabeths Teetisch Platz, nach nochmals fünf Tagen, am 17. Juli, brechen die beiden Damen nach Rügen auf. Nicht zwei, wie im Buch, sondern gut zwanzig Tage liegen also zwischen Entschluß und Reisebeginn – trotzdem eine sehr gute Zeit. Auch sitzt eben nicht die schweigsame, ergebene Jungfer Gertrud neben ihr in der Kutsche, sondern die Freundin aus England. Während Elizabeth an ihren Reisenotizen arbeitet, widmet sich Oona dem Zeichnen. Es scheint, als habe eine Wechselwirkung stattgefunden: hellgelbe Roggenfelder mit rotem Mohn gesprenkelt, Straßen gesäumt von lila Skabiosen und blauen Glockenblumen, blendendweiße Klippen kontrastierend zur dunkelvioletten Ostsee, leuchtendes Grün der Buchenwälder – das bringt auch die Autorin in ihrem Notizbuch mit nach Hause. *Elizabeth auf Rügen* ... Verblüffend ist die Übereinstimmung zwischen dem Buch und dem tatsächlich Erlebten: von der Überfahrt bei Stahlbrode, den Stationen Lauterbach, Göhren, Thiessow, Binz, Stubbenkammer, Glowe, Wiek, bis hin zu den Abstechern nach Vilm und Hiddensee (die Schmacke, die sie mit drei Mann Besatzung für einen Tag zum Preis von 15,– Mark mietete, hieß wirklich *Bertha...* ) – was Elizabeth beobachtet und notiert, verarbeitet sie. Sogar die Geschichte, die Oona und ihr mit dem Arnimschen Kutscher Wilhelm (nicht August!) am letzten der vierzehn Rügentage passiert: Rasch fuhren sie entlang einer Chaussee in der Gegend von Trent, die hier parallel zur Eisenbahnlinie verlief, »... als ein Zug nach Wiek daherkam. Ich befahl Wilhelm anzuhalten und stieg aus, als er langsamer fuhr, Oona auf ihrer Seite raus – Zug direkt auf unserer Höhe, und wir fürchteten, von den Pferden in den Graben geschleudert zu werden – Zug an uns vorbei, und während wir nach Wilhelm riefen, wurde uns schnell klar, daß er uns nicht hatte aussteigen sehen. Er dachte, wir seien immer noch im Wagen, und fuhr fröhlich davon, setzte seine Fahrt fort und wir unser Rufen, aber es trug nicht weit, weil wir so sehr lachen mußten und Gegenwind hatten. Er entschwand nun vollends unseren Blicken, und wir liefen Richtung Trent weiter, ziemlich ernüchtert, dachten aber immer noch, er werde es bald merken und kehrtmachen. Er merkte es nicht und fuhr geradewegs nach Bergen weiter, zwei Stunden Fahrt. – Wir durchstreiften Trent auf der Suche nach einem Fahrzeug, das uns zu ihm bringen würde. Die Einheimischen hielten uns offenkundig für Irre, schließlich trieben wir im Gasthaus eines auf, warteten auf dem Kirchhof, bis das Pferd angeschirrt war. – Unterdessen war unsere Stimmung auf dem Tiefpunkt angelangt, dennoch entging uns nicht, daß die Kirche interessant aussah und Trent ein sauberer, freundlicher, blühender Ort ist. Große Kirche, alt, mit hübschem Friedhof. Stiegen in unseren zweirädrigen Wagen und fuhren nach Bergen – Pferde ziemlich beängstigend, Wagen sehr hoch und hart und laut – Kutscher mürrisch, er fragte, ob er uns zum Bahnhof fahren solle. Ich sagte: ›Zu der Kutsche, die wir gleich einholen werden.‹ Er sagte: ›Welche Kutsche?‹ Ich sagte: ›Meine.‹ Er war zweifellos überzeugt, daß wir verrückt sind . . . Die Kirche von Gingst jenseits der Felder zur Rechten sah interessant aus – blühende Felder, Mohnblumen, Jagdschl[oß] in der Ferne, Turmspitze der Bergener Kirche am Ende der langen Landstraße. Unmittelbar vor Bergen begegnete uns W[ilhelm], der zurückfuhr, um nach etwas Ausschau zu halten, was, wie er sicher erwartete, Leichen sein würden . . .«[33]

Zu anspruchslos, fürchtet sie, werden einige der Zeitungsleute über derartiges befinden. Ob die Freundinnen wohl die Köpfe zusammensteckten, um für *Elizabeth auf Rügen* die radikal-feministische Intellektuelle Charlotte Nieberlein zu kreieren, Freude und Stolz ihres Frauencolleges in Oxford, Gerade-noch-Ehefrau eines deutschen Professors von bester wissenschaftlicher Reputation und hochgradiger Zerstreutheit? Sicher war beiden Frauen auch der Typ Engländer aus guter Familie bekannt: Mr. Harvey-Browne, Vater Bischof, abwesend; Mutter Bischofsgattin, sehr präsent . . . Diese eigenwillige Gesellschaft setzt sie solchen Kritiken entgegen. Raffiniert läßt Elizabeth die Akteure selbst ihre Eitelkeiten dekuvrieren, sie ziellos und eifrig zugleich über die Insel fegen – und deren Schönheit gottlob ebensowenig beeinträchtigen wie der Bonbonautomat in Gestalt einer brütenden Henne. Elizabeths derzeitige Philosophie ist auf Ausgleich angelegt: Sie hasse das Wort Zugeständnisse, legt sie der frauenbewegten Cousine in den Mund, um – literarisch – kontern zu können: Es gebe sie aber, man lebe doch von den Zugeständnissen derer, die sie vermutlich den

Feind nenne.[34] Ach, und daraus erwachsen Verpflichtungen: Eine Ehefrau sei die Hecke zwischen den kostbaren Blüten des männlichen Geistes und der Hitze und dem Staub der gemeinen alltäglichen Plackerei. Sie sei der schützende Flanell, wenn die Winde des Alltags kalt wehen.[35] Diese Erkenntnisse werden nicht aus Rügen mitgebracht, sie entspringen Nassenheider Alltagserfahrungen, im September und Oktober gemildert durch die Wirkung stiller klarer Herbsttage. Elizabeth kann sich kaum losreißen vom warmen Goldton des Laubes, vom sanften Grau des Nebels, der in der Frühe und spätabends alle Konturen verwischt, die, hart gegen den tiefblauen Mittagshimmel gesetzt, an Deutlichkeit nichts zu wünschen lassen. Sie muß die Ablenkung eingestehen: Schwer fällt es ihr, sich Satz für Satz durch das Rügenbuch zu kämpfen, es voranzutreiben, noch schwerer, die letzten Korrekturen für ihre *Benefactress*, Anna Estcourt, zu lesen. Vieles erscheint nun im Mißverhältnis: zu breit ausgewalzt oder, fast schlimmer noch, zu hektisch abgehandelt. Auch mit dem Titel ist sie unzufrieden. Am 11. Oktober gibt es kein Zurück mehr: Das Buch erscheint gleichzeitig in Amerika und England, und die Autorin Elizabeth duckt sich bereits in Erwartung der Kritiken: ». . . habe Angst, es wird sehr verrissen, weil es schlecht ist.«[36] Doch was sie befürchtet, bleibt überraschenderweise aus; der Tenor der Kritiken ist generell positiv – nur eine Ausnahme gibt es[37] –, und »ob man will oder nicht, man bekommt eine Gänsehaut im Vorgefühl derartiger Urteile«.[38]

Doch ehe der gute Eindruck sich hat verfestigen, das seelische Gleichgewicht wieder herstellen können, sind Elizabeths Empfindungen anderweitig okkupiert, ihr Tagebuch macht es deutlich.

4. März 1902: »Nach dem Tee an *Rügen* geschrieben.

Plötzlich fiel mir ein, daß ich letzte Woche meine Periode nicht bekommen habe. Voller entsetzlicher Vorahnungen. Nahm heißes Fußbad, aber ohne Erfolg.«[39]

5. März 1902: »Schöner Tag, aber ich völlig verzweifelt aus oben genanntem Grund. Konnte nicht schreiben – habe einen ganz fürchterlichen Tag hinter mir.«

Am 6. März 1902: »Fuhr nach Stettin, um Haeckel [Arzt, Anm. d. Verf.] zu konsultieren. Er einfältig und verständnislos. Erschöpft und niedergeschlagen nach Hause gekommen.«

Die Eintragungen wirken zunehmend kraftlos, mutlos, wie am 17. März 1902: »Windig, aber dazwischen sonnig und frühlingshaft. Nachmittags im Garten herumspaziert. H. ausgeritten. Nach dem Tee fuhr ich los, unterdessen Wind noch schlimmer, Sonne weg und insgesamt widerwärtig. Schrieb ein wenig – sehr wenig.« Für über acht Jahre, also die gesamte restliche Nassenheider Zeit, findet sich keine Tagebucheintragung mehr. 1929 wird Elizabeth dazu eine Anmerkung machen, die Erklärung liefern: ». . . da mir der Wind aus den Segeln genommen wurde von etwas, das sich schließlich, im Oktober, als H. B. [Henning Bernd, Anm. d. Verf.] entpuppte.«[40]

Ein privates »Dokument« gibt es dennoch. Es ist ein harmloses Theaterstück mit dem Titel *Das Abendbrot*, sehr wahrscheinlich geschrieben für einen Polterabend.[41]

Alfred, der Held des Stücks, erzählt von seiner Braut: schön, wie ein Fliederbusch im Mai (ein Bild wird herumgezeigt, ein Prachtmädel, konstatiert sein Freund), weiß alles, kann alles – bis aufs Kochen, das hat der bis über beide Ohren verliebte Bräutigam bisher übersehen, schmerzlich wird ihm bewußt, daß alle anderen Vorzüge diesen Mangel auf Dauer kaum aufwiegen können. Elizabeth ist wirklich eine exzellente Beobachterin ihrer neuen Landsleute! Der

Name des (von Liebet dargestellten) Wunderwesens: Fräulein Schmidt...[42]

Elizabeth liebt die kleine Flucht aus der Wirklichkeit, das Theaterspielen, das Verkleiden, und sei es, um vor denkbar kleinstem Publikum im Kreis der Töchter Scharaden aufzuführen: »Da wir außer meinem Vater keine Zuschauer hatten, wurden die Büsten der griechischen Göttinnen, die sonst respektgebietend in den Ecken des ›Kleinen Salons‹ standen, mit Kleidern und Hüten versehen und neben meinen Vater gesetzt. Ich sehe noch Pallas Athene mit Hut und Autoschleier angetan, wie es damals Mode war«,[43] erinnert sich Trix noch nach über sechzig Jahren.

## Kapitel IV: 1902-1908

*»Und auch die beiden Gentlemen behandelten sie, als sei sie*
*ihresgleichen, denn sie hörten ihr aufmerksam zu, was natürlich*
*eine arme Frau mit Stolz erfüllen und es ihr schwermachen muß,*
*zur richtigen Selbsteinschätzung zu gelangen.«*
Die Reisegesellschaft

Am 15. Oktober, keine zwei Wochen vor der Entbindung,
macht sich Elizabeth auf die beschwerliche Reise von Nassenheide nach London. Sie bezieht ihre neue Wohnung
13a, Whitehall Court[1] und bringt dort, unter der Obhut
Sydneys, endlich den ersehnten Arnim-Erben zur Welt. Das
muß Elizabeths Selbstverständnis regelrecht umgekrempelt
haben. Nach vier Töchtern, als Geschlechts- und künftige
Leidensgenossinnen innerlich akzeptiert, »schenkt« sie
ihrem Mann einen Sohn. Nein, sie behält ihn tatsächlich noch eine Weile für sich, denn das, was ein Triumph
sein könnte, hat einen zu bitteren Beigeschmack: Erst am
11. Dezember präsentiert sie das Kind den englischen Großeltern. Der Vater muß noch länger warten, er fühlt sich ge-
drängt, dem Schwiegervater Erklärungen abzugeben: »Ich
bin sehr froh, daß es endlich ein Sohn ist; ich glaube, wenn
es wieder ein Mädchen geworden wäre, wie wir beide be-
fürchteten und Dollie [Hennings Kosename für Elizabeth,
Anm. d. Verf.] felsenfest erwartete, wäre das arme Wesen
sehr lange Zeit verheimlicht worden, weil wir solche Angst
gehabt hätten, ausgelacht zu werden; nun sind wir recht
stolz, und Dollie scheint es für ihr Verdienst zu halten ...
Ich hoffe, Dollie wird bald in der Lage sein, nach Hause zu
kommen; bis jetzt hatten wir hier so fürchterliches, kaltes
Wetter, daß ich nicht wollte, daß sie kommt. Aber heute

scheint ein Witterungsumschlag einzusetzen . . .«[2] Das mildere Klima macht es möglich: Am 21. Dezember wird Henning Bernd noch in London getauft, dann geht er mit seiner Mutter auf die erste große Reise und kommt gerade rechtzeitig in Nassenheide an, um mit den anderen Präsenten unterm Weihnachtsbaum aufzutauchen. »Sechs Jahre lang«, läßt Elizabeth in *The Pastor's Wife* die gnadenlos selbstzufriedene Baronin der staunenden Heldin Ingeborg verkünden, »hatte ich Weihnachten neuen Grund, glücklich zu sein . . . Sechs Jahre lang konnte ich meinem lieben Mann zu Weihnachten ein Baby schenken.«[3] Welchen Eindruck das macht, die Autorin weiß es aus eigener Erfahrung!

Was schon in Henning von Arnims Brief an den Schwiegervater anklang, scheint sich bewahrheitet zu haben: Die Geburt des Sohnes wirkt im doppelten Wortsinn erlösend auf das Verhältnis zwischen seinen Eltern, ohne daß dieser selbst jedoch davon profitiert: Liebet wird sich immer lebhaft daran erinnern, daß die Mutter auf den Kleinen ungewöhnlich gereizt reagiert, ihn sehr oft sehr hart straft. Weiterer Mißklang in der ansonsten erfolgreich inszenierten Idylle: ab Dezember 1904 werden Verhaltensauffälligkeiten der jüngsten Tochter Felicitas, genannt Queekie, offenkundig. Wie seine Schwestern Evi und Liebet zuvor, soll das Kind, so haben die Eltern beschlossen, einige Zeit bei Henry und Louey leben, »um Englisch zu lernen«:[4] Am 16. Juli 1903 kommt die fast Vierjährige in Begleitung der Mutter und Margerys in London an. Einen Monat lang bleibt Elizabeth selbst im Land, ist aber meist unterwegs. Mittlerweile lebt sie hier ganz autark, auch von der Verwandtschaft, die sie dennoch häufig besucht. Sie hat ihre Wohnung Whitehall Court, ihren Lyceum-Club – neben ihren Verlagen vor allem als Anlaufstelle für die Post der noch immer anonym veröffentlichenden Autorin wichtig –,

*Henning von Arnim als stolzer Vater von Henning Bernd,*
*dem im Oktober 1902 geborenen ertrotzten Erben.*

*Elizabeth mit Henning Bernd (H. B.) an einem Sommertag*
*im Rosengarten von Nassenheide.*

*Erfolgreich inszenierte Idylle: Henning und Elizabeth im Garten von Nassenheide (um 1904).*

bewegt sich selbstbewußt im eigenen Freundeskreis. Und sie beobachtet genau die Aktivitäten einer Avantgarde, die im Begriff steht, energisch auch noch letzte Überbleibsel an viktorianischem Ballast abzuwerfen: Schließlich ist die Königin, die ihre eigenen Strategien zur Lebensbewältigung eine ganze Epoche lang ihren Landeskindern erfolgreich anempfahl, bereits seit 1901 tot. Zwischen zwanzig und dreißig Jahre alt, urban geprägt, keinesfalls durch Standes- und Familienbande, wie Elizabeth, eingeengt: 1904 zieht eine Formation dieser jungen Leute in ein gemeinsames Haus 46, Gordon Square im wenig präsentablen Stadtteil Bloomsbury. Dagegen die Gräfin Arnim: Bestsellerautorin, fünffache Mutter, Gutsherrin. Anfang 1904 liegt *Elizabeth auf Rügen* in den Buchläden, das bedeutet wieder einmal ängstlich-aufmerksames Studium von Rezensionen in Publikationen, wie *Academy, Athenaeum, Birmingham Gazette, Bookman, Cornhill, Country Gentleman, Country Life, Daily Mail, Derby Mercury, Literature, London Letter, Manchester Guardian, Morning, Outlook, Pall Mall Gazette, Scotsman, Spectator, Standard, St. James's Gazette, The Times, Weekly Sun, Westminster Gazette* . . . Gesammelte Ausschnitte aus diesen Zeitungen kleben bereits in einem dicken Heft, Dokumentation bisher überwiegend positiver Kritiken – *Elizabeth auf Rügen* unterbricht die Serie glücklicherweise nicht.

Zuverlässig beruhigende Wirkung hat auch der Blick auf den Kontostand. Ein bis in den Herbst hinein währender Aufenthalt in Cadenabbia, langjährig bevorzugter Urlaubsort der wohlhabenden Tante, Elizabeths Budget verträgt dies mittlerweile durchaus. Auf der Reise von dort nach Nassenheide nimmt sie den Umweg über London, um ihre jüngste Tochter nach Hause zurückzuholen. Am 25. Oktober beobachtet der Großvater eine »überaus zärtliche Begegnung zwischen ihr und Queekie«. Ende November sind beide zu Hause in Pommern. Doch am 31. Dezember notiert Henry Beauchamp bekümmert in sein Tagebuch: »Harscher Brief von May an Louey wegen Queekie.«[5] May/Elizabeth war wohl ziemlich bald aufgegangen, daß die Großeltern das Kind nach Strich und Faden verwöhnt hatten. Bilder aus Felicitas' Englandzeit zeigen das bildhübsche Kind selbstbewußt in die Kamera lachend. Die sechzehnjährige Tochter Harold Beauchamps, eines Cousins von Henry, Kathleen Mansfield Beauchamp – später Katherine Mansfield! –, ist von dem kleinen Mädchen so hingerissen, daß sie es brieflich einer Freundin genau beschreibt: mit kurzem besticktem Röckchen, weißen Strümpfen und roten Schuhen, auf den Locken ein kleiner weißer Strohhut, um den Gänseblümchen gewunden waren. Kathleen hatte Queekie gesehen, als sie Ostern Louey und Henry zum Gottesdienst begleitete. Auf dem Kissen der Kirchenbank stehend, sang das Kind mit roten Wangen und sehr feierlicher Miene, seinen weißen Korb mit den bunten Ostereiern und Blumen fest umklammernd. Aus allen Kinderstimmen war sein ausgeprägt deutscher Akzent deutlich herauszuhören. Kathleen und Louey weinten vor Rührung.[6]

Evi, Liebet und Trix haben dazu eine andere Meinung: »Und dann haben wir noch eine Schwester, aber die ist noch in England bei Granny und wird sehr verwöhnt und hat nur seidene Kleider. Na, die laß nur wieder hier sein, wir werden ihr den Lack schon abreißen.« Schon an ihrem ersten Arbeitstag im Frühjahr 1904 mag bei diesen Sätzen der neuen Erzieherin eine Ahnung künftiger Schwierigkeiten gekommen sein, doch die mütterlichen Maßnahmen zur Anpassung der kleinen Heimkehrerin erscheinen ihr ausreichend: »Das zierliche, sehr hübsche kleine Mädchen stolzierte wirklich in seidenen Kleidchen einher, wurde aber von der vernünftigen Mutter sofort in das praktische

*Louey und Henry Herron Beauchamp mit ihrer Enkelin*
*Felicitas von Arnim (um 1903/04).*

Matrosenkleid gesteckt, während die älteren Schwestern bemüht waren, das Zieräffchen so lange und derb zu bearbeiten, bis es zu einem pommerschen Landkind umgemodelt worden war.«[7] Die sogenannten April-, May- und June-Babies machten also gegen das echte Julikind Felicitas Front. Dafür schließt es sich an den kleinen Bruder an, begeistert ihn mit phantasievollen Spielideen. Beide Kinder stützen sich gegenseitig in ihrer schwierigen Familienposition, überstehen so besser gerade auch die mütterlichen Übergriffe. Denn bei aller Liebe: Elizabeth rutscht schon mal die Hand aus – und das nicht zu knapp.

Die zitierte Erzieherin Fräulein Backe, oder Teppi, wie sie bald von der ganzen Familie gerufen wird, ist eine kluge, tüchtige, fleißige Person – mit einem stark ausgeprägten Hang zur Schwärmerei. Und diese richtet sie künftig auf die Gräfin, Herrin über den Nassenheider Schloßhaushalt und – das fasziniert Teppi am meisten – Autorin. Wie beeindruckt war Teppi, als sie mit deren Gepflogenheiten vertraut gemacht wurde, Bewunderung durchglüht selbst die Ausdrucksweise, die sie in ihren Erinnerungen Elizabeth in den Mund legt: »Wir näherten uns einer Lichtung, und ich entdeckte ein reizendes kleines Treibhaus in der Nähe des Vorgartens, dessen Wände ganz von Efeu umsponnen waren, und aus dessen Fenstern ein Blumenleuchten in allen Farben schillerte. Ich tat einen Ausruf des Entzückens. Die Augen der Gräfin leuchteten auf: ›Dies ist mein Heiligtum, worin ich arbeite; darin hat niemand Zutritt als der Wärter, der mir Blumen gießt und den Kamin mit Holz versorgt. Täglich hat er mir die endlosen Vasen mit frischen Blüten zu füllen, denn ich kann nur in Duft und Schönheit schreiben.‹ – ›Aber das Häuschen muß doch gereinigt und in Ordnung gehalten werden?‹ ›Nicht nötig; es befindet sich in dem einzigen Raum nur ein großer Schreibtisch und ein be-

*Das »Landkind« Felicitas mit Ingulf, der riesigen Dogge.*

quemer Armstuhl außer einem Ruhebett. Die Schriften auf dem Tisch darf niemand außer mir berühren, mögen sie noch so unordentlich herumliegen, für mich sind sie geordnet.‹ – ›Aber der Staub an Möbeln und Büchern, die sich doch wohl darin befinden?‹ – ›Ich dulde eher Staub, als eine ewig aufräumende und mich störende Dienerin, die mit ihrem Ordnungssinn meine ordentliche Unordnung durcheinanderbringt. Sie darf den Teppich alle Halbjahre mal zum Klopfen herausnehmen. Die an den Wänden emporkletternden Bücher in Regalen, aus denen der Geist unsrer Unsterblichen zu mir spricht, stäube ich selbst ab, wenn mir ihre Gewandung zu grau erscheint.‹ Wir hatten uns jetzt dem Schloß genähert, doch ehe wir es betraten, nahm meine Führerin meine Hand und sah mich stehenbleibend ernst an: ›Eine Bitte habe ich; fliehen Sie mich, wenn Sie mich allein, nur von meinen beiden Hunden begleitet, im Park oder sonstwo treffen. Dann liege ich nämlich mit meiner Muse im Streit und brauche viel Konzentration, um mit ihr einig zu werden.‹«[8]

Leicht vorzustellen, welchen Eindruck eine solche Mutter auf ihre Kinder macht: als unfaßbarer Schemen hinter den hohen staubigen Scheiben des Treibhauses oder gedankenfern ihre Wege im Park wandernd, bewacht von zwei riesigen dänischen Doggen. Und dann, ganz nach ihrem Belieben, mitten unter den Kindern, Initiatorin übermütigen Zeitvertreibs. Beatrix, das June-Baby, hat die Erinnerung aufbewahrt:

>»Mami
lädt Trix
heute abend um sieben Uhr
zum Abendessen
ins Treibhaus
ein.

Nach dem Essen,
das aus Brot und Milch bestehen wird,
findet eine Probe
des neuen Stücks statt.
Die Gäste brauchen sich nicht eigens umzuziehen,
müssen aber in Pelzen und Galoschen
erscheinen.«[9]

Und erst die Ausflüge! »Da fuhr man endlos durch Kiefernwälder, und noch heute spüre ich den Geruch der schweiß-
bedeckten Pferde, die den Viersitzer durch die tiefen Spuren
in den Sandwegen zogen, den köstlichen Duft der von der
Sonne erwärmten Kiefern.«[10] Die Fahrten führen nach
Glambeck, wo am Ufer des kleinen schilfbestandenen Sees
unter alten Bäumen gut lagern ist, nach Neuwarp, wo der
weit ins Wasser ragende Bootssteg einen wundervollen
Rastplatz nach anstrengender Rudertour abgibt, nach Rennenwerder, nach Laak und immer wieder nach Horst am
Haff, wo man »von der moosigen, kiefernbewaldeten
Höhe... das Meer sieht – das herrliche Stück einsamer
Küste mit dem Wald bis ans Wasser; die bunten Segel in der
blauen Ferne«[11] – und wo sich Myriaden von Stechmücken
auf die seltenen Besucher stürzen. Im Winter geht es zu
einer der vielen Schwedenschanzen, das sind Geländemul-
den, die im Dreißigjährigen Krieg der Landbevölkerung
Unterschlupf vor den plündernd durchs Land ziehenden
schwedischen Soldaten boten, hervorragend geeignet zum
Rodeln, wie auch zum windgeschützten Picknicken! Denn
ganz gleich, wohin der Weg führt: »... angelangt, kam ein
kleiner englischer Picknickkorb zum Vorschein, auf einem
Spirituskocher wurde Teewasser zubereitet und meine Mutter verteilte kleine zarte Sandwiches, die uns um vieles besser mundeten, als das dickgeschnittene Butterbrot, das wir

*Elizabeths Refugium, das Treibhaus im Garten von Nassenheide.*
*»Procul este profani«, so warnte die Inschrift über der Tür ungebetene*
*Besucher: Hier wollte die Autorin ungestört schreiben können.*
*Die Aufnahme stammt aus dem Jahr 1907.*

*Kinderfest in Nassenheide: Die erste, dritte und sechste von links auf der Verandatreppe sind Evi, Liebet und Trix.*

*Die fünf Arnim-Kinder in der von ihrer Mutter bevorzugten praktischen wetterfesten Kleidung vor dem Bibliotheksflügel in Nassenheide – von links: Liebet, Evi, Trix, Felicitas, Henning Bernd.*

*Mutter mit Töchtern in einer Reihe. Von links: Trix, Evi,
Elizabeth und Liebet. Sie tragen die »Helgoländer«
genannten Sonnenhauben.*

*Alle Arnim-Geschwister posieren im großen Schließkorb.*

*In Elizabeths Tagebuch regelmäßig verzeichnet: die Prozedur
des Haarewaschens.*

*Liebet mit der kleinen Felicitas (auf dem Podest der Sonnenuhr im Rosengarten), im Hintergrund vor dem Bibliotheksflügel: Teppi (stehend), Trix, Evi und Henning von Arnim (sitzend von links). Die Aufnahme wurde 1905 vermutlich von Elizabeth gemacht.*

*Aus Beatrix von Arnims kleinem Photoalbum: Kutschfahrt von Evi, Trix und Liebet in Nassenheide – im Hintergrund lacht Hermann Sambale, der Diener.*

*Eine Bootsfahrt im Sommer 1905 auf dem Glambecker See mit Teppi (ganz links): Erinnerungen an glückliche Nassenheider Kindertage.*

täglich im Schulzimmer unter den strengen Augen unserer Gouvernanten bekamen.«[12] Erstrangige Reminiszenzen für die kleine Feinschmeckerin Trix, es verwundert nicht, daß sie häufiger als die Geschwister Essenssünden durch zusätzliche Bewegung abbüßen muß. Doch grundsätzlich sorgt Elizabeth bei allen Kindern dafür, daß sie nicht der Trägheit verfallen. »Zehn Runden!«, lautet die Parole, alle wissen, was gemeint ist: im Laufschritt zum Eishaus, in der Mitte des Parks gelegen, und zehnmal drum herum. Ein gutes Training für die großen Sommerwanderungen: »Ich erinnere mich auch an verschiedene mehrtägige Rucksacktouren, die wir einmal im Thüringer Wald, einmal im Schwarzwald, und auch in Mecklenburg machten. Damals war das noch ein ungewöhnliches Unternehmen, besonders in Norddeutschland, so war es kein Wunder, daß meine Mutter bald als excentrisch verschrien war. Wir Kinder aber fanden das alles herrlich und marschierten mit der größten Begeisterung los.«[13] »Martin [neuer Kosename für Felicitas wegen ihrer Ähnlichkeit mit Martin Luther, so sah es jedenfalls Henning, Anm. d. Verf.] und H. B. blieben bei größeren Exkursionen unter Lellas Schutz daheim, da die langen Fußwanderungen, die bis zu 40 Kilometer [sic!] am Tage geleistet wurden, für die kleinen Füßchen zu anstrengend gewesen wären. Die anderen drei leisteten die Wegstrecke spielend und sahen sehr possierlich in ihren blaugrauen Lodenkostümen mit den gleichfarbigen Wettercapes und den vollgepfropften Rucksäcken auf dem Rücken aus. Trotz mancher Anstrengung und Unbequemlichkeit war ihre Laune stets strahlend, denn sie hatten ja die angebetete Mutter bei sich, die ihnen in der Ungebundenheit des Ferienlebens manche Freiheit erlaubte«, so Wandergefährtin Teppi, deren weitere Aufzeichnungen schmunzeln machen: »Vom Morgen bis zum Abend sorglos zu wandern, immer neue Eindrücke und Naturschönheiten in sich aufnehmend, ist schon ein Vorgeschmack des Paradieses, zumal auch die Gedanken Höhenwege einschlugen und in wertvollen Gesprächen ihren Auspuff fanden. Ich gewann Einblicke nicht nur in das Geistes-, sondern auch in das Seelenleben dieser begnadeten Frau und erkannte allmählich ihre unglaublich feine Psyche, die sich leicht am Leben wundrieb und es doch durch ihre Charakterstärke zu meistern verstand.«[14] Keine Frage, Teppi hat die Erzieherin hinter sich gelassen und ist auf dem besten Weg, zum »schützenden Flanell« gegen rauhe Alltagswinde zu werden: Kinder- und Küchenroutine wird ihre Aufgabe. »Gouvernante, Hausdame, Gesellschafterin, Freundin«,[15] so Liebet über Teppis Bedeutung für die ganze Familie.

Teppi ist die herausragende Person im Defilee der Hauslehrer, Tutoren, Gouvernanten, Mademoiselles... »Jeder Deutsche muß ab dem sechsten Lebensjahr Unterricht erhalten«,[16] erfährt die englische Frau des Pastors in Elizabeths Roman. Richtig, doch kleine Freiinnen und Freiherrn sitzen in der Regel nicht mit Dorfkindern auf einer Schulbank. Graf und Gräfin Arnim lassen Lehrer Braun aufs Schloß kommen, wo er Evi, Liebet und Trix unterrichtet. Zu gutmütig, zu nachgiebig, und so wird nach Ablauf des Jahres 1901 der »Herr Schenk« für die April-, May- und June-Babies durch Fräulein Beckmann ersetzt: streng, hartherzig, kalt führt sie das Regiment. Bald hassen sie alle Kinder;[17] in Liebets Erinnerung ist sie noch nach Jahrzehnten einfach eine sadistische Person.[18] Trix läßt aber den schwer geprüften Gegnern Gerechtigkeit widerfahren: »Unzählige Erzieher haben sich um uns bemüht, und wenn wir nicht so ›widerliche‹ Kinder gewesen wären, hätten wir bestimmt zu Musterkindern ausarten müssen. Die meisten unserer teils englischen, teils deutschen Lehrerinnen und Lehrer haßten uns aus ganzem Herzen – und hatten alle Ursache dazu. Wir drei älteren bildeten auch bestimmt eine kolossale Macht, die sich verschworen hatte, ihnen das Leben so schwer wie möglich zu machen.«[19] Nach dem deutschen Fräulein Beckmann versuchte es Elizabeth mit zwei Engländerinnen: Miss Cox und Miss Stokoe, letztere wurde schon nach zwei Tagen durch ihren Bruder Frank Woodyer ersetzt. Ein Mr. Gaunt kam, dann Mr. Gibb, Mr. Forster, Mr. Wilson, Mr. Walpole, Mr. Stuart[20] – meist auf Empfehlung von Elizabeths Neffen, Sydney Waterlow, der sich regelmäßig unter den Studenten Cambridges für sie umsieht. Die jungen Leute kommen üblicherweise nur für etwa drei Monate, um Deutsch zu lernen. Im Gegenzug unterrichten sie die Kinder in Englisch und, wenn möglich, irgendeinem weiteren Fach. Fürs Französische ist eine Mademoiselle, beispielsweise besagte Lella,[21] zuständig, während der Greifswald-Absolvent Johannes Steinweg versucht, etwas Kontinuität in den Lehrplan zu bringen, Lücken auszugleichen. Der Lernfortschritt der Kinder wird regelmäßig behördlich überprüft, ebenso regelmäßig versagen die Mädchen – was allerdings niemanden belastet. Neben der Leitung des Haushalts hat Elizabeth hier also noch eine aufwendige Führungsfunktion, die ihre Schreibstunden im Treibhaus stark beschneidet. Oft kann sie sich nur eine kurze Weile am Tag stehlen, um dort zu arbeiten, dennoch ein Fortschritt gegen das Zimmer im Haus. PROCUL ESTE PROFANI:[22] Unheilige, haltet euch fern! hat sie über die Tür schreiben lassen. Für Unbefugte Zutritt verboten, hätte ebenso gewirkt. Doch Elizabeth holt sich ihre Entschädigung für die Mühen mit den Hauslehrern: Spaß mit ihnen, Spott, Flirt. Zweimal trifft sie allerdings auf mindestens ebenbürtige Partner – oder besser Gegner? –, denn bald umkreisen sie sich im intellektuellen Sparringskampf.

*Hauslehrer und Erzieherinnen der Arnim-Kinder 1905:*
*Johannes Steinweg, Teppi Backe, E. M. Forster, Mlle. Auger de Balben*
*(von links).*

Der erste ist Edward Morgan Forster – mit denkbar schlechtem Start. »Meine Ankunft hier hätte ich mir nicht mal in meinen wildesten Träumen so vorgestellt...«, schreibt er am 4. April 1905 seiner *Dearest Mother*, und: »Matsch! Wir traten in Pfützen, es gab keine Straße, & als wir zum Gutshof kamen, roch es ganz entsetzlich nach Schwein & Pferd & Kuh, und wir wateten in Jauche«. Wenig würdevoll stolpert Forster, eskortiert von einem Dörfler, der ihm den Weg durch die Dunkelheit weisen muß, auf ein spärlich beleuchtetes Gebäude zu. Und dann steht er in der eiskalten Halle, »weiß getünchtes Tonnengewölbe, behängt mit Jagdtrophäen & an der Rückwand eine Inschrift ›Idiota, insulsus, turpis, tristis abesto‹ oder so ähnlich. Turpis war ich zweifellos, denn meine Stiefel troffen von Jauche.« Und wie ein Idiot muß Forster sich auch vorgekommen sein, sonst wäre ihm der Text wohl nicht so in Erinnerung geblieben. (Vermutlich stand nämlich da: IGNAVUS INSULSUS TURPIS TRISTIS ABESTO – Der Träge, Witzlose, Besudelte, Mürrische soll draußen bleiben!) Verständlich, daß er zunächst Elizabeth ohne Wohlwollen betrachtet: »Nach dem Frühstück bekam ich meine Gastgeberin zu Gesicht, die erfreut schien, aber ziemlich enttäuschend ist, da sie nicht besonders gute falsche Zähne & die gedehnte Sprechweise der besseren Gesellschaft hat.«[23] Seine einzige Sorge: wie er schnell wieder wegkommt. Doch diese Stimmung verfliegt, Nassenheide zieht ihn ganz in seinen Bann. Forster ist empfänglich für Atmosphäre, »... der genius loci, der Geist des Hauses, und das Verlangen, ihn zu hegen, würde seiner Phantasie lebenslang Stoff liefern...«.[24] Und der Geist von Nassenheide, das wird Forster bald klar, ist Elizabeths Werk. Jahrzehnte später, als er seine Erinnerungen an Nassenheide zusammenstellt, seine alten Tagebücher noch einmal durchgeht, resümiert er:

»Ein geringfügiger Anlaß war es, der zu den drei Monaten führte, die ich in ihren Diensten verbrachte, und diese Monate führten zu nichts, nicht einmal dazu, daß ich Deutsch lernte, aber die Zeit selbst war interessant und recht schön... Da sie wußte, daß ›ich schreibe‹, nahm sie sich einen Artikel... mit der Bemerkung: ›Ich bin eine sehr strenge Kritikerin, ich warne Sie.‹ In sehr gedämpfter Stimmung brachte sie ihn mir zurück und meinte: ›Sie müssen einfach weitermachen und dann schaffen Sie's, mehr habe ich nicht zu sagen.‹ Aber wenn auch ihr Respekt wahrscheinlich aufrichtig war, so übertrieb sie ihn doch bald und redete neuen Blödsinn – stellte mich als einen dar, der zurückhalte, was in ihm steckt, und dem eigentlich nichts unmöglich ist. Sie war nicht nur klug, sondern hatte auch die Gabe, einem ihre Wertkategorien aufzuschwatzen, und ich vertat viel Zeit damit, mir den Kopf zu zerbrechen, was denn nun alles in mir stecke. Unter dem 16. April finde ich den Eintrag: ›Ich werde den Eindruck nicht los, daß die Gräfin denkt, ich schreibe besser als sie, und darunter leidet. Jedenfalls hemmt mich der Umgang mit ihr im flüssigen Schreiben: bin ich bescheiden oder nicht? Ich glaube, ich habe wirklich keine sehr hohe Meinung von mir, aber andererseits denke ich viel darüber nach!‹ Und am 23. April: ›Vorgeschlagene Zusammenarbeit zwischen der Gräfin und mir gescheitert, mit Zustimmung beider Parteien.‹ Der Vorschlag stammte von ihr – natürlich stillschweigend in ihrer Sicht- und Denkweise. Bald trafen die ersten Druckfahnen von *Where Angels Fear to Tread* ein, und ich las in meinem Zimmer Korrektur, während sie im Treibhaus saß und *The Princess Priscilla's Fortnight* tippte.«[25] Forster schildert die englische Gesellschaft in Konventionen erstarrt, vital-sinnliche Lebensäußerungen nicht zulassend.[26] Elizabeth schreibt dagegen von einer Prinzessin, die gerade in England – inkognito – versucht, das in ihrer Persönlichkeit Angelegte, bisher durch höfische Zwänge Unterdrückte zu entfalten. Sich keiner etablierten Rolle gemäß verhaltend, gerät sie immer wieder in Schwierigkeiten. Ein Prinz, Freigeist genug, um ihre Originalität zu schätzen, führt sie zurück unter das schützende Dach der Konventionen, wo der allen gemeinsame, auch nonverbale, Zeichenvorrat unmißverständliche Kommunikation ermöglicht. Es ist ein märchenhaftes Buch, nachdem Prinz und Prinzessin sich »gekriegt« haben, endet es. Für eine Fortsetzung – in Form einer Alltagsgeschichte! – hätte Elizabeth sicher aus eigenen Erfahrungen schöpfen können, allein, noch versucht sie sich in Ignoranz, errichtet Dämme gegen die alles mitreißende Flut der Erkenntnis, daß ihre Ehe mit Henning nicht die erhoffte glückliche Synthese darstellt.

Im Sommer 1905 erscheint *Princess Priscilla's Fortnight* (*Priscilla auf Reisen*), Elizabeths Pläne für das nächste Buch deuten eine komplette Kehrtwende an: Die Protagonistin Rose-Marie Schmidt ist arm, bürgerlich, regelt ihre Probleme vom Schreibtisch aus, nutzt dazu ihren analytischen Verstand und macht sich nichts vor – besonders nicht über den jungen verwöhnten Engländer, der ihre innere Festigkeit anziehend und beängstigend zugleich findet. Klar, daß die in dieser Hinsicht anspruchsvolle junge Dame den Schnösel wiegt und für zu leicht befindet, ihm erspart, sich im Zusammenleben mit ihr zu blamieren. *Fräulein Schmidt and Mr. Anstruther* (*Fräulein Schmidt und Mr. Anstruther*) ist in seinen besten Teilen ein geistreiches Buch, kommt manchmal aber auch der Diktion einer Kummerkastentante gefährlich nahe – ohne in beiden Extremen gänzlich unpassend zu wirken! Es entspricht Elizabeths ursprünglich favorisiertem Konzept, mit Forster zusammen einen Briefroman zu schreiben, reduziert auf den weiblichen Part. Anschauungsmaterial für die Gestaltung des jungen Herrn aus bestem englischen Hause boten ihr die Tutoren bisher ausreichend – derzeit ist ein Mr. Wilson auf Nassenheide –, Rose-Marie Schmidts Umfeld bedarf jedoch gründlicher Recherche, selbst die seelenverwandte Teppi ist verblüfft: »Einstmals rief mich die Zofe der Gräfin in deren Ankleideraum und breitete ziemlich derbe Kleidungsstücke und Wäsche vor mir aus, die in bereitstehende Koffer gelegt werden sollten. ›Nun sehen Sie bloß, was ich da einpacken muß, das ist doch keine Toilette für die Gräfin, damit könnte ein Markt-weib auf Reisen gehen.‹ Ich schüttelte den Kopf und fragte nun meinerseits, was das zu bedeuten habe. ›Das frage ich Sie‹, entgegnete die Zofe. ›Will die Gräfin verreisen‹, fragte ich abermals. ›Das wissen Sie ja besser wie ich, die Sie doch in alles eingeweiht sind‹, war die schnippische Antwort. Ich wußte tatsächlich nichts von dem Vorhaben der Reisen-den, erfuhr auch nichts von ihren Plänen, als der Wagen vor der Tür stand, die Koffer verstaut waren und die Gräfin ohne ihre Zofe fortfuhr. Nur der ›man of wrath‹ [Henning, der Grimmige, Anm. d. Verf.] schien eingeweiht zu sein, denn er schmunzelte vielwissend und wünschte amüsiert viel Glück auf den Weg. Viel später, als . . . ›Fräulein Schmidt and Mr. Anstruther‹ erschienen war, lüftete sie mir das Geheimnis ihrer Studienfahrt zu diesem Buche. Sie war unter dem Namen ›Miss Armstrong‹ in eine Professo-ren-Familie nach Jena gegangen, um die Häuslichkeit eines Gelehrten kennenzulernen. Miss Armstrong war bei die-ser Komödie die englische Erzieherin im Hause Arnim, die ihre Ferien dazu benützte, um sich in der deutschen Sprache weiterzubilden. In dieser Au-pair-Stellung wollte sie für Sprachstunden beim Professor der Hausfrau in ihrer Tätig-keit helfen. Sie hatte sich's allerdings nicht träumen lassen, daß sie mit einem vollgepackten Marktkorb Einkäufe ins

Haus bringen mußte, was dem zarten Körper sichtlich schwer wurde. Auch gehörte es zu den Pflichten des Fräuleins, die Kleider und Anzüge der dreiköpfigen Familie täglich auszubürsten, und ihre Strümpfe zu stopfen, wovon sie keine Ahnung hatte, und was ihr die Professorin geduldig beibringen mußte. Das größte Übel aber war ein unheizbares kleines Dachzimmer, in das die lebhaften Märzwinde recht unliebsam hineinbliesen. All dieses wurde mit Humor ertragen, als sich aber der Sohn, ein junger Student, unsterblich in die Miss verliebte und sie heiraten wollte, wurde diese fahnenflüchtig und telegrafierte ihrem Manne, daß er sie unter irgendeinem Vorwande zurückfordern solle. Auf das darauf erfolgte Telegramm hin ›Kinder erkrankt, sofortige Rückkehr erwünscht‹, erfolgte die sofortige Freilassung, und das Liebesabenteuer des Professorensohnes, dem sie mit Mühe ausreden mußte, ihr nachzureisen, fand einen raschen Abschluß.«[27]

Für Fräulein Schmidt wäre das Hauswirtschaftliche keine Herausforderung gewesen, aber der junge Mann! In bester englischer Krimitradition geschieht die »Tat« vor Beginn des Buches – der seitdem angstvoll erwartete Verrat offenbart sich etwa nach einem Sechstel, das Fräulein dennoch hart treffend. Die restlichen Seiten handeln von subtilster Vergeltung bis zur endgültigen Lösung. Briefe einer unabhängigen Frau? Nein. Das scheinbar so kluge, überlegene Fräulein Schmidt ist süchtig nach der Droge Macht über einen, zugegebenermaßen schwachen, Mann. Wäre er ihr treu geblieben, sie hätte wohl nicht so leidenschaftlich reagiert . . .

»7. Februar 1907

Lieber junger Mann, es freut mich, daß Ihnen Frl. Schmidt guttat, und ich würde an Ihrer Stelle wirklich dazu übergehen, die Wohltaten zu zählen, die Ihnen zuteil wurden, als

Betrachtungen über die Größe Ihres Verdrusses anzustellen
– es ist die lohnendere Beschäftigung. Ihr Brief weckte ein
solches Interesse in mir, daß es mich richtig reizte, Ihnen zu
schreiben – wie Sie sehen. Ich wüßte zu gern, in welchem
College Sie in Cambridge waren, warum Sie nach Frankreich gehen und was Sie auf den Gedanken bringt, daß Sie
ein Meisterwerk vollbringen werden. Es spricht zwar nichts
dagegen, aber es ist ungewöhnlich, seiner Sache so sicher zu
sein. Es war nett von Ihnen, mich ›Miss‹ Elizabeth zu nennen. Haben Sie denn nie vom ›Grimmigen‹ gehört? Ich
trete morgen eine Reise nach London an. Würden Sie mich
gern in meinem Club besuchen? Ich suche einen jungen
Mann, der Ostern zu uns kommt und mit den Kindern Englisch spricht, da der derzeitige dann seinen Abschied
nimmt, um für seinen akademischen Abschluß zu büffeln –
und vielleicht kennen Sie jemanden. Cambridge ist mir lieber als Oxford, es sei denn, er wäre ein Balliol-Absolvent,
und was die Cambridge Colleges betrifft, so bevorzuge ich
jemanden vom King's oder Trinity. Wenn Sie Ihr Leid einer
Person klagen wollen, die fast wie Rose-Marie über die Sorgen junger Männer denkt, schreiben Sie mir ein paar Zeilen
zu Händen von

Messrs Smith & Elder, 15, Waterloo Place, London, S. W.
Ihre dankbare, amüsierte und interessierte
Elizabeth«[28]


Das Treffen im Lyceum Club findet am 5. März statt. Sie
wirkt auf ihn ziemlich klein, ziemlich hübsch, sehr direkt
und scharfzüngig.

Am 7. April trifft der *liebe junge Mann,* Hugh Walpole,
in Nassenheide ein, sein Zimmer gefällt ihm sehr – mit
grünem Kachelofen und Blick in Baumkronen. Ein kleines
Paradies, mit einer veritablen Schlange:

15. April 1907: »Wurde von der Gräfin schlimm angeschnauzt. Fügte mich leidlich.«[29]

Elizabeth macht es ihm schwer, sehr schwer. Sie stellt ihn öffentlich bloß und traktiert ihn unter vier Augen mit beißendem Spott. Wenn Walpole sich nach einer Rose-Marie Schmidt gesehnt hat, die einem jungen Mann bei der Suche nach sich selbst Stütze sein kann, so bekommt er es nun mit einem ganz anderen Typ »starke Frau« zu tun.[30] Der Himmel weiß, warum er Elizabeth sein Tagebuch zu lesen gibt – im Scherz fragt sie ihn danach, und er drückt es ihr tatsächlich in die Hand. War es ein Revancheversuch, ohne der Gegnerin direkt ins Auge zu schauen? Wenn ja, dann muß der junge Mann akzeptieren, daß Elizabeth einmal mehr das letzte Wort behält. Zwar bekommt sie einiges Angenehme zu lesen und einiges, was alles andere ist, als das[31] – doch die handschriftlichen Kommentare (hier kursiv gedruckt), mit denen sie die Eintragungen versieht, sind für Walpole kein Grund zum Jubeln. Ein Beispiel:

7. Juni: »Verlief mich im Wald und kam schließlich in Rieth heraus, wo ich ein ganz einfaches Gasthaus entdeckte. Netter dicker Wirt. *Weiß nicht recht, ob ich ihm einmal schreiben soll.*«[32] Das trifft. Ihres Tutors Mangel an Erfahrung mit Frauen bietet sich für Elizabeth immer wieder als hochwillkommener Angriffspunkt dar, scheinheilig erklärt sie sich bereit, ihn anzuleiten ... eine irritierende Vorstellung für den homosexuellen Walpole. Doch unverdrossen versucht er, den Code zu knacken, der ihr Verhalten entschlüsseln könnte:

».. . sie hat drei Launen

1. Bezaubernd wie ihre Bücher, nur ausgeprägter (dieser Zustand ist selten).

2. Wütend. Nun ist sie gnadenlos – attackiert einen von allen Seiten, geht auf einen los, bis einem Hören und Sehen

vergeht, und dann läßt sie einen fallen wie einen feuchten Lappen.

3. Sie schweigt. Diese ist die allerschrecklichste.«[33]

Was ist mit Elizabeth los? Warum mißbraucht sie ihren scharfen Blick für menschliche Schwächen? Was macht sie unausgeglichen, selbstgerecht, ja, so oft böse? Vorbei scheinen die Zeiten, in denen ihr die Schönheit der Umgebung half, alles Kleinliche abzustreifen, innere Ruhe zu finden, nur noch selten ist die alte Elizabeth anzutreffen – über Feldwege schlendernd, in einer Hand ihren Wordsworth, in der anderen ein Grasbüschel zur Abwehr der Mücken, selbstvergessen. »Die Landschaft ist schön, mit großen, weiten, tiefgrünen Ebenen, mit Alleen silbrig glänzender Birken und Kiefernwälder am Horizont.«[34] – »Aber es ist die Landschaft, die den tiefen Eindruck hinterläßt. Anfangs war die Luft unangenehm und kam aus dem Osten. Ein paar Dotterblumen und eine kleine Weide blühten, kein Laub, die Wege und Pfade bestanden aus schwarzem Sand, der Himmel aus Blei. Die Chaussee, weiß und befestigt, teilte das öde Land. Kraniche flogen schreiend dahin, hielten dann inne und kreischten. Rehe sprangen über die riesigen umgepflügten Felder. Dann wurde es Frühling, langsam, teutonisch. Allerlei fing an auszuschlagen, wobei die Birken die Hauptmelodie vorgaben. Das hellgrüne Laub der Birken mag dir bekannt sein . . . aber den Glanz, der im Mai plötzlich über diesem flachen, eisengrauen Land lag, kannst Du Dir nicht vorstellen. Die Birken säumten die Gräben und standen vereinzelt auf den Feldern, Misteln hingen von ihnen herab, einige bildeten eine kleine Insel inmitten eines Roggenfeldes, die ein Birkenisthmus mit dem Feldrain verband. Zu diesem Inselchen ging ich an warmen Nachmittagen mit meiner deutschen Grammatik: Zuerst stand der Roggen niedrig, später verbarg er das springende Reh.«[35]

Walpole und Forster ist der Blick für die Natur nicht verstellt.

Doch auch die von Elizabeth selbst eingeführten Rituale versagen mehr und mehr in ihrer Rolle als Stützkorsett des Seelenlebens.

Zum Beispiel Weihnachten: reizend, poetisch – und eine wundervolle Gelegenheit, Menschen eine Freude zu machen, die man das Jahr über geärgert hat. Tage vor der Bescherung ist die Bibliothek tabu für alle, außer für Elizabeth, die hier ihre in London, Berlin und auch Stettin zusammengetragenen Geschenke stapelt und im Nassenheider Forst geschlagene Tannen schmückt.[36] Familienmitglieder, Dienstboten, ja, auch die Dorfkinder werden bedacht: »Die Kinder kamen am späten Nachmittag und sangen die so vertrauten Weihnachtslieder, sie bekamen ihre Tüten und dazu beispielsweise Schals und Pulswärmer. Der Geruch ihrer Wollkleider, gemischt mit dem der Wachskerzen und der Lebkuchen und Äpfel, war köstlich und weihnachtlich schön.«[37] Trix' Erinnerungen . . .

Auch Ostern wird so gefeiert, wie im »Vaterland« üblich: bemalte Eier im Moosnest, vom Osterhasen (»Teppi mit Waschledermaske, Morgenhaube und einem bräunlichen Schal«[38]) versteckt. Edward Morgan Forster, Absolvent des King's Colleges, Mitglied der Apostles, Cambridges elitärstem Debattierclub, zur Bloomsbury Group gehörig,[39] Autor von *A Room With a View, The Longest Journey, Howards End, A Passage to India,* mit Elizabeths Kindern Ostereier suchend, ein denkwürdiges Ereignis.[40]

April und August: weitere Akzente, frühlingshaft und sommerlich, setzen die Geburtstagsfeierlichkeiten für den Grafen und die Gräfin – das Hissen der Flagge, Lobreden, Hochrufe, Böllerschüsse gehören ebenso dazu wie die Geburtstagstorte, die mit ihren Lebenslichtern genaue Auskunft über das Alter des und der (!) Gefeierten gibt. Die Abordnung von den Gutsgebäuden, angeführt vom Oberaufseher in weißen Glacéhandschuhen, gibt tagsüber den Pastoren die Klinke in die Hand, abends kommen Verwandte und Freunde zum Festessen... Erntedank im Herbst, Jagden im Winter, viele Höhepunkte hat das pommersche Landjunkerleben.

Auch den Alltag zieren Glanzlichter: Die Mädchen vertauschen abends dunkle Röcke und Matrosenblusen oder Lodenkostümchen mit duftigen weißen Kleidern, die festen Stiefel und groben schwarzen Wollstrümpfe gegen Lackschuhe und feineres Gestrick, lösen die Zöpfe. Gouvernante und Mademoiselle passen sich an. Auch die Herren – der Graf (später darf auch sein Söhnchen sich hinzugesellen), Tutoren und Hauslehrer – erscheinen in »Abendgarderobe«. Alle versammeln sich beim ersten Ton des großen Gongs in der Bibliothek. Und dann, beim zweiten Schlag, Auftritt der Hausherrin: Seide, Spitze und Juwelen, kaum ist jene Elizabeth wiederzuerkennen, die in derbem Tuch tagsüber dem Leben im Freien huldigt. Die Augen der Töchter leuchten auf: »Sieht Mammy in ihrem Abendkleid nicht aus wie eine Fee?«, flüstert Liebet Teppi ins Ohr. »Sie hat noch viel schönere«, muß Trix loswerden. »Sie kann anhaben, was sie will, sie ist immer schön«,[41] auch Evis Kommentar bleibt der Erzieherin in Erinnerung. Ein kurzes Kopfnicken in die Runde, Graf Henning reicht seiner Frau den Arm und beide gehen den anderen voran durch die Flucht der Räume zum Speisezimmer. Die exquisite Dekoration: Porzellanteller, bemalt von einer Nichte Friedrichs des Großen – alter Familienbesitz. Das Ritual erfordert nun weiter, daß jeder hinter seinem Stuhl stehend abwartet, bis eins der Kinder – ganz schnell! – das Tischgebet gesprochen hat. Ein Diener in schwarz-roter Livree mit Silberknöpfen und

*Die Hausherrin von Nassenheide in Seide, Spitzen und Juwelen:
Gräfin Arnim 1905.*

weißen Handschuhen ist der Gräfin beim Hinsetzen behilflich, das Essen kann aufgetragen werden. Tischgespräche, dreisprachig! Es ist Sache der Hausherrin oder des Hausherrn, beispielsweise einem Tutor das Thema vorzugeben, zu dem er sich äußern soll – Ausgangspunkt einer Diskussion, an der die Kinder nur insoweit teilnehmen dürfen, als sie konkrete Fragen beantworten. Durch diese Regelung soll erreicht werden, daß die häufig wechselnden jungen Leute sich schnell in die Hausgemeinschaft einfügen. Auf geistige Trägheit reagiert Elizabeth nicht selten mit provokanten Fragen, um ihr Gegenüber anzustacheln, doch: »Es war ein mühsames Geschäft und das Ergebnis selten der Mühe wert«,[42] erinnert sich Liebet. Und an die Tage, an denen die Mutter keine Lust hat, die Rolle der Animateurin zu spielen, und einfach schweigt – die ganze Mahlzeit lang. Hat Elizabeth – nach dem Kaffee für die erwachsenen Familienmitglieder – die Tafel aufgehoben, führt sie mit Henning die gleiche Prozession auf dem Rückweg zur Bibliothek an. Schach, Musik, Tanz, die ganze Tischgesellschaft läßt so den Tag ausklingen.[43]

Doch dergleichen büßt nach und nach seine Wirkung ein. Elizabeth ist vierzig, macht sich Gedanken um ihre Zukunft. Zunehmend schärfer sieht sie die Schäden im Firnis des so sorgfältig ausgearbeiteten Tableaus: den sich noch vor wenigen Jahren in Bestform präsentierenden berühmten Garten kann Forster schon nicht mehr erkennen;[44] die Kinder sind eigenwillig, reagieren so oder so auf die alle paar Monate wechselnden Erzieher. 1906 schickten die Eltern Evi nach London in die Obhut von Lady Maud Whyte. Besser, sie besucht dort die Schule, als ihre jugendlichen Tutoren mit dem komplizierten Gefühlshaushalt einer Fünfzehnjährigen zu konfrontieren. Doch obwohl Tante Chaddie und Cousine Margery sich kümmern, auf dem Landsitz

*Ropes* an Wochenenden und Feiertagen seinen Besuch erwarten, das Mädchen fühlt sich wie aus dem Paradies vertrieben. Daran ändern auch die unzähligen Briefe, die die Mutter über den Kanal schickt, nichts:

19. April 1907: »Wir haben hier solch fürchterliches Wetter, so kalt und düster, und unaufhörlich bläst eine steife Brise, und drunten in Devonshire stehen die Birnbäume in Blüte, wie Du mir schreibst! Oh, oh, oh. Eines Tages vielleicht, wenn ich alt bin und niemand mich mehr braucht, werde ich dort unter einem Birnbaum leben und nie mehr frieren und glücklich sein.«

Auch Hinweise auf das deutsche Mädchenschulwesen werden wenig geholfen haben:

29. Mai 1907: »Am Samstag besuchte ich Hökels. Die Kinder waren nicht in der Schule wegen Pfingsten. Albrecht ist in der Obertertia, Elisabeth in einer *Töchterschule*, wo die armen *Töchters* nichts wirklich lernen dürfen, damit sie später ordentliche *Hausfraus* sein können und ihr Leben in der Küche verbringen. Sophiechen war ebenfalls zur Schule gegangen, aber sie haßte sie dermaßen, daß die Eltern sie wieder nach Hause holten, und nun wird sie von ihrem Vater unterrichtet . . .«

Dann schon eher die Andeutung kommender Ferienfreuden: »Mir ist eine großartige Idee für die Ferien gekommen, die aber erst bekanntgegeben werden soll, wenn sie ein wenig mehr Gestalt angenommen hat.«[45]

Diese beiden Briefauszüge zeigen auf, in welche Richtung Elizabeths noch vage Pläne für die nahe und ferne Zukunft gehen. Denn es gibt für sie noch einen, mittlerweile allerdings entscheidenden Grund, sich aus Nassenheide wegzuwünschen: Henning. Freilich, es ist seine Zuckerkrankheit, die ihn belastet, ihn antriebslos und über seine Jahre hinaus gealtert wirken läßt. Er wird zunehmend fordernd, unduldsam, mit steigender Neigung zur Larmoyanz. Im täglichen Umgang ein schwieriger Partner. Niemand wagt, um ein Beispiel zu nennen, Klavier zu spielen, wenn er zu Hause ist – es könnte ja sein hochentwickeltes musikalisches Empfinden stören . . . Warum dann aber unsensibel hinzufügen, was Forster als Zeuge beschreibt – und dessen Wirkung auf Elizabeth leicht nachvollzogen werden kann: »Mir graut vorm Ende jeder Mahlzeit, denn da schlürft er das Wasser seiner Fingerschale in sich hinein, es ist wie die Charybdis, und spuckt es nach einem gräßlichen Augenblick wieder aus.«[46] Später geht Henning dazu über, sein Gebiß herauszunehmen und in der Fingerschale abzuspülen, bevor er es wieder einsetzt – erst dann wird die Tafel aufgehoben: eine zwar geräuschärmere, dennoch kaum appetitlichere Variante.[47]

Juni/Juli 1907: Elizabeth sinnt auf eine Möglichkeit, dem Alltag in Nassenheide für einige Zeit zu entkommen. Doch zuvor muß sie noch ein kleines Problem lösen. Am 5. Juni 1907 schreibt sie in einem Brief an Evi: »Mr. Walpole ist *höflich aber kühl* gebeten worden, sich Ende Juli zu entfernen. Er wird zusehends sonderbarer und ist der sonderbarste Mensch, an den wir bisher geraten sind.«[48] »Auf Mr. Walpole folgte ein etwas älterer Mann, ein Absolvent des Trinity Colleges, Cambridge, Charles Erskin Stuart. Für Elizabeth war er ein fabelhafter Gesprächspartner, und sie machte mit seiner Hilfe große Fortschritte im Studium nicht nur der englischen Literatur, sondern auch der in Griechisch und in Latein. Unglücklicherweise verliebte er sich heftig in sie, was ihn um seinen Seelenfrieden brachte.« Liebets Erinnerungen deuten neue Verwicklungen an.[49]

Doch in den Tagen des Tutorenwechsels ist für Elizabeth nur die bevorstehende Reise wirklich wichtig. Am 10. Juli

1907 kann sie der vor Spannung kribbeligen Evi endlich schreiben: ». . . Nun, da unsere Pläne so vollständig ausgereift sind wie Früchte an einer sonnendurchglühten Mauer, kann ich sie Dir wohl enthüllen. Wir (Liebet, Trix, Teppi und ich) treffen am Abend des 24. Juli in London ein und werden somit die Freude haben, am Tag der Jahresabschlußfeier in Deine Schule zu kommen und alle Deine Freunde zu sehen. Dann fahren wir am Nachmittag des 30., wenn Euer Schuljahr zu Ende ist, zum Cottage hinunter und brechen . . . mit Tit und Drisch [Nichte Margery; Tit, deren Mutter, entschied sich offenbar gegen die Teilnahme an der Tour, Anm. d. Verf.] und noch ein paar netten Leuten in zwei Wohnwagen zu einer Rundreise auf. Vier Wochen lang wollen wir dann im Wohnwagen leben und durch die reizende englische Landschaft wandern . . . Findet ihr nicht auch, daß es ein ausgezeichneter Plan ist? Ich habe immer schon mal eine Wohnwagenreise machen wollen, und Drisch sagt, davon habe sie ihr ganzes Leben lang geträumt. Wir werden tagsüber neben den Wagen herlaufen und nachts in ihnen schlafen . . . Und wir machen alles selbst – die ganze Kocherei . . .«[50]

Auf einem matschigen Acker in der Gemarkung Nab's Corner, Crouch, wird die Reisegesellschaft am 7. August 1907 von George, dem Kutscher, erwartet. In seiner Obhut hat er zwei stämmige Pferde und zwei Wohnwagen – riesig anmutende Kästen auf gefährlich kleinen Rädern: die weiblichen Mitglieder der Gruppe haben das Privileg, darin übernachten zu dürfen, während die jungen Herren, Mr. Gaunt, Mr. Wilson, Mr. Stuart, und nach zehn Tagen auch Mr. Forster, als männlicher Begleitschutz – unterstützt durch zwei Hunde – sich mit Zelten zufriedengeben müssen. »So wanderten wir, je ein Männlein und ein Fräulein, wie aus der Noah-Arche entsprungen, den Wagen voraus, während die sehr umschwärmte reizende Nichte Drischi mit ihrem Ponywagen und der von ihr unzertrennlichen Cousine Trixie den Schluß bildete. Der Tagesproviant wurde an Ortschaften, die wir passierten, eingekauft.«[51] Proviantbeschaffung und Lagerplatz-Auskundschaften sind Margerys Sache; Evi, Liebet und Trix helfen Teppi beim Kochen; den jungen Männern bleibt das Abspülen. Teewasser, Porridge, Eier – fürs Frühstück wird ein Primuskocher angezündet. Ansonsten hängt am Dreibein überm Feuer ein Kessel, in dem Eintopf – meist Huhn mit verschiedenen Gemüsen – köchelt. Elizabeth ist zuständig für Planung und Finanzierung der Reise. Kreuz und quer vornehmlich durch die Grafschaften Sussex und Kent führt die Route, heckengesäumte leuchtendgrüne Wiesen breiten sich aus, Hohlwege führen durch kleine Wälder, in deren Dunkel Fingerhut aufleuchtet, ein Band blaßlila Malven säumt Getreidefelder, weit spannt sich der Horizont über den Marschen – ach ja, die Reisenden »hätten viel Schönes sehen und erleben können, wenn es nicht andauernd geregnet hätte«.[52] ». . . und laß uns um schönes Wetter beten . . .«,[53] hatte Elizabeth ahnungsvoll an Evi geschrieben. Es hat nichts genutzt.

Noch am ersten Nachmittag von Crouch nach Mereworth, von da über Borough Green zum *Leeds Castle*. Silbriggrau im Regenschleier erhebt sich das Märchenschloß aus den von breiten Gräben durchzogenen Auen des Len; hier campieren die Reisenden. Elizabeth setzt sich zusammen mit ihren Töchtern für einen wichtigen Besuch ab: gute dreißig Meilen sind es bis Sandgate, wo Herbert George Wells mit seiner Familie ein bemerkenswertes Haus bewohnt. In exponierte Lage, hoch über die Kanalküste, hat Charles F. A. Voysey *Spade House* ganz im Geist der *Arts-and-Crafts*-Bewegung erstellt, ein ehrgeiziges Projekt für den Architekten wie für den Hausherrn. Voyseys Häuser sind Zitate der sie umgebenden traditionellen Gebäude, die dazugehörigen Gärten folgen der Farben- und Formensprache Gertrude Jekylls. Er baut Statussymbole! Auch *Ropes*, Charlotte Waterlows Landsitz, wurde von diesem Avantgardisten entworfen ... O ja, Elizabeth hat für dergleichen ein gutes Gespür – ebenso wie für die literarische Potenz des Parvenüs Wells. Sie erkennt Qualität, wenn sie ihr begegnet! Wells. Er lud Elizabeth im Juli ein, sie akzeptierte. Allerdings, vorausgegangen war eine kleine Konspiration. Die Gründerin der International Association of Lyceum Clubs, der auch Elizabeths Club angehört, The Honourable Constance Smedley, hatte die beiden vor einiger Zeit miteinander bekannt gemacht. Elizabeth lud ihn damals zu sich ein, er lehnte ab. Doch sie gab so leicht nicht auf, steckte sich hinter Constance Smedley, die Wells schließlich den Brief entlockte. Das Treffen in Sandgate ist ein Erfolg.

Ein weiteres Etappenziel bietet dagegen pure viktorianische Vergangenheit: *Swinford Manor*, Alfred Austin. Das von der Zeit patinierte Landhaus, der es umgebende gut gehaltene Garten, die Bücher, die Gedichte dieses Mannes ... Der Schnitt ist überdeutlich sichtbar, der seinesgleichen von der nachfolgenden Generation trennt. Die Autorin Elizabeth ist dem Herrn kein Begriff, doch mit großer Geste lädt er ein: »Schauen Sie sich ruhig hier um.« Forster findet den Garten zu luxuriös,[54] Elizabeth dagegen gefällt er – sie hat ihn schon einmal, im Oktober 1898, mit Laura besucht. Der Hausherr war damals abwesend, aber: »Der Gärtner führte uns herum – der herrlichste Garten, den ich je gesehen habe.«[55]

Über Staplehurst führt der Weg nach Sissinghurst: 1907 kein Grund für einen Aufenthalt. Vita Sackville-West lebt noch in Knole, ist gerade fünfzehn Jahre alt, hat ihr erstes Geld fürs Schreiben bekommen: ein Pfund in einem Wettbewerb um den besten Limerick.[56] Erst dreiundzwanzig Jahre später wird sie Sissinghurst entdecken.[57] 1907 sind die spitzhütigen Hopfendarren noch die größte Attraktion dieser Gegend. Nein, das nächste Ziel sind Ruinen aus dem 14. Jahrhundert: *Bodiam Castle*. »Bodiam lag irgendwo drunten in der Ebene, und wir waren auf dem Weg dorthin...«, denn dort stehe... »ein sehr interessantes, uraltes, verfallenes Schloß inmitten eines Wassergrabens, der zu dieser Jahreszeit voll von weißen und gelben Wasserlilien sei.«[58]

Salehurst, Burwash, Staplecross, Sedlescombe, Battle, Brede, Rye: atemlos erreicht Elizabeth über steil ansteigende Sträßchen das klassisch schöne georgianische Haus des Schriftstellers Henry James. Ein ältlicher Mann, leicht ist es, mit dem Verehrten ein wenig zu kokettieren. Wie sie auch später in Aylesford den netten Pfarrer bezaubert, indem sie einen Highland Fling mit ihm tanzt, ein Anblick, den Forster nie vergessen wird.[59]

Unten in der Ebene, in Peasmarsh, entdeckt Elizabeth hochgestimmt – wieder einmal! – das Cottage ihrer Träume. Wittersham, High Haldenman, Bethersden... Die Sonne kommt durch? Dann schnell einige Photos! Sie zeigen Wohnwagentouristen Anfang des Jahrhunderts: Die Damen tragen dunkle, knöchellange Röcke, helle Blusen, manchmal sogar Autohüte mit Tüllschleiern auf hochgesteckten Haaren. Ein kühner Aufzug in den Augen eines konservativen deutschen Barons – darüber läßt Elizabeth in ihrem Buch über die Caravantour keinen Zweifel. Die Herren reisen in sportlichen Knickerbockers, Tweedjackett, Krawatte! Plaids, Picknickkörbe, Liegestühle, weißgedeckte Tische sind erkennbare Reiseutensilien, ebenso wie Schirme...

Denn es ist mittlerweile zwecklos, sich etwas vorzumachen: die Caravantour ist komplett ins Wasser gefallen. Den

*Elizabeths Caravantour durch die südenglischen Grafschaften Sussex und Kent im Sommer 1907. Mit von der Partie waren die Herren Gaunt, Wilson, Stuart sowie E. M. Forster (ehemalige Tutoren der Arnim-Sprößlinge), die Töchter Evi, Liebet, Trix, Nichte Margery Waterlow und Teppi Backe.*

*Während der größtenteils verregneten Caravantour. Oben: Rast am Straßenrand (unterm Schirm wohl Elizabeth); unten: auf einer Wiese.*

moralischen Tiefpunkt dokumentiert Teppi, entschuldigt ihn mit sehr harten und primitiven Lagerstätten, eintönigem Essen.». . . diese Umstände ließen feige Fluchtgedanken in manchem Hirn der Beteiligten zur Reife kommen. Als abends alles still und ruhig auf seinen Lagern ruhte, (so wähnten wir wenigstens) verschwanden die Gräfin und ich wie die Diebe in einem nahegelegenen Gasthaus, um dort einmal anständig essen und schlafen zu können.«[60] Dort stellen sie überrascht fest, daß ihre gesamte männliche Eskorte schon da ist. Diese Begebenheit ist Elizabeths Vorbild für den schnöden Verrat ihres literarischen Helden, der sich ebenfalls von seiner Reisegesellschaft entfernt, um sich, pardon, den Bauch vollzuschlagen.[61] In Canterbury dürfen dann die wirklichen Caravantouristen in einem feudalen Hotel ganz ungeniert schlemmen und warme Bäder nehmen nach Herzenslust.

Vielerlei mag Elizabeth auf dem Weg über die Landstraßen Südenglands durch den Kopf gegangen sein. Aufgestauten Seelenmüll ist sie wohl losgeworden, doch nun, freigeräumt, zeigt sich der Graben zwischen ihr und Henning unverstellt, unüberbrückbar. Er scheint das zu ahnen, wittert jedoch die Gefahr aus der falschen Ecke. Äußerst aufmerksam betrachtet er die Photographien, die die Kinder ihm von unterwegs schicken. Ist nicht Mr. Stuart darauf zu erkennen? Von Trix will er es genau wissen, befragt sie in einem Brief, um sofort zu klagen: Kaum zum Schlafen komme er vor lauter Arbeit, Hagelschäden habe es gegeben, für die er eine möglichst hohe Versicherungssumme herausschlagen wolle . . . [62] Während seine Frau in Begleitung junger Männer Urlaub macht!? Tatsächlich ist die Summe, die er erstreiten kann, zu vernachlässigen im Vergleich zu dem, was Elizabeth als Ertrag ihrer Reise mit nach Hause bringt. Doch dieses Mal will sie keinen Pfennig mehr abgeben für das aussichtslose Unterfangen, den wirtschaftlichen Ruin Henning von Arnims aufzuhalten. Anders als in der Vergangenheit, wird sie von der klugen Regelung Gebrauch machen, die der Autorin das alleinige Verfügungsrecht über ihre Honorare zusichert. Irgendwann im Verlauf des Septembers 1907 ist dies zur Sprache gekommen, hat auch Henning seine Karten auf den Tisch gelegt – und wohl allmählich erkennen müssen, daß er im Begriff ist, zu verlieren.[63] Noch halten beide das Sterben ihrer Ehe so gut sie können geheim, täuschen auch Henry Herron Beauchamp, wie es Elizabeth für richtig hält: »Er weiß nichts von dem unglücklichen Ende... und ich werde ihm nichts davon erzählen, denn es würde ihn bekümmern; und je mehr die Tage und Monate wie in einem Traum dahinschwinden, desto mehr liegt mir daran, ihm nicht das Herz schwerzumachen. Finden Sie nicht auch, daß man alten Leuten Kummer ersparen sollte?«[64]

Und so schreibt Elizabeths Vater am 31. August 1907 in sein Journal: »Geburtstag der liebsten May. Sie fährt seit vier Wochen in einem ›Wohnwagen‹ – 2 Wohnwagen, männlich und weiblich – im Land herum – eine Reisegesellschaft von fast einem Dutzend Leuten – & schwört beinahe, ›nie mehr wieder in einem Haus leben‹ zu wollen – amüsieren sich fabelhaft in unserem herrlichen Land.«

Unter dem 15. September 1907 trägt er ein: »Graf Arnim, May, Liebet und Trix kamen am Nachmittag...: allen geht es überraschend gut, bis auf Liebet, die an Husten leidet. Sie blieben bloß eineinhalb Stunden. Graf Arnim fast Abstinenzler, sieht gesund aus.«

Am 28. September schließlich der Abschied: »Die liebe kleine May kam – von Harry eskortiert – samt Evi & Liebet im Auto heraus, um Lebewohl zu sagen – morgen verläßt sie London, um den Dampfer der Norddeutschen Dampfschifffahrtsgesellschaft von Southampton nach Bremen zu nehmen und dann heim nach Nassenheide – nach über zwei Monaten Urlaub in England. Zärtlicher Abschied und alles wünschte ihr – dem lieben Ding! – ›Good speed‹.«[65] Am 6. Oktober 1907 stirbt Henry Herron Beauchamp. »Ich kann Dir gar nicht sagen, wie stolz ich bin, daß ich einen solch lieben Vater hatte. So rechtschaffen, so geradlinig und ehrlich, und gütig und weise – und so geistreich – und er haßte Lügen, ja selbst die geringste Unehrlichkeit.«[66] Der Tod des Vaters ist für die Tochter Zäsur, sein Verlust heißt künftig Auskommenmüssen ohne den Menschen, dem sie sich am stärksten verwandt fühlt. Er bot ihr das – im vergangenen Jahrhundert verwurzelte! – Modell, wie mit der Grundausstattung an Eigenschaften, die sie mit ihm teilt, ein gutes Leben zu führen ist. Erst spät hatten Vater und Tochter zusammengefunden, einander aneinander erkannt: ihre Liebe zu Gärten, zur Musik, zu Büchern, das beiden gemeinsame Schreibtalent – die Schwäche für den Adel, die Upperclass, und die Stärke, nach einer Niederlage wieder aufs neue anzufangen.

Dieses Erbteil an Nehmerqualitäten muß Elizabeth nun erneut mobilisieren, ihre Trauer unter einer neuen Arbeit ersticken. Geplant hatte sie, die Caravantour als Vorlage für ihr neues Buch zu nutzen, etwa im Stil von *Elizabeth auf Rügen*. Doch dazu ist sie nicht in der Lage.[67] Die Schilderung der lieblichen Landschaft Südenglands muß völlig zurücktreten. Das Buch beschreibt eine Reisegesellschaft, nein, einen Reisenden einerseits und seine Gefährten andererseits, seine indifferent-freundliche Frau zwischen den Fronten. Und diesem Reisenden, dem Major eines Artillerieregiments, Baron Otto von Ottringel, Storchwerder/Mark Brandenburg, um die Fünfzig, untersetzt, Schnurrbartträger, schenkt Elizabeth wahrhaftig nichts. Mit allen denkbaren und undenkbaren schlechten Eigenschaften, die ihr in den letzten sechzehn Jahren an einem deutschen Mann aufgefallen sein können, stattet sie ihn aus. Listig läßt sie Ottringels Bild durch seine eigene Schilderung entstehen. Eine äußerst bissige Satire; selbst einige englische Kritiker zucken zurück: geschmacklos, wie die Autorin ». . . ihrer spöttischen Ader derart nachgab auf Kosten des Landes, in dem sie ansässig ist, denn dies ist ein Buch, das durch seine unzähligen Nadelstiche das ohnehin gespannte Verhältnis zwischen den beiden Nationen noch verschlechtert.« Und: »Nichts mißfällt uns mehr als Literatur, die anti-deutsch ist. Aber die Satire in diesem Buch ist so brillant, der komischen Einfälle sind so viele, daß wahrscheinlich auch die Deutschen selbst, mit Ausnahme einer engstirnigen Kaste, ihre Freude daran haben werden«, so eine für die Zeit erstaunlich besonnene Pressestimme.[68] Nun, genau diese Kaste ist offensichtlich in den darauffolgenden Jahren in Behörden beschäftigt: *Die Reisegesellschaft* kommt während des ersten Weltkrieges in Deutschland auf die schwarze Liste.[69] Ein Ventil hätte das Buch für die Autorin sein können, eine literarische Ersatzhandlung. Doch die Situation verlangt mittlerweile realen Vollzug.

Während Elizabeth also längst Pläne verfolgt, die den Bestand der Familie nicht mehr zum Ziel haben, versucht sie den Kindern weiterhin die Illusion von Kontinuität und Geborgenheit zu erhalten. Fortgesetzt gehen Briefe an Evi, sie geben Einblick in alltägliche Besänftigungsstrategien: »Die arme Queekie hat ab und an die gräßlichsten Träume – sie dauern Stunden, und nichts vermag sie daraus zu wekken, und sie steht währenddessen fürchterliche Qualen aus – sie schläft jetzt in meinem Zimmer, und trotz der schönen Schutzengel, mit denen das Zimmer erfüllt ist, alle gütig und freundlich, mit großen, weichen, leuchtenden, weißen

Flügeln, hatte sie letzte Nacht einen Anfall – das arme süße winzige Dingelchen, sie ist immer hinterher ganz erschöpft – irgend jemand muß ihr haarsträubende Dinge erzählt haben, und sie ist ja noch zu klein, um begreifen zu können, daß das bloßer Unsinn ist . . . H. B. ist ein sehr braver Junge und rennt herum und singt und ist glücklich . . . Jeden Mittwoch nachmittag habe ich nun ein Kränzchen im *Treibhaus*, bestehend aus Liebet, Trix und mir; es beginnt um vier mit dem herrlichsten Tee in den besten Tassen, und dann machen sie *Weihnachtsarbeit*, und ich lese ihnen ein Buch über Astronomie vor . . .«[70]

War Elizabeths Schlafzimmer wirklich der rechte Ort, um Felicitas' Alpträume zu vertreiben? Oder war die Mutter eher die Quelle der Verunsicherung? Das ist sehr wahrscheinlich, denn mit *Die Reisegesellschaft* verabschiedet sich Elizabeth innerlich von Deutschland. Vorbei die Zeiten, als ein Fräulein Schmidt einen Mr. Anstruther deklassierte . . . Unbarmherzig zerschneidet Elizabeth das Band zwischen sich und allem, was ihr Nassenheide einst war – unbarmherzig vor allem gegen sich selbst.

## Kapitel V: 1908-1910

*». . . und ehe man sich's gewahr wird, gehört alles, was
eben noch Gegenwart war, der Vergangenheit an.«*
*Alle meine Hunde*

Die Selektion des Mobiliars hatte wenig Kopfzerbrechen
bereitet. Ausschließlich jene mit Bedacht ausgewählten
Neuerwerbungen der neunziger Jahre, die den speziellen
Charme der Räume, ihre lichte Eleganz ausmachten, wurden beiseite gestellt. Erkennbare Lücken sind ohne Belang.
Nach Elizabeths Empfinden existieren in den abgelegeneren
Zimmerfluchten ohnehin reichlich mehr als wirklich notwendige muffige Polster und ein Überfluß an bombastisch-
teutonischen Einrichtungsgegenständen: von ihr dorthin
verbanntes Interieur des Historismus. Einzig sichtbare und
so schnell nicht auszuheilende Wunden mußte sie den Bi-
bliotheksregalen rund um die hölzerne Mittelsäule zufügen.
Schmerzliche Erinnerungen, als sich literarische Schätze,
Buchdeckel an Buchdeckel, nunmehr zu profanen Stapeln
häuften: Thoreau, ihr Morgenbegleiter zur Wassersenke im
Roggenfeld; Goethe – sein *Werther* mit Tränenspuren –, ein
Gartenfreund im Zenit der Sonne mit Absolutheitsan-
spruch auf die schattige Bank an der Südseite des Eishauses;
Walt Whitman, Nachtgeist für schläfrige stille Stunden
neben Rosenbeeten; Keats und Wordsworth, schmale
Bändchen, zerlesen auf langen Kutschenfahrten durch Kiefernwälder bis hin zur Ostseeküste. Wechselnde Auser-
wählte unter wechselnden Favoriten.

April 1908. Späte Kälteeinbrüche sind obligatorisch, ein
Frühling in Pommern scheint auf sie geradezu abonniert.
Die weiße Flockenpracht der vergangenen Vorfrühlingstage

kommt jetzt sogar sehr gelegen. Mit dem von Elizabeth herbeigesehnten »Klima so verschieden von dem in Pommern wie möglich«[1] wird nun Devonshire mit an Sicherheit grenzender Wahrscheinlichkeit bei ihrer und der Kinder Ankunft in wenigen Tagen aufwarten können. Und: Eine die früh hereinbrechende Dunkelheit erhellende Schneedecke begünstigte das notwendigerweise diskrete Einladen und geräuscharme Wegschaffen von Einrichtungsgegenständen und Holzkisten. Obwohl vorsorglich bereitgehaltene Belege das Umzugsgut als Eigentum der Gräfin Arnim ausweisen – Elizabeth hatte Möbel, Silber, Bilder und Bücher »von Henning gekauft«[2] –, hätte der eine oder andere aufgeschreckte Gläubiger in letzter Minute Ansprüche geltend machen können. Was Henning seit langem bekämpft und dennoch befürchtet hatte, war unausweichlich: der endgültige wirtschaftliche Niedergang von Nassenheide. Durch ein entschiedenes Nein als Resonanz auf das Ansinnen, erneut mit einer beträchtlichen Summe aus ihren Einkünften beizuspringen, hatte Elizabeth ihrer Verweigerung bereits vor einigen Monaten Ausdruck gegeben. »Oh, Geld ist von allen Zwängen, denen man unterliegt, der abscheulichste!«, so schrieb sie es sich von der Seele. »Wo immer es um Geld geht, nehmen die Liebe und die Grazien reißaus... Den Pfennig kenne ich nur zu gut, weiß, was es heißt, wenn einer übrigbleibt, und wie anders die Welt aussieht, wenn einer fehlt.«[3] Die Gräfin Arnim leistet es sich nicht mehr, in diesen Dingen Solidarität zu üben. Denn: auch ergiebige Geldquellen aus literarischen Erfolgen können ihrer realistischen Einschätzung nach ebenso rasch versiegen, wie sie zu sprudeln begannen. Die Zeit des Teilens ist vorbei: »Ich will Dir nun unsere Pläne schildern«, schreibt sie am 16. und 22. April 1908 nach England an Evi, »Papa möchte Nassenheide verkaufen, da er nicht mehr in der Lage ist, so furchtbar hart zu arbeiten . . . Ich habe in England ein Haus auf dem Land gemietet . . . und wir ziehen Anfang Mai dorthin, ich und alle vier Kinder mitsamt Elise [ihre Zofe, Anm. d. Verf.] . . . Es ist furchtbar, [Nassenheide] zu verlassen und meinen geliebten Garten, in dem ich so viele Jahre in glücklicher Beschaulichkeit verbracht habe – und die Zeit läuft so schnell ab und jeden Abend, wenn das Feuer im Kamin der Bibliothek prasselt, weine ich ein bißchen.« – »Papa wird nun alle Hände voll zu tun haben, um die Angelegenheiten hier zu regeln, und dann kommt auch er rüber und lebt bei uns«, will sie die Tochter zu diesem Zeitpunkt noch glauben machen. [4]

Die von Henning eindeutig präferierte Lösung, den Wohnsitz nach Schlagenthin, auf das einträglichere Rittergut zwischen Brandenburg und Genthin im Kreis Jerichow II, zu verlegen, wurde von Elizabeth nie ernsthaft erwogen. Als indiskutabel und als bedrückendes Mausoleum war ihr das Schlagenthiner Herrenhaus immer erschienen. Ein prächtiges Grabmal gibt es dort tatsächlich, es liegt ein wenig abseits im Kiefernforst auf dem Eichberg. In der Familiengruft ruhen Hennings Eltern sowie seine erste Frau und die mit ihr gleich nach der Geburt gestorbene Tochter. Elizabeths Aversion gegen Schlagenthin scheint unbegründet. Das helle, klassizistisch überprägte Gebäude mit Vier-Säulen-Portikus sowie zierlichen Balkonen hat Charme, und selbst die dunkle Holzdecke der neugotischen Eingangshalle kann diesen Eindruck nicht wirklich mindern. Sogar gewisse Übereinstimmungen mit Nassenheide sind unübersehbar: sanfte Übergänge von Hügeln in Ebenen, Wälder auf sandigen und Landwirtschaft auf lehmigen Böden. Weit reicht der Blick bis zum Horizont, wo kleinparzellierte Felder wie rechteckige Handtücher am Himmel hängen.

Selbstverständlich sprechen noch andere, sehr praktische

*Die ehemalige Arnimsche Familiengruft in Schlagenthin: das Mausoleum auf dem Eichberg. Elizabeth liebte es, dorthin zu wandern und zu picknicken. Hier wurde Henning von Arnim 1910 beigesetzt.*

Aspekte für den von Elizabeth letztlich angestrebten Wechsel ins Mutterland. Vorwiegend in England werden ihre Bücher verlegt. Nur dort wähnt die Autorin ein Umfeld, in dem sich auch zukünftige Neuauflagen und Neuerscheinungen – deren Erlöse von nun an noch wesentlicherer Bestandteil ihres Budgets sein werden – so erfolgreich wie bisher vermarkten lassen. England betrachtete die Gräfin von jeher als erste, und nun aus weiteren guten Gründen sogar als einzig akzeptable Wahl. Henning kann den Argumenten nicht folgen und bleibt unbeweglich.

Vorrangig gälte es jetzt, der drohenden Zwangsversteigerung durch einen unverzüglichen Verkauf des Wohnsitzes sowie der land- und forstwirtschaftlichen Betriebe von Nassenheide und dem benachbarten Kirchspiel Boeck zuvorzukommen. Doch Henning von Arnim spielt, ganz gegen die Vernunft, auf Zeit. Eher lauwarm bleiben Bemühungen um solvente Interessenten. Beinahe zwei Jahrzehnte vergebliche Arbeit und an deren Ende zwar wissenschaftlich relevantes, finanziell jedoch fruchtloses Experimentieren mit Feldfrüchten, das kann und will er sich noch nicht endgültig eingestehen. Dabei waren die Karten von vornherein schlecht gemischt: Steigende Löhne für Gesinde konnten nur saisonal durch die weit anspruchsloseren russischen Wanderarbeiter ausgeglichen werden. Intensivierung und Mechanisierung der Landwirtschaft machten hohe Investitionen notwendig. Neue Schulden und Zinsbelastungen kamen zu den ohnehin drückenden, bereits ererbten alten. Und ein tradierter, aufwendiger Lebensstil des Landadels erweist sich als unerschwinglicher Luxus in Zeiten sinkender Rentabilität. Finanzkrisen der großen Güter, Existenzbedrohung, Zwangsverkäufe und rasche Besitzerwechsel scheinen seit Jahren in Ostelbien an der Tagesordnung. Andere Kalamitäten, klimatisch bedingte und durch Schädlingsbefall hervorgerufene Mißernten, treffen wenig diversifizierte Kulturen, wie den Kartoffel-, Roggen- und Lupinenanbau von Nassenheide, besonders hart.

Keine Erklärung für die Trennung von Henning, wohl aber für Elizabeths Entschluß, die Wahlheimat zu verlassen, sind mit Skepsis registrierte, zunehmende Spannungen zwischen Deutschland und England. Wohl ist Elizabeth kraft ihrer Ehe mit Henning von Arnim Deutsche (die auf der Insel geborenen Kinder Beatrix, Felicitas und H. B. besitzen die englische und die deutsche Staatsbürgerschaft); aus ihrer anglophilen Gestimmtheit hatte sie dennoch privat und in ihren Veröffentlichungen niemals ein Hehl gemacht. Wie kommentierte die so sehr englisch fühlende Gräfin die bilateralen politischen Probleme in ihren Kreisen? Immerhin rekrutieren preußische Regimenter Offiziersnachwuchs aus *Hochgeborenen* Familien! Und wie reagierten deutschnational denkende ostelbische Adlige auf diese Seite von Elizabeth? Das britisch-deutsche Verhältnis hatte sich seit der 1891 geschlossenen Ehe unüberlesbar, unüberhörbar verschlechtert. Antienglischer Chauvinismus hier und antideutscher Nationalismus dort steuern auf einen Kulminationspunkt zu. Die alte europäische Staatengemeinschaft steht kurz davor, unter der Last imperialistischer Rivalitäten zu zerfallen. Seit das Inselreich 1904 die Politik der *Splendid isolation* aufgegeben und sich Frankreich – dem deutschen *Erbfeind* – zugewandt hatte, wurde aus anfänglichen Mißstimmungen bald Deutschenhaß auf der einen und Engländerhaß auf der anderen Seite, hochgeschaukelt durch giftige Töne und Pressekampagnen. Martialische Äußerungen Wilhelms II. – halber Brite von Geburt! –, Aufrüstung und irrationale Flottenpolitik taten das Ihrige dazu. Verständigungsbemühungen blieben in den Anfängen stecken. Die sich gegenseitig vorgeworfenen Hegemoniebestrebungen avancierten zum Thema ersten Ranges. 1908, als Elizabeth unwiderruflich für England votiert, droht das leichtfertig angefachte Feuer mehr und mehr außer Kontrolle zu geraten. Krieg erscheint nicht mehr nur denkbar, er wird wahrscheinlich.

Henning von Arnim ist 57, seine Frau bald 42 Jahre alt, als sich ihre Wege trennen. Hatten sie das miteinander besprochen? Wenn ja, wie haben sie sich die Trennung gedacht? Auf kurze Distanz, für eine gewisse Zeit, für immer? Wir kennen nur wenige erhellende Streiflichter: zum einen schriftliche Zeugnisse aus ihrer unmittelbaren Umgebung, zum anderen Andeutungen in Elizabeths literarischem Nachlaß.

Teppi kann die Trennung der Familie absolut nicht gutheißen. Viel zu sehr fühlt sie sich als deren mitbetroffener Teil. Empört redet die enge Vertraute Klartext: Mit ihr könne Elizabeth in Devonshire nicht rechnen. Also wird sie – so ist es in Teppis ausdrücklich für die Arnim-Kinder und für zukünftige Biographen festgehaltenen *Erinnerungen an die Autorin: Elizabeth and her german garden* nachzulesen – »gebeten, einstweilen noch in Nassenheide zu bleiben, um dem vereinsamten Grafen das Haus zu führen und seine Gesellschafterin zu sein. Der Abschied von den mir so nahestehenden Familienmitgliedern, besonders aber von der Gräfin, ging mir sehr nahe . . . und die beiden Zurückgebliebenen irrten verlassen in den noch bewohnten Teilen des Schlosses umher. Die Kinder schluchzten, die Blicke der Mutter schienen umflort, doch verbarg sie tapfer den schweren Abschied und ihre weinende Seele. Der Graf begleitete seine Familie bis Berlin und kehrte verstört, fast verzweifelt zurück.«[5]

Auch die sechzehnjährige Evi hält ihre Irritationen fest: Es gebe wirklich nicht viel Glück auf dieser Erde, und auch das wenige würde sich so leicht verflüchtigen. Durch nichts gehe Glück so rasch in die Brüche wie durch Unstimmigkeit zwischen Eheleuten. Da seien zum Beispiel Mami und Papa, jeder für sich allein genommen ein wahres Juwel. Aber zusammen? Entsetzlich! Die vergiftete Atmosphäre, mutmaßt Evi, sei vor allem auf die unterschiedlichen Nationalitäten der beiden zurückzuführen: hier England, da Deutschland. Und überdies sei der Vater dazu erzogen, alle Frauen sozusagen als Angehörige einer minderwertigen Klasse anzusehen. Ihre Mutter wiederum sei in ihren Augen geistreich, intelligent und das totale Gegenteil der üblichen deutschen Frau, ja, möglicherweise talentierter als die meisten Männer. Evi ist heilfroh, daß sich ihre Mutter fest entschlossen zeigt, die Töchter zu unabhängigen Frauen zu erziehen.[6]

»Daß ein Ehemann für ein Mädchen überhaupt etwas Gutes ist«, hatte Elizabeth dagegen bereits vor zehn Jahren in ihrem Erstlingswerk bezweifelt und erklärend hinzufügt: »Nun, Frauen sind für mich immer ein Grund zum Staunen, und ich schließe mich mit ein... Doch am rätselhaftesten sind sie in ihren Beziehungen zu ihren Ehemännern.«[7]

Auch 1904 hätte die Autorin ihre eigenen jüngsten Probleme nicht prophetischer beschreiben können: Eine Ehefrau, wurde der Rügen erkundenden und dort unversehens mit einer ehemüden entfernten Verwandten konfrontierten Protagonistin in den Mund gelegt, sei Prellbock, Trösterin, und solange sie diese verschiedenen Rollen freudig übernehme, sei alles in Ordnung. Erst wenn sie Widerstand leistete, wenn sie so weit gehe, auf dem Pfad erhitzter Rebellion durchaus klug sein zu wollen, aus eigener Kraft und in der Öffentlichkeit, so habe sie gegen jedes Gesetz von Religion und Anstand verstoßen.[8]

Oder denkt sie, wie zwei Jahre später auf *Fräulein Schmidt* gemünzt, zwischenzeitlich doch ganz anders? »Selbst am unzulänglichsten Ehemann sollte man vom Anfang bis zum Ende eisern festhalten, denn hat man ihn nicht aus freien Stücken geheiratet?«[9] Aus großer Distanz jedenfalls, in der Retrospektive des 1936 erschienenen autobiographisch angelegten Romans *Alle meine Hunde*, wird sie – unbewußt entschuldigend? – die Handlungsstränge ihres damaligen Lebensabschnitts ziemlich durcheinanderbringen. Demzufolge war Elizabeth nach England zurückgekehrt, weil ». . . das Schicksal mich zwang, Pommern zu verlassen. Die Kinder und ich hörten auf Deutsche zu sein, . . . man stelle sich uns vor, wie wir, ein kleines Häuflein Pommern . . . *alle in Trauerkleidern* [Hervorhebung d. Verf.] . . . in Devonshire ankamen . . . Es schien mir so unfaßbar, daß ein ganzes geordnetes Dasein . . . plötzlich ein Ende haben sollte!«[10]

Jedes der Kinder reagiert auf seine Weise. Evis ungläubiges Entsetzen artikuliert sich in einem einzigen Aufschrei: Was dann aus den Kätzchen, den Pferden, aus dem Hund Coco, aus all ihren Tieren werde!? Liebets festgefügte Alltagsrolle bewährt sich auch in Krisenzeiten. Sie übernimmt gewissenhaft ihren Part, spielt mehr noch als bisher die erste Geige. Und Trix, wo steht die nunmehr Vierzehnjährige? Wie hatte Elizabeth einst das dritte, das Juni-Baby beschrieben? Ganz anders sei es als die älteren, seine »stets gläubigeren und nachgiebigeren« Geschwister: »Juni lehnte untätig an einem Kiefernstamm und schwang eine Puppe ohne Kopf an dem einen ihr noch verbliebenen Bein. Ihr Sonnenhäubchen hatte sie abgenommen, und ihre blonden Haarsträhnen fielen über ihr sonnenverbranntes, schmutziges kleines Gesicht. ›Nein‹, wiederholte sie fest, starr auf die verblüfften Gesichter ihrer Schwestern blickend, ›ich will's nicht!‹«[11] Daß sie erneut nicht will, absolut nicht weg will vom Vater und aus Deutschland, darauf beharrt Beatrix vehement. Wütend schleudert sie ihre Weigerung jedem entgegen. Immer und immer wieder, auch denen, die es bald nicht mehr hören wollen. Gehör verschafft sich auch Felicitas. Ihr Mund bleibt dabei fest verschlossen. Verbissen bearbeitet die bald Neunjährige das Piano. Stunde um Stunde hämmern ihre kleinen Finger Rachmaninow, eindringliche Klavierkonzerte, denen in England noch lange ihre beinahe ungeteilte, schweigende Aufmerksamkeit gelten wird. Nur Henning Bernd, mit fünf Jahren der Jüngste, betrachtet die Reise- und Transportvorbereitungen als höchst willkommenes Spektakel. Er gewinnt der ungewohnten Unaufmerksamkeit der sonst so strengen Aufsichtspersonen sogar die allerbesten Seiten ab.

Selbst Elizabeth läßt der Abschied nicht ganz kalt: »Ich konnte es nicht lassen, rückwärts zu schauen.«[12] Ihre Gedanken sind es, die auf Nassenheide gerichtet bleiben, ihren Blick heftet sie vorerst auf das Näherliegende. Übermüdet und schlecht gelaunt steht der Mutter-Zofe-Kinder-Trupp im englischen Hafen. Die Furcht vor der Alleinverantwortung hatte sich von Stunde zu Stunde und mit jeder zurückgelegten Meile höher und höher vor der Gräfin aufgetürmt. Das stark abgesunkene Stimmungsbarometer erreicht allerdings den Gefrierpunkt, als ihr ausgerechnet der mit Liebe und Spott geschlagene Charles Erskin Stuart, der einst so unbarmherzig gehänselte Tutor, als einer der ersten über den Weg läuft. Einen unterwürfigen Verehrer ohne maskulines Profil ist absolut nicht das, was sich die Gräfin als Begleiter und zur Aufmunterung gewünscht hatte. Denn die Natur hat Cousin William – und Elizabeth bevorzugt im Umgang mit Stuart nicht ohne Grund jene familiäre Bande suggerierende Anrede – bedauerlicherweise ». . . ein Kinn verweigert«. Seine Physiognomie hat »Ähnlichkeit mit einer Teekanne . . . Das ordinäre Vorurteil hält sich eben ans Kinn, wer wollte sich seinem Einfluß widersetzen? Ich jedenfalls bring's nicht fertig, obwohl ich theoretisch keineswegs dem Glauben anhänge, der Körper sei ein Spiegel der Seele... Aber wer um Himmels willen gibt etwas darauf, wie perfekt die Seele sein mag, die in einem kinnlosen Körper lebt, und die Kinnlosen müssen sich damit abfinden, so gutmütig und tolerant behandelt zu werden wie etwa arme Verwandte...«[13]

Und dann noch das: Ihr neues Heim kann noch nicht bezogen werden. So wird im nahen Exeter ein mehrwöchiger Hotelaufenthalt vonnöten. Zermürbendes Warten auf engem Raum, die vor Aufregung vibrierenden Kinder und mannigfache Zukunftsängste zerren an Elizabeths ohnehin angegriffenen Nerven. *Blue Hayes*, das im Vergleich zu Nassenheide bescheidene georgianische Anwesen in Broad Clyst, sehr weit weg von London, hatte sie allem Anschein nach schon 1907 ausgewählt und schließlich gemietet – ein ansprechendes, für Devonshire typisches Haus- und Landschaftsensemble mit Blick über sanft ansteigende Grünflächen, hier und da unterbrochen von Baumgruppen und Hecken. Visionen von ländlichen Idyllen beherrschen Elizabeths Gedankenwelt ja von Kindheit an. Spätromantische Lyrik, anheimelnde Refugien, geglückte Synthesen zwischen Natur und Kultur beflügeln seit jeher ihre Phantasie. Auch Nassenheide hatte Elizabeth in diesem Sinne für sich eingenommen; manchen Traum wird sie sich noch erfüllen können, manches wird ausschließlich in ihren Büchern Realität. Ein Sprachrohr für ihre Wünsche ist beispielsweise Jennifer, die Ende der zwanziger Jahre kreierte stadtflüchtige Romanheldin: »Würde sie dies alles bekommen – die Rosen, das Strohdach, die vergitterten Fenster und den Obstgarten... Jen konnte ihren Augen nicht trauen, als sie das Rosenhaus zum ersten Mal erblickte... Es war wirklich genauso wie die Dorfhäuschen, die die Maler zu malen pflegen.«[14] Auch das Pfarrhaus von Bobbin, 1904 nach Tagebuchnotizen skizziert von *Elizabeth auf Rügen,* war so ein entzückendes kleines Haus mit Gitterfenstern und einem Weinstock. Sie fand es in einem reizenden Garten, von vielen geheimnisvollen Wegen durchzogen, mit einem freundlichen, angenehmen Hund, der zwischen Krocket-Kugeln auf dem Rasen vor dem Haus lag, das tat, als ob es schliefe, während sie im Wohnzimmer wartete.[15]

Eigentlich hatte ihr *Blue Hayes* auf Anhieb gefallen – nichts hatte den Verdacht auf Eingewöhnungsprobleme genährt. Am Anfang des unerwartet schnellen Endes steht jedoch bereits *Prinz.* Wie ein schlechtes Omen erscheint allen der mit dem Haus untrennbar verbundene, »bösartige Hund« mit »heißen, wilden Augen«:[16] Das Tier kann sich mit keinem Menschen und kein Mensch mit diesem Tier anfreunden.

Mit größerem Interesse beschnuppern sich unterdessen die neuen Nachbarn. In unmittelbarer Umgebung tummeln sich nun weitaus mehr Standesgemäße als ehedem in Pommern. Provinziellen Teegesellschaften mit pflichtschuldigst ausgesprochenen, wechselseitigen Einladungen galt allerdings noch nie und gilt nach wie vor nicht Elizabeths Vorliebe: »Gäste können . . . entzückend sein, aber man sollte niemals zulassen, daß sie die Oberhand bekommen.«[17] Je häufiger sich Treffen und mit ihnen die Gelegenheiten, alte Geschichten und abgestandene Anekdoten aufzuwärmen, aneinanderreihen, desto fader wird ihr Beigeschmack. Elizabeths Erinnerungen an nichtssagende Gespräche entschwinden beinahe gleichzeitig mit den Besuchern. Um so pointierter bildet sich deren Meinung über die »deutsche« Gräfin. Mühsam erlernte junkerliche Allüren entpuppen sich plötzlich als ausgesprochen irritierend. Ganz besonders treffen sich die Blicke ihrer Gäste, wenn Elizabeth ihnen hoheitsvoll nickend bedeutet, nun die Plätze einzunehmen. Und sie wiederum vermißt oftmals die gewohnt ehrerbietige Haltung. Auch bei den englischen Gärtnern: Statt, wie die Hausherrin es bislang als selbstverständlich erachtete, bei Anweisungen »die Hacken zusammenzuschlagen«, lümmeln sie entschieden zu zwanglos an ihren Spaten. »Es schien mir so unfaßbar«, wird Elizabeth einmal rekapitulieren, »daß ein ganzes geordnetes Dasein mit all seinen Vorschriften und steifen Formen plötzlich ein Ende haben sollte!« Resignation spricht mit, wenn sie hinzufügt: »Es genügt, wenn ich erzähle, daß das Leben in Devonshire, nach dem Leben in Pommern, wie auf weichen Filzsohlen dahinglitt.«[18]

Englischer Nieselregensommer kontra flimmernde Hitzetage in Nassenheide! Lustlos arrangierte Zerstreuungen und mißmutige Gesichter versus ausgedehnte Kutschenfahrten mit ausgelassen jubelnden Kindern! Es will in Devonshire nicht gelingen, was einmal so selbstverständlich war: Man verschönt die ganze Welt, indem man glücklich in ihr lebt. Die gedrückte Stimmung trübt sich noch mehr ein, als die Töchter der Reihe nach krank und beinahe unausstehlich werden. Feindseligkeiten, Eifersüchteleien prallen aufeinander. Evi bockt: Liebet okkupiere die Gunst der Mutter. Ein Grundübel behindert zudem die beiden älteren gesellschaftsfähigen Töchter: der absolut unzeitgemäße harte Akzent als väterliches Erbteil und ihre seit Kindertagen bestehende Angewohnheit, Englisch beziehungsweise Deutsch mit Brocken aus der jeweils anderen Sprache zu vermengen. Insbesondere Evi hüllt sich fortan gern in nichtssagendes Schweigen; zum Entsetzen der Mutter auch und gerade bei wirklich bedeutsamen, weil heiratsträchtigen Zusammenkünften. Felicitas hat endlich ihre Sprachlosigkeit durchbrochen. Fürs erste mit kleinen und – da die kindlichen Hilferufe ungehört verhallen – bald mit größeren Schwindeleien macht sie sich wichtig. H. B. wirkt weiterhin gelassen. Sparsame Gefühlsäußerungen des Stammhalters entsprechen der gedämpften Resonanz. Trix schickt alle Gedanken auf eine feste Bahn, unausgesetzt umkreisen sie ihr Universum: Nassenheide und den Vater.

Henning von Arnim versucht währenddessen, sich durch Schreibtischarbeit abzulenken. 1910 wird seine 110 Seiten starke Abhandlung mit dem Titel *Der Kampf ums Dasein und züchterische Erfahrung* in der Verlagsbuchhandlung Paul Parey in Berlin erscheinen. Eine beachtenswerte Studie, denn – so die Kommentare im *Zeitgeist* sowie in der *Kreuzzeitung* – »obwohl nur von Rindvieh die Rede ist, von Kartoffeln, Lupinen und anderen landwirtschaftlichen Dingen, ist das Buch . . . mit einem überlegenen Humor geschrieben. In flottem lebhaften Stil berichtet es von der in unserer Zeit gebieterisch geforderten kritischen Abstammungslehre gegenüber der so lange herrschenden dogmatischen . . . Das Buch ist von hohem wissenschaftlichen Werte . . . und kann jedem, der sich für die Abstammungslehre interessiert, auf das wärmste empfohlen werden«.

Die Parallelen zum ureigensten Überlebenskampf, im psychischen, physischen wie ökonomischen Sinn, kann Henning bei seiner Niederschrift nicht übersehen haben. So und so steht er jedoch auf verlorenem Posten. Auf die aufrüttelnden Bittbriefe, mit denen er seine Frau in England bombardiert, erfolgt ein schwaches Echo. Immer eindringlicher klingen darum seine Appelle und immer jammervoller seine Berichte für »meine lieben kleinen Kinder«: im »verwaisten Haus« sehe er täglich aus dem Fenster und wähne sie zu entdecken, Teppi und er wagten es nicht, über den Verlust zu sprechen. »Kurzum, es ist unsagbar traurig, dass ihr alle weg seid.« Teppi und der Graf verharren, bevor sie sich zu Tische setzen, schweigend hinter den Stühlen, ganz so, als würde die restliche Familie erwartet. »Hier wird gewissenhaft die Komödie weitergespielt so zu thun, als ob Ihr jeden Tag wieder kommen könntet; der Garten wird so gehalten, als ob Mama jeden Tag kommen würde, die Zimmer werden sehr schön mit Blumen geschmückt, und Sambale klingelt zu allen Mahlzeiten zweimal vorn und hinten, als ob eine Menge Menschen zusammenzurufen wären. Ich wundere mich immer dass nicht eine Art Geistererscheinung zum Vorschein kommt . . . Meine Lupinen sind wieder von Käfern aufgefressen . . . Ich umarme Euch in Gedanken, geliebte Kinderchen, und vermisse Euch mehr, als es Worte sagen können . . .« Als Postscriptum ist noch hinzugefügt: »Nach dem Taubenwerfen [bei einem Fest in Nassenheide, Anm. d. Verf.] hörte ich vor dem Beginn der Tänze auf dem Hofe zahlreiche Tusche und Hochrufe; Hassdorf liess wie üblich den Gnädigen Herrn Grafen, Frau Gräfin und die Comtessen, ich glaube auch Bubi [H. B., Anm. d. Verf.] leben mit sehr energischen Worten und Hochrufen.«[19]

Bald schicken die Töchter ihre ersten englischen Stundenpläne nach Pommern, genauestens geht sie der Vater brieflich mit ihnen durch. Henning von Arnims unerwartetes Erscheinen im Sommer 1908 in Devonshire – in erbarmungswürdigem körperlichen und seelischen Zustand – und die so erzwungenen heftigen Diskussionen in vergifteter Atmosphäre bringen keine für das Ehepaar befriedigende Lösung. Zwei seiner Kinder, die jüngsten, will und kann der Vater schließlich mitnehmen. Wie inständig hatte Beatrix diese Stunde herbeigesehnt! Vergebens. Zum Trost und, mag sein, als eine Art Privileg erhält sie detaillierte Schilderungen aus Pommern. Die abgehandelten Themen sind allerdings eher ernüchternd: Es geht beispielsweise um Felicitas' und des Grafen Furunkulose und um deren Kosten, aber auch um eine Bandwurmbehandlung, der ihr kleiner Bruder unterzogen wird und die in den Augen des Vaters völlig überflüssig ist. Vermeintlich wichtige Begebenheiten also während des wochenlangen Aufenthaltes der beiden Geschwister in Nassenheide.

Elizabeth von Arnims bisherige Bestseller werden von ihren zeitgenössischen Rezensenten dem Genre der gehobenen englischen Unterhaltungsliteratur zugerechnet. Zielsicheres Aufspüren menschlicher Schwächen werde gemildert durch Witz und Humor, Pointen oder Wortspielereien würden durch boshafte Sticheleien wieder aufgehoben, mitleidloses Demaskieren reduziere sich durch augenzwinkernden Spott auf ein Schmunzeln hervorrufendes Maß. Die Autorin gilt als Meisterin der unterschwelligen Ironie: einer amüsant zubereiteten Romankost, bei deren Genuß das Vergnügen stets auf Seiten der Leser und Leserinnen ist.

Elizabeth ist sehr wohl bewußt: Will sie die Erfolgsserie fortsetzen, dürfen sich keine Moll-Töne unter ihre Textkompositionen mischen. Wie sich zu Heiterkeit aufschwingen, wenn die Psyche nicht mitspielt? Qualvolle Stunden bereiten Elizabeth die letzten Seiten für *Die Reisegesellschaft*. Und als ungemein zeitraubend erweist sich auch eine weitere Herausforderung: die Theaterbearbeitung von *Princess Priscilla's Fortnight*. Dabei war die Flucht in literarische Arbeit für sie bislang ein probates Allheilmittel gewesen. Im Augenblick verschafft sie ihr zwar keine Linderung, doch immerhin zumindest begründeten vorübergehenden Abstand von notorisch quengelnden Hausgenossen. Hermetisch abgeschirmt kauert Elizabeth dann in ihrer Fluchtburg. Als direkter Nachfolger des Treibhauses in Nassenheide hatte sich das separate kleine Cottage auf dem Gelände von *Blue Hayes* geradezu angeboten.

Den entwurzelten Kindern bleibt aus dieser Zeit ein zunächst vages und schließlich unmißverständliches Gefühl der Desorientierung. Noch geben sie diesem Gefühl keinen Namen: aus Solidarität mit der Mutter womöglich die einen, insgeheim auf eine Aussöhnung der Eltern hoffend die anderen. Über *Blue Hayes*, darin ist man sich wohl einig, steht kein guter Stern: »Vielleicht war es ein Haus, in dem unglückliche Menschen gelebt hatten.«[20] Vielleicht. Oder lag es einmal mehr am Wetter?

Klare Tage, strahlend blauer Himmel und Sonne sind für Elizabeth ein wieder und wieder, auch in ihren Romanen, heraufbeschworenes Lebenselixier: »Ich glaube, ich wäre immer lieb und gut, wenn die Sonne ewig schiene, und könnte auch in Sibirien an einem schönen Tag meine Freude haben.«[21] Völlig hoffnungslos erscheint ihr indessen der Versuch, bei anhaltend schlechtem Wetter »resolut« zu bleiben – wie sie es gern nennt. Schwermut quält Elizabeth an »regnerischen Tagen, wenn der Wind ums Haus heult und die Natur in Gram versinkt«.[22] In Devonshire, will es Elizabeth einmal scheinen, versinken die Gärtnerstiefel im Morast, und anspruchsvoll geplante Veränderungen an den Rabatten zeitigen im sommerlichen Dauerregen nur sehr zweifelhafte Erfolge. Selbst die Bruchsteinmauer um Kräuter- und Gemüsebeete ist tagelang nicht zu sehen, viel zu selten lichten sich auf dem Tenniscourt von *Blue Hayes* die Nebelschwaden. Schrecklich rastlos sei die Gräfin damals gewesen, so Teppis Eindruck im Rückblick; ihre Künstlerseele habe rasch zwischen verschiedenen Stimmungen gewechselt, sei von Lebensbejahung in Lebensverneinung umgeschlagen, ja sogar zu Weltverachtung habe sich Elizabeth mitunter hinreißen lassen.[23]

Dennoch: zwei vorsätzlich herbeigeführte Begegnungen erweisen sich in den nächsten Wochen und Monaten als hochwillkommene Lichtblicke. Fürs erste frischt Elizabeth ihre alte Freundschaft mit Francis Russell auf. Zum einen gibt ihr seine ausgesprochen männliche Ausstrahlung Auftrieb, zum anderen verfügt er über gute und hilfreiche Kontakte. Außerdem schmeichelt es Elizabeth, wenn er ihr indirekt zu verstehen gibt, sie unterscheide sich so vorteilhaft von seiner zwar gutmütigen, aber immer etwas unbeholfen wirkenden und sich daneben benehmenden zweiten Gattin. Mit Mollie Russells unmöglicher Figur, den grünen Knickerbockers und mit ihrer Attitüde, wie ein Mann zu rauchen und zu trinken, hätten sich der Lord und die feine Gesellschaft durchaus arrangieren können, wäre Lady Russell gleichzeitig würdevoll oder von Haus aus Aristokratin gewesen. Mit nichts dergleichen kann sie aufwarten. Mollie rettet sich mit irischem Whiskey über trübe Tage, der verschafft ihr, zumindest zeitweilig, ein gutes Gefühl.

Die zweite Kontaktaufnahme steht direkt mit einer Grippeepidemie im Hause Arnim und mit Evis hartnäckigem Husten in Verbindung. Cousin William, der mittlerweile eine Professur in Oxford vorweisen kann, eilt überglücklich herbei, als er gebeten wird, Elizabeth, Evi und Liebet während eines für dringend notwendig erachteten Genesungsaufenthalts an der See Gesellschaft zu leisten. Elizabeth legt großen Wert auf Sidmouth, denn dort, hatte sie aus gut informierten Londoner Kreisen erfahren, könne man Stephen Reynolds – die *English Review* veröffentlichte kürzlich seinen Serienroman – noch besser kennen- und auch lieben lernen. Gerade weibliche Sommergäste wissen die von ihm organisierten Bootsfahrten und Fischzüge sehr zu schätzen. »Solche jungen Männer«, befindet Elizabeth ganz allgemein in ihren Lebenserinnerungen, »gibt es, und das ist bedauerlich, weil sie den älteren Frauen, die zu ihrem eigenen Schaden diese Anhimmelung für bare Münze nehmen, so schlecht bekommen. Es ist möglich, daß sie mir auch schlecht bekommen wären, wenn ich sie ernst genommen hätte, aber dafür war ich noch nicht alt genug...«[24] Das Zusammensein mit Reynolds bekommt ihr darum sehr gut – zweimal diniert man im *Victoria Hotel* des Seebades. Danach erscheint es Elizabeth offenbar klüger, die aufmunternden Besuche des vielversprechenden jungen Mannes nach *Blue Hayes* umzuleiten.[25]

Längere Aufenthalte in der Kulturmetropole London und dort Kontakte zu literarischen Zirkeln und zum Theater erweisen sich für die Autorin Elizabeth von Arnim als unerläßlich. Bei zurückliegenden Englandbesuchen eher sporadisch gepflegte Bekanntschaften, so beispielsweise mit George Bernard Shaw, Somerset Maugham oder Gertrude Bell, müssen vertieft und gefestigt werden. Konsequenterweise mietet Elizabeth im Sommer 1909 eine kleine Londoner Wohnung. In der Davies Street, Mayfair, gelegen, ausgestattet mit Küche, komfortablem Wohnraum und Bädern neben zwei Schlafzimmern, entspricht dieses Domizil genau ihren derzeitigen Wünschen: groß genug für gelegentlich übernachtende Besucher und dennoch zu beengt für in Scharen einfallende Gäste oder Familienmitglieder. Ein zusätzlicher Pluspunkt fällt ins Gewicht: Die diskrete Bewirtschaftung obliegt ausschließlich externem Personal. Den Zeitpunkt ihrer Rückkehr in die Hauptstadt hätte Elizabeth, und das nicht nur zur Überwindung eines persönlichen Tiefs, kaum besser wählen können. Während im wilhelminischen Deutschen Reich liberalem Gedankengut ein maßgeblicher Einfluß auf politische Entscheidungen verwehrt bleibt, sind 1901 mit Victoria auch im wesentlichen die Ideale und Konventionen der nach ihr benannten Epoche zu Grabe getragen worden. Inzwischen verfügen Liberale über eine Mehrheit im Parlament. Nicht nur Suffragetten fordern lautstark Frauenrechte. Deren Bemühungen erfahren sogar lebhafte Unterstützung durch manchen aufgeklärten Angehörigen der politischen Aristokratie. So ließ sich Bertrand Russell, Professor am Trinity College in Cambridge, Philosoph und Mathematiker – mit Elizabeth befreundet und jüngerer Bruder von Francis –, 1907 bei einer Nachwahl in Wimbledon für die *National Union of Women's Suffrage Societies,* die Vereinigung der Gesellschaften für das Frauenwahlrecht, aufstellen. Nonkonformistische Zeitungen erobern den englischen Markt. Die Artikel des *New Age* befassen sich mit Themen, die die Jours fixes in jüngster Zeit beherrschen: Ehebruch und freie Liebe, Verhütung und Abtreibung, Ehereform und Psychoanalyse. Probleme werden allenthalben diskutiert, die Elizabeth und ihre Geschlechtsgenossinnen seit Jahr und Tag bedrängen und bewegen.

*Die Reisegesellschaft,* Gräfin Arnims satirischer Bericht über eine »heterogene Gruppe von Upperclass-Leuten, die mit den Unbilden der Landstraße kämpften«, erscheint im November 1909 und wird laut Vorwort einer späteren englischen Ausgabe »ein spontaner Erfolg«. Das Buch belebt das Geschäft der Wohnwagenvermieter ganz ungemein; Touristen dieser Art entwickeln sich nachgerade zur Landplage und machen, was günstige Haltepunkte angeht, dem wirklich fahrenden Volk ernsthafte Konkurrenz. Und es belebt die Literaturszene. Weitere Autoren versuchen sich an der Produktion von *Wayside Wisdom.* Selbst Mollie Russell folgt mit einer eigenen Veröffentlichung – *Five Women in a Caravan* – der Vorgabe. Das englische Lesepublikum hat seinen Spaß vor allem an der Beschreibung einer ansonsten von Dienstboten verwöhnten Gesellschaft, die sich in einfachsten alltäglichen Pflichten üben muß.

Henning kann die allgemeine Begeisterung für Elizabeths Schilderungen nicht unbeschwert teilen. Man flüsterte ihm zu, Baron Otto von Ottringel, dieser unangenehme Deutsche und der Erzähler der Geschichte, trage seine Züge. Graf Arnim, der sich im *Grimmigen* der ersten beiden Bücher und auch in Professor Nieberlein in *Rügen* amüsiert wiedererkannt haben dürfte (man denke nur an die Widmung von *Einsamer Sommer:* »Für den Grimmigen mit einigen Entschuldigungen und viel Liebe«), reagiert empört, als er endlich ein Exemplar der *Reisegesellschaft* zu fassen bekommt. Strikt – und absolut zu Recht – weist er jene Behauptung zurück, daß ihm der von seiner Frau kreierte frauenverachtende, engstirnige, dummdreiste, protzige, humorlose und geizige Sproß aus niederem preußischen Adel auf den Leib geschrieben sei. Doch wenn es sich hier wirklich nicht um aus Mutwillen und eingedenk ihrer gescheiterten Ehe ganz gezielt in Hennings Richtung ausgeteilte schmerzhafte Seitenhiebe handelt, was war es dann? Wäre es nicht denkbar, daß die Autorin angesichts des angespannten Verhältnisses zwischen England und Deutschland in Intention und Vokabular auf ihren weitaus größeren anglophilen Leserkreis Rücksicht nehmen mußte oder sogar nehmen wollte?

War die Zeit in Devonshire bislang eher träge dahingeflossen, so überschlagen sich die Ereignisse zum Jahresende 1909. Während die Töchter ins Pensionat der St. Paul's School wechseln, wird der kaum englisch sprechende H. B. erstmals mit dem britischen Bildungssystem konfrontiert. Nach Vorbereitungskursen in einem kleinen Internat ist Sommer Fields in Oxford, danach wird Eton sein schulisches Zuhause. Welche englischen Unterrichtsanstalten für ihre Kinder in Frage kommen könnten, muß Elizabeth bereits Monate vor der Abkehr von Henning und von Nassenheide beschäftigt haben. Somit liest sich ihre harsche Antwort auf E. M. Forsters wohlmeinenden Rat vom 18.

Dezember 1907 mit Hinweis auf das Institut eines Freundes nicht nur als unfreundlicher Akt (wie Forster verärgert notierte), sondern gleichzeitig als Indiz für eine langfristige Planung ihres Schritts: »Ich weiß nicht, warum die Leute meinen, ich wolle meine unschuldigen Kinder in ihre Schulen schicken. In letzter Zeit bin ich mit Briefen diesbezüglich überschüttet worden. Wenn sie überhaupt je in eine gehen, dann in eine High School, aber was könnte ungewisser sein als das? Aber zumindest veranlaßte Sie das zum Schreiben, was ja auch sein Gutes hat. Wie gescheit ihr alle dort drüben seid! Hier in der tiefen Winterruhe von Nassenheide kommt ihr mir wie eine brodelnde Masse von Gehirnen vor, die sich winden & zappeln & nach Höherem streben – jeder von morgens bis abends fleißig damit beschäftigt, seinen Geist zu trainieren. Wenn ich Ihnen diese Gedankenfragmente in einen Zusammenhang bringen sollte, würde das zu lange dauern, also will ich Ihnen statt dessen frohe Weihnachten wünschen.«[26]

*Blue Hayes* wurde aufgegeben.

Elizabeths Wohnung in der Davies Street folgt bald eine weitaus repräsentativere am Whitehall Court: ». . . mit Zimmermädchen und Diener . . . mit Möbeln aus Nassenheide eingerichtet« und ». . . sehr schönen neuen Teppichen ausgelegt . . . vier Zimmer und Kammer . . .«.[27] Wie manches andere luxuriöse Londoner Mietobjekt großbürgerlichen und aristokratischen Zuschnitts verfügt auch dieses über hotelähnlichen Service: Frühstück wird ohne besondere Aufforderung zubereitet, und auf einer großen Wandtafel ordern die Bewohner Lunch und Dinner. Alle Mahlzeiten können wahlweise privatim oder in der Halle entgegengenommen werden. Schmutziges Geschirr geht an die diskreten Lieferanten zurück. Bis Februar 1910 ziehen sich Renovierungsarbeiten und Komplettierung der Ausstattung hin. Erst dann wird Elizabeth den herrlichen Ausblick über die Themse genießen können. Drei Wochen im Dezember 1909 kommt sie mit Stuart im *Palace Hotel* von Montreux unter. In der Schweiz findet sie die notwendige Ruhe zum letzten Schliff an *Priscilla Runs Away*. Für die am 29. Juni des folgenden Jahres geplante Premiere des Bühnenstücks unter der Leitung von Herbert Trench wird sich dessen Schöpferin einen effektvollen Auftritt nicht entgehen lassen. Jeder, der Elizabeths Bücher (alle englischen Ausgaben erscheinen weiterhin ohne ihren vollen Namen und lediglich mit dem Hinweis: *from the Author of Elizabeth and her German Garden*, dem später ein *etc. etc. etc.* hinzugefügt wird) liest und bespricht, sucht deren mehr oder weniger gut gehütetes Geheimnis endgültig zu lüften. Und jeder, so Elizabeths naheliegende Vermutung, der die Uraufführung besucht, wird hoffen, einen Blick auf sie zu erhaschen. Ihre Identität vor großem Haus eindeutig preiszugeben, aufdringlichen und neugierigen Reportern Rede und Antwort zu stehen, dazu ist Elizabeth nicht aufgelegt. Doch die gebündelte Aufmerksamkeit auf ihre populären April-, May- und June-Babies zu lenken, hält sie für einen Amüsement versprechenden, publikumswirksamen Trick. So kommt es dann, daß statt ihrer Mutter drei von den Schuh- bis zu den Fingerspitzen in Weiß gehüllte junge Mädchen mit vor Aufregung hochroten Köpfen in den vordersten Sitzreihen des Parketts Platz nehmen und, sogleich identifiziert, im Sturm der Ovationen untergehen, ja prächtige Blumensträuße entgegennehmend nicht mehr wissen, wohin sie vor Verlegenheit blicken sollen. Im Vorfeld dieses Schachzugs könnte die Gräfin erwogen haben, sich in ihre weibliche Jugend einzuordnen. Das mit dem Versteckspiel ausgelöste Rätselraten – Mutter? Töchter? – hätte sie angenehm an Reaktionen auf eine genau diese Reihe zeigende, noch in

Nassenheide entstandene Photographie erinnert, ihr wie ehedem sehr geschmeichelt und dem ohnehin glänzenden Arrangement die Krone aufgesetzt. Eine deutsche Illustrierte wird es sich im Sommer 1910 allerdings nicht entgehen lassen, eine Photoreportage mit Szenen aus der Londoner Aufführung des Lustspiels zu drucken und mit einem deutlichen Hinweis auf die abgebildete *Gräfin von Arnim* als dessen Urheberin zu versehen. Sechs Monate bleibt *Priscilla Runs Away* auf dem Spielplan des Haymarket Theatres. Kritiker äußern sich lobend. Elizabeth verbucht angesichts allabendlicher Aufführungen einen ebenso beachtlichen finanziellen wie persönlichen Gewinn.

Unmittelbar vor dem Weihnachtsfest 1909 kommt Elizabeth direkt aus der Schweiz nach Nassenheide, bald nach den Kindern, welche, von Liebet geleitet, allein den Weg von London nach Berlin finden mußten, wo sie der Vater am Zug erwartete. Die ängstlich immer wieder nachfragende Tochter wurde von ihrer Mutter gleichfalls brieflich beruhigt und exakt instruiert. Hatten die Familienmitglieder, insgeheim und jedes für sich, stille Hoffnungen an dieses Treffen geknüpft? Zumindest Elizabeth und H. B. werden bis Februar bleiben, die Töchter kehren bereits nach den Feiertagen in ihre Schule zurück. Auf Evi und Liebet warten Aufnahmeprüfungen für Cambridge und eine sich anschließende, wie Teppi es nennt, Ausbildung in alten und neuen Sprachen. Die Wahl fällt auf Girton, ein College, das erstmals dem dilettierenden Lernen, wie Frauen es bislang betreiben mußten, ein Ende setzte. Auf akademische Grade müssen weibliche Studierende noch mehrere Jahre verzichten, doch Abschlußprüfungen sind vorgesehen und werden von den beiden glänzend bestanden. Eine medizinische Ausbildung wird zwar begonnen, aber rasch wieder aufgegeben. Nur mit Mühe gelingt es Evi und Liebet selbständig zu werden und ihren eigenen Berufsweg zu finden.

Waren Henning von Arnims Verkaufsbemühungen wegen der Güter Nassenheide und Boeck bislang sehr zögerlich gewesen, so werden sie nun in Anwesenheit seiner Frau vehement vorangetrieben. Doch der unvermutet rasch herbeigeführte Eigentümerwechsel mündet offenkundig in ein Dilemma.

Über Fakten und Vermutungen äußert sich der Pfarrer von Blankensee – das Kirchdorf liegt wenige Kilometer von Nassenheide entfernt und steht nicht unter dem Patronat der Arnims – etwa 1914 in einer fortlaufenden Chronik: »In Nassenheide sind gleichfalls wichtige Veränderungen vor sich gegangen. Bei meinem Eintritt war auf der ausgedehnten Herrschaft Besitzer Graf Arnim Schlagenthin . . . vermählt mit der in England viel gelesenen und auch in Deutschland bekannten Verfasserin von ›Elizabeth und ihr deutscher Garten‹ und vielen anderen Werken, einer geb. Beauchamp. Mit meinem Vorgänger [es handelt sich um Pastor Hökel, Anm. d. Verf.] hatten die Herrschaften regsten Verkehr gepflogen, schon wegen der fast gleichaltrigen Kinder. Wir sind nur einige Male dort gewesen. Der Graf war eine immens fleißige, durch gründliches Wissen ausgezeichnete, geschäftskluge Persönlichkeit und die Gräfin stand ihm in nichts nach. – Wohl 1910 wurde die Herrschaft ›verkauft‹ – manche behaupten, das wäre nicht der Fall, weil ein königl. Lehen auf Nass. ruht, – an Léon Salomon . . . Bald darauf ging das Gut über an Natan Müller . . . Ich muß offen gestehen, ich habe mich um die Nassenheider Angelegenheiten nicht recht gekümmert. Sie gehörten nicht in meine Parochie und ich war nicht bös darüber. Es soll ein wahrer Rattenkönig [eine andere Lesart läßt das Handgeschriebene nicht zu, Anm. d. Verf.] von Prozessen auf Jahre hinaus die

preußischen Gerichte beschäftigen, eine Frucht der unge-
klärten rechtlichen Verhältnisse von Nassenheide. Mein
Amtsbruder in Boeck – seit 1909 (1.12.) folgte doch auf
Pastor Jacobs, der nach Rützow bei Dramburg ging, Pastor
Paul Friede – leidet sehr unter den unklaren Verhältnissen.
Z. Zt. gilt das Patronat und Mitpatronat, das auf Nassen-
heide ruht, als ›nicht geregelt‹.«[28]

Doch die vom Blankenseer Pfarrer skizzierten Umstände
und eine Notiz des Grafen vom 5. März 1910, daß er »nicht
sicher [sei], ob N. eigentlich verkauft ist«,[29] erfordern eine
etwas abweichende Interpretation. Im Greifswalder Archiv
verwahrte Unterlagen aus Stettin machen deutlich, daß
»die Arnimschen Güter im Kreis Randow hoch verschuldet
waren. Dieser Umstand führte zu deren Zwangsverwaltung
und zu ihrem späteren Verkauf bzw. zu weitgehenden Prozessen«.[30] Danach hätte Arnim Boeck und Nassenheide
wegen der bestehenden Zwangsverwaltung gar nicht ohne
weiteres verkaufen dürfen, und vermutlich aus diesem
Grunde bekam der gutgläubige Erwerber im nachhinein erhebliche Schwierigkeiten.

Von vereinbarten Ratenzahlungen und deren Einstellung
während des heraufziehenden Ersten Weltkrieges, wie Elizabeths englische Biographin vermutet, ist nichts bekannt.
Darüber hinaus erscheint es ohnehin naheliegend, daß
ein Großteil des Verkaufserlöses, wenn nicht der gesamte,
zur Tilgung bestehender Verbindlichkeiten herangezogen
wurde und daß die Fälligkeitsmodalitäten wegen der bestehenden Zwangsverwaltung letztlich von Banken beziehungsweise von Hauptgläubigern bestimmt wurden.

Als sich das Herrenhaus am Ende der Arnimära im Frühjahr 1910 beinahe leert, rollt sein restliches Inventar in acht
Möbelwagen nach Schlagenthin. Lediglich einen Tisch
und Stühle läßt Henning vorläufig zurück: für bis zur end-

gültigen Abwicklung notwendige kurze Aufenthalte und als allerletztes Band an Nassenheide. Elizabeth und H. B. besteigen Ende Februar die Eisenbahn in Stettin Richtung Kanalfähre. Graf Arnim findet nach der Übergabe von Nassenheide Aufnahme im Sanatorium *Martinsbrunnen* in Meran. »Ich bin ein schwacher Greis . . . überanstrengt . . . sehr wenig wohl . . . furchtbar schwach . . . kann keine Treppen mehr steigen . . . Atemnot«,[31] so oder ähnlich klingen seine Notrufe und Signale in während der vergangenen Monate an die Kinder gerichteten Briefen. Bemerkt seine Familie die wachsende Größe der Buchstaben, interpretiert man in England die zittrigen Linien seiner Schrift? Bald ist Henning von Arnim nicht mehr in der Lage, die Schreibfeder selbst zu führen. Und so klingt die diktierte, vom Grafen lediglich unterschriebene Nachricht: Er liege hier in Tirol fest zu Bett, hoffe auf Besserung in einigen Wochen, verspreche sich Linderung von einem Wechsel zum Sanatorium *Dr. Rheinboldt* in Bad Kissingen, gräme sich, daß Mama die Anwesenheit zumindest einer seiner Töchter nicht dulde. Was er verschweigt, ist die Erleichterung, die ihm immerhin die ständige Anwesenheit von Elizabeths deutscher Zofe Elise verschafft.

Herzinsuffizienz, diagnostizieren die Ärzte, sei nur die akuteste Bedrohung seines Lebens. Rapide nachlassende Leistungsfähigkeit, Gefäßverengung, Verkalkung, ein Schlaganfall, Reflexausfälle der Nerven deuten auch auf einen in dieser Zeit häufig unerkannt bleibenden, fortschreitenden Diabetes. Henning von Arnim will noch hoffen und kann doch dem unaufhaltsamen Ende nichts mehr entgegensetzen. Seine Frau weiß zumindest insgeheim darum: Seit ihrem Besuch im Mai in Meran und noch mehr seit Juni, denn sie logiert – mit einer Unterbrechung für den Inkognito-Premierenbesuch von *Priscilla Runs Away* in London – im

Hotel *Fürstenhof* in Kissingen. Die Gräfin und die eiligst herbeigerufenen drei älteren Töchter sind bei Henning von Arnim, als er am 20. August 1910 in dem fränkischen Bad stirbt.

».. . Der arme H. ist von seinem Leiden erlöst. . . er starb ganz plötzlich heute morgen um halb zehn . . . es ist entsetzlich, jemanden sterben zu sehen . . . ich weiß nicht, was ich empfinde – untröstlich – ich weiß, daß der arme H. nie mehr gesund geworden wäre und nur noch mehr gelitten hätte, aber da ich bei ihm war, als er starb, und weiß, wie verzweifelt er am Leben hing, empfindet man ein solch unaussprechliches Mitleid mit ihm, möchte ihn nicht gehen lassen . . .«[32] – Elizabeth ringt um Fassung und sucht nach Worten in Briefen an die Mutter.

»Der Kinderschmerz war erschütternd, die Ruhe, Besonnenheit und Beherrschtheit der Gräfin erstaunenswert. Sie bekämpfte jede egoistische Schmerzaufwallung . . .« Man hat Elizabeth – auch das wird überliefert – bei der feierlichen Bestattung ihres Mannes »keine Träne vergießen sehen«.[33]

An ihrem vierundvierzigsten Geburtstag ist die Witwe zurück in London. Sie bringt Hennings uralten, nie gewaschenen Lodenmantel mit. Beim Vorbeigehen, in der großen Halle von Nassenheide, hatte sie dem vertrauten Geruch nie ausweichen können.

## Kapitel VI: 1910-1913

*»Witwen sind bewegliche Geschöpfe und können ihren Wohnort*
*nach Belieben wechseln, was Ehefrauen nicht möglich ist.«*
*Alle meine Hunde*

Vermutlich bleibt Beatrix in diesem Spätsommer des Jahres
1910 gleich in Deutschland. Im darauffolgenden Januar lebt
sie ganz sicher allein in Berlin. Gegen einen Wechsel in
die vertraute Umgebung und gegen das pulsierende Leben
in der Hauptstadt hatte die Siebzehnjährige gar nichts ein-
zuwenden, wohl aber gegen den Hintersinn ihrer Übersied-
lung: Denn nun besucht sie »eine Haushaltungsschule im
Pestalozzi-Hause, in das sie allerdings gegen ihren Willen
hineingesteckt war«.[1] Die mit der Ersatzmutterrolle sehr
vertraute Teppi im gleichen Land zu wissen, hätte Halt und
Sicherheit für Beatrix bedeuten können. Nur steht ihr die
ehemalige Erzieherin nicht mehr unmittelbar zur Verfügung.

Kurz vor den Beisetzungsfeierlichkeiten für den Grafen
war Teppi Backe ins Gutshaus von Schlagenthin gerufen
worden und ohne Zögern herbeigeeilt. Den Pragmatismus
dieser ›treuen Seele‹ verbucht Elizabeth längst als Aktiv-
posten in ihrem Leben. »Teppi ist und bleibt die treue Teppi
– ihre Tatkraft ist phantastisch . . . Nichts vermag ihren
Tatendrang zu dämpfen – sie ist wunderbar –, und wenn sie
im Haus ist, schreit sie unentwegt nach *Pflichten* – natürlich
gibt es hier keine, und sie wird mir noch krank werden,
wenn ich ihr keine verschaffe . . .«[2]

Genaugenommen war es eigentlich keine Frage, daß Teppi
der Witwe, ihrer »geliebten Elizabeth«, der »auserlesenen
Frau«, die »ein Jahrzehnt [ihre] ganze Seele ausfüllte«, in

deren Haus sie während einer »fünfjährigen Zeit intensivsten Zusammenlebens... Liebe und Poesie erlebte«,[3] nun, nach der von einem höheren Richter herbeigeführten Auflösung der Arnimehe, auch nach England folgen würde. Ganz unmerklich hatten sich die Schranken der hierarchischen Grenzen zwischen Bediensteter und Gnädiger Gräfin etwas gehoben. Zu schwärmerisch-anbetender Verehrung und eifriger Dienstbeflissenheit hatte sich bei Teppi das Gefühl von Verantwortung und Unersetzlichkeit gesellt; Elizabeth wiederum sucht in ihr eine starke Stütze und weiß um die unbedingte Loyalität. Teppi handelt darum nur konsequent, als sie ihre erst kürzlich angetretene Stellung als Lehrerin in Marburg kündigt.

Auf Hennings Tod folgt wochenlanges rastloses Hin und Her. Gerade da, wo ich nicht bin, scheint die Gräfin zu glauben, finde ich mein Glück. Mit Teppi und streckenweise begleitet von Cousin William läßt sie sich im Automobil durch Italien, Frankreich und die Schweiz chauffieren. Keinem Ort gönnt sie längere Aufmerksamkeit. Zur Klärung wichtiger geschäftlicher Angelegenheiten fährt Elizabeth zwischendurch für ein paar Tage nach Berlin.[4] Briefe, von unterwegs, an Liebet adressiert, bergen eine Fülle anschaulicher Exkursionsberichte. In England stehe, da weiß sich die Mutter ganz sicher, alles zum besten: Es beruhige sie ungemein, daß die »geliebten Crabs[5] so glücklich sind«. Als kleine Aufmerksamkeit zu H. B.'s achtem Geburtstag am 27. Oktober 1910 ordert Elizabeth pflichtschuldigst ein Kuchenpaket beim Kaufhaus Harrod's. »Es gab Stunden«, kommentiert Teppi die ausgedehnte Reise, »in denen wir auf gemeinsamen Wanderungen nicht sprachen und uns trotzdem im Schweigen verstanden. Ich wußte, daß ihr innerstes Empfinden verletzt werden konnte, wenn man stärksten Eindrücken Worte verlieh... Sie suchte und fand das Glück in Schönheit und Ruhe, im Naturgenuß und in der geistigen Arbeit . . . Zu den vielen Talenten und Kenntnissen gehörte auch eine große Sprachbegabung der Gnädigen Frau. Das Italienische [wie das Französische, Anm. d. Verf.] beherrschte sie so gut, daß sie sich nicht nur im Hotel, sondern auch mit den Einwohnern unterhalten konnte, was sie gern tat . . . Unterwegs trieben wir Sprachstudien . . . «[6] Grammatik übt Elizabeth beim Frisieren, im Bad sowie im Bett vorm Einschlafen, und täglich paukt sie zwanzig neue Vokabeln. In der Tat bezeugen auch die in Deutsch verfaßten Briefe der Gräfin deren sicheren Umgang mit dieser Fremdsprache.

Elizabeth von Arnims Bucherfolge wie die begeisterte Aufnahme des Bühnenstücks finden ihren Niederschlag in fürs erste gesicherten wirtschaftlichen Verhältnissen. Als gleichermaßen erfreuliche Entwicklung wird sie ihre wachsende Akzeptanz in einflußreichen, den gesellschaftlich Arrivierten vorbehaltenen Kreisen gewertet haben. An manchen Tagen gibt es bis zu vier aufeinanderfolgende Besuche von Veranstaltungen und bei Freunden. Um dem Londoner Trubel zumindest zeitweilig entgehen zu können und um die Erschütterungen der Vergangenheit etwas abzufedern, hatte Elizabeth erneut nach einem passenden ländlich-beschaulichen Wohnsitz Ausschau gehalten – und etwas ausgesprochen Hübsches gefunden. Die Schwester Charlotte Waterlow lebt mit ihren erwachsenen Kindern (von Ehemann George hatte sie sich wegen dessen sehr sonderbaren Benehmens – er schnitt ihr beispielsweise, während sie schlief, die wundervollen rotblonden Haare ab – und auf dringendes Anraten ihres Sohnes Timothy getrennt) seit einigen Jahren nahe Fernhurst in Surrey. *Ropes*, Charlottes anspruchsvolles Haus- und Gartenarrangement, war 1901 von Charles F. A. Voysey entworfen und gebaut worden.[7] Es gilt als typisches Beispiel jener Landhausarchitektur, die Elizabeth bereits an H. G. Wells' *Spade House* bewundert hatte, und deren Pionierbauten von eben jenem Voysey, aber auch von Edwin Lutyens, Norman Shaw und Philip Webb errichtet wurden, die alle zur Arts-and-Crafts-Bewegung und um die Jahrhundertwende zur europäischen Avantgarde zählen. Im welligen Gelände zeichnen parkähnlich komponierte Gartenelemente Hügel und Mulden nach. Zwei größere ebene Flächen verschaffen dem Auge Ruhepunkte, sie bieten Raum für Rasentennisspiele; und dort versammeln sich auch Sitzgruppen aus weißgestrichenem Holz auf üppigem Grün gleich neben dem Seerosen-Bassin im Gartenparterre. Wenige Gehminuten entfernt, zwischen hohen Bäumen am Hang eines Bachtälchens, bewohnt Bertrand Russell sein Sommerdomizil.

Charlottes Landhaus präsentiert sich schnörkellos schlicht, ohne Monumentalität, in der Ausstattung komfortabel ohne Luxus, und es entspricht damit ganz Elizabeths Vorliebe für Wohnsitze ohne jeglichen Anflug von (sie greift stets auf den deutschen Begriff zurück) *Pompösität*.

*Ropes* Kutscherhaus am Rande des Anwesens steht Elizabeth nach einem Umbau zur Verfügung. Den warmen honiggelben Farbton der Sandsteinfassade hatte sie auf Anhieb geliebt. »Das Häuschen ist winzig; es besteht aus zwei Schlafkammern, einem Wohn- und Arbeitsraum für die Besitzerin und einer Wohnküche... Alles war in lichtblauer Farbe gehalten und trotz der Enge der Räume sehr wohnlich und geschmackvoll eingerichtet... Für Grobarbeiten war eine Frau vorhanden, die in der Nachbarschaft wohnte. Für die Kinder, die die Ferien bei uns in *Ropes*... waren, wurde... eine Weißblechbude aufgebaut... Dieses Tin-House hatte verschiedene Abteilungen, da die älteren Töchter bereits junge Damen waren, und H. B. zum männlichen Geschlecht gehörte.«[8] So häufig sucht Elizabeth Zuflucht in *Ropes,* so oft wechselt sie in dieser Zeit von London aufs Land, daß man dort in unseren Tagen, nach mehr als achtzig Jahren und der Überlieferung wegen, fest daran glaubt, daß Charlotte Waterlows Refugium einst von *zwei* Schwestern errichtet und ständig bewohnt wurde.

Kaum war es Elizabeth jedoch gelungen, den *Ropes*-Ableger für sich und ihre Lieben häuslich einzurichten, da liebäugelt sie mit einem neuerlichen Ortswechsel, und dieses Mal fällt ihr begehrlicher Blick auf die neutrale Schweiz. Vermutlich wurde die Angst vor unabwendbar erscheinenden kriegerischen Auseinandersetzungen mit allen denkbaren Folgen für ihre binationale Familie – womöglich Internierung in England und Konfiszierung des deutschen Erbes – zu einem der Auslöser. Schon in ihrer deutschen Zeit war ihr klargeworden, daß die Polarisierung innerhalb ihrer Familie, die deutsch-englische Ambivalenz, durch ein Heim in einem auch in dieser Beziehung neutralen Land aufgehoben werden könnte. Erinnert sie sich gleichwohl an ihre glücklichen Schweizer Kindertage?

Vielleicht denkt Elizabeth ebenso daran, unter potentiellen männlichen Gästen eine attraktive Beziehung zu knüpfen, kennt womöglich bereits einen aussichtsreichen Kandidaten, hofft, das von nun an geplante großzügige alpenländische Chalet als Köder einsetzen zu können. Zumindest gelten Reisen und Chalets in Hochgebirgsregionen als etwas Besonderes, und Feriendomizile mit Sommer- und Wintersportangeboten sind in der englischen Oberschicht ausgesprochen en vogue.

Ganz sicher sehnt sich die Gräfin Arnim nach einem Äquivalent für das verlorengegangene Lebensgefühl in Pommern. Liebet gesteht sie ihre Hoffnung auf ein »kleines Nassenheide mit vielen zusätzlichen Annehmlichkeiten und schönen Seiten«[9] ein. Als eine der wichtigsten dieser zusätzlichen Annehmlichkeiten betrachtet sie die erfreuliche Nähe zum klimatisch begünstigten Italien.

Elizabeth steht es ja frei, sich neu zu orientieren, denn: »Witwen sind bewegliche Geschöpfe und können ihren Wohnort nach Belieben wechseln, was Ehefrauen nicht möglich ist.«[10]

Wirtschaftliche Sorgen plagen die Gräfin keineswegs. Nur erfordert die Umsetzung eines so ehrgeizigen Projekts, das allen fünf Kindern, deren Freunden und den eigenen Gästen genügend Bewegungsfreiheit sowie ihr selbst Rückzugsmöglichkeiten einräumen müßte, eine deutliche Steigerung der Liquidität. Aus Verlagstantiemen allein läßt sich das nicht finanzieren. Ihr erstes Ziel, die Beschaffung ausreichender Barmittel, wurde schon während des Kurzbesuchs im Herbst 1910 in Berlin konsequent angesteuert. Und so liest sich der gelungene Coup in einer Chronik von Schlagenthin: »Erbe . . . war sein einziger Sohn Graf Henning August von Arnim, welcher im Jahre 1910 starb . . . Die ihn überlebende zweite Gattin, eine Engländerin, verkaufte bald darauf den schönen Besitz, und zwar die landwirtschaftlich benützten Teile von Schlagenthin mit den Vorwerken Kuxwinkel und Havemark . . . an den Baumeister Iwan in Schwersenz bei Posen . . . den herrlichen alten Schlagenthiner Forst aber, das Lieblings- und Pflegekind des Grafen Arnim, nebst dem Gute Kleinwusterwitz an die Holzgroßhändler Gebrüder Moll.«

Der notarielle Vertrag für den Verkauf Schlagenthins wird erst Anfang September 1912 (drei Monate vor Evis einundzwanzigstem Geburtstag, dem Zeitpunkt ihrer Volljährigkeit also) in Berlin unterzeichnet; im Jahr zuvor ging allerdings ein weiterer, standesrechtlich wichtigerer Alleinbesitz aus Hennings Nachlaß in andere Hände über.

Elizabeth wußte durchaus um die einschneidende Konsequenz: Denn an den Besitz des Lehngutes Güstow (und vormals auch an Golm, das schon 1891 von Henning verkauft worden war) knüpfte sich seit einer Verfügung des Königlichen Heroldsamtes vom 28. 7. 1870 der Grafentitel des rechtmäßigen männlichen Erben. Der vom Vater nachgerade erzwungene gräfliche Stammhalter steht also nunmehr mit seinen Schwestern auf einer Stufe der Adelsleiter, da den »Nachgeborenen beiderlei Geschlechts [nach dem Verkauf von Güstow, Anm. d. Verf.] lediglich der Freiherrntitel zusteht«.[11] Daß ihr Hennings gesamtes Vermächtnis lediglich zu treuen Händen überlassen wurde, daß ihre unmündigen Kinder die eigentlichen Erben waren, daß Schlagenthin von ihr gar nicht hätte veräußert werden dürfen – wurde das von der schnell entschlossenen Verkäuferin bedacht und letztendlich mißachtet? Beatrix kommentiert das Vorgehen aus der besänftigenden Distanz von beinahe fünfzig Jahren: Schlagenthin, das Erbe ihrer Großmutter Elise von Arnim, geb. Prillwitz (erste Frau des Harry von Arnim, Hennings Mutter) sei dem Vater unter der Bedingung vermacht worden, »daß es erst in der dritten Generation verkauft werden dürfe. Als mein Vater starb, wurde es jedoch auch für uns durch meine Mutter verkauft . . .«.[12]

Noch etwas gilt es in diesem Zusammenhang zu bedenken: Den nicht unmittelbar für den Bau der Schweizer Immobilie verwendeten größeren Teil des Verkaufserlöses deponiert die Gräfin Arnim ganz oder größtenteils auf einem Konto bei der *Deutschen Bank* in Berlin, eine risikoreiche Entscheidung angesichts der von ihr wohl erkannten Kriegsgefahr.

Heftige Proteste, sogar empörte Reaktionen auf die eigenmächtige Vorgehensweise kommen nicht nur von den verständigeren, älteren Töchtern. Obwohl Schwager Bernd von Arnim-Criewen laut Elizabeths Aufzeichnungen zumindest über den Eigentümerwechsel informiert war und bei der späteren schwierigen Verwaltung des in Deutschland verbliebenen Kapitals behilflich sein wird, nennt man die Transaktion der Gräfin im aristokratischen Verwandtenkreis beim richtigen Namen: Um unlautere Praktiken handele es sich und um einen rechtlich sehr bedenklichen Eingriff in die Ansprüche der unmündigen Erben.

Schmerzlich empfundener Mangel an mütterlicher Zuwendung wird ihr nun gleichfalls attestiert. »Zwischen den Kindern und der Mutter war eine Entfremdung eingetreten, und anstelle des einst schönen Verhältnisses trat Mißtrauen und Mißstimmung auf... Da gab es viele Klagen zu hören und Tränen zu trocknen.« Teppi bleibt erfolglos in ihren Bemühungen, »die oft schweren Differenzen wegzuschaffen. Es war, als ob die Mutter die heranwachsenden Töchter nicht verstehen wollte und zu vergessen schien, daß sie im Begriff standen, selbständige Persönlichkeiten zu werden, wenigstens fehlte jedes Eingehen auf ihre Interessen und jede Bewertung ihres Charakters. Es war ein Zwiespalt in der Seele der schöpferischen Frau, die ihr Werk über ihre Mutterpflichten stellte«.

Die Gedanken der Beschuldigten schweifen aus einem weiteren Grund ab. Es war nicht verborgen geblieben, daß sie sich »nach einem neuen Weggenossen sehnte«.[13]

Eine Liebesbeziehung hält Elizabeths Sinne gefangen, H. G. Wells schlug sie vollkommen in seinen Bann.

Elizabeths Avancen gehen zurück auf den August des Jahres 1907. Begleitet von anfänglichen Fehleinschätzungen sowie mißlungenen Verabredungen hatte sie die Familie Wells im Verlauf der Caravantour – auf einer eigens dafür eingeplanten Etappe? – im *Spade House* in Sandgate besucht. Nun, zum Jahresende 1910, kreuzen sich erneut die

Wege der beiden. Der Frauenfreund H. G. Wells begegnet in Elizabeth einer sehens- und bemerkenswerten Frau, der es gelingt, sich – wie die weitaus meisten ihrer weiblichen Romanfiguren – wirkungsvoll in Szene zu setzen. Sie gilt als scharfsinnig und klug, als geistsprühend und charmant, als ladylike und irritierend und als, auch das hört sie selbstverständlich gern, modisch vollkommen auf der Höhe ihrer Zeit. Eifrig stilisiert sich die Mittvierzigerin zu einer extravaganten Femme fatale. Da sie zudem sehr grazil ist und etwas ätherisch wirkt, wird sie zumeist um zehn Jahre jünger eingeschätzt. Folgt man der Meinung von Hugh Walpole, so hatte Elizabeth zwar »etwas von ihrer früheren Schönheit eingebüßt, aber ein Gefühl für Beherrschtheit und vornehme Gelassenheit erworben«, was er als »fesselnd und einschüchternd« zugleich empfindet.[14] Wie Gurren klingt der Gräfin Stimme, deren sehr spezielles – eingeübtes? – Timbre Beverly Nichols[15] aus einer Laune heraus in Noten festzuhalten sucht. »Diese Stimme war wie sie selbst«, läßt Elizabeth die Erzählerin in *Vater* überlegen, »sie blühte in der Dunkelheit auf und wurde schön wie die Schmetterlinge... [und] so offenbarte sich ihre Schönheit auf den Flügeln ihrer Stimme.«[16] Ein wenig Selbstbespiegelung war wohl ebenfalls dabei, als Elizabeth das Bild einer weiteren reizenden Engländerin, der früh verstorbenen Mutter von *Fräulein Schmidt*, entwarf: »Sie war so bildhübsch und so bewundernswert redegewandt. Munter, sprühend, voller Leben funkelte sie... wie ein fremdartiger kleiner Stern...« Wie schrecklich, fährt sie etwas boshaft fort, seien dagegen »Frauen, deren Leben völlig zum Stillstand gekommen ist, so daß man beinah schon Entengrütze auf ihnen wachsen sehen kann«.[17]

Auch als Romancier ist der vierundvierzigjährige H. G. Wells kein unbeschriebenes Blatt. Mit bislang insgesamt

*Die Mittvierzigerin mit einem »Gefühl für Beherrschtheit und
vornehme Gelassenheit . . . fesselnd und einschüchternd zugleich«,
so Hugh Walpole: Elizabeth um 1910.*

zehn erfolgreichen Veröffentlichungen gelang ihm mühelos der wirtschaftliche wie gesellschaftliche Durchbruch. Sein Vater besaß noch einen kleinen Spezereiladen, zumindest so lange, bis Wells' Mutter als Haushälterin auf dem Landsitz *Uppark* in Westsussex in Stellung gehen mußte. Die dortigen Bibliotheksbestände blieben dem jungen Herbert George nicht verschlossen. Bücher halfen, seinen Wissensdurst zu stillen und die Hürde der sozialen Herkunft zügig zu überspringen: Einer ersten Ausbildung zum Tuchhändler und danach zum Drogisten folgte die Tätigkeit als Hilfslehrer. Erst ein Stipendium ermöglichte ihm ein Studium am *Royal College of Science*, in dessen Folge er wissenschaftliche Forschungen betrieb, sich dann aber von seiner – wie er es formulierte – naturwissenschaftlichen Romanze wieder abwandte und nun endgültig der Befriedigung schriftstellerischer und journalistischer Ambitionen verschrieb. Sowohl in *The Time Machine* beispielsweise, einem 1895 erschienenen Werk über den – weit in die Zukunft verwiesenen – Rückschritt in eine archaische Naturordnung, als auch in seinem Kontrastprogramm *A Modern Utopia* aus dem Jahre 1905 artikuliert Wells Visionen zur Vervollkommnung der menschlichen Gesellschaft – ohne jedoch selbst so recht an die Verwirklichung paradiesischer Zustände glauben zu können. Lesepublikum und Kritiker sind begeistert und der Überzeugung, das eine oder andere von ihm Veröffentlichte, so *The History of Mr. Polly*,[18] 1910, erinnere an Charles Dickens' Humor.

H. G. Wells schloß sich den sogenannten *Fabiern*[19] an und teilt mit diesen eine Vision vom sozialen Weltstaat. Die Sozialreformer Sydney und Beatrice Webb hatten neben George Bernard Shaw für die Gründung der *Fabian Society* verantwortlich gezeichnet, aber auch Virgina und Leonard Woolf beispielsweise werden sich zu dieser Gruppierung hingezogen fühlen. Elizabeth scheint gleichfalls geneigt, den allseits diskutierten Argumenten der *Fabier* ihr Ohr zu leihen – Wells wird ihr Mentor. Denn Frauenfragen im weitesten Sinne, daran besteht kein Zweifel, haben den Journalisten und Privatmann Wells stets bewegt. Auf diesem Gebiet gilt er sogar als ungemein versiert.

»Die Arbeit und der Ernst des Lebens wurden«, berichtet H. G. Wells ohne Skrupel und offenkundig geschmeichelt nach Hause, »gestern sehr aufgelockert durch das plötzliche Auftauchen der kleinen Gräfin Arnim und ihrem freundlichen Versprechen, mit mir zu essen und einen Spaziergang zu machen. Sie spricht sehr gut, kennt *The New Machiavelli* [sein gerade erschienenes Buch, Anm. d. Verf.] auswendig und ich denke, es wäre nett, sie als kleine Freundin zu haben ... Ihr Konversationston ist freimütig, aber ihre Moral streng. Traurige Erfahrung, sagte, daß sie schon vom nur daran denken schwanger wird.«[20] Der Zusatz erscheint ihm wichtig und dient, vorsichtshalber, der Beruhigung seiner großherzigen, aus Erfahrung klugen Frau. Was Elizabeths so herausgestellte Moral schließlich unterminiert und ihr zu einer vollkommen neuen Erfahrung verhilft, ist nicht zuletzt Wells' allseits publik gemachter, angeblich kompetenter Umgang mit Verhütungsmitteln.

»Little e« – so sein bevorzugter Kosename für die neue kleine Freundin – sieht es unterdessen nicht ungern, daß ihr Favorit nahe *Ropes* und dann noch näher am neuesten Heim von Charlotte, dem Landhaus in Hatch/Kingsley Green, eine beschauliche Bleibe weit ab vom Schuß sein eigen nennt. »Zufällig«, so Wells in der Erinnerung, »quartierte ich mich allein in einer gewissen Cotchet Farm in der Nähe von Haslemere ein, um irgendeine Arbeit abzuschließen, und sie wohnte damals gerade bei ihrer Schwester, Mrs. Waterlow, die ein paar Meilen abwärts Richtung Liphook lebte. Ich weiß heute nicht mehr, inwieweit diese Nähe bewußt herbeigeführt war. Gemeinsam unternahmen wir Spaziergänge über das hügelige Heideland, plauderten sehr heiter über Gott und die Welt und kamen uns schnell näher.« Ob nun bewußt oder nicht bewußt herbeigeführt, in Wells' Gesellschaft lebt Elizabeth auf. Nur etwas will ihr nicht aus dem Kopf: unliebsame Gedanken an Vorgängerinnen, denn deren Duftmarken hingen, so drängte es sich ihr (deren empfindliche Nase in Räumen zurückgelassene Gerüche noch nach Stunden genauestens zuzuordnen weiß) jedenfalls auf, noch in Wells' Appartement in London. Jane, seine Frau, gilt da als weitaus toleranter, denn die trage ihnen, weiß der Gatte Elizabeth zu beruhigen, wahrlich nichts nach, im Gegenteil: ». . . sie schätzte die Elizabeth-Bücher immer sehr und hatte überhaupt nichts gegen unsere Intimitäten«.[21] Dennoch lassen die Verliebten einige Monate verstreichen, bevor sie sich in die Öffentlichkeit wagen. Danach besucht Elizabeth gemeinsam mit H. G. Wells manch alten Freund, im Frühjahr 1911 Francis Russell und Mollie. Sicher übersieht sie auch an diesem Wochenende, was andere an Wells seit jeher bemängeln: seine wenig attraktive untersetzte Gestalt und seine Fistelstimme, vor allem aber seine ausgesprochen unappetitlichen Essensgewohnheiten. Und gerade die letztere Schwäche empfand sie im Umgang mit Henning doch als so außerordentlich störend. Teppi, der das alte Problem aus Nassenheider Tagen gleichfalls vertraut ist, beobachtet dies alles mit sehr gemischten Gefühlen: Wohl ist sie, Elizabeths wegen, »glücklich, die sichtlich Verjüngte so froh und angeregt zu sehen«, und dennoch »mißtraute« sie »dem Verkehr«. Denn »mehrfach hatte [sie] Gelegenheit gehabt, den berühmten Mann am Teetisch zu sehen«, an dem sie ihn »seiner Manieren wegen ziemlich unmöglich fand«.[22]

Solange Fräulein Backe noch glaubt, dem guten Ruf der Herrin nutzen zu können, bleibt sie ihr auf den Fersen. Auch bei Reisen mit Wells durch Südeuropa ist Teppi dabei, gemeinsam geht es wieder einmal in die Schweizer Berge. Die Suche nach einem geeigneten Bauplatz fürs geplante Chalet entpuppt sich wider Erwarten als ein äußerst aufwendiges Unterfangen. Einmal war man schon handelseinig geworden und hochbeglückt, zumindest bis zu dem Zeitpunkt, da sich erwies, daß es zum zauberhaft gelegenen Objekt keinen Erschließungsweg gibt und keine Wasserquelle. Der vormalige Eigentümer erklärte zwar freundlicherweise, das Grundstück zurückkaufen zu wollen, erwartete allerdings ihr Verständnis für einen Preis, der ihn für die nunmehr erwiesene und publik gewordene Unbebaubarkeit des Bauplatzes entschädige.

Reisende, die nur Augen füreinander haben, sind auch vor anderen Überraschungen nicht sicher: Zweimal muß sich Elizabeth – ihr fließend gesprochenes entzückendes Deutsch wird von Wells mit Erstaunen und Bewunderung registriert – bei Hotelbesitzern beschweren: Ihr Bett sei des Nachts zusammengebrochen, ganz plötzlich und unerwartet, einfach unter ihrem Gewicht zu Boden gegangen. Und was erntet die gut vierzig Kilogramm leichte Gräfin auf ihre Klagen? Natürlich ungläubig abwägende Blicke.

Gemeinsame Ausflüge nach Amsterdam, Brüssel, Paris oder Florenz schaffen zwar Distanz zu argwöhnisch beobachtenden Familien, doch die Spannungen zwischen den beiden nehmen zu. Wells wirkt irgendwie ermüdet und ernüchtert. Elizabeth hält vorübergehend Abstand und amüsiert sich für eine Weile mit Vernon Lee, der vielgelesenen feministischen Reiseschriftstellerin, die sie unterwegs ganz zufällig treffen. Teppi macht das emotional aufgeladene Klima zu sehr zu schaffen. Vorläufig hat sie genug gesehen, sehnt sich nach Ruhe und nach einem Besuch bei ihren braven Verwandten in Deutschland.

Doch im folgenden Jahr, im Sommer 1912, und erneut in der Schweiz, hält Fräulein Backe Augen und Ohren schon wieder ganz weit offen. Den Baufortschritt des *Chalets* behält sie dann ebenso kritisch im Blick wie das Verhältnis zwischen Elizabeth und H. G. Wells. Manches Ereignis wäre Teppi dennoch lieber verborgen geblieben, so auch folgende Pikanterie, die ihr die Gräfin – deren Freude an Provokationen oftmals über ihr Feingefühl triumphiert – brühwarm auftischt: Während einer Bergtour entzündet sich Wells' und Elizabeths Ärger an einem in der mitgeführten englischen Zeitung abgedruckten Leserbrief; die ziemlich zweitrangige Schriftstellerin und Antifeministin Mrs. Humphrey Ward empört sich in schulmeisterlichem Ton über die Unmoral einer aufstrebenden jungen Literaturschaffenden: Rebecca West.[23] Ihre Parteinahme für die so Gescholtene demonstrieren Elizabeth und Wells mit einem genialen Einfall – dem unverzüglich vollzogenen Beischlaf auf der nach zeremoniellem Wiederankleiden verbrannten *Times.* Und auch das resümiert H. G. Wells in seinem Lebensrückblick: »Derartige Dinge trieben wir häufig.«[24]

Vita Sackville-West, eine begnadete Gärtnerin, die auf dem Feld der Schriftstellerei gleichfalls erfolgreich operiert und sich ausnehmend gut auf Frauen versteht, trifft Rebecca West einmal als Mitglied einer »aufregenden« Gesellschaft im Hause von Mrs. Belloc Lowndes und behält sie hernach als eine »anziehend häßliche junge Wilde«[25] in bester Erinnerung. Elizabeth hingegen erwuchs ausgerechnet in der siebzehn Jahre jüngeren Rebecca eine zielstrebige Konkurrentin. Rückblickend offenbaren sich die letzten gemeinsamen Reisen durch halb Europa und manche von Wells' Besuchen im fertiggestellten Schweizer *Chalet* als Flucht vor den Nachstellungen Miss Wests. Auf parallelen Reisewegen war deren Verfolgungsfahrt verlaufen. Wirkungsvoll inszenierte Selbstmordversuche der hartnäckigen jungen Bewunderin zwingen Wells, Farbe zu bekennen.

Die West hatte kürzlich mit kritisch-scharfsinnig formulierten Artikeln im *Clarion* auf sich aufmerksam gemacht. Ihre Rezensionen fanden allgemein große Beachtung. Und ausgerechnet aus ihrer Feder stammt auch eine der intelligentesten und schmeichelhaftesten Charakterisierungen des literarischen Stils der Rivalin: »Die Autorin«, schreibt die Journalistin West 1922 über Elizabeth, »hat so wenig Herz, daß sie, wenn sie von Gefühlen schreibt, nur Humbug von sich gibt. Aber sie hat einen klaren, brillanten Kopf, der ihr erlaubt, eine spezielle Sorte von witzigen und gut konstruierten Geschichten zu schreiben...«[26] Ein Kompliment, das die so Herausgestellte auf seine feinen Untertöne hin abklopfen wird und das sie der Schriftstellerin West zurückzugeben dann keineswegs gewillt ist: »Rebeccas Roman kann ich nicht ausstehen. Ich finde, er ist auf ganz merkwürdige Weise schlecht, und sie hat von fast allen schlechten Eigenschaften, die ein Romanschriftsteller haben kann, die schlimmste und vernichtendste und tödlichste: Sie ist langweilig. Ich habe es nicht geschafft, mich durch das dicke schwarze Zeug zu kämpfen... Wenn ihr Buch zu vollblütig und das Blut darin schwarz ist, so ist meines zu dünnblütig und sein Blut blaßrosa... Ich weiß, wovon ich rede. Es ist wie eine mickrige Flöte, die ganz allein an einem einsamen Nachmittag spielt...«[27]

Im Kampf um den Mann ihres Herzens macht Elizabeth entscheidende Fehler. Als ausgerechnet die duldsame Jane Wells zur Zielscheibe ihrer verbalen Attacken wird und H. G. die vorzugsweise unter Zeugen ausgeteilten Sticheleien in seine Richtung ebenso endgültig satt hat, ist sie weit über das Ziel hinausgeschossen. Aber letztlich, wenngleich in großem zeitlichen Abstand und mit sehr unterschiedlichem Anteil an Wells' Aufmerksamkeit, werden Rebecca wie Elizabeth auf der Verliererseite stehen. Das Weihnachtsfest 1912 jedenfalls verbringt Wells wie gewohnt im trauten Familienkreis. Denn Jane Wells ist es schließlich, die sich in wenigen Monaten um eine angemessene Bleibe für Miss West bemühen wird, die ihrem Mann weite Wege erspart. Und bald auch um eine Kinderfrau für Rebeccas Baby, Wells' Sohn Anthony. Letzteres ein Dienst, den Jane vor gar nicht allzu langer Zeit trotz ähnlicher Umstände seiner damals achtzehnjährigen Geliebten Amber Reeves nicht erweisen mußte. Die hochdramatische Affäre ihres Mannes mit der Tochter eines prominenten Mitglieds der *Fabian Society* mündete zwar gleichfalls in eine ungewollte Schwangerschaft, Ambers Mutter hingegen, eine radikale Vorkämpferin der Emanzipation, sorgte pragmatisch-konservativ rechtzeitig vor der Niederkunft dafür, daß das bildhübsche Mädchen von einem treuen Bewunderer geheiratet wurde. Wie keines zuvor und keines danach, löste Wells' erotisches Abenteuer mit Amber einen gesellschaftlichen, und nach der Veröffentlichung des Romans *Ann Veronica – A modern Love Story* (in dem er seine leidenschaftliche sexuelle Beziehung zu Amber anschaulich nachzeichnet), einen der größten literarischen Skandale im Vorkriegsengland aus. Ein Eklat, der 1911 selbst D. H. Lawrence noch zur Vorsicht gemahnt. Keinesfalls daran interessiert, daß man in dieser »*Ann-Veronica*-Art« über ihn spreche, ziehe er, so die Direktive für den Verleger, sein vorab als zu erotisch apostrophiertes Buch wieder zurück.[28] George Bernard Shaw hatte Wells eindringlich vor dieser Form der Vergangenheitsbewältigung gewarnt und lediglich Spott geerntet: »Lieber Shaw, je mehr ich über Dich nachdenke, desto kla-

rer wird es mir, was für ein unverbesserlicher mittelviktoria-
nischer Esel Du bist.«[29] Häme klang und klingt darum in
Äußerungen mancher Zeitgenossen an: Wie konnte, fragte
und fragt man sich erneut, gerade H. G. Wells, der ausge-
wiesene Verhütungsexperte, nur so gründlich versagen?

Doch Jane, die von dem vor ihrer Eheschließung gegenseitig zugestandenen Recht auf vollkommene persönliche
Freiheit vermutlich kaum Gebrauch macht, kann auf die
Zuneigung ihres Gatten jederzeit zählen: »Jane war fabelhaft. Sie verriet kein Ressentiment, keinen egoistischen
Protest. Sie hatte unsere Beziehung nie als eine primär sexuelle oder auf sexueller Priorität beruhende angesehen oder
empfunden. Sie hatte meine sexuellen Phantasien stets als
eine Art anlagebedingte Krankheit betrachtet; sie hielt
geduldig zu mir . . .«[30] Eine Einstellung, die Elizabeth aus-
nutzt – jedoch absolut nicht teilt.

Mitunter ist zu lesen, Elizabeth habe Wells am Ende der
Liaison wegen seiner nicht standesgemäßen Herkunft und
weil er ihren noblen Ansprüchen nicht genügt habe, den
Laufpaß gegeben. Sie mag ihn mit Fragen wie der, durch
welchen Eingang seine Mutter *Uppark* betreten habe, das
Herrenhaus, in dem er als Sohn der Haushälterin auf-
wuchs, geneckt und brüskiert haben. Wohl war die geborene
Beauchamp adlig *verheiratet*, aber damit noch keinesfalls
makellos aristokratisch. Auf dem Parkett wirklich besserer
englischer Gesellschaft verfügte der angesehene Schriftsteller H. G. Wells jedenfalls über eine weitaus höhere Reputation als die gleichfalls erfolgreich schreibende Gräfin
Arnim.

Nach auffallend langanhaltender Abstinenz stürzt sich
Elizabeth wieder in ihre Arbeit. Ein Versuch der Befreiung –
von Erinnerungen an Henning, von Wells, und überhaupt . . .? Sie vollendet bis April 1914, es erscheint noch

im gleichen Jahr, *The Pastor's Wife*, das längst begonnene Buch. In *Alle meine Hunde*, ihrem verbrämten Lebensrückblick, wird sie einmal die Frage nach dem Inhalt des Romans einem gerade entschwundenen Liebhaber (ganz klar H. G., den sie allerdings nicht beim Namen nennt) in den Mund legen. Die Antwort darauf lautet: ». . . daß es [ihr] sehr leid täte, aber [sie] müsse ihm leider sagen, es handele von Ehebruch.« Was so eindeutig nicht stimmt. Ebenfalls Dichtung oder doch Wahrheit, wenn sie den Mann, stellvertretend für Wells also, süffisant erwidern läßt: »Der interessanteste Sport der Welt«!?[31]

*The Pastor's Wife* ist nur die Geschichte einer *versuchten* Versuchung, nichts Anstößiges ist darin wirklich vollbracht; es sei denn, seinen Ehemann vorübergehend zu verlassen wäre bereits verwerflich genug. Ingeborg, die geplagte Ehefrau eines Geistlichen, trägt in mancherlei Hinsicht Elizabeths Züge, doch läßt sich im hartnäckigen Eindringling in die langweilige eheliche Gemeinschaft, im jungen Maler Ingram, Wells ohne phantasievolle Ergänzungen kaum entdecken. Höchst unwahrscheinlich, daß es die Autorin nur auf ihn, den abtrünnigen Liebhaber, abgesehen hatte. Statt dessen nahm sie gleich mehrere Kategorien von Männern aufs Korn. Denn in *The Pastor's Wife* erweckt Elizabeth »ein Triumvirat von Figuren zum Leben, das von einem einzigen Stamm abzweigt: dem der Selbstgefälligkeit«.[32] Gnadenlos verteilt sie Hiebe gegen listig herausgearbeitete Spielarten patronaler Hegemonie. An Henning von Arnim gemahnt der zerstreute, etwas schwerfällige, gewohnheitsmäßig anhängliche Herr Dremmel, der sich glücklos landwirtschaftlichen Experimenten verschrieben hat. Nur wird sich Ingeborg, anders als die Gräfin, letztlich entschließen, zu ihrem herzlosen (eine Eigenschaft, die Arnim gottlob fehlte) Gemütsmenschen Dremmel zurückzukehren.

Auch in *The Pastors's Wife* finden sich Anleihen an Elizabeths Leben, allerdings denkt sie hier die gekappte Ehe mit Henning und auch das auslaufende Verhältnis mit Wells auf vollkommen abgewandelte Weise zu Ende. Und zwar mit verblüffendem Ergebnis: Das weitaus tugendsamere Finale der literarischen Variante wird keineswegs belohnt, und es beschert Ingeborgs Liebesgeschichte einen recht freudlosen Ausgang. Denn deren Ingram verliert urplötzlich das Interesse, und alles, was Herr Dremmel von seiner zurückgekehrten Frau verlangt, ist, daß sie ihn nicht weiter belästigt und es ihm somit ermöglicht, höflich zu bleiben. Ingeborg fällt einfach von ihm ab.

Ganz so, wie Elizabeth von Henning abfiel oder wie Wells sie jetzt fallenlassen wird?

Nach nahezu einem Vierteljahrhundert gibt Elizabeth betont gleichmütig zu verstehen, sie und H. G. seien sich am Ende nichts schuldig geblieben: »Da stand ich auf der Terrasse, nachdem ich zum Abschied pflichtbewußt mit dem Taschentuch gewinkt hatte, und fühlte mich wie ein Genesender, von dem das Fieber endlich gewichen ist, wie ein Mensch, der seinen Frieden wiedergefunden hat... Geliebte Kinder! Guter Hund! Himmlische Freiheit! Du wunderbare Welt!... Fleckenlose Reinheit, göttliche Harmonie murmelte ich vor mich hin.«[33] Ein hübsches Bild, eine durchaus glaubwürdige Reaktion – wäre uns nicht jene Szene so, wie sie Teppi beschreibt, ebenfalls überliefert: »Ich sah die Gräfin weinen, und ihre Tränen erschütterten mich... ›Er verdient Verachtung, aber ein Genie muß wohl mit anderen Maßen gemessen werden‹, klagte sie.« Und Wells? »Erst nach einigen Jahren begegneten wir uns wieder«, beginnt sein lapidarer Kommentar, der den Grund für die Trennung, so wie er es sehen will, gleich mitliefert: »Ihre Phantasie richtete sich nun auf...«[34]

Man wird sehen.

Elizabeths »wunderbare Welt«, aus der sich H. G. Wells peu à peu verabschiedet, umschließt das *Chalet Soleil* in den Walliser Alpen. Bewohner und Besucher besteigen im Rhônetal, genauer in Sierre, die Bergbahn und sehen sich am Ende der Fahrt genötigt, zu Fuß einem unbequem steilen Wiesenpfad zu folgen. Möbel, Kisten, Koffer, Handgepäck schaukeln ab dem Haltepunkt Randogne-sur-Sierre auf Ochsenwagen zum großzügig im alpenländischen Stil erbauten Haus: ein weithin sichtbarer Ausdruck von Wohlstand. »Ich möchte Dir sagen«, wird Elizabeths Cousine Katherine Mansfield sie wissen lassen, »was für einen herrlichen Blick wir auf das Chalet Soleil hatten, als wir im kalten Bergregen hierher rumpelten. Es regnete, doch auch die Sonne schien, und Dein zauberhaftes Haus ist ganz hinter weißen Blüten versteckt. Nur *himmlisch* blaue Läden schimmerten durch. Das kleine ›Arbeits‹-Chalet sitzt in einem völlig grünen Nest. Es sah schrecklich feenhaft aus; man meinte, auf dem schlanken Schornstein müsse ein Stern gewesen sein... Es war wie verzaubert.«[35] Eindrucksvoll beschwört auch die nuancenreiche Erinnerungscollage einer Besucherin, Elizabeth Wansbrough, die Unauslöschlichkeit der Bilder herauf: »Chalet Soleil war der treffende Name, denn das Haus war den ganzen Tag von Licht überflutet. ›Die Kuh wird Dich an der Bergstation abholen‹, schrieb mir Elizabeth, und wenn man aus der Bergbahn ausstieg, stand sie auch da, um das Gepäck zu tragen. Manchmal sah ein besonders gern gesehener Gast auch die winzige Gestalt von Elizabeth selbst, fast verborgen unter einem riesigen scharlachroten Schirm, den sie immer trug, um sich vor der starken Sonne zu schützen... Man wurde herzlich begrüßt mit witzigen Bemerkungen über die Reise und stieg dann mit ihr, die auch in den Alpen immer hochhackige Schuhe trug, den

Bergpfad hinauf, gefolgt von der Kuh. Dann plötzlich, um die Schulter des Berges und dagegenlehnend, tauchte das Chalet auf – ganz wie ein Chalet auf einer Kuckucksuhr, aber weißgestrichen mit roten und blauen Läden.«[36] Beim erwähnten roten Schirm handelt es sich um ein Geschenk Thomas Cobden-Sandersons. Der Buchbinder und Mitbegründer eines Verlages gehört zu Lord Russells und auch zu Elizabeths engsten Freunden seit jener Zeit, als sie ausschließlich May genannt wurde. Francis' verstorbener Vater hatte dem damals noch erfolglosen Thomas Cobden seine unmündigen Söhne anvertraut.[37] Elizabeths Bekanntschaft mit Cobden-Sanderson und dessen Frau Anne resultiert bereits aus Londonaufenthalten noch während ihrer Arnimehe. Auf Cobbie, wie die Gräfin ihn nennt, geht die Idee einer variablen Dinner-Sitzordnung im *Chalet* zurück. Nach Einführung des Rotationsverfahrens für männliche Gäste kommen endlich alle Bewunderer zumindest zeitweilig in den Genuß von Elizabeths unmittelbarer Nähe.

Die Anerkennung, die sie von allen Seiten für ihr *Chalet* erntet, erfüllt Elizabeth mit tiefer Genugtuung, zu der nun auch noch die Vorfreude auf das kommende Frühjahr kommt, wenn ihr Garten in voller Blüte stehen wird.

Noch Anfang September war die Gräfin nach Pommern gereist; einen ihrer ehemaligen Nassenheider Gärtner, Herrn Scheel, hatte sie nicht lange überreden müssen, in der Schweiz eine weitere Probe seines Könnens abzulegen. Der Wunsch der Frau Gräfin war ihm noch immer Befehl, und ganz wie in alten Nassenheider Tagen und wie sie es so liebte, hatte der einstige Diener Hermann Sambale ein leichtes Essen im Freien aufgetragen. Durch alle Räume des Gutshauses und durch den legendären deutschen Garten war sie in ängstlicher Erwartung gegangen. Noch, so die erleichterte Feststellung, hatte die Zeit nicht gegen sie ge-

arbeitet, noch war ihr das Verlorene »praktisch unverändert« erschienen. [38]

Doch nun ist es Herbst in der Schweiz. Klare Tage mit
guter Fernsicht. Wie ein zu groß geratenes Schwalbennest
klebt das *Chalet Soleil* an einem sonnigen Südhang. Und wie
nah ist man den gegenüberliegenden Bergriesen! Aus über
viertausend Metern Gipfelhöhe fließen Gletscherzungen
zu Tal. Weißhorn, Rothorn, Montblancmassiv, Simplonkette tragen weiße Hauben; in glasklarer Luft und bei Föhn
scheinen sie direkt vor der *Chalet*-Haustür zu stehen. Seit
Menschengedenken siedeln Almbauern in dieser Höhe auf
der eiszeitlichen Trogschulter von Randogne-sur-Sierre,
zwischen Wiesen und Weiden der schmalen, unterhalb des
*Chalets* liegenden Hochterrasse.

Daß der unerwartet frühe Wintereinbruch mit Schneefäl-
len im Gebiet um Montana im Oktober 1912 so sehr an den
letzten in Pommern erlebten April erinnert, muß der Erbaue-
rin des *Chalet Soleil* als ein gutes Omen erscheinen. Weitge-
reiste deutsche Möbel, Teppiche, Bilder und Bücher – sofern
sie nicht schon die Londoner Wohnung ausstatten – konnten
vom Lager geholt werden. Auch ihr *Präludium* findet einen
neuen Platz: »Oh unsterblicher Wordsworth . . . Wohin ich
auch gehe, ich nehme es mit. Ich habe es gelesen und gelesen
– viele Sommer lang: ›. . .*und die gütige Natur gab bei dem
Werk verschwenderische Hilfe*‹. «[39]

Allgegenwärtige Erinnerungen an Nassenheide! IGNA-
VUS INSULSUS TRISTIS TURPIS ABESTO gab sie schon
beim Betreten des Gutshauses zu bedenken. Erneut wählt
Elizabeth diese Mahnung: schreibt sie sich, den Familienmitgliedern und Gästen an die Wand, in großen Lettern,
zwischen Fensterreihen am holzverkleideten Giebel. Etwa
fünfundzwanzig Meter Distanz und einen geringen Höhen-
unterschied legt Elizabeth zwischen den absehbaren häus-

lichen Trubel im *Chalet Soleil* und ihren Arbeitsplatz mit eigener Terrasse. Selbst dort, am *Kleinen Chalet*, fertiggestellt im Mai 1914, findet sich eine altbekannte Beschwörungsformel wieder: PROCUL ESTE PROFANI. Nichts fürchtet die schreibende Hausherrin mehr als ungebetene Eindringlinge in ihren Musentempel. Der unmißverständliche Befehl tut, wie einst über dem Nassenheider Treibhauseingang, seine Wirkung. Wie eine Reliquie hütet Elizabeth auch Hennings Mantel, im Entré bekommt er seinen Platz.

Großes und kleines *Chalet*, der Garten, die unmittelbare Umgebung und die wallisische Landschaft werden auf Elizabeths Betreiben hin auf Bildpostkarten gebannt: Zwei große Veranden fallen da ins Auge, hell leuchtende Arkadenbögen verleihen Nord- und Westseite des Hauses fast italienisches Flair. Andere Aufnahmen gestatten einen Blick hinter die Mauern, sie verraten Details: Wie winzig klein muß sich Elizabeth auf dem riesigen Sofa in der Halle ausgenommen haben. Photos bezeugen auch dezent gestreifte Polstersessel, kleine Tischchen, Bücherregale und den – wie in Pommern – das ganze Jahr Wärme spendenden Kamin.

Zwei Wohnzimmer von gewaltigen Ausmaßen – eines entsprechend Nassenheide in Blau – und das Speisezimmer nehmen das Erdgeschoß ein. Sechzehn Schlafzimmer, in unterschiedlichen Farbtönen gehalten, sowie zwei Badezimmer fanden im oberen Stockwerk Platz. Insgesamt sieben Toiletten mit Wasserspülung wurden, ein unglaublicher Luxus, installiert: »Ich habe sie gezählt: Es gibt wirklich sieben. Immer, wenn ich bedrückt bin oder einsam, denke ich an meine Toiletten und bin getröstet...«[40] Im Dachgeschoß leben dienstbare Geister: der Hausmeister Auguste, dessen Frau, der Gärtner und mindestens eine Jeune fille. Die Einstellung von Koch oder Köchin erfolgt saisonal.

*Elizabeths kleines (Arbeits-)Chalet, unterhalb des großen ›Chalet Soleil‹ gelegen (oben). Das 1912 fertiggestellte ›Chalet Soleil‹ nahe Randogne-sur-Sierre in der Schweiz (unten).*

*Die grasbewachsene Terrasse des ›Chalet Soleil‹.*

*Im ›Chalet Soleil‹: die Halle.*

*Ausblick vom ›Chalet Soleil‹ über das Rhônetal*
*in die Walliser Alpen.*

Eines der Schlafzimmer ist an das der Hausherrin gekoppelt, es kann von diesem aus durch eine lautlos gleitende Schiebetür, die in einen imaginären Schrank hinein- und wieder herausführt, ganz ohne große Umstände betreten werden.

Im *Chalet* wähnt sich Elizabeth am Ziel ihrer Träume: »Ein friedliches und geregeltes Leben hatte jetzt für mich begonnen mit stillen Morgenstunden, in denen ich ungestört arbeitete – denn man kann nicht gestört werden, wenn niemand da ist außer einem ungewöhnlich wohlerzogenen Hund [Namensvetter eines Vorgängers in Pommern, Anm. d. Verf.] –, mit Mahlzeiten draußen auf der Terrasse, bei denen ich die ganze Simplonkette vor mir hatte als Abschluß der gewaltigen Berglandschaft, auf die ich zwischen den einzelnen Bissen einen Blick werfen konnte, mit langen Spaziergängen an den Nachmittagen in Cocos Begleitung – ›Ein Bär! Ein Bär!‹ pflegten die Kinder zu rufen, wenn sie uns trafen –, mit Abenden, die ich lesend am brennenden Kamin verbrachte, während Coco auf einer Matte davor lag... Und das Wetter blieb so schön, und die Kinder konnten es mit genießen, und ich glaube, es wäre das schönste Weihnachten unseres Lebens geworden, wenn etwas nicht gestört hätte. Und das waren die Gäste!«[41]

## Kapitel VII: 1913-1916

*»Ratsam ist und bleibt es immer . . ., einen Mann sich zu erwählen und wo möglich zu vermählen. Erstens: will es so der Brauch. Zweitens: will man's selber auch. Drittens: man bedarf der Leitung und der männlichen Begleitung . . .«*
Wilhelm Busch, Die fromme Helene

Junges Volk – Elizabeths Sprößlinge und eingeladene Ferienkinder – findet sich zwischen Weihnachten und Neujahr 1912/13 im *Chalet Soleil* ein und erfüllt das Haus mit Leben. Es ist zu einem richtigen Zuhause geworden, das neben gepflegter Behaglichkeit und prasselndem Kaminfeuer noch vieles mehr zu bieten hat: Rodelpartien zum Beispiel, Ausflüge im Pferdeschlitten, Skiabfahrten, Bergwanderungen und blauen Himmel und Sonnenschein, so viel Sonnenschein, wie in England Regen vom grauen Himmel fällt. Den emphatischen Beschreibungen in Briefen der Mutter, in denen sie zudem ihre Vorfreude über die Familienzusammenführung bekundet, hält die Wirklichkeit tatsächlich stand.

Eingedenk der unterdessen kursierenden Bildpostkartenidyllen und begünstigt durch Mundpropaganda wird der positive Einfluß der klimatischen Höhenstufe auf das physische und psychische Befinden in Elizabeths Freundeskreis so unerwartet rasch publik, daß sich – abgesehen von einer kurzen Phase im Februar – über die Frostperiode hinaus und in den Sommer 1913 hinein noch ein Überhang an Gästen abzeichnet. Beiläufig mündlich oder telephonisch ausgesprochene Einladungen der Hausherrin werden selten überhört. Wenn sie jedoch, nach Wochen, ihre Gäste höflich aber nachdrücklich auffordert, ans Abreisen zu denken, stößt sie damit zumeist auf taube Ohren. Ihr Service sei zu exzellent, mutmaßt Elizabeth, so gut, daß ihr und ihrem *Chalet* drei Sterne im Baedeker wohl anstehen würden.

Gästescharen gehen nicht nur ins Geld, etwas anderes macht ihr weit mehr zu schaffen. Unglaubliche Veränderungen muß die Gräfin beklagen. Denn je länger Erholungssuchende die Höhenluft genießen, desto deutlicher wird deren wundersame Wandlung: alt und steifbeinig, vom Leben und vom Rheumatismus gezeichnet seien sie hinaufgestiegen, zusehends verjüngt und geradezu unangenehm inspiriert vergäßen manche Besucher hier ihr gutes Benehmen.[1]

Mit einsetzender Schneeschmelze haben Zahl und Befinden der Gäste, haben Temperamentsausbrüche und kleinere Übergriffe eine hochbrisante Atmosphäre geschaffen, der sich die Gräfin Arnim nur durch Flucht zu Verhandlungen mit ihrem derzeitigen Londoner Verleger Smith & Elder entziehen kann. Es geht um ihr Buch *The Pastor's Wife*, das im Oktober 1914 erscheinen soll. Ihre Erwartung, die erhitzten Gemüter würden sich während ihrer Abwesenheit deutlich abkühlen können, erweist sich als irrig: »Irgend jemand befand sich immer in einem Zustand höchster Erregung, weil alle Gefühle sich hier so übersteigerten. Wenn Tränen vergossen wurden, geschah es nicht in Tropfen, sondern in Strömen; jede Zuneigung artete sofort zu übertriebener Bewunderung aus, Verehrung wurde zur Anbetung, und Abneigungen äußerten sich derart heftig, daß sie von Haß nicht mehr weit entfernt waren.«[2] Selbst Cousin William, der seit Jahr und Tag angenehm Anspruchslose, reagiert auf die veränderte Lage. Im allgemeinen Überschwang der Gefühle vergißt auch er zeitweilig seine gute Kinderstube. Stuarts gewöhnlich ehrerbietige Minne findet ganz ungewohnte, wenngleich nur mit leicht irritiertem Achselzucken quittierte Ausdrucksmittel.

Die weitaus meisten Stunden des Tages separiert sich

Elizabeth, die ihre schriftstellerische Arbeit allen Turbulenzen zum Trotz voranbringen muß, ohnehin von den Besuchern. Bei Abendvergnügungen allerdings übernimmt sie bereitwillig das Kommando. Nach dem Dinner trifft man sich in der Halle, gruppiert sich ums Feuer, schwatzt oder liest laut vor, inszeniert lustige Scharaden, reimt spöttische, Lachsalven hervorrufende Limericks und verschafft sich etwas Bewegung – frönt dem, von Elizabeth so genannten, *Verdauungstänzchen*. Als Begleitung bei nachmittäglichen Promenaden »auf der grasbewachsenen Terrasse – immer unter dem gleichen roten Sonnenschutz –« (und immer auf die vorteilhafte Wirkung eines rosigen Hauchs auf der Gesichtshaut bedacht und immer in hochhackigem Schuhwerk) oder beim »Schach auf der sonnenüberfluteten Veranda«[3] würde sich ihr jeder einzelne männliche Besucher liebend gern zur Verfügung stellen, doch täglich trifft die Gräfin ihre Entscheidung aufs neue, das heißt unter gespannt wartenden Verehrern ihre Wahl. H. G. Wells gehörte lange Zeit zu den unangefochtenen Favoriten, sein jüngst freigewordener Platz läßt Aspiranten wieder hoffen . . .

Während Coco, der bärengleiche Hund, Wells noch heftig betrauert und Elizabeth beginnt, Verehrer wie Gäste überhaupt als eine Plage zu betrachten, nähert sich ein weiterer jener Plagegeister, ein Verehrer nämlich, schon etwas korpulent, darum mit hochrotem Kopf und heftig transpirierend, dem *Chalet*. »Man sollte vielleicht glauben, daß ich . . . etwas Besseres zu tun hatte, als mich mit noch einem neuen Gast zu belasten. Das war auch der Fall, aber . . . dieser eine, der langsam den vereisten Weg zu meiner Haustür heraufstieg und der bei jedem Schritt vorwärts wieder zwei Schritte zurückschlitterte, war weniger ein neuer Gast als das Schicksal in Person.«[4] Und seinem Schicksal, auch dies erkennt Elizabeth nach mehr als zwanzig Jahren, kann man nicht entgehen. Genau das gleiche Gefühl war ihr schon einmal gekommen: damals in Italien, als sie sich für den Ball ankleidete, auf dem sie Henning traf. Doch wie einst quält sie nicht das geringste alarmierende Unbehagen.

Als erstes bringt Francis Russell, denn er war es, der hereingeschneit kam, den Haushalt auf Trab: Der Gehweg sei mit Asche zu bestreuen, was kümmere ihn unschuldiges Schneeweiß. Als zweites zeigt er unmißverständlich Flagge: die Gräfin gehöre ihm und damit basta. Spaziergänge sind für Elizabeth ab sofort passé: Er halte nichts von Bewegung, bevorzuge das Haus. Dem Personal hingegen macht der Lord unverzüglich Beine: Mit dem Schlendrian sei es nun endgültig vorbei, ab sofort gehe alles streng nach der Uhr, und: Er bevorzuge Hammelfleisch, täglich, ausschließlich mit Bohnen. Wehe, gibt er noch zu bedenken, es wage jemand Widerspruch, da lasse er nicht mit sich spaßen.

Widerspruch? Von oder bei wem? Zu augenfällig wird allen das Einvernehmen: Erscheint der Lord, ist die Gräfin an seiner Seite – läßt er sich irgendwo nieder, sitzt sie bald vis à vis. Elizabeth wirkt wie hypnotisiert. Für sie ist dieser Francis einfach unwiderstehlich: eloquent, intelligent,[5] jungenhaft und übermütig, bis zur absoluten Albernheit komisch, einfach umwerfend vital und unglaublich charmant. Hätte sie ihn sonst, vorsichtshalber ohne Gattin Mollie – einmal? zweimal . . . ? – zu sich eingeladen? Nun ist er da. In vollen Zügen genießt sie seine besitzergreifende Verehrung, fühlt sich seit langem wieder geborgen und sicher, geradezu getröstet und von lästigen Alltagsquerelen befreit. Nichts gehe, so ihre augenblickliche Meinung, über eine energisch lenkende männliche Hand. Denn von Witwen, die bereit sind, ein neues Nest aufzusuchen, die der Pflege bedürfen, die kaum etwas so resolut vorantreiben, wie sie wollten und sollten, die empfindlich sind, spröde und zerbrechlich, ja, davon weiß Elizabeth jetzt ein Klagelied zu singen.[6] Im *Kleinen Chalet*, über das Manuskript von *The Pastor's Wife* gebeugt, wurde der genaue Wortlaut intoniert. Zuvor hatte sie sich einen Blick in ihr Innerstes gestattet und das, was sie dort sah, auf eine ihrer glänzend konstruierten Nebenfiguren übertragen: »Im stillen begann ich mir einzureden, daß eine Witwe nur ein halber Mensch sei.«[7]

»Denn die Frau bedarf der Leitung und der männlichen Begleitung«, formulierte weiland Wilhelm Busch, und dessen Sichtweise übernahm Elizabeth ja bereits vor mehr als zehn Jahren, mit einem lachenden und einem weinenden Auge, für Anna in *The Benefactress* – und wird sie gegen ihr Lebensende noch einmal literarisch verwerten. Versteckt sich hinter dieser Behauptung wirklich die persönliche Überzeugung der Autorin? Sporadisch vielleicht, ganz sicher nicht stets. Denn: »Stimmte das wirklich?«, stellt sie die Aussage gleich darauf wieder in Frage, um sofort einzuschränken: »Nun, sie mußte ... zugeben, daß Fälle eintreten konnten – er hatte Dauerzustände gemeint und sich natürlich hierin geirrt –, noch nie dagewesene Fälle wie dieser eine, wo an den Versen etwas Wahres dran war.«[8]

Wichtige Hinweise auf Gräfin Arnims Verhältnis zu Männern kommen noch von ganz anderer Seite. Will man der 1920 niedergeschriebenen Einschätzung ihrer Cousine Katherine Mansfield Glauben schenken, die fest davon überzeugt ist, daß Elizabeth »nur eine *männliche Erscheinung* will«, daß sie körperlich gar nichts mit einem Liebhaber anfangen könne, »ich meine ... ins Bett gehen ... alles andere als das, das kann sie nicht ertragen, davor hat sie Angst«, dann ermangelt es der so Geschilderten zumindest unter Russells drängendem Werben an der ihr gemäßen Selbstbeschränkung. Denn Katherine Mansfields Begründung ihrer Mutmaßung klingt überzeugend: »Allein ihr Leben, ihre Existenz, ihre Begabung, ihre Lebhaftigkeit, das alles macht sie davon abhängig, daß sie sich *nicht hingibt.*«[9]

Von Beginn des Jahres 1914 an ist Elizabeth immerhin bereit, sich von der männlichen Erscheinung leiten und begleiten zu lassen, die sie am rücksichtslosesten begehrt.

Ihre Mutter sei, gibt Liebet verständnisvoll zu bedenken, womöglich erstmals überhaupt, von tiefempfundener Liebe überwältigt worden. Beatrix – dem Geschehen weitaus näher, da seit mehr als einem Jahr, als Ergebnis ihrer ungeliebten Ausbildung in Berlin, in den *Chalet*-Haushalt eingespannt – kommt zum gleichen Resultat und weiß sich wiederum einig mit Teppi: Freimütig herausposaunte Ansprüche und herrisches Auftreten des potentiellen neuen Herrn im Hause Arnim sind den beiden ausgesprochen suspekt. Russell wird zum Auslöser für Beschwerden der Tochter, die sich ausgenutzt fühlt und deplaziert. Heftige Debatten eskalieren zum offenen Streit. Teppi sieht »Trixies Begabungen brachliegen . . . das Verhältnis getrübt . . . und eine räumliche Trennung von Mutter und Tochter zur Vermeidung größerer Konflikte«[10] für unumgänglich. Beatrix räumt daraufhin resigniert das Feld. In München geht sie bei Gräfin Westarp in Pension und beginnt im Februar 1914 mit einem Musikstudium. Noch im gleichen Jahr wird die unterdessen Zwanzigjährige jedoch nach Speyer wechseln und schließlich als Johanniter-Krankenschwester eine befriedigende Aufgabe finden.

Russells Malteser blieben gottlob in England. Ein halbes Dutzend und mehr der lebhaften weißen Terrierhündchen begleiten ihn dort tagtäglich, teilen vermutlich den Tisch mit ihm, und, laut Aussage seines Bruders Bertrand, auch das Bett. Vor Mollies Zeit (sie hatte vor mehr als zwanzig Jahren wegen Francis Mann und Kinder verlassen) behaupteten böse Zungen genau dieses von einem jungen

Mann. Francis Russell war schon einmal verheiratet; seine erste, sehr junge Frau beklagte ihr unangenehme Anforderungen und nahm nach drei Monaten rechtzeitig Reißaus. In den USA, in Reno, wurde die Scheidung vollzogen; in Reno wurde Russell unmittelbar darauf mit Mollie getraut. Das war wohl nicht nur für eine Miss Morries enttäuschend, aber die hatte bis dato fest daran geglaubt, die Reihe sei nun an ihr. Unglücklicherweise gab es wegen der englischen Gesetzgebung Differenzen: Scheidungen in Reno sind danach nicht gültig, Eheschließungen sehr wohl. So kam es, daß man den Juristen und Anwalt Francis Russell der Bigamie beschuldigte, verurteilte und inhaftierte. Der Wertschätzung des mittlerweile Neunundvierzigjährigen in der noblen englischen Gesellschaft und als Mitglied des *House of Lords* hatte all das bislang keinen spürbaren Abbruch getan. Als ehrenrühriger gelten bei Seinesgleichen die durch spekulative Transaktionen und Spielschulden heraufbeschworene Insolvenz und seine Drogenprobleme.

Elizabeths Tagebucheintragungen setzen von nun an und über Jahre hinweg deutliche Akzente, ihr Denken und Handeln scheint nur von einem beherrscht:

2. Januar 1914: ». . . Er reiste zu unser aller Kummer nach dem Tee ab.«

7. Januar 1914: ». . . Bekam einen wundervollen Brief von Francis. Möchte wissen, ob mein inneres Leuchten mich nicht verrät.«

16. Januar 1914: ». . . Wollte eigentlich arbeiten, dachte aber an F. und Glücklichsein.«

6. Februar 1914: »Francis angekommen. Vollkommener Sonnenschein, drinnen und draußen.«

8. Februar 1914: »Francis und ich und Sonnenschein.

9. Februar 1914: »Francis reiste abends ab . . . ›Gott schütze Dich, meine himmlische Liebe‹.«

25. Februar 1914: »Francis hat Mollie verlassen.«[11]

Heftiger Briefwechsel setzt ein, und Kenntnis von dem, was sich die Liebenden anvertrauen, könnte den Einblick in ihre Beziehung vertiefen. Liebet wird einmal entscheiden, alles vermeintlich Kompromittierende aus dem Nachlaß ihrer Mutter zu eliminieren. Elizabeth, selbstverständlich um die Brisanz mancher Schriften wissend, baute rechtzeitig vor. Das habe sie vor der Vernichtung gerettet, bekundet der handschriftliche Vermerk auf einer in ihren letzten Lebensjahren vorsorglich angelegten und an einem sicheren Platz verwahrten Mappe mit kopierten Fragmenten aus Liebesbriefen von Stuart, Wells – und von Russell, und die sprechen für sich: Er bete sie an, schwärmt Francis, sie sei seine geliebte Seele, seine starke verläßliche Freundin, sie sei ihm einfach alles. Er verdiene sie gar nicht, sei ihrer nicht wert, sein Stolz sei dahingeschmolzen, nur sie sei für ihn Rettung. Denn sie beide, das steht für Russell felsenfest, seien von ganz dem gleichen Schlage.[12] Die Adressatin geht auf die Fünfzig, aber welche Frau, gleich welchen Alters, schwebte nicht auf Wolken bei vergleichbarer Resonanz?

Exakt zwei Jahre wird Russell benötigen, um die legale Scheidung von seiner Frau durchzusetzen. In der ersten heißen Phase seiner äußerst unerfreulichen, allseits diskutierten und kommentierten Auseinandersetzungen mit Mollie möchte Elizabeth England fernbleiben und jedes öffentlich beobachtete Tête-à-tête mit Francis vermeiden. Teppi kommt somit im Frühling 1914 in den Genuß von Italienreisen, den vorerst letzten, die sie »im Alleinsein mit der Gräfin« verbringt. Einmal darf Felicitas von Arnim sie begleiten. Die jüngste Tochter erhält »inzwischen in einer Pension in Lausanne ihre Ausbildung... und war während ihrer Ferien mit uns in Fiesole, von wo aus ich [Teppi] mit dem jetzt 14jährigen Kinde täglich Studien in Florenz betrieb, während die Gräfin in einer gemieteten Villa arbeitete und wir nur die Spaziergänge und Abende gemeinsam verlebten. Der sehr komplizierte Charakter der kleinen Felicitas stellte mich oft vor schwierige erzieherische Aufgaben, die den Genuß der herrlichen Kunststadt ein wenig beeinträchtigten und mich Schwierigkeiten im Leben des Kindes voraussehen ließen.«[13]

Hätte Teppi den »komplizierten« Charakter des hübschen, talentierten und musikalisch hochbegabten Mädchens näher beschrieben, ließen sich die Ereignisse im Juni 1914 schlüssiger erklären. Felicitas hatte durch frühe Aufenthalte (wie auch andere Geschwister sie verlebten) bei den -- sie jedoch besonders verwöhnenden – englischen Großeltern eine Sonderrolle eingeübt und im Elternhaus nicht weiterspielen können. Vermutlich nutzt das Kind einfach seinen eigenen klugen Kopf, denn es ist in Begabung, Auftreten und Ausstrahlung der zielstrebigen, energiegeladenen und vielseitigen Mutter sehr ähnlich. Die galt doch auch einst als »eigensinniges, unliebenswürdiges« Kind. Am Vater hatte Felicitas hingebungsvoll gehangen, H. B. war ihr engster Kindheitskamerad gewesen. Seit Jahren lebt sie von den Geschwistern getrennt – von deren Seite sind aufschlußreiche Hinweise somit kaum zu erwarten. Der Mutter werden sowohl Uneinsichtigkeit als auch Schuldgefühle wegen Felicitas' Schicksal letztlich den Mund verschließen. Am Ende bekennt Teppi Backe als einzige Farbe – hier ihr Bericht:

»Leider sollten zwei schmerzvolle Ereignisse eintreten, die uns die Seelenruhe raubten. Das erste war persönlicher Art und betraf Felicitas. Sie stand in dem Verdacht, von einer Mitschülerin Geld entwendet zu haben, und sollte aus diesem Grunde das Pensionat verlassen. Ich hatte das schwere Amt zu übernehmen, Felicitas nach Hause zu holen. [Elizabeth war zusammen mit Francis Russell unmittelbar vor Teppi in Lausanne gewesen, und beide hatten dort auf das vor Aufregung hysterische Kind so lange vergeblich eingewirkt, bis es zusammenbrach und in einem Sanatorium untergebracht werden mußte. Anm. d. Verf.] Sie beteuerte ihre Unschuld, fand aber bei der Mutter kein Gehör. Es begann für das bedauernswerte Kind eine Zeit des Martyriums im *Chalet*. Felicitas wurde in ein Zimmer verbannt, zu dem nur eine Dienerin Zutritt erhielt, um es zu reinigen und um ihr Speisen hereinzutragen. Sonst war dies Zimmer verschlossen, und die Mutter hoffte, Felicitas durch die vollständige Isolierung zum Geständnis zu bringen. Als dies nach achttägiger Einsperrung nicht erfolgte, wurde ich beauftragt, die angebliche Sünderin nach Deutschland in ein Pensionat zu bringen. Ich wählte die Pension, in der ich als Lehrerin gearbeitet hatte, und fuhr mit ihr nach Marburg. Die Mutter nahm keinen Abschied von dem Kinde, was um so tragischer war, als sich Mutter und Tochter in diesem Leben nicht wiedersehen sollten . . . .«[14]

Felicitas besaß einen Band von *Elizabeth and her German Garden* mit persönlicher Widmung. In diesem Exemplar findet sich auf Seite 111 eine mit Bleistift unterstrichene (im folgenden übersetzte) Textpassage: »*Warum soll man über Geschehenes weinen? Warum soll man sich ungehörig benehmen, wenn man es später bereut? Niemand verhält sich ungehörig, wenn er es nicht möchte; und niemand bereut wirklich jemals, außer vor Angst, ertappt zu werden.*«[15] Fingerzeig von Mutter oder Tochter? Beides wäre denkbar.

Das Kind kann nur, wie ehedem, mit völliger Sprachlosigkeit antworten. Kein Brief kommt mehr, keine einzige Zeile schreibt Felicitas zunächst aus Marburg oder von ihrem späteren Aufenthaltsort Bremen. Elizabeths Korrespondenzversuche bleiben ohne Widerhall. Felicitas hat resigniert. Nur noch Trix und bald auch Teppi halten Kontakt zu der Verbannten.

Ende Juni, unmittelbar nach dem schrecklichen Eklat, reist Elizabeth in Gesellschaft von Liebet und Vernon Lee wiederum nach Oberitalien. Das lenkt ab und hilft verdrängen.

Das zweite »schmerzvolle Ereignis«, auf das Teppi in ihren Erinnerungen anspielt, ist der Ausbruch des Krieges.

Am 28. Juni 1914 werden in Sarajewo der österreichische Thronfolger Erzherzog Franz Ferdinand und seine Gemahlin ermordet. Österreich setzt Serbien ultimativ unter Druck. Deutschland versichert Österreich unverzüglich seiner unbedingten Bündnistreue, der französische Präsident tut ein gleiches (auch für England, das heißt für die *Entente*) gegenüber dem mit Serbien verbundenen Rußland. Vermittlungsversuche und auf Ausgleich zielende Interventionen bleiben halbherzig und ohne Ergebnis.

Anfang August macht Deutschland mobil, erklärt den Krieg gegen Rußland und zwei Tage später gegen Frankreich.

Am 6. August erklären die Serben Deutschland – und Österreich Rußland den Krieg.

Ab 11. und 12. August sind Frankreich und England involviert. Nach der Versenkung von drei britischen Kreuzern deklariert Großbritannien im November 1914 die Nordsee und ab Februar 1915 Deutschland die Gewässer um England zum Kriegsgebiet. Es gibt keinen sicheren Weg mehr zwischen England und der Schweiz.

Elizabeth, Evi, Liebet, alle Sommergäste einschließlich Stuart verfolgen das Geschehen aufs höchste elektrisiert im *Chalet*. Vom österreichischen Ultimatum erfahren sie am 27. Juli aus englischen Zeitungen. Tags darauf reist Cousin William ab. Er wird zu den ersten Soldaten gehören, die in diesen Krieg ausgesandt werden, und den er, 1917 schwer verwundet, wie Ungezählte vor und nach ihm nicht überlebt. »Ich habe oft genug über ihn gelacht, über seine Ergebenheit, ähnlich der eines treuen Hundes. Und nun, da all das für immer vorbei ist, fühle ich mich *verloren*.«[16] Späte, zu späte Gefühlsäußerungen. Stuart hatte noch während des Krieges eine sehr liebevolle, sehr junge Frau geheiratet.

Am 31. Juli 1914 hebt Elizabeth von der Bank in Sierre eine hohe Geldsumme ab: für alle Fälle und für Francis, der dringlichst um Unterstützung gebeten hat.

Am 2. August kommt Teppi zurück in die Schweiz mit Hiobsbotschaften aus Deutschland und erklärt sofort, das hüben wie drüben prognostizierte rasche Ende des Waffengangs in ihrer Heimat abwarten zu wollen.

Beatrix und Felicitas unverzüglich herbeizuzitieren, erscheint Elizabeth, die gleichfalls von einem Blitzkrieg überzeugt ist, nicht opportun. Bald darauf läßt sie sich das *Reisekostüm*[17] herrichten, sichtet Papiere, schickt Francis ein Telegramm mit bezahlter Rückantwort und fragt ängstlich nach seiner Einschätzung der Lage.

Die militärische Konfrontation zwischen Großbritannien und dem Deutschen Reich hat Folgen für die Arnims: Beatrix, Felicitas sowie H. B. wurden in London geboren und besitzen aus diesem Grunde zwei Staatsbürgerschaften, ein Umstand, aus dem keine unmittelbaren Nachteile erwachsen. Allerdings: Elizabeth selbst durch ihre Heirat mit Henning und Evi und Liebet durch ihre Geburt in Berlin sind Deutsche! Das heißt, ihnen ist es unmöglich, im Kriegszustand mit deutschen Pässen in England einzureisen!

Hilfe kommt wie so oft vom einflußreichen Bruder und Onkel, dem allseits angesehenen und beliebten Arzt Sydney Beauchamp. Aus allen kursierenden Gerüchten, wie und wodurch es schließlich gelingt, Mutter und Töchter aus der Schweiz nach England zu lotsen, kristallisiert sich nachweisbar heraus: Elizabeth wird von Sydney ein englischer Paß auf den Namen *Arnold* zugeleitet, in den Evi und Liebet gleichfalls eingetragen sind. Zwei junge Engländer, die als letzte Sommergäste im *Chalet* ausharrten, bilden die Eskorte. Im Tagebuch skizziert Elizabeth den Reiseweg:

28. August 1914: »Verließen das *Chalet* um 9 Uhr morgens, das Abenteuer beginnt. Nur mit Rucksack und Handtasche ... über Lötschberg ... Nachmittags Abfahrt Bern Richtung Genf, sind auf dem Weg nach England.«

30. August 1914: »Von Genf weg mit regulärem Zug ... Richtung Paris ... wurden aber nachts in Lyon hinausgeworfen ... Eine Zugladung verwundeter Soldaten hielt an dieser Station ...«

31. August 1914: »... nachts Richtung Paris ...«

1. September 1914: »Paris 8 Uhr morgens ... weiter nach Le Havre, ein Wunder. Menschenmassen auf der Flucht.«

2. September 1914: »England! Wunderbarer Tag. Unbeschreiblich glücklich ...«[18]

Eine neue, am Londoner Albemarle Court angemietete Wohnung nimmt sie auf. Während die gelungene Flucht in gesellschaftlichen Kreisen noch Furore macht, läuft Elizabeth aufgeregt von Behörde zu Behörde, um ihren Einbürgerungsantrag, von Maud Stanley durch eidesstattliche Erklärung unterstützt, voranzubringen. Deutliche Erleichterung spricht aus den Tagebuchaufzeichnungen des 20. September 1914: nach dem offiziellen Schwur, Treuepflicht gegenüber England zu üben, sei sie nach dreiundzwanzig Jahren wieder Britin. Für Evi und Liebet gibt es keinen Staatsbürgerschaftswechsel. Zwar eröffnet Sydney Beauchamp seinen Nichten die Möglichkeit, als Lernschwestern in Londoner Hospitälern ihre Einsatzbereitschaft für England und dessen

Verwundete zu beweisen, allein der unüberhörbar deutsche Ursprung ihrer Sprache macht beide nach wie vor auffällig und inzwischen sogar verdächtig. Sie haben sich regelmäßig beim zuständigen Polizeirevier zu melden, und ihre Bewegungsfreiheit ist auf einen engen Radius beschränkt. Internierung, die *feindlichen Ausländern* für gewöhnlich droht und die auch Elizabeth hätte befürchten müssen, wäre ihr die Repatriierung nicht gelungen, bleibt auch den Töchtern erspart. Die Mutter hält es jedoch für dringend geboten, der als vernünftiger geltenden Liebet schriftlich minutiös aufzulisten, wie sie auf kritisches Nachfragen reagieren sollten. Ohne Erfolg. Wo Zurückhaltung und geschicktes Taktieren angezeigt gewesen wären, verschlimmern die jungen Frauen ihre Lage noch zusätzlich durch lautstarke Lamenti.

Anfang 1916 jedenfalls beschließen Liebet und Evi, Großbritannien so rasch wie möglich den Rücken zu kehren, um – mit zögernd erteilter Zustimmung ihrer entnervten Mutter und auf Einladung der Bigelows, alter Freunde, die sich noch gut an die niedlichen April- und May-Babies erinnern können – in die Vereinigten Staaten auszuwandern. Dort versuchen sich die Schwestern als Lehrerinnen an etlichen Schulen in wechselnden Orten.

Der fast zwölfjährige H. B. artikuliert sich derweil in kultiviertem Englisch, muß des teutonisch-aristokratischen Namens wegen jedoch ebenso viele Übergriffe von Mitschülern erdulden wie wegen seiner miserablen Noten von seiten der Lehrer. Als die Gräfin über die Leistungsdefizite ihres Sohnes unterrichtet wird, empfiehlt sie dem Schulleiter ohne Umschweife, das Prügelstrafmaß heraufzusetzen.

Nicht, daß H. B.'s Mutter besonders grausam gewesen wäre; im Umgang mit Kindern unterscheidet sich ihr Verhalten nur unwesentlich von dem vieler Erziehungsberechtigter jener Zeit. Und sich von seinen heranwachsenden

Sprößlingen zu entfernen, beziehungsweise durch Internatsaufenthalte, Dienstboten- und Hauslehrerbetreuung von sich fernhalten zu *können,* ist – und bleibt – ein vollkommen akzeptiertes Privileg. Eine ebenfalls gängige, allerdings weniger kostspielige Alternative besteht darin, die Kinder einfach sich selbst zu überlassen und ihre Verwahrlosung in Kauf zu nehmen. Mag somit Elizabeth auch keine Ausnahme darstellen gegenüber anderen Müttern ihrer Gesellschaftsschicht, so muß ihr doch zugute gehalten werden, daß sie seit der Trennung von Henning und seit dessen Tod viele persönliche Krisen erlebt und sich einer extremen Arbeitsbelastung ausgesetzt hat. Elizabeths finanzielle Basis gründet sich nun einmal auf nie erlahmende Produktivität: ». . . Schreiben ist ein hartes Brot, und je weniger man dem Ergebnis die Mühe ansieht, die es gekostet hat, desto mehr Herzblut ist in Wirklichkeit hineingeflossen . . .«[19] Abstand zu halten, Ruhe zu finden, ist für die ambitionierte Autorin auch eine berufliche Existenzfrage.

Je länger der Krieg andauert, desto größere Sorgen macht sich Elizabeth um die in Deutschland lebenden Mädchen und das bei der *Deutschen Bank* in Berlin angelegte Vermögen. Denn nur noch aus diesem Kapitalstock können Beatrix' und Felicitas' Ausbildungskosten sowie deren Lebensunterhalt finanziert werden. Würde ruchbar werden, daß die Gräfin ihre Staatsangehörigkeit wechselte, was mit Zum-Feind-Überlaufen gleichgesetzt würde, bestünde keinerlei Zugriffsmöglichkeit mehr auf das Guthaben. Darum darf dieser Schritt, und damit verbunden ihr Aufenthalt in England, deutschen Behörden wie auch der Bank keinesfalls bekannt werden. Und sie muß, um jedes Risiko auszuschließen, diese Tatsachen vor ihren Töchtern und ebenso vor in Deutschland lebenden Freunden und Verwandten geheimhalten.[20] So gelangen in den folgenden Jahren ausschließlich auf Briefbögen mit ihrer Schweizer Adresse geschriebene Mitteilungen via Randogne-sur-Sierre zu Beatrix. Als zuverlässiger Mittelsmann fungiert Auguste, der Hausmeister des *Chalets*. Beatrix wähnt ihre Mutter tatsächlich während des mehr als vier Jahre andauernden Krieges im sicheren neutralen Ausland. Da Felicitas jeden direkten Kontakt ablehnt und ohnehin als unzuverlässig gilt, muß Trix – unterstützt von Bernd von Arnim-Criewen und vom Berliner Rechtsanwalt Montag – die Geldbeschaffung und -einteilung übernehmen. Dabei möchte sich Beatrix von ihrem Onkel Bernd nicht zu sehr abhängig machen; denn dessen Gesten, ihr hilfreich unter die Arme zu greifen, haben auch eine weniger onkelhafte Komponente.

Als dieser Krieg zum Weltenbrand zu eskalieren droht, beginnt Elizabeth bei dem Gedanken, das Guthaben könne nicht ausreichen, panisch zu reagieren. Der Schriftverkehr gestaltet sich außerordentlich zeitaufwendig (jedes der von Elizabeth zu unterschreibenden Formulare wird über die Schweiz zwischen England und Deutschland hin und her transportiert), und zudem bleibt die Skepsis von Mitarbeitern der *Deutschen Bank*, ob bei Bewegungen auf dem Konto der im Ausland weilenden Gräfin Arnim alles mit rechten Dingen zugeht, ein unkalkulierbarer Risikofaktor. Äußerst kritisch wird die Situation in Elizabeths Augen, als Beatrix im April 1915 volljährig wird und für den absoluten Notfall Unterschriftsvollmacht erhält. Denn sollte sich die Tochter nun zu einer Heirat entschließen, dann hätte deren Ehemann uneingeschränkte Verfügungsgewalt. Unaufhörlich appelliert Elizabeth darum schriftlich an Trix' Vernunft, und jede Andeutung, die Tochter habe sich verliebt, führt zu berechtigten eindringlichen Beschwörungen, ja Befehlen, vorerst jeden unüberlegten Schritt zu unterlassen.

Die von Elizabeth in der zweiten Jahreshälfte 1915 aus Sicherheitsgründen in deutscher Sprache und darum leicht fehlerhaft verfaßten Briefe an Beatrix werfen nicht nur ein Schlaglicht auf die äußeren Umstände, sondern gleichfalls auf ihre Haltung gegenüber Felicitas und das Verhältnis zu den übrigen Kindern:

»Ich glaube kein Wort an der Geschichte mit der Geige.[21] Felicitas hat irgend ein neues Complott um Geld zu bekommen. Schicke ihr *nie* Geld. Und Deine Idee Dir die Rechnung senden zu lassen ist sehr klug. Du kannst Felicitas nie zu wenig trauen. Dies klingt schrecklich, ist leider vorläufig nun ja sehr begründet. Du sagst Du wärst auch so früher nein, mein Kind, das warst Du Gott sei Dank nie, und keine andere von den Geschwistern auch nicht.«

». . . Von Frau Pfauen [Leiterin von Felicitas' Marburger Pensionat, Anm. d. Verf.] habe ich ewig lange nicht gehört – hoffentlich macht ihr Felicitas nicht allzu große Sorgen.«

». . . Felicitas ist ein zu großes Schaf . . . H. B. ist immer ähnlicher in der Taille mit dem dicken Herrn Horn. Er ist ein braver Junge ohne Intelligenz, was mir sehr schmerzlich ist. Ich habe eben sein Bild u. seine letzte Zensur bekommen und beide machen diesen Eindruck . . . Was sagst Du zu Felicitas Handschrift? Ist es nicht karacteristisch? Darin sieht man die ganze Verwirrung und Unehrlichkeit ihres Karacters.«

». . . Evi ist jetzt *Hebamme* geworden! Oder vielmehr versucht es zu werden. Die armen Müttern thun mir schrecklich leid.«

». . . Du hast wohl inzwischen mein Brief über F. Schicksal bekommen. [Felicitas' Pensionsgeld war wegen akuten Geldmangels nicht bezahlt worden. Der aufgelaufene Schuldenberg ist beträchtlich, und sie muß das Haus schließlich verlassen. Offensichtlich war ein Aufenthalt in Criewen geplant. Teppi vermittelt sie schließlich nach Bremen als Helferin in ein Kinderheim. Anm. d. Verf.] Hoffentlich bist Du sofort energisch und klug gewesen, und gleich richtig gehandelt. Du allein halte ich für F. verantwortlich bis zum Kriegsschluss. Lasse keine Verwandteneinmischung stattfinden. Setze Dich in Verbindung mit Rechtsanwalt Montag und lass Dir Dein Geld irgendwie bezahlen – jedenfalls so viel wie Du nötig hast für Dich und für Felicitas. Es ist eine wundervolle Gelegenheit um zu zeigen was du kannst u. bist. Wenn Du schnell genug Geld bekommen kannst, kannst Du Felicitas bei Frau Pfauen lassen; wenn es nicht geht lass sie als lernende Schwester in Speyer unterbringen. *Sie soll nicht zu Verwandten.* Entweder soll sie weiter bleiben wo sie ist, oder sie soll arbeiten. Alle Briefe von Rechtsanwälte oder die Bank etc sollst Du sorgfältig nach der Reihe aufbewahren, damit ich später alles weiss...

Lieb ist so sehr süss und brav und klug und weise, sie ist alles was ich mir als Töchterlein erwünschen kann.«

»...Kinder müssen blindes Vertrauen haben... und brav gehorchen«, liest Trix ebenfalls und erfährt gleichzeitig von 2000 Mark, die abgehoben werden können und *»unbedingt«* für das folgende Jahr ausreichen müßten.[22]

Immer und immer wieder fleht Elizabeth ihre Tochter an, nur ja sparsam zu sein und absolutes Stillschweigen über die Geldquelle zu bewahren. Häufig lassen die so dringend benötigten Zuwendungen ewig auf sich warten, insbesondere dann, wenn die nach wie vor stets von der Mutter unterschriebenen Vollmachten im Verlauf jener umständlichen Transaktionen verlorengehen oder verspätet eintreffen.

Beatrix von Arnim entschließt sich tatsächlich erst nach dem Krieg, im August 1919, mit 25 Jahren, einen um sechzehn Jahre älteren Grandseigneur aus bayerischem Adel, Anton Freiherr von Hirschberg, zu heiraten. Elizabeth ist vom standesgemäßen Schwiegersohn überaus angetan und fragt ihre Tochter anläßlich der Eheschließung, an der sie jedoch nicht teilnimmt, besorgt: »Kannst Du *Streuselkuchen* und *Kartoffelpuffer* machen. Ich will es hoffen.«[23] Trix kann das offenbar, denn es wird eine dauerhaft glückliche Ehe.

Herbst 1914. Elizabeth hält es nach wie vor für geboten, kritischen Stimmen in London und Mollie Russells Aufmucken wider die Scheidung keinen weiteren Auftrieb zu geben. Daher erhält vorerst ein jüngst von ihr gemietetes Cottage in Radlett, dann mehr und mehr Charlottes Landsitz den Vorzug, als Liebesnest für Treffen mit Francis zu dienen. Denn nach Hatch, nahe Haslemere, ist es von *Telegraph House*,[24] Russells einsam gelegenem Anwesen in den South Downs zwischen Chichester und Petersfield, mit dem Auto nicht weit. Je intensiver die Verliebten miteinander verkehren und je weiter die Zeit fortschreitet, desto häufiger finden sich in Elizabeths Tagebuch Eintragungen wie diese: »Francis tyrannisch . . . zum Fürchten und unangenehm . . . Mißverständnis mit F., Schatten lag über unserem Ausflug . . . schrieb an F. wegen Bedenken gegen eine Heirat.«[25]

Wenn allerdings Bertrand Russell sich in seinem Sommerhaus nahe *Ropes* bei Fernhurst aufhält und im *Telegraph House* vorbeischaut, atmet sie erleichtert auf: »Bertie kam nach dem Tee . . . Er war den ganzen Abend lang einfach hinreißend . . . ging mit Bertie bis zum Mittagessen spazieren – ich war richtig begeistert von ihm – er erinnerte mich so ungeheuer an H. G. [Wells].«[26] Bertrand Russell hält – mehr noch als sein Bruder – engen Schulterschluß mit der englischen Oberschicht, und manchen intellektuellen Zirkeln dient er als Mentor, die Bloomsbury Group[27] beispielsweise ist einer davon. Derzeit macht der Philosoph als entschlossener Pazifist von sich reden, ein von der nationalistischen Presse und dem Kriegsministerium mit Argwohn beäugtes Engagement, über das er sich mit der Gräfin vermutlich intensiv austauscht. Von ihm stammt allerdings auch die 1915 seiner Herzensfreundin Lady Ottoline Morrell brieflich anvertraute Mitteilung, Elizabeth habe einmal ihr Bedauern darüber ausgedrückt, daß ihre fünf deutschen Neffen noch leben. Was er dabei zu erwähnen vergißt, ist, daß es einer Autorin, die immerhin lange in Deutschland gelebt hatte und deren Bücher in England verlegt werden, unumgänglich erscheinen mußte, besonders patriotische Töne anzuschlagen. Man könnte Elizabeth manches ankreiden, daß jene Worte, wenn überhaupt gefallen, allenfalls opportunistischem Kleinmut entsprangen, steht jedoch ganz außer Zweifel. Sie hat Hennings Land und seine Menschen trotz mancher spitzzüngig-süffisanten Teutonenschelte aufrichtig geliebt.

Sollte Elizabeth in den vergangenen Monaten ernsthaft versucht haben, an einem neuen Roman zu arbeiten, so blieben diese Bemühungen fruchtlos; alle verfügbaren Kräfte sind okkupiert.

Francis liebt es, ihr laut vorzulesen: vor allem Browning und Kipling, und seine Zuhörerin bringt es nicht über sich zu beichten, daß sie beide Schriftsteller haßt: »*Gott strafe Kipling* – Er schlägt mir absolut aufs Gemüt.«[28] Dann versucht Russell, ihre Bildung aufzupolieren: Elizabeth übt emsig mit ihm Latein, beteiligt sich an französischen Übersetzungen, lauscht hochinteressanten Ausführungen über Chemie. Derartige Beschäftigungen bestimmen selbst Weihnachtsfeiertage; auch Charlotte bleibt davon nicht verschont. Ob an Heiligabend in Hatch, ob ab 25. Dezember im *Telegraph House*, nichts von dem, was Francis ihr zumutet, scheint Elizabeth nachhaltig zu verdrießen: »F. sehr geliebt . . . Empfing das Neue Jahr unter den glückverheißendsten Voraussetzungen. So geht 1914 zu Ende – es war das glücklichste Jahr meines Lebens«, hält sie hocherfreut fest und fügt lediglich etwas einschränkend hinzu: »Erstes Weihnachten ohne die Crabs [Kinder] seit ich Crabs habe.« H. B. wurde im Oktober zwölf.

Und 1915, 1916? – Was kommt, wird »nicht annähernd so glücklich... für mich«.[29] Hochgestimmte Erwartung und Ernüchterung, Euphorie und Furcht, Liebesschwüre und Tristesse wechseln einander ab – mit zunehmend negativerer Gewichtung. Es gibt sehr lange Phasen, in denen Entmutigung obsiegt. Offen zur Schau gestellte Hochnäsigkeit weiblicher Angestellter – auffallend ausgeprägt bei Francis' Haushälterin Miss Young und seiner Sekretärin Miss Otter – läßt den berechtigten Verdacht aufkeimen, der Patron nehme sich noch weit mehr heraus als herrisches Herumkommandieren. Mal verschwindet Russell ganz einfach für vierzehn Tage, ignoriert alle Telegramme, mal spielt er Abend für Abend verlustreich im Londoner Club. Immer noch eins höher soll die Geliebte springen, um sich danach um so mehr erniedrigen zu lassen; er läßt sie zusammenschrumpfen, gebührend um Vergebung für läßliche Sünden bitten – so nachdem sie unaufgefordert sein Arbeitszimmer betreten hat oder im Zusammenhang mit Beschwerden über seine Hunde und bei unerlaubtem Entfernen vom Haus. Nur eine Flut von Schuldbekenntnissen kann seine gute Laune wiederherstellen. Im Kielwasser der Strafen folgen trügerische Glücksmomente. Denn es gibt da Versöhnungsszenen in durchwachten Nächten: erotische Spielereien mit unberechenbar gewalttätiger Komponente. Tagsüber hört der »Spaß« wiederum auf. Ab und an im Tagebuch die sehr erleichterte Feststellung: Sie habe allein geschlafen, also gehe es ihr gut!

George Santayana,[30] Philosoph, Poet und Humanist, befreundet in erster Linie mit Francis – aber auch Elizabeth traf den Professor seit 1908 regelmäßig, insbesondere in Oxford –, ist mit der Psyche beider Akteure im Zweikampf bestens vertraut. Von vornherein hatte er Bedenken gegen deren Verbindung. Santayana sieht Russell dabei interessanterweise in der Rolle Heinrichs VIII., der seinen Lustgewinn erst dann verbuchen konnte, wenn er die einstmals geliebte Frau vernichtet hatte. Als Ehemann und in seiner häuslichen Umgebung, so Santayana, sei Russell einfach unmöglich: nachtragend, furchteinflößend tyrannisch, weder bereit, ausreichende Geldmittel noch jede Art von Freizügigkeit zu gewähren.[31]

Elizabeths Ringen um Autonomie und Fassung erhält Auftrieb, als Francis Russell zwischen Juli und Oktober 1915 eine Geschäftsreise zu Minen in Südafrika antreten muß. Hatte er sich dafür die 300 Pfund von Elizabeth geliehen? Tochter Liebet läßt sich, rückblickend, nicht davon abbringen, daß nur diese lange Erholungsphase ihre Mutter schließlich bewogen habe, Francis Russell, Earl of Amberley – unmittelbar nach dessen Scheidung von Mollie – das Jawort und einen noch größeren Geldbetrag (nach der ebenfalls eingeforderten anteiligen Übernahme der Scheidungskosten nun ein Hochzeitsgeschenk?) zu geben; beinahe auf den Tag genau fünfundzwanzig Jahre zuvor hatte sie Henning die Ehe versprochen.[32] Am 11. Februar 1916 wird aus der Gräfin Arnim eine Countess Russell – eine nicht nur unter den in England herrschenden Verhältnissen unbedingt vorteilhafte Metamorphose. Geraume Zeit wird verstreichen, bis Elizabeth diesen Tag so Revue passieren läßt: Das Wetter in London sei neblig und nieselig gewesen, Francis habe sich von seiner besten Seite gezeigt, doch als sie anschließend ihrer Mutter Louey die überraschende Hochzeitsnachricht überbrachten, sei diese »außerordent-

*Elizabeth 1916: In diesem Jahr wurde sie Countess Russell.*

lich schockiert« gewesen. Und dann, so endet die Notiz, »ging es zum schrecklichen *Telegraph House*«.[33]

Elizabeths Londoner Wohnung, diese lag am Queens Gate, ist gekündigt, die Schweiz bis auf weiteres tabu. Das Paar pendelt fortan, gemeinsam oder getrennt, zwischen Russells Londoner Stadthaus am Gordon Square (an dessen Renovierung sich Elizabeth finanziell beteiligt) und Sussex. Die dritte Countess Russell in Folge kann den vielen Stunden, die sie isoliert verbringen muß, kann dieser Ehe überhaupt und ganz besonders dem Landsitz bald absolut nichts mehr abgewinnen. Francis ist in *Telegraph House* geradezu vernarrt: Über eine englische Meile säumen tiefdunkle Blutbuchen die rasch Höhe gewinnende Auffahrtsallee. Das beinahe schwarze Blätterdach schirmt in der Vegetationsperiode den Himmel, jeden Lichtstrahl vollkommen ab. Mehr als 120 Hektar hügeliges Areal – bestehend zur Hälfte aus Wiesen und Viehweiden, zur anderen Hälfte aus wildreichem Wald – umrahmen eine Erhebung, auf der das architektonisch nichtssagende, graue Turmhaus mit hohen französischen Fenstern über der Terrasse – ein reiner Zweckbau bei seiner Entstehung – schwerfällig thront. Von den Turmfenstern soll der Ausblick zauberhaft sein, am südwestlichen Horizont sieht man bei guter Sicht die Isle of Wight. Zwar hätte ein bunter, terrassierter Staudengarten im Anschluß an den Freisitz – so wie er sich heute präsentiert – etwas versöhnlich stimmen können, nur macht Elizabeth einfach keine Anstalten, sich in Francis' Heim heimisch zu fühlen. Wie könnte sie auch? »Ich bin sehr unglücklich und sehe keine Hoffnung, es sei denn, ich verlasse F., und ach, was für eine Katastrophe! und welch ein Ende nähme dann mein schöner Traum von Liebe und Glück . . . und wie zärtlich könnte und wollte ich ihn lieben . . . F. sehr schroff und widerlich, weil ich nicht auf der Straße, sondern im Hotel

*John Francis Stanley Russell, Earl of Amberley.*

auf ihn gewartet habe – er hat es mir ja nicht gesagt. Ich haßte ihn . . . was für ein Leben . . . ob ich diese T.-H.-Tage jemals im Leben vergessen werde? Ich hoffe, ich kann sie eines Tages von der humorvollen Seite nehmen . . .«[34] Die Blechhütte, sie nennt sie *hutch*,[35] ausreichend weit entfernt vom Haus, soll ihr das geliebte *Kleine Chalet* ersetzen. Keine einzige literarisch bedeutsame Zeile wird dort geschrieben. Zumindest taugt sie als Rückzugsmöglichkeit – auch von Mollie einst geschätzt und genutzt, wenn sie vor dem gleichen Mann und dessen Zugriff auf der Flucht war.

Da Francis die Dienste des Chauffeurs zumeist für sich reklamiert, nimmt Elizabeth, um sich von *Telegraph House* fortbewegen zu können, zwei Monate lang Fahrunterricht.

Als sie am 4. Juni 1916, einem ungemütlich kalten Tag, vor dem Eingangstor von Charlottes Landhaus in Hatch aus dem Auto steigt, kommen ihr Nichte und Neffe entgegen: ». . . und erzählten mir, daß Johnny [Waterlow, Charlottes zweitältester Sohn, Anm. d. Verf.] gefallen sei, und ein Telegramm für mich gekommen sei, in dem stehe, daß Martin [Felicitas, Anm. d. Verf.] in Bremen gestorben ist. Ich aß dort zu Mittag und fuhr allein bei Regen und Sturm zurück und durchlebte tiefste Trostlosigkeit. Liebet, mein kleiner Liebling, wie schrecklich, Dir das mitteilen zu müssen – meine arme kleine Felicitas – ich kann es nicht ertragen . . . am entsetzlichsten ist mir der Gedanke, wie wohl meine arme Trix nun mit dieser Situation fertig wird. Du weißt ja noch, wie sie bei Papas Tod zusammenbrach . . . Ich bekam von ihr ein Telegramm, in dem es heißt, daß sie nach Bremen aufbreche, wo Felicitas starb, und an Onkel Bernd telegraphiert habe . . . Sechzehn, Liebet! . . . Wie erbarmungswürdig, so ganz allein dort drüben ohne ihre Mami und erst sechzehn . . .«[36] Elizabeths erster Aufschrei richtet sich an die in Amerika lebende Tochter. Danach beschwört sie Trixie: ». . . kleiner braver Kerl, halt noch weiter brav und tapfer aus. Es wird alles wieder gut sein. . . Ich bin *starr* vor Entsetzen, wie ist es bloß möglich, das junge blühende Kind. . . voll Schönheit und Grazie.«[37]

Nach der ersten telegraphischen Schreckensbotschaft teilt Teppi noch mit, der Tod sei am 2. Juni innerhalb weniger Stunden durch eine besonders virulente Form von Lungenentzündung eingetreten. Felicitas habe an einem kalten Tag bei offenem Fenster stundenlang Geige gespielt. . . – »Niemand weiss besser wie Sie«, ehrliche Worte in Elizabeths Entgegnung, »wie zerschmettert ich. . . sein muss über alles was vorangegangen ist, über die Gedanken an das letzte Mal da ich Felicitas sah, wegfahrend von mir für immer und immer, ohne Kuss, ohne Liebe nach den traurigen Scenen der letzten Tage im *Chalet* – Wenn ich sie nur einmal wieder in meinen Armen gehabt hätte! Um ihr zu sagen wie tief ich sie je geliebt habe, und gerade weil ich sie so tief liebte litt ich so sehr damals unter dem was sie getan hatte. . . Teppi wie soll man das nun aushalten?«[38] Ja, und wie damit umgehen, daß die Wordsworth-Zeilen vom *Werden. . . heitren Daseinsglücks,* an deren Erfüllbarkeit sie so lange so unumstößlich glaubte, sich als Versprechungen eines falschen Propheten erweisen.

Ihre bedrückte Seele von Lasten zu befreien, die Möglichkeit, Sorgen auf starke Schultern zu verteilen, war Elizabeth in aller Regel verwehrt. Will sie für den Augenblick unter dem psychischen Druck nicht zusammenbrechen, muß sie durch demonstratives Abschütteln zumindest versuchen, sich von ihm zu befreien.

Zeilen, die dem Leser Lebensweisheit vorgaukeln sollen, verraten in ihrem unmittelbaren Gefolge Resignation: »Es führt zu nichts, ewig um die Toten zu weinen. . . Was hat es für einen Sinn, vergangene Schmerzen aufzuwühlen und anderen von seinem Kummer zu erzählen? Es ist besser, nicht daran zu rühren und sie mit Schweigen zu übergehen. Wir müssen uns mit unserm Leid abfinden und wieder dem Leben zuwenden . . . aber Leid sitzt fest, und man kann es nicht so leicht loswerden wie eine Klette, die an einem hängengeblieben ist. Nur die Zeit kann Wunden heilen . . .«[39]

Das Tagebuch der jüngsten Tochter wird gefunden, und die beteuert, sagt Teppi, auch darin eindringlichst und immer wieder ihre Unschuld.[40]

In der *Kreuzzeitung* erscheint eine bescheidene Todesanzeige für »Felicitas Freiin v. Arnim«. Beatrix wird darin an erster Stelle als trauernde Hinterbliebene aufgeführt, es folgen »Staatsminister Bernd von Arnim-Criewen + seine Frau stellvertretend für abwesende Mutter und Geschwister«.[41] Auf dem Friedhof von Criewen wird Felicitas bestattet, nachdem Elizabeths Depesche mit der Aufforderung, sie unbedingt neben Henning im Mausoleum von Schlagenthin beizusetzen, zu spät eingetroffen ist. Bernd von Arnim übernimmt fürs erste die Beerdigungskosten, die alsbald vom Berliner Konto zurückgezahlt werden. Auf eindringliche Bitten ihrer Mutter, Deutschland zu verlassen und wie ihre Schwestern nach Amerika zu gehen, reagiert Beatrix, die zur Verwundetenbetreuung an Kriegsschauplätzen in Frankreich, Flandern und Serbien eingesetzt ist, ablehnend. Nach Kriegsende wird sie, bis zu ihrer Heirat im Sommer 1919, in einem Krankenhaus in Nürnberg arbeiten.

*Schloß Criewen bei Schwedt an der Oder: Wohnsitz Bernd von Arnim-Criewens – auf dem Criewener Friedhof wurde Elizabeths Tochter Felicitas beigesetzt.*

## Kapitel VIII: 1916-1920

*»Es ist ein göttliches Gefühl, sich von Dingen zu befreien . . .*
*Und von den eigenen Männern. «*
*Verzauberter April*

Londons Ruf als Kulturmetropole Europas hält sich etwa bis zum Ende des Ersten Weltkrieges, ein Prädikat, das sich in literarischer Hinsicht insbesondere auf Hauptvertreter der sogenannten *Moderne* gründet, wie beispielsweise Elizabeths Cousine Katherine Mansfield, D. H. Lawrence, Virginia Woolf, Aldous Huxley, H. G. Wells . . .

Elizabeth wird vorgeworfen, sie habe es zu diesem Zeitpunkt versäumt, sich von vertrauten Motiven wie ländlichen Bildern, zusammengefügt aus gitterfenstrigen, rosenumrankten Pfarrhäusern und Gartenidyllen, oder auch von Männerquerelen als zentrales Frauenthema, unterlegt mit gallig-zynischen Tönen, zu distanzieren. Manche Kritiker monieren ihren vollkommenen Verzicht auf erzähltechnische Experimente. Andere wiederum meinen, Elizabeth sei immer dann am überzeugendsten, wenn sie sich im nostalgischen Genre bewege, dem der Jane Austen oder der Schwestern Brontë.[1] Das allerdings mit zeitgemäßer Ergänzung, denn sie verleihe den Romanheldinnen eine neue, selbstbewußter gewordene Stimme. Dann wiederum melden sich Rezensenten zu Wort, die Elizabeths Unterhaltungsromane für im besten Sinne kurzweilig, für so amüsant und pointiert halten, daß das Lesepublikum auf *Elizabeth of the German Garden* gar nicht mehr verzichten könne und wolle.

Einschätzungen, die jede für sich zutreffen mögen und die dennoch nur eine Saite im Instrumentarium der *jungen* Schriftstellerin Elizabeth von Arnim zum Klingen bringen.

Elizabeth Russells reiferes literarisches Programm hingegen läßt eindeutig Rückkoppelungen an wachsende reale Erfahrungen und drückendere Lebenslast erkennen. Darf man daraus schließen, sie hätte, gesetzt den Fall, ihre Vita wäre abweichend verlaufen, manchen Roman gar nicht – dafür andere – und vieles nicht so bittersüß geschrieben? Man darf. Nur gilt es zu bedenken: Einiges von dem, was in Elizabeths Werk streng autobiographisch anmutet, erweist sich nach kritischem Vergleich mit dem, was uns von ihrem Leben bekannt ist, als zwar ungemein gekonnt eingefügt, aber eben doch als fiktiv. Sie verstand es fabelhaft, die Leser mit vermeintlich autobiographischen Details gleichzeitig für sich einzunehmen und zu täuschen. Gleichwohl finden sich in ihren Romanen durchaus Reflexionen auf erlebte Situationen, Passagen also, die Rückschlüsse auf wechselnde Befindlichkeiten und Gemütslagen der Autorin zulassen. Dies gilt vor allem für die späteren, mitunter anrührend lebensklugen und lebensnahen Erzählungen.

Literarische Umsetzung alltäglicher Erfahrungen durch Abwandlung und Abstraktion fungiert als Befreiungsschlag und verschafft ihr Distanz zur mitunter schwer erträglichen Wirklichkeit. Mit zu Papier gebrachten Variationen läßt sich eben weitaus besser umgehen als mit der ungeschminkten Wahrheit, unbedingt jedoch dann, wenn man, wie Elizabeth, das eine oder andere Mal bereit ist, wenn es gar zur Überlebensstrategie gehört, an sie zu glauben.

Bevor Elizabeth auf ihre Weise versuchen kann, den tragischen Verlust ihrer jüngsten Tochter zu verarbeiten, muß sie sich Freiraum verschaffen. Die Entscheidung fällt am 31. August 1916, ein Tag, an dem Francis einmal mehr in London bleibt: »Vielleicht war es der höchst unerfreuliche... fünfzigste Geburtstag, der sie auf diese ernsten Gedanken brachte... und wenn man einen so ins Auge sprin-

genden, so ernüchternden Markstein in seinem Leben erreichte . . .«[2]

Erst Ende November erhält Russell einen Hinweis auf
Elizabeths neue Adresse.

H. B.'s Wechsel nach Eton am 20. September hatte sie
abgewartet, um sieben Tage darauf, nach einer Zwischen-
station bei Charlotte in Hatch, die Weiterreise nach Liverpool anzutreten. Elizabeths Schiff, die *Adriatic,* verläßt den
englischen Hafen am 27. September – wird unterwegs verfolgt von U-Booten – und erreicht am 5. Oktober 1916 New
York. Eine hilfsbereite amerikanische Freundin, Mrs.
Whitehead, hatte für erste Unterkunft gesorgt. Während
Liebet überschwengliche Wiedersehensfreude und Erleichterung bekundet, bleibt Evi – sie wurde über die bevorstehende Ankunft zuvor nicht informiert – beim kurzen
Treffen mit der Mutter merkwürdig unbeteiligt. So kommt
nur Elizabeths Lieblingstochter in den Genuß einer Sight-
seeingtour zur Westküste. Am 25. Oktober treffen die beiden Frauen todmüde, aber bester Laune, in San Ysidro an
der Pazifikküste ein. Die luxuriöse Hotelanlage mit Blick
aufs Meer, formvollendete Gartenanlagen, ein kleines Ferienhaus und strahlende Sonnentage animieren Elizabeth
erstmals seit Kriegsausbruch vor zwei Jahren zu wirklich pro-
duktiver Arbeit.

In rascher Folge entstehen:

– systematische Studien für *Christopher and Columbus,*
eine lange amerikanische Geschichte über eine kurze Zeit-
spanne während des Krieges,

– *Ellen in Germany,* ein Bühnenstück ohne großen Tief-
gang in Anlehnung an *Anna Estcourt,* das wegen seines
deutschfreundlichen Tenors keine Chance hat, aufgeführt
zu werden,

– ein vorerst mißlungener Romananfang, *The Widows,*

der umgearbeitet und fertiggestellt einmal *Expiation* heißen und als eines ihrer besten Bücher erst 1929 erscheinen wird,

– und schließlich *Christine*, das bereits im Mai 1917 in den USA publizierte Konstrukt aus Felicitas' nie geschriebenen Briefen und Elizabeths Bemühen, die Schuldfrage auf politische Konstellationen abzuwälzen: ». . . Der Krieg tötete Christine, genauso unbeirrbar, wie wenn sie ein Soldat in den Schützengräben gewesen wäre. Ich will nicht von ihrem großen Talent schreiben, das außerordentlich war. Auch das ist der Welt verloren gegangen, zerschlagen und achtlos vergeudet durch den Krieg. Ich sah sie nie wieder. Ich erhielt ein Telegramm, in dem es hieß, daß sie gestorben sei. Ich versuchte, zu ihr zu kommen . . . wurde aber an der Grenze zurückgewiesen. Die letzten beiden Briefe . . . erreichten mich erst, nachdem ich erfahren hatte, daß sie tot ist . . . «

So also will sie es nun sehen. Mit *Alice Cholmondeley,*[3] dem zu Elizabeths Lebzeiten nie gelüfteten Pseudonym, unterzeichnet sie das Vorwort zum Roman. Um die – angebliche! – Authentizität der Briefe noch zu unterstreichen, fügt Macmillan noch hinzu: »Der Verlag hat es vorgezogen, einige Namen von Personen im folgenden Text zu ändern.« Im zuletzt entworfenen Brief der fiktiven Tochter Christine, am Ende des Romans und unmittelbar vor deren literarischem Tod, erteilt sich die Mutter selbst eine Art von Absolution, mag sein in der Hoffnung, auch ihr totes Kind wäre, posthum, dazu bereit: ». . . Liebe Mutter, ich bin Dir sehr, sehr viel näher als seit Wochen . . . «[4]

Die Stimmung während der amerikanischen Weihnachtsfeiertage 1916 läßt sich mit einem Wort umschreiben: Katzenjammer. Um als gelungen in die Annalen eingehen zu dürfen, muß sich – uneingestanden wahrscheinlich – ein Christfest an den Weihnachten in Pommern messen lassen können, und ohnehin werden Nassenheider Heile-Familie-Reminiszenzen, je mehr sie verblassen und je länger sie zurückliegen desto deutlicher, zum Maß aller gefühlsbetonten Dinge. Elizabeth spürt, daß ihr seelisches Korsett unter dem Druck vergangener Jahre und Monate und womöglich auch als eine Auswirkung des Klimakteriums erheblich an Stabilität eingebüßt hat...

»Aber Gott sei dank gibt es auf Erden noch Francis!«[5]

Sicher nicht so unerwartet, wie Liebet die Nachwelt glauben machen möchte, taucht Lord Russell, viril und hochgemut, Anfang Januar 1917 bei Frau und Stieftochter in San Ysidro auf. Und gleich wissen Elizabeth und die Tochter wieder, wo's lang geht: »Streng und erbarmungslos lenkte er nun alle ihre Schritte«,[6] so Liebet, die als Augenzeugin erstaunt registriert: Ihre Mutter sei in gewisser Weise von dieser Tyrannei sogar beeindruckt gewesen. Daß Elizabeth im Verlauf des Jahres dazu übergeht, Francis in Briefen an Liebet *Dad* zu nennen, bleibt von der Tochter – sie wird das nicht sehr gemocht haben – unkommentiert. Elizabeths Tagebuch läßt keinerlei Rückschlüsse auf die kommenden Monate zu; bis zum 15. Juli 1918 enthält sie sich jeglichen Kommentars.

Im April 1917, nach etwa viermonatigem Aufenthalt, kehrt ihr Ehemann nach England zurück. Mit dem Kriegseintritt der Vereinigten Staaten sowie der Kriegserklärung gegenüber Deutschland am 6. April 1917 haben die ernsten Zwischenfälle zur See deutlich zugenommen. Auch Elizabeth beschleicht Ende Mai, als es sie gleichfalls drängt, Amerika zu verlassen, berechtigte Angst vor einer Atlantiküberquerung.

Der Kriegszustand zwischen den USA und Deutschland mag Liebet unter anderem bewogen haben, so rasch wie möglich Nationalität und Namen zu wechseln. Durch die

Eheschließung am 16. Mai 1917 wird aus Elisabeth Irene Freiin von Arnim die amerikanische Staatsbürgerin Mrs. Corwin MacMillin Butterworth. Universitätsabsolvent Corwin bewirtschaftet eine mittelgroße einträgliche Farm bei Paso Robles in Kalifornien. Seine Schwiegermutter, einst Gräfin und nun Countess, hätte sich wohl eine, von ihrem erhöhten gesellschaftlichen Standpunkt aus betrachtet, attraktivere Wahl vorstellen können. Dem sehr bürgerlich-konventionellen Schwiegersohn kann sie nicht viel abgewinnen; eine Einschätzung, die Mr. Butterworth mit umgekehrten Vorzeichen durchaus teilt. Vielleicht ist ihm zu Ohren gekommen, daß Elizabeth sich angewöhnt hat, ihn eine langweilige *alte Krähe* zu titulieren. Nur: Liebets Hoffnung auf Stabilität und Gleichmaß, seit 1908, seit der Auflösung des Familienhaushalts gehegt, geht in der Ehe mit dem sechzehn Jahre älteren Corwin endlich in Erfüllung.

Evi von Arnim wird im September 1920 eine weniger glückliche Wahl treffen. Sieben Jahre hält die Ehe mit Eustace L. Graves, der sich, fehlgeleitet von den klangvollen Namen seiner Frau und deren Mutter und gestützt auf unrealistische Erwartungen, eine bequeme Fortsetzung seines aufwendigen Lebensstils verspricht. Welchem Broterwerb er, wenn überhaupt, nachgeht, bleibt dabei unklar. Als es Evi nach der Hochzeit in Los Angeles nicht gelingt, ihren Geldanteil am väterlichen Erbe einzufordern, und statt dessen bei der hellsichtigeren Mutter lediglich eine geringe Erhöhung ihrer jährlichen Apanage durchsetzt, verliert Eustace bald vollends das Interesse an Frau und zwei Töchtern. Elizabeths Ältester, die nach der Scheidung auf sich gestellt bleibt, gelingt es fortan selten, ihrem Leben gute Seiten abzugewinnen.[7]

Als Elizabeth am 21. Februar 1918 – an ihrem Hochzeitstag mit Henning, den sie nie unerwähnt verstreichen läßt –

erfährt, daß sie nach der genau bemessenen Zeit von neun Monaten Großmutter von Clare Elizabeth Butterworth geworden ist, gibt sie sich hocherfreut und heiter: »Liebe kleine Lieb, ich bin ja *so* froh und stolz – und mache mich nun gleich auf den Weg, um mir eine komplette Großmutterausrüstung zu kaufen: Brille, Haube, Rollstuhl und schneeweißes Haar...«[8] Literarisch aufbereitet liest sich die personifizierte Konfrontation mit dem Älterwerden bissiger: »Kinder... wären... irgendwohin verstreut. Erwachsen. Verheiratet. Und natürlich würden sie sie zur Großmutter machen. Unglaublich, was andere Leute alles aus einem machen konnten. Man stelle sich vor, zur Großmutter gezwungen zu werden, ob man wollte oder nicht!... Enkelkinder. Sie ließ das Wort vorsichtig auf der Zunge zergehen, als wolle sie herausfinden, wonach es wirklich schmecke. Leuten, die nicht im *Debrett* [Handbuch des englischen Adels, Anm. d. Verf.] nachschlugen, konnte eine Frau vielleicht jahrelang verheimlichen, daß sie bereits ihren fünfzigsten Geburtstag hinter sich hatte, aber Enkelkinder ließen sich nicht verheimlichen; die würden gewiß plötzlich einmal auftauchen wollen.«[9]

Falls Elizabeth vor ihrer Rückkehr aus den Vereinigten Staaten davon träumte, an die trügerische amerikanische Idylle anknüpfen zu können, so wird bald klargestellt, daß der Gatte daheim keine Energien auf falsche Rücksichtnahme verschwendet. Und ehe sie sich's versieht, hat ihr Francis den Boden unter den Füßen wieder weggezogen. Mehr und mehr wird ihr bewußt: Wenn sie je wieder Fuß fassen will, wird sie sich auf vorübergehend verlorengegangenem Terrain neu einrichten müssen.

Seit sie sich vor mehr als zwei Jahrzehnten auf einer Party bei den Waterlows wiedertrafen, ist Elizabeth mit Miss Maud Ritchie eng verbunden. Die Freundschaft bewährt sich vor allem in Krisenzeiten. Bis heute erhaltene Briefe machen deutlich, wie sehr sie einander vertrauten und wie sehr Elizabeth in depressiven Lebensphasen aufmunternder Gesellschaft bedurfte. Maud, Tochter von Lord Ritchie of Dundee, steht ihren zahlreichen Schwestern an Größe, Gewicht und maskuliner Statur in nichts nach. Sie schön, hübsch oder auch nur gutaussehend nennen zu wollen, ginge an der Realität vorbei. Sie gilt als musikalisch, hat eine wundervolle Singstimme – laut Henry Herron Beauchamps Tagebuch musizierte sie einst mit Elizabeths Bruder Harry –, ist warmherzig, witzig, unkonventionell bis hin zur in englischen Augen ohnehin nicht tadelnswerten Exzentrik und war klug genug, ihre Freundin eindringlichst vor Francis Russell zu warnen. Deutlicher als zuvor bekundet Maud jetzt ihre Geringschätzung der niederdrückenden Ehe. In *Vera* (der gnadenlosen Abrechnung mit Francis Russell, die noch ein wenig darauf warten muß, geschrieben zu werden) ist ein realitätsnah formulierter Dialog nachzulesen: »[Sie] ging... erneut und diesmal in einer Art Verzweiflung zu der [Freundin] und erstrebte irgendein Wort von ihr, die so klug war, das ihr ihre Ruhe zurückgebe, das ihr die lächerlichen hartnäckigen Zweifel austriebe. ›Was kann schließlich‹, sagte sie fast flehentlich, ›besser sein als ein... Ehemann?‹ Und die [Freundin], die drei gehabt hatte und wußte, wovon sie sprach, erwiderte mit der großen Ruhe jener, die mit diesem Teil des Lebens abgeschlossen haben und in Muße abzuwägen und einzuschätzen wissen: ›Keiner‹.«[10]

Und sollte das, was Maud Ritchie mit Elizabeth verbindet oder einmal verbinden wird, leicht homoerotische Züge tragen, so läge die Beziehung durchaus im Trend der Zeit, und die beiden befänden sich in bester Gesellschaft.

Durch Auffrischen alter Freundschaften und insbesondere im Schlepptau von Bertrand Russell sucht Elizabeth

1917 und 1918 wieder Anschluß an einflußreiche Kreise. Nicht ohne Erfolg. Als Bertrand im Mai 1918 wegen wehrzersetzender Antikriegsäußerungen in *The Tribunal* inhaftiert ist – unter angenehmen Bedingungen in der sogenannten ersten Abteilung, wie er betont, und die er mit denen auf einem Ozean-Luxusliner vergleicht –, soll Countess Russell Lady Ottoline Morrell bei einem aufsehenerregenden Besuch begleitet haben. Elizabeth, die ihre Winzigkeit effektvoll zur Geltung zu bringen weiß, segelt also neben Ottoline durch die Straßen Londons zum Gefängnis, und sie genießt ohne Zweifel ihren dramatischen Auftritt mit umwerfender Wirkung: Femme fragile im Windschatten einer Grande dame. Ob die himmelhochgewachsene, in die aristokratische Familie der Cavendish-Bentincks hineingeborene Halbschwester des Herzogs von Portland und Gattin des schwerreichen Oxforder liberalen Politikers und Brauereibesitzers Philip Morrell, derentwegen ununterbrochen Menschen gaffend stehenbleiben, auf ihre alarmierende Wirkung überhaupt noch erkennbar reagiert, ist fraglich. Eine Beschreibung von Lady Ottoline zu liefern, ließ sich beinahe keiner, der ihr jemals begegnete, entgehen: Man fühlte sich bei ihrem Anblick an eine im Wind schwankende Palme erinnert oder an einen bunten, will meinen schlecht gefärbten Papagei mit verletzten Krallen, der sich zögernden Schrittes über das Pflaster bewegt: mit türkisgrünen Augen, Haaren in der Tönung dunkler Orangenmarmelade, schneeweißgepudertem Antlitz (ein Pferdegesicht eigentlich, wie Bertie Russell ungalant anmerkt) und blutrot geschminktem Mund, mehrfach um einen auffallend langen Hals gewundenen Shawls und Perlenketten, umwallt von Seidengewändern in unbeschreiblich grellen Farben. Als Krönung der Kostümierung müssen Lady Ottolines surrealistische Kopfbedeckungen angesehen werden: Hüte, die diesen Namen nicht verdienen, die vielmehr Teewärmern oder Segelschiffen gleichen. Selbst Elizabeth, die, wie man ihr nachsagt, allergrößten Wert auf ausgefallene hochmodische Attribute legt, kann, was die Außenwirkung angeht, mit einer solchen Begleiterin keinesfalls konkurrieren.

Die Morrells besitzen ein Stadthaus in Bloomsbury und einen Landsitz, *Garsington Manor*, acht Kilometer von Oxford entfernt. Über viele Jahre macht die großzügige Gönnerin und Geldgeberin dieses Herrenhaus zum Bloomsbury auf dem Lande. Während andere vermögende Damen vorwiegend Pretiosen sammeln, investiert Lady Ottoline zudem in begabte Menschen. Buntschillerndes aus Kreisen Kunst- und Literaturschaffender befindet sich in ihrer Kollektion. Mit solchen Freunden und Kontakten gewinnt auch Elizabeths Leben wieder an Farbe. Virginia Woolf ist es, die sich über folgende Begebenheit verbreitet: Ottoline – ausstaffiert mit siegellackgrüner Krinoline, vorviktorianischem weißen Schirm mit Troddelrand sowie langen weißen Federn als Haarschmuck – und ihr Anhang, bestehend aus Timothy (Sydney) Waterlow, dem Künstler Mark Gertler, Dorothy Brett und Elizabeth, toben eines Tages ins *Thackeray Hotel* in Bloomsbury, um Charlie Chaplin kennenzulernen. Auf H. G. Wells' Party könne man ihn, so hatte es geheißen, begutachten. Doch daraus wird nichts. Die unübersehbare Anführerin der ausgelassenen Clique übernimmt nun das Kommando in einer Lautstärke, die selbst auf Balkonen und Freitreppen noch aufhorchen läßt. Countess Russell wird schließlich ausgesandt, um ersatzweise andere Berühmtheiten in der Gästeschar aufzustöbern und vor Ottoline zu zerren – einige heftig Widerstrebende befreien sich auf halbem Wege aus ihren Fängen.[11]

Den Waffenstillstand im November 1918 und die Unterzeichnung des Versailler Vertrags im darauffolgenden Jahr begrüßt Elizabeth mit unendlicher Freude und Erleichterung. Dennoch fallen Wermutstropfen in die ersten Friedensmonate: der Tod von Louey Beauchamp und das Wiedersehen mit Trix. Als Beatrix von Hirschberg nach fünfeinhalb Jahren der Trennung und bald nach ihrer Hochzeit, an der Elizabeth nicht teilnahm, obwohl sie die Möglichkeit dazu gehabt hätte, ihre Mutter im *Chalet Soleil* besucht, verspüren beide Frauen emotionale Defizite.

*Christopher and Columbus (In ein fernes Land)* kommt in diesem Jahr, 1919, auf den Buchmarkt und wird von Presse und Publikum sofort gefeiert. Die ersten Kriegsjahre, die Auswanderungsgründe der Töchter, ihre Flucht vor Russell, das deutsch-amerikanische Verhältnis, die hochbrisante politische Phase zwischen der Versenkung der *Lusitania* am 7. Mai 1915 und dem Eintritt der USA in den Krieg am 6. April 1917 leben hier wieder auf. Bemerkenswert ist, wie Elizabeth herausarbeitet, daß die beiden Romanheldinnen in den Staaten durch ihr freundlich-unbekümmertes Auftreten zunächst allgemein auf Sympathie stoßen, die sich aber umkehrt, sobald ihre Herkunft bekannt wird. Es wird also nicht, wie es in dieser Zeit vielfach der Fall war, mit der deutschen Nationalität ein untrennbar verbundenes unangenehmes Wesen unterstellt, sondern es klingt Kritik an einer solchen Haltung an:

Die siebzehnjährigen Zwillinge Anna-Rose (die Ältere) und Anna-Felicitas (die Schönere), Waisen einer englischen Mutter und eines deutschen Junkers aus einer der ältesten preußischen Adelsfamilien, verlassen England, wo sie bei unfreundlichen Verwandten untergekommen waren. Zunehmender Deutschfeindlichkeit wegen kehren sie dem Land den Rücken. Während der Überfahrt bezaubern sie mit ihrer (ziemlich überzeichneten) Kindlichkeit einen wohlhabenden Amerikaner, Mitte Dreißig, unverheiratet mit Mutter und Schwester zusammenlebend, der durch die Erfindung einer nichttropfenden Teekanne ein beträchtliches Vermögen erwarb. Die Zwillinge, mit kleinem Handgeld und zwei, wie sich herausstellt, wertlosen Kontaktadressen ausgestattet, finden in Mr. Twist, der Reisebekanntschaft, einen aufnahmebereiten Freund. Der wiederum rechnete nicht mit dem Widerstand seiner Mutter. Als Konsequenz begleitet er die adligen jungen Damen nach Acapulco, versieht sie mit einer Teestube nach englischem Muster sowie einer Anstandsdame. Dann kommt, nach anfänglich großem Interesse potentieller Kunden, die unvorteilhafte Teilnationalität an den Tag. Die Teestube, heißt es nun, sei ein Spionagenest, und Mr. Twists Teekanne gehöre boykottiert. Da findet sich eine patente Lösung: Anna-Felicitas wird durch Heirat mit einem jungen Engländer Britin, der Gönner macht Anna-Rose zur Ehefrau und Amerikanerin.

Elizabeth bedient sich längst bekannter Plots: Landschaftsbeschreibungen (Rügen), enge Mutter-Sohn-Bindung (Sally), Tochter am mütterlichen Rockzipfel (Tearose), Leben an Bord eines Schiffs, und ganz nebenbei erfahren die Leser, daß ein deutsches Schlafzimmer ohne den Geruch von Odol nicht vollständig ist.

*In ein fernes Land* wäre eine streckenweise etwas zähe, ansonsten bestenfalls unterhaltsame Geschichte ohne große Bedeutung, würde man den politisch-historischen Kontext und auch den biographischen Aspekt nicht berücksichtigen. Elizabeth ist die temperamentvolle englische Mutter, Henning von Arnim der Deutsche aus altem Adel. Die sehr unterschiedlichen Zwillinge stehen für Liebet und Evi. Auch sie hatten wegen ihres deutschen Akzents große Schwierigkeiten. Auch sie heirateten und wechselten ihre Staatsbürgerschaft in Amerika.

Mehr als beruflicher Erfolg beschäftigt Elizabeth nun ein

längst überfälliger, aber dennoch schmerzhafter Schnitt: Sie löst sich unwiderruflich von Francis Russell. Am 31. März 1919 lautet der Kommentar für Liebet: »Letzten Montag verließ ich Gordon Square, da ich Heimlichkeiten entdeckt habe, die es einer anständigen Frau unmöglich machen zu bleiben. Fürs erste habe ich bei Onkel Sinner [Sydney Beauchamp, Anm. d. Verf.] Zuflucht gefunden, der, wie Du weißt, ein Engel ist. Dad [Francis, Anm. d. Verf.] weiß nicht, wo ich bin – ich hinterließ ihm einen Brief, in dem steht, was ich herausgefunden habe und daß ich, als ich ihm das letzte Mal verzieh, gesagt hätte, es würde mir den Rest geben, wenn es wieder passierte, und daß es mir nun den Rest gegeben hat.«[12]

Was immer sich hinter dem Unbeschreiblichen, das zur endgültigen Trennung führt, verbirgt: Seine Frau wäre auch darüber zum soundsovielten Male hinweggegangen, vorausgesetzt jedoch, er hätte aufgehört, seine üblen Launen an ihr auszulassen, sie wie eine Null, ein Nichts, bestenfalls wie ein kleines Kind zu behandeln! Vor ihrer Tochter Liebet kann oder mag Elizabeth das ganze Ausmaß ihres Elends nicht ausbreiten. Wohl kann sie es, leicht eingefärbt, zwischen zwei Buchdeckel bannen: Lucy, ihr literarisch verbrämtes zweites Ich, wird sie erst in *Vera* mit der vollen Wahrheit herausrücken lassen: »Sie hatte Angst vor ihm und sie hatte Angst vor sich selbst in bezug auf ihn. Großzügig schien er nicht zu sein – jedenfalls hatte er sich . . . nicht als großzügig erwiesen. Es gab anscheinend nirgendwo einen Weg, auf dem sie ihn erreichen konnte . . . sie hatte auch Angst und eine düstere Vorahnung, daß ihr eines Tages nach einer dieser Szenen die Nerven durchgehen und sie zusammenbrechen, kläglich zusammenbrechen und dann nur noch ein heulendes, wimmerndes Elend sein würde . . . Es war eine Liebe voller Angst . . . Merkwürdig, ihn gleichzeitig zu fürchten und zu lieben! Vielleicht hätte sie keine Angst vor ihm, wenn sie ihn nicht liebte . . . Bloß konnte sie sich das nicht vorstellen. Er *war* ihr Herz.«[13]

Elizabeth hatte ». . . Francis voll Glauben, Hoffnung und Liebe«[14] geheiratet.

Weit mehr Gelassenheit im Umgang mit jenem Thema, ja augenzwinkernde Ironie als Resultat wiedergewonnener innerer Stabilität und zeitlicher Distanz, bekundet ein Dialog, den sie im Frühjahr 1921 für Mrs. Wilkins und Lady Caroline Dester in *Verzauberter April* entwerfen wird. Die eine der beiden Damen ist auf der Flucht vor ihrem lieblosen Gatten, die andere vor liebevollsten Eltern und aufdringlichen Verehrern: »›Die Idee bei allem war ja, von den Freunden wegzukommen.‹ ›Und von den eigenen Männern.‹ . . . ›Und von zuviel Nestwärme‹, sagte Lady Caroline – oder war es der Chianti, der da sprach? Bestimmt war es der Chianti. ›Und von fehlender Nestwärme‹, sagte Mrs. Wilkins; welch schreckliches Licht warf sie da auf ihr häusliches Leben und ihren Charakter. ›Das wäre nicht so schlimm‹, sagte Lady Caroline. ›Ich könnte es dabei belassen. Es ließe einem etwas Spielraum.‹ ›O nein, nein! Das ist furchtbar‹, rief Mrs. Wilkins aus. ›Es ist so, als hätte man keine Kleider an.‹ ›Aber mir gefällt das‹, sagte Lady Caroline, . . . ›Es ist ein göttliches Gefühl, sich von Dingen zu befreien.‹«[15]

1934, beim Arbeiten an *Alle meine Hunde*, wird sich die Autobiographin etwas widerwillig eingestehen: ». . . es bedurfte wirklich erst des Weltkrieges und meiner zweiten Ehe, um mich zu einem in jeder Hinsicht erwachsenen Menschen reifen zu lassen.«[16]

Rückhalt bei guten Freunden und innerhalb ihrer Familie sowie ihr Status als auflagenstarke Schriftstellerin und finanziell unabhängige Frau hatten den Schritt in die richtige Richtung begünstigt. Elizabeth wird sich für die Folgezeit erneut eine Wohnung am Whitehall Court einrichten und sich viele Monate des Jahres ins *Chalet Soleil* zurückziehen. Derweil findet sie am in der nächsten Runde auszufechtenden, von Russell provozierten Kampf ihr klammheimliches Vergnügen:

Hätte Francis sie, ohne jahrelang seinen ganzen Haß über ihr auszuschütten und ohne ihre qualvollen Differenzen vor die Öffentlichkeit zu zerren, ziehen lassen . . . ,

wäre ihr also sein Vorwurf, sie habe Einrichtungsgegenstände und Hausrat entwendet, erspart geblieben (es handelt sich um Dinge wie Arnimmöbel, -bilder, -silber, -aussteuer und ihre Bücher und, als Elizabeth sich unbeeindruckt von seinen Anschuldigungen zeigt, noch um Kissen, Elektroinstallationen sowie unter anderem um einen alten und einen neuen Tennisball) . . . ,

hätte er deswegen nicht einen Prozeß gegen das den Umzug durchführende Transportunternehmen Schoolbred & Schoolbred angestrengt, der eigentlich sie treffen sollte . . . ,

dann wäre die Sache mit der Hängematte, die Elizabeth nachweislich am 17. April 1916 kaufte und von der ihr Mann gleichfalls behauptet, sie gehöre ihm, nie publik und Lord Russell in Elizabeths Zwiegespräch mit dem Richter nicht der Lächerlichkeit preisgegeben worden, ein Umstand, den er am meisten verabscheut:

»Haben Sie sie ihm jemals gegeben?
Niemals.
Aus Rücksicht auf sein Leben?
Und auf die Hängematte.
. . . Sie sagen, Sie gaben sie Lord Russell nicht?
Selbstverständlich nicht, sie war
offensichtlich für mich. Sie hätte ihn nicht
ausgehalten.

Die Hängematte, denke ich, war zum allgemeinen
Gebrauch im Telegraph House bestimmt?
Nein, sie war nur für mich. Ich erlaubte nur
leichten Besuchern, darin zu liegen.«[17]
(Die Beschuldigte wurde zuvor auf eine Kiste
gestellt, damit sie den, rein optischen,
Überblick nicht verliert.)

Gesetzt also den Fall, daß Francis mit einer weniger spektakulären Trennung einverstanden gewesen wäre, hätte Elizabeth – und das wäre sehr bedauerlich – aufs Schreiben von
einem ihrer besten Romane vielleicht verzichtet, hätte dem
Drang, sich nun ihrerseits mit *Vera* ein Forum zu schaffen,
womöglich gar nicht nachgegeben.

Aber so kommt es zum regelrechten Schlagabtausch und
zur noch heftigeren Konfrontation.

Russell wird den kostspieligen Prozeß verlieren. Der handfeste Skandal, denn zu einem solchen wachsen sich die
Auseinandersetzungen wie die von Francis angezettelten Ver-
leumdungen letztlich aus, wird in der Presse und der englischen Gesellschaft dennoch sehr zwiespältig aufgenommen;
jeder von beiden kann Parteigänger für sich rekrutieren.
Elizabeth, die mit Rücksicht auf Konventionen und ihren
Namen eine Scheidung nachdrücklich ablehnt, muß sich
davor hüten, durch nachweisbaren Ehebruch Francis eine
Handhabe hierfür zu liefern. Ein auf Dauer schwieriges Unterfangen. Wohl sinnt Russell noch unentwegt auf Rache,
zeigt aber gottlob keinerlei wirkliches Interesse an einer
neuerlichen Scheidung. Ja, er scheint direkt davor zurück-
zuschrecken, sich mit einer weiteren Gattin zu belasten.

Hier nun ein kleiner Rückgriff auf die Zeit unmittelbar
vor ihrer endgültigen Abkehr von Francis: Anfang 1919 in
der Schweiz. Elizabeth suchte Kontemplation und ver-

schwand für viele Stunden im *Kleinen Chalet.* Erleichterung spricht aus ihren Tagebuchzeilen: »11. Februar – . . . beendete meine Arbeit . . .«[18] *In the Mountains* lag fertig vor ihr (und erschien 1920). Die Heldin des Romans hat sich nach Kriegsende in ihr Haus in den Bergen geflüchtet. »Wie reich ich doch an Liebe war vor fünf Jahren! Und wie arm bin ich jetzt, aller Liebe beraubt, die mir einst entgegenschlug.«[19] Nun ist sie allein, sieht man von Mr. und Mrs. Antoine einmal ab, die das Anwesen und jetzt auch sie betreuen. Anfangs wie betäubt, interessiert sich die Dame für nichts. Dann eine erhellende Erkenntnis: ». . . und ach, wie froh wäre ich, wenn ich froh sein *könnte.*«[20] Urplötzlich entdeckt sie blühende Madonnenlilien, stöbert in alten Papieren, erinnert sich eines Briefwechsels mit Henry James aus einer Zeit, da sie für ihn schwärmte und glaubte, als Jüngling verkleidet, ihm als ein zweiter Boswell folgen zu können. Sogar Steno hätte sie für ihn gelernt . . . Ein Mann, als Gesprächspartner, ist alles, was ihr in den Bergen noch fehlt. Weitere Schritte auf dem Weg zur Genesung: Zunächst entsteht Interesse an fundamentalen Fragen: Woher kommt die Butter, der Honig, die Milch auf dem Frühstückstisch, woher die Eier, das Fleisch . . .? Und sie verspürt Sehnsucht nach körperlicher Arbeit in Haus oder Garten. Doch es gibt absolut nichts für sie zu tun. Ziellose Streifgänge, Blicke hinter vorsorglich verschlossen gehaltene Türen bekommen ihr nicht, ein Zimmer erinnert an den gefallenen Bruder. Da endlich kommt Leben in die Geschichte: Zwei nicht mehr taufrische schwarzgekleidete, vom Bergsteigen erhitzte Frauen suchen Erfrischung vor dem Abstieg zum Hotel im Tal, werden höflich hereingebeten, bewirtet, schlafen ganz einfach ein. Und so werden sie bleiben. Zeit genug also, ihre Vergangenheit zu erforschen. Die der einen, Dolly Juchs, macht für Nachkriegsverhältnisse gewisse Probleme, denn sie war mit einem – nein sogar zwei – Deutschen verheiratet. Nach dem Tod ihres ersten Gatten ehelichte sie dessen Onkel, was Anglikanern, wird dort gesagt, als Sünde gilt – als Schande, findet insbesondere der zweite Gast unserer Lady, Mrs. Juchs Schwester.

Keine so große Schande offenbar in den Augen eines auf der Bildfläche erscheinenden dritten Besuchers, daß man nicht darüber hinwegsehen könnte. Der, sechzig, ebenfalls verwitwet und Dekan ausgerechnet der anglikanischen Kirche, verliebt sich Hals über Kopf in Dolly, die reumütig ihre beiden deutschen Ehemänner beichtet. Das macht, wie gesagt, nichts aus, Hauptsache er bekommt seine Angebetete. Ohnehin gewohnt, niemals aus Liebe zu heiraten, löst Mrs. Juchs auf diese Weise elegant ihr kleines Doppelproblem: Sie bekommt einen unverfänglicheren Namen, und ihre Schwester hat nichts mehr zu meckern.

Was das soll? Man weiß nicht recht. Alle Personen verhalten sich vollkommen unnatürlich. Der erste Teil ist in einer sehr verhaltenen Sprache geschrieben, und auch im zweiten sind witzige Anwandlungen in Watte gepackt. Aber eines ist sicher: Eine selbstlosere weibliche Figur als die großzügige Eigentümerin (des Chalets in den Bergen!) hat Elizabeth nie kreiert. Bestechend bleiben ihre Stimmungsbilder.

Weihnachten 1919 feiert Elizabeth mit dem nun siebzehnjährigen H. B. und Charlotte in Hatch. Es wird das vermutlich letzte Christfest sein, das sie gemeinsam mit ihrem Sohn verbringt. Zu Beginn des kommenden Jahres muß er die weite Reise zu Liebet und Corwin antreten. Tochter und Schwiegersohn erhalten für ihr Entgegenkommen einen finanziellen Ausgleich, und H. B.'s Lebenshaltungskosten sind durch regelmäßige Geldzuwendungen gesichert. Für seine urplötzliche Abschiebung in die USA gibt es abweichende Erklärungen: Während Schwester Liebet behauptet, es sei unmittelbar nach Kriegsende schwierig gewesen, einen halbdeutschen Etonabsolventen namens Arnim in Oxford oder Cambridge unterzubringen, führen Außenstehende H. B.'s heftige Affäre mit der gut zwei Jahrzehnte älteren Frau seines Lehrers ins Feld. Liebet neigt allerdings zu Schönfärberei. Vielleicht hat Elizabeths Sohn den Schulabschluß ganz einfach nicht geschafft, denn nichts deutet auf den naheliegendsten Versuch einer Studienaufnahme des Jugendlichen in den Vereinigten Staaten hin.

Henning Bernd von Arnim wird sich einmal in Buffalo N. Y. niederlassen, recht glücklos Hühner züchten und mehr als einmal dem Ruin entgegensteuern. Dank seiner Mutter wird sich manches ausgleichen lassen. 1924, im Jahr seiner Eheschließung mit der um zwei Jahre älteren Rebecca Le Breton, geht der letzte Arnim-Schlagenthinsche Besitz in Deutschland an Volkmar von Arnim über. Mit Vertrag vom 5. April verkauft der gerade volljährige H. B. seinen vom Vater ererbten 1/5-Anteil des bei Prenzlau in der Uckermark gelegenen Rittergutes Nechlin nebst dem ihm von Nechlin gehörenden Lehnstammanteil von circa 460 Morgen an den Eigentümer der restlichen Anteile zum Gegenwert von jährlich 70 Pfund Roggen à 6,50 Mark auf 40 Jahre verteilt. Das entspricht 83 720 Goldmark, die, nachdem die Inflation der frühen zwanziger Jahre als überwunden gilt, dem Arnimsproß langfristig sehr geholfen hätten – wären nicht ein weiterer Krieg und dessen politische Folgen völlig achtlos darüber hinweggegangen. Anton Freiherr von Hirschberg, Beatrix' Mann, und der bewährte Rechtsanwalt Montag aus Berlin regelten das notarielle Verfahren.[21] In H. B.'s 1946 geschiedener ersten Ehe werden drei Kinder geboren: Mary, Caro und wieder ein Henning Bernd, der als Sergeant der US Air Force im Vietnamkrieg fällt. Von der

Geburt dieses Stammhalters zeigt sich dessen Großmutter Elizabeth dann ebensowenig beeindruckt wie seinerzeit von dem Erscheinen ihres eigenen. Vielmehr läßt sie Liebet wissen, daß diejenigen, denen es wirtschaftlich am schlechtesten gehe, dummerweise immer die meisten Kinder in die Welt setzten. Aus H. B.'s zweiter Ehe gibt es noch einen Träger des Namens Arnim und eine Tochter.

Nach den Romanen *In ein fernes Land* und *In the Mountains,* die zwar erneut Erlebtes verarbeiten, aber bei aller stilistischen Brillanz doch von einer gewissen Blockade der Autorin zeugen, wagt sich Elizabeth endlich an ein ausgesprochen heißes Eisen: die Eheerfahrung mit Francis.

12. Juni 1920: »Grauer kalter Tag. Begann mein neues Buch...«[22] *Vera!* Elizabeth sondert – ihr Wort – in den folgenden Monaten das Ergebnis der schmerzlichen Beschäftigung mit einer zweiten gescheiterten Ehe unter Qualen ab. *Vera,* dieses zwölfte, hält sie für ihr bestes Buch. Von einem der »erfolgreichsten Versuche in Sachen Makaberes in englischer Sprache« spricht, mit einer Verneigung gegen die einstige Rivalin, Rebecca West: »Die Autorin hat einen bemerkenswerten Roman zustande gebracht, weil sie den Mut hatte, eine lähmende literarische Konvention zu überwinden. Sie hat darauf beharrt, daß es keinen akzeptablen Grund gibt, warum ein Buch nicht komisch und tragisch zugleich sein kann.«[23] *Vera* ist ein mörderisches Werk, da es mit treffsicheren Formulierungen Francis, der vor Wut schäumen wird, erst unmöglich machen und dann vernichten soll. *Vera* ist zudem eine glänzend arrangierte, unsentimentale Satire von eigentümlich beißender Schärfe.

Elizabeths Auseinandersetzung mit diesem Romanstoff versteht sich insbesondere auch als Versuch einer Vergangenheitsbewältigung.

Ob Lucy, Wemyss' zweite, kindlich-vertrauensvolle Frau,

dem Beispiel Veras, ihrer Vorgängerin, in letzter Konsequenz folgen und das auch für sie zu spärlich gedüngte Ehefeld durch Freitod, durch einen Sprung aus dem Fenster (dem des Turmes von *Telegraph House,* wie laut Bertrand Russell unschwer abzuleiten ist) räumen wird, bleibt am von Katherine Mansfield besonders gelobten Ausgang des Romans offen. Denn wäre die Omnipotenz ihres Gatten nicht gar so furchteinflößend, hätte sie wahrhaftig keinen Grund, sich zu beklagen. Letztlich wird Lucy, mehr tot als lebendig, widerstandslos alles weitere dem Schicksal und ihrem Wemyss überlassen. Und ganz kurz, bevor es auch mit ihr und Russell so weit hatte kommen können, war Elizabeth der Absprung, in die Freiheit, geglückt.

Mit *Vera,* dem Buch über subtile Gewalt, Unterwerfung und Tod verschafft Elizabeth allen, die ahnen oder sogar wissen, wer oder was sich dahinter versteckt, einen Zugang zu ihren bislang geheimgehaltenen Erfahrungen mit Francis Russell. Und zur großen Genugtuung der Autorin wird der Roman ohne zusätzliche Werbung ab September 1921 unglaublich gut verkauft.

Nur ja keine Schriftstellerin zu ehelichen, das wird Elizabeths Freund Bertrand Russell, eingedenk *Vera* und angesichts der Zornesröte seines Bruders, seinen Kindern mit auf den Weg geben, eine Maxime, an die er sich selbst nicht ganz hält.

Francis rächt sich auf seine Weise. In der von ihm 1923 veröffentlichten und von Elizabeth als Vergeltungsschlag mit ängstlicher Spannung erwarteten Zwischenbilanz *My Life and Adventures* wird die Existenz einer dritten, der gegenwärtigen Countess Russell ignoriert.

# Kapitel IX: 1920-1923

*». . . und sie verliebte sich so hilflos und rückhaltlos, daß es*
*sie in Staunen und Angst versetzte. So war das also . . .*
*Nun hatte es sie erwischt . . .«*
*Liebe*

»Cambridge, 14. Februar [1920]
Liebe Lady Russell, ich kann Ihnen gar nicht genug danken
für das überaus großzügige Angebot in Ihrem eben erhalte-
nen Brief. Ein solches Angebot würde für mich in der Tat
das Problem der Semesterferien lösen, und da ich Literatur
liebe, würde ich mit Freuden mein bestes tun, Ihnen so
nützlich wie möglich zu sein – insbesondere beim Katalogi-
sieren und Ordnen der Bücher . . .«[1]

Der Absender dieses Briefes, ein junger Mann, klein von
Statur, sportlich, drahtig, mit guten Manieren und einer
schwer zu definierenden Art, sich beliebt, nützlich und un-
entbehrlich zu machen, verspricht nicht zuviel: Alexander
Stuart Frere-Reeves wird wahrlich sein Bestes geben: vorerst
im Ordnen der *Chalet*-Bibliothek.

Elizabeths Ehedrama schwelt indessen weiter. Mit schwer
widerlegbaren Verleumdungskampagnen schlägt Francis
nach wie vor in die stets gleiche Kerbe. Und seine Methode
zeigt allmählich die von ihm angestrebte Wirkung. Aus
anfänglicher Unentschlossenheit mancher sogenannter
Freunde und Gastgeber von Gewicht, ob sie es sich mit Lady
Russell oder aber mit dem Gatten verderben sollen, kristallisiert sich ein Umschwung zugunsten Francis Russells heraus. In erster Linie auf Elizabeth persönlich gerichtete
Anwürfe finden, und das trifft die Autorin langfristig weit
härter, allmählich auch Niederschlag in den Reaktionen

auf ihre Werke. Einladungen treffen in größeren Abständen ein, Zensoren formulieren zurückhaltender. Eine Rückkehr aus dem *Chalet* nach Whitehall Court versteht sich in Zukunft nicht mehr uneingeschränkt als Eintauchen ins Erfrischungsbad der Künstler- und Gesellschaftsmetropole London. Elizabeth quälen Depressionsschübe, zunehmende Verletzlichkeit und tiefe Verunsicherung, Furcht vor Einsamkeit und ihr sehr wohl bewußtes, unaufhaltsames Schwinden von, bald pseudojugendlicher, Schönheit und Grazie. Nein, so keck, wie die Vierzigjährige ihre Nase noch in den Wind hielt, kann die Fünfzigerin den Stürmen nicht mehr trotzen.

Reagiert sie darum auf die in ihren unbestechlichen Augen nachlassenden Reize mit immer spektakulärerer Aufmachung? »Ein kleines Bündel von Künstlichkeiten«,[2] von Somerset Maugham stammt die nicht nur auf Äußerlichkeiten zielende Charakterisierung.

Photographien aus dem nun folgenden Jahrzehnt bezeugen oftmals verschleiernde Absicht: Auf ihnen erspüren einfühlsame Betrachter neben extravaganter Staffage die effektvollen Gesten, ihre koketten Augenaufschläge, witzigen Zwischenrufe und den kurz, für eine Momentaufnahme, heraufbeschworenen Zauber der erfahrenen, hinreißenden, scheinbar alterslosen Verführerin. Bilder, die gleichermaßen dokumentieren, wie beängstigend zart, wie zerbrechlich – womöglich sogar magersüchtig – Elizabeth nun wirkt: ». . . als habe sie selbst kaum mehr genug Fleisch auf den Knochen, um dem Anstand zu genügen, als sei sie nur noch ein bleiches Gespenst, das sich aus der rasch erkaltenden Vergangenheit in eine Generation voll warmen pulsierenden Lebens verirrt hatte, zu der es überhaupt nicht gehörte.«[3] Verräterische Formulierungen – erwachsen aus individueller Erfahrung? Ohne Zweifel. »Innerlich fühle ich mich ganz jung«, ließ sie schon *Fräulein Schmidt* anmerken und diese Behauptung vom männlichen Part süffisant relativieren: »›Das Innere ist kein verläßliches Kriterium, meine Liebe... Das Äußere entscheidet.‹ – ›Entscheidet worüber?‹ – ›Über das Alter einer Frau.‹ – ›Es ist... die Tragödie einer Frau, die merkt, wie ihre Schönheit verblüht, und sich dabei innerlich noch erschreckend jung fühlt...‹«[4]

Die in den zwanziger Jahren stark gekürzten Rocklängen ersparen bald niemandem mehr den Anblick von Elizabeths dünnen Beinen. Man wird sich einmal an dicke weiße Puderschichten erinnern oder an modische Glockenhüte, tief über ausgedünnte Haare und in die Stirn gezogen, und an voluminöse Pelzkragen, vorteilhaft zwischen Kinn und mageren Schultern drapiert, die den desillusionierenden Teil ihres Halses allemal verbergen und dennoch nur bedingt Wiedergutmachung leisten können. Und gerade jene in ihrem Alter so widerwillig fortschreitenden und in ihrem vergeblichen Mühen, das Verwelken zu kaschieren, etwas würdelos wirkenden Frauen weiß die Autorin Elizabeth so unglaublich gekonnt zu überzeichnen.

Es gibt aber auch sehr beeindruckende Elizabeth-Porträts aus den zwanziger Jahren: Gelassenheit ausstrahlend, von ein wenig Melancholie umspielt, beinahe klassisch schön wirkt das schmale Gesicht mit den klugen blauen Augen: nicht mehr das einer jungen und lange noch nicht das einer gealterten Frau. Oder erinnern Elizabeths ebenmäßige Züge jetzt doch mehr an eine Maske? Fünfzigjährig, Anfang 1917, kurz bevor sie aus den Staaten zu Francis zurückkehrte, soll sich Elizabeth zu einer Schönheitsoperation entschlossen haben. Russells nachweislich viermonatiger Aufenthalt in Amerika bis Ende April, Elizabeths Anwesenheit bei Liebets Hochzeit im Mai und ihre Rückkehr noch im gleichen Monat lassen jedoch kaum Spielraum für eine solche, fürs erste entstellende Manipulation.[5] Grundsätzlich, später vielleicht, könnte sie dennoch der Versuchung erlegen sein, den mit wachsender Erbitterung an sich beobachteten Alterungsprozeß so lange es nur ging, vorerst mit oberflächlich kosmetischen und dann auch mit operativen Korrekturen, hinauszuschieben. In noch zu schreibenden Romanen werden Erfahrungen im Herrichten von Hälsen und Gesichtern, mit bei Harrod's gekauften Haaren sowie diesen oder jenen vorteilhaften Retuschen jedenfalls freimütig preisgegeben. »Ihre Schönheit wurde zur Obsession für sie. Ihr Gesicht war ein anbetungswürdiges Meisterwerk, das um jeden Preis erhalten werden mußte, und ebensolche Hingabe verdienten ihre Hände und Füße. Sie wollte die Gewißheit haben, daß jeder Zentimeter an ihr schön war . . .«[6]

Für gutaussehende junge Männer wie den vierundzwanzigjährigen Alexander Stuart Frere-Reeves – hochdekorierter, schwerverletzter Kriegsteilnehmer, mühevoll genesen, jetzt Cambridgestudent ohne Vermögen, dafür mit Ambitionen, talentierter Mitherausgeber des *Granta*-Magazins – hat Elizabeth eine eingestandene Schwäche. Dieser war ihr nun durch sein Stellengesuch für die Semesterferien in der *Times* zugefallen. Frere selbst scheint es später bevorzugt zu haben, die Verbindung auf Empfehlungen seiner Mutter und einen Partykontakt bei Arnold Bennett, dem Elizabeth-, Wells- und Walpole-Freund, Schriftsteller und Kritiker, zurückzuführen.

Es hatte im Kosmos der gegenüber Frere um drei Jahrzehnte Lebenserfahreneren immer bläßliche Trabanten gegeben, die sich in der Reichweite von Elizabeths Ausstrahlung so lange wohlig sonnten, bis dunkle Schatten von Unduldsamkeit und bissigen Späßen auf sie fielen. »Wenn ich irgendeinen Gegenstand fallen ließ, überstürzten sie sich förmlich, ihn mir aufzuheben. Und wenn ich etwas trug, rissen sie es mir fast aus der Hand. Sie wetteiferten darin, mir in lauschigen Winkeln Gedichte vorzulesen. Sie hingen an meinen Lippen und lachten zustimmend, jedes Mal, wenn ich den Mund öffnete – manchmal sogar bevor ich noch ein Wort gesagt hatte . . . und ihre Verehrung löste nichts als Ärger in mir aus.«[7] Ob es Elizabeth auch im Fall Alexander Frere ursprünglich darauf anlegt hatte, den netten Jungen zunächst in einen eigentümlich willfährigen Zustand zu versetzen, um ihn dann mit von Tag zu Tag magereren Rationen an Beachtung abzuspeisen und dem alsbald nach Zuneigung Hungernden hier und da ein paar Gunstbrocken zuwerfen zu können, ist nicht sicher. Im von mehr oder weniger illustren englischen Sommergästen schwirrenden *Chalet* – darunter auch Maud Ritchie und Charlottes hübsche Tochter Margery, ein junger russischer Diplomat, dann Augustine Birrell, ein enger Freund und Verfasser einer Brontë-Biographie, sowie ein weiterer Schriftsteller gleicher Fachrichtung, ein Whig-Politiker mit Frau und Tochter – hatte man zumindest erneut Ähnliches erwartet und sieht sich in dieser Einschätzung überraschenderweise getäuscht. Wohl entspricht Freres Verhalten anfangs ganz dem seiner Vor- und Vorvorgänger, indem er die Hausherrin des *Chalet Soleil* in stiller Ergebenheit anbetet und ihr in Form von großen und kleinen Aufmerksamkeiten auf dem Altar der vorerst unerfüllten Liebeshoffnung opfert. Aber mit »L. G.«, dem Kürzel für *Lieber Gott*, einem Sprachrelikt aus pommerschen Kleinkindergebeten, pflegt Elizabeth nun ihrerseits diesen erstaunlich ungeschoren davonkommenden Verehrer zu titulieren. Und wie ein göttliches Geschenk mag er ihr im klaren Bewußtsein ihrer nachlassenden Leuchtkraft in krisenhafter Zeit erscheinen. Wie ein Labsal, das ihr helfen soll, schmerzhafte Folgen der Auseinandersetzungen mit Russell zu lindern und dem kommenden, unweigerlich naßkalten englischen Spätherbst strahlende Seiten abzugewinnen: »Er war ein so interessanter, ungewöhnlicher Junge, so voller stürmischer Begeisterung... Wie bezaubernd, so jung und verrückt zu sein... Wie köstlich die Jugend ist... wie verliebt er ist, wie wahnsinnig verliebt, zum ersten Mal wie er es ausdrückte, richtig verliebt... richtig in eine Person, die ebenso intelligent und gebildet wie anbetungswürdig war. Diese drei Eigenschaften: aber vor allem... anbetungswürdig... Die Folge war, daß sie sich wie *zwanzig* fühlte. Wie amüsant... Und sie verliebte sich so hilflos und rückhaltlos, daß es sie in Staunen und Angst versetzte.«[8] In London, malt sich Elizabeth aus, wird man sie in Geschäften wieder mit Fräulein ansprechen, werden Männer an ihnen beiden vorübergehen und voller Sympathie in sich hineinlächeln oder Frauen, die sie im Theater beobachten, neidvoll seufzen. Alte Damen, die mit Neidgefühlen längst abgeschlossen haben, werden mit unverhohlenem Wohlwollen zwischen ihren Hutbändern schmunzeln. Zum Teufel..., lautet Elizabeths Devise, zum Teufel mit dem ungleichen Alter! – Soweit ihre Gedächtnisprotokolle für *Love (Liebe)*, die Geschichte eines unbedingt vergleichbar ungleichen Paares. Von nun an wird Elizabeth ihre wechselnden Empfindungen, ihre Vorfreude auf die beginnende und irgendwann ihre Ernüchterung über die dann noch längst nicht abgeschlossene, spannungsreiche Beziehung zu Frere registrieren und nimmt dabei auch ihr männliches Gegenüber gewohnt kritisch ins Visier.[9] – Vorerst gibt es da nichts zu bemängeln.

Das Gefühl, bewundert und begehrt zu sein, erweist sich als stabilisierend. Denn als Elizabeths amerikanischer Verleger und Freund Nelson Doubleday für Oktober 1920 den

Wunsch äußert, zusammen mit ihr Pommern, ganz besonders aber Nassenheide und damit die Schauplätze der Bestseller *Elizabeth und ihr Garten, Einsamer Sommer* und *April, May und June* zu besuchen, fühlt sich Elizabeth erstmals seit Jahren stark genug, ihrer deutschen Vergangenheit ins, wie sie vermutet, negativ veränderte Nachkriegsantlitz zu blicken: »Wir fuhren [von Stettin aus, Anm. d. Verf.] hinaus nach Nassenheide, wo Hermann [Sambale], unglaublich dick und mit einem großen weißen Schnurrbart, gerade im Garten umstach. Er ist nun das Mädchen für alles und bewohnt die Zimmer . . . in denen immer die Hauslehrer untergebracht waren. Wir gingen ins Haus und setzten uns zu Frau Sambale, die ebenfalls dick ist, und Trüdchen, die kurz vor der Eheschließung mit einem martialischen preußischen Unteroffizier steht, der mir seinen Schnurrbart entgegenzwirbelte und verkündete, die Deutschen seien im Krieg nicht besiegt worden . . . Sie sahen alle ausgesprochen saturiert aus, die Felder . . . ausgezeichnet im Schuß . . . Nicht ein einziger Baum ist während des Krieges in den riesigen Wäldern gefällt worden. Alles macht einen ungemein blühenden Eindruck.«[10] Leichte Irritationen lassen sich aus den am Ende der Reise festgehaltenen Eindrücken herauslesen. Die einstige Gräfin nimmt auch zur Kenntnis, daß Hermann Sambale einen ihm zugesteckten Geldschein nur mit verlegenem Schweigen und sehr zögerlich entgegenzunehmen bereit ist.[11] Was weiß der Diener aus alten Arnimtagen von Elizabeths lukrativen Buch- und Bühnenerfolgen. Für ihn ist sie noch immer die um Haus, Hof und Ehemann gekommene, etwas spleenige englisch-pommersche Gutsherrin. »Die Leute«, so sah sich die junge Gräfin, »halten mich natürlich, um es freundlich auszudrücken, für äußerst exzentrisch, denn es hat sich herumgesprochen, daß ich den Tag mit einem Buch im Freien verbringe und kein Sterblicher mich je hat nähen oder kochen sehen . . .«[12] Eine was die letztgenannten Tätigkeiten angeht zwar unzutreffende und dennoch sehr verständliche Annahme, ganz besonders eingedenk Elizabeths abwegiger Gewohnheit, sich an schönen Sommerabenden zu später Stunde und *mutterseelenallein* in duftende Wälder kutschieren zu lassen. Währenddessen der Grimmige noch in einem Teil des Hauses darüber jammerte, war sie aus der Tür eines anderen bereits entschlüpft und fort.

Die ersten beiden Monate des Jahres 1921 verbringt Elizabeth in der Schweiz und ausschließlich in Gesellschaft von Emmy Strutt, der körperbehinderten Tochter ihres alten Freundes Edward. In selbstverordneter Klausur bringt sie das letzte Kapitel ihrer Generalabrechnung mit Russell hinter sich:

7. März 1921: »Verpackte *Vera* und schickte sie weg.[13] Fühle mich einsam ohne sie . . .« Dem läßt sich abhelfen.

3. April 1921: ». . . begann mit *[The] Enchanted April.*«[14]

Mediterrane Gefilde verfügen während indifferenter Vorfrühlingstage und der Zeit schmutzig-wässeriger Schneeschmelze im Wallis über eine unwiderstehliche Anziehungskraft. Nicht zuletzt wegen seiner Nähe zur transalpinen Landschaft hatte Elizabeth ja den Bauplatz fürs *Chalet Soleil* einmal ausgewählt.

Noch in der ersten Märzhälfte macht sich die großzügige Gastgeberin, denn als solche tritt Elizabeth in aller Regel auch gegenüber Mitreisenden auf, zusammen mit Emmy auf den Weg an die italienische Riviera. Ein Fehlschlag bahnt sich an. Die Abneigung gegenüber Hotelaufenthalten sitzt bei Elizabeth abgrundtief und trägt beinahe pathologische Züge: Selbst Nobelherbergen betrachtet sie als schmutzige Scheußlichkeiten und sieht überall irgendwelche heitergeschwätzige arme Dinger, heruntergekommene Engländer, die über Tellerränder hinweg auf Neuankömmlinge starren, erwarten sie dunkle und übelriechende Zimmer, die, wenn sie ein Bett gewesen wären, die Größe eines Einzelbettes hätten, grimmige schmutzigweiße Katzen, ungenießbare Mahlzeiten und widerliches Frühstück. [15] Auch jetzt, im idyllischen Portofino angesichts üppig blühender Obstbäume und gelber Mimosenbüschel, mißlingt der Versuch, sich in einem solchen Etablissement für einige Wochen behaglich einzurichten. Der Zufall beschert Elizabeth schließlich das über der Küste thronende burgähnliche mittelalterliche Gemäuer, welches von seinen britischen Eigentümern samt Dienerschaft zu mieten ist. Und das wiederum beschert ihr und ihrem Publikum einen *Verzauberten April.* [16] Während der einmonatigen Visite der Autorin und für stellvertretend agierende Romanheldinnen wird es zum *San Salvatore.* [17] Die unverhoffte Erlösung von allerlei Beschwernissen vollbringen meditative Stunden inmitten von »Thymian, Irisblüten und Myriaden von langstieligem zartblütigem Löwenzahn«. [18] Im Rückzugsraum der so besänftigend nach ätherischen Ölen duftenden Gartenwinkel, Goethe (»Nie wurde er von der Muse erfaßt und geschüttelt, bis ihm Göttliches aus der Feder floß, ohne daß er gewußt hätte, wie oder woher es kam, Göttliches . . . dem das unverkennbare Siegel himmlischer Geburt aufgeprägt ist.« [19]) und Shakespeare zum Greifen nahe, gelingt es Elizabeth, ein Aufflackern ihrer alten Lebensfreude zuzulassen und zumindest für die Zeiten, in denen sie um vergnügliche Formulierungen für den hier begonnenen neuen Roman wird ringen müssen, zu konservieren. »Die wohltätige Sonne . . . brachte wie durch Zauberkraft Glück hervor.« [20]

Auch Marie Mallet kommt in den Genuß des zauberhaften Castellos: eine alte Bekannte, die Elizabeth wenige Tage zuvor an der Küste aufgelesen hatte.

Ganz gleich, welche wirklich existierenden Personen sich hinter den unerwartet entschlossen handelnden Protagonistinnen von *Verzauberter April* verstecken, alle, reale und fiktive Besucherinnen, erleben am Ort des Geschehens eine wundersame Verwandlung oder zumindest Regeneration. Mrs. Wilkens beispielsweise, »diese träge, magere und lasche Person . . . mit ihrem kleinen sommersprossigen Gesicht und den großen grauen Augen, die unter dem zusammengedetschten Naßwetterhut fast verschwinden . . . schlicht, schicklich, proper . . . mit dem nichtssagenden Kostüm und eingeschüchtert von ihrem Ehemann«, steigt nach einigen Tagen im *San Salvatore* »singend den Hügel hinunter . . . und liest ihren [ihr nachgereisten] Mann so beiläufig von der Straße auf, als wäre er ein Knopf«. Und wie steht es mit Mrs. Fischer, der geltungssüchtigen, schwerfälligen Matrone? Mrs. Fischer »beginnt zu spüren, wie der Lebenssaft in ihr hochsteigt«. Sie wird übermannt von dem Gefühl zu »knospen«.[21]

Frühlingsfrauenerwachen! Denn Kuren dieser Art, so die logische Konsequenz der aufblühenden Leserinnen, machen erfreulich »resolut«[22] und als Vorbild Schule. Wie schon *Die Reisegesellschaft* erlangt der 1922 fertiggestellte und publizierte Roman *The Enchanted April (Verzauberter April)* Alibifunktion, in diesem Fall für weibliche Gemeinsamreisende: für aufmüpfige Feministinnen gleichermaßen wie für bislang angepaßte, bedürfnislose Ehefrauen mit Sehnsüchten, in schöner schwesterlicher Verbundenheit, ohne Männer, romantische Wochen am Mittelmeer zu verbringen.

Im Jahre 1934 beispielsweise – sie gehört aber wohl keiner der beiden Gruppen an – sucht die Schriftstellerin Vita Sackville-West mit ihrer Schwägerin Gwen St. Aubyn gleichfalls Zuflucht auf dem italienischen Zauberberg: »Es gab dort einen schönen Garten mit Iris und Narzissen, die bereits blühten, und Oliventerrassen, die sich zum Meer hinunterzogen. Noch besser war, daß das *Castello* von Portofino Schauplatz eines bekannten Romans *The Enchanted April*... von Elizabeth Russell war... Es rührt alles daher, daß Gwen Tauchnitz-Ausgaben der Werke von Countess Russell liest... Ich schreibe... auf der Terrasse eines winzigen alten Schlosses, hoch über dem Meer... Das Meer funkelt dreihundert Fuß tiefer... Ich schreibe und schreibe und schreibe...«[23]

Liebet legt in ihren Aufzeichnungen über Elizabeths Rivieraaufenthalt Wert auf den Hinweis, daß sich ihre Mutter besonders gern an Treffen mit Sir Max (Henry Maximilian) Beerbohm – er schreibt unter anderem Essays und Parodien und gilt als Fin-de-siècle-Dandy[24] – erinnert habe. Elizabeth gehört also neben weiteren Autorinnen und anderen ehrenwerten Gästen zu den in die elegante Beerbohm-Villa Eingeladenen und fühlt sich gleich sehr angenehm unterhalten. Norman Douglas, dessen Capri-Porträt *South Wind* gerade in die Bestsellerliste rückte, fällt ebenfalls unter die Kategorie honoriger Gastgeber. Und da sich während ihres einmonatigen Aufenthalts im *Castello* eine Fülle ähnlich erwähnenswerter und aufwertender Begegnungen ergibt, kann der Eigentümerin des vergleichsweise abgelegenen ländlichen *Chalets* in den Schweizer Bergen kaum verborgen bleiben, wie erstaunlich viele Mitglieder des alten Country-Set sich als Côte-Volée an der italienischen und an der benachbarten französischen Mittelmeerküste neu formieren und gegenseitig zum Vorteil gereichen.

Anschließend, im Mai 1921, nistet sich Elizabeth für vier weitere Wochen am Orta-See ein, in unmittelbarer Nachbarschaft zum Lago Maggiore. Dort verharrt sie geduldig, bis jene Zeit verstrichen ist, die Ausländer der Schweiz jährlich fernbleiben müssen, um Steuerzahlungen zu umgehen.

Gemessen an dem, was im Frühjahr an der Riviera zu Gebot stand, erscheinen ihr nun diejenigen Gestalten, die sich auf die Schweiz zubewegen, als zweite Garnitur. Treue Sommergäste fürwahr, die alle und überall in der Gunst immer gleicher Gastgeber stehen, die in der Wahl von Theater- und Opernaufführungen absolut übereinstimmen, denen Elizabeth beim nächsten Aufenthalt in London mit unausweichlicher Selbstverständlichkeit wieder und wieder begegnen wird, belagern ab Juni ihr *Chalet Soleil.* Zuweilen erscheinen auch vollkommen neue Gesichter: Am Orta-See hatte sie eine Schwindsüchtige aufgetan, sie wurde ins gesunde Höhenklima eingeladen, irgendein Colonel hatte sich in Portofino gleichfalls nicht lange bitten lassen, und schließlich erscheint noch die von Liebet vermittelte erholungsbedürftige Mutter zusammen mit zwei taufrischen unkomplizierten Töchtern. »Die Amerikaner sind weg, Gott sei Dank«, schickt Elizabeth nach deren Abreise ein Stoßgebet zum Himmel. Angesichts beliebter abendlicher Vergnügungen waren ihr gewisse Bedenken gekommen, nachdem neckische Turteleien immer »aufdringlicher und ausgedehnter« wurden. »Ein neues Licht fiel auf Frere.«[25]

Ambivalenz kennzeichnet in der Folgezeit auch das Verhältnis zu einer Beinahe-Einsiedlerin am Berghang über Sierre. Katherine Mansfield, ihre Cousine zweiten Grades und exzellente Vertreterin einer jüngeren Schriftstellergeneration, hat sich auf einen längeren Aufenthalt in Montana eingerichtet. Das von einem englischen Arzt gemietete *Chalet des Sapins* liegt auf 1700 Metern am Ende einer Gletscherzunge. Zusammen mit John Middleton Murry, Ehemann, Literaturkritiker, Herausgeber, Autor und Lek-

tor beim *Athenaeum,* und mit Ida Constance Baker, ihrer
»treuen Frau«,[26] im Mai angereist, setzt die im Wechsel oder
gleichzeitig an Pleuritis, Gonorrhöe, schwerem Rheuma
und rasch fortschreitender Tuberkulose – ihre »Furien« –
Erkrankte Hoffnungen in eine höhenklimatische Ruhe-
und Liegekur.

John Middleton ist es daher, der sich regelmäßig im *Chalet Soleil* einfindet. Er wird fester Bestandteil der etwas faden
Sommergesellschaft, hofiert Elizabeth, betätigt sich sportlich und geht währenddessen davon aus, das augenblicklich
Bestmögliche für seine schwerkranke Frau bereits getan zu
haben.

Katherines Beauchamp-Großvater war ein Bruder von
Elizabeths Vater. Sie wurde in Wellington, Neuseeland, geboren; England ist ihre Wahlheimat. 1909 bereits waren
sich die Cousinen kurz begegnet. Nachhaltigere Eindrücke
hinterließen spätere Zusammentreffen in London. Folgt
man, was Katherine Mansfields Einschätzung der Älteren
angeht, deren Biographin Claire Tomalin, so ergibt sich ein
eher ungünstiges Bild: »Die beiden Frauen musterten einander mit einiger Verwunderung. Niemand konnte Elizabeth
für eine liebenswürdige Frau halten, dagegen stand ihr rück-
sichtsloser Egoismus, gepaart mit Sentimentalität, eine
Mischung, die viele aus dem Clan der Beauchamps kenn-
zeichnete. Doch konnte sie sehr hart arbeiten; sie hatte fünf
Kinder geboren, sich aus ihren verkaufsträchtigen Büchern
ein kleines Vermögen erworben und war aus ihren Kämpfen
mit zwei aufeinanderfolgenden adligen Ehemännern als Sie-
gerin hervorgegangen; sie lebte in völliger Mißachtung aller
Konventionen, die sie als Ehefrau und Mutter hätte befol-
gen müssen. Als sie Katherine besuchte, stand sie kurz vor
der Abreise zu ihrem Schweizer Chalet, wo sie elegante
Gäste bewirtete und sich zu der Zeit auch einen jungen

Liebhaber, A. S. Frere, hielt. Ihren Erfolg und ihre Unabhängigkeit muß Katherine sehr beneidet haben. Elizabeth wiederum betrachtete ihre weniger robuste Cousine mit echter Anteilnahme und Bewunderung.«[27]

Katherine Mansfields Nähe bringt den Schreibfluß an *Verzauberter April* nachhaltig ins Stocken. Hemmen Elizabeth Bewunderung, Befangenheit, lähmender Respekt vor der mit anerkennenden Kritiken bedachten Erzählerin experimentell-impressionistischer Kurzprosa? Hat sie gleichzeitig Angst vor Herabsetzung des eigenen, eher konventionellen und gefälligeren Stils? Im Tagebuch gesteht sie sich ein: »Kämpfte mich vormittags mit *Ench. Ap.* ab. Empfinde es als mühsam. Erschöpft von anstrengender, fruchtloser Arbeit.«[28] – Und bislang hatte ihr gerade der Erinnerungsroman an den April in Portofino über die wiederum wachsende Zahl schwarzverhangener Tage geholfen.

»Hand aufs Herz, ich könnte darauf schwören«, ist dagegen Katherine Mansfields Einschätzung, geäußert gegenüber Dorothy Brett, »Elizabeth ließe sich nie von mir beeinflussen. Wenn Du wüßtest, wie empört sie einen solchen Gedanken von sich weisen würde, wie undenkbar das für sie wäre. Es gibt eine gewisse Wendung in unseren Satzkonstruktionen, die ähnlich ist, aber das liegt daran, daß wir Würmer derselben Familie sind. Doch das ist auch schon alles.«[29] Elizabeths erster großer Bucherfolg soll einer hartnäckig kolportierten Familienlegende nach die blutjunge Kathleen ungemein beeindruckt und sie zu eigenen Schreibversuchen getrieben haben.

Beauchamp-Frauen, auch das eine tradierte Behauptung, pflegen ihre Eigenart. Elizabeths wohlmeinende Besuche im *Chalet des Sapins* bekommen nach anfänglich freundlichem Geplänkel oft unversehens kämpferischen Charakter. Wie Rivalinnen umkreisen sich beide dann im Gespräch. Es kommt, und war nicht anders zu erwarten, zum unzulänglich larvierten, verbalen Schlagabtausch. Ist die Maske der Höflichkeit erst vorsichtig gelüftet, fallen unüberlegte Bemerkungen. Unbehaglichkeit auf beiden Seiten legt Lunten aus, ein spöttisches Wort, ein zweideutiger Satz, vorschnell entschlüpft, Feuer! Vulgäre Ausdrucksweise beklagt Katherine empört an der Cousine. Briefe folgen mit Erklärungen und Entschuldigungen. Allein Elizabeths Hinweis auf die »nette kleine Geschichte«, als Anspielung auf *An der Bucht* aus Katherine Mansfields ernsthafter Feder,[30] riecht doch geradezu nach Pech und Schwefel. »Während der ganzen Zeit, die sie hier war, war ich mir einer gewissen Falschheit bewußt. Wir nahmen kein Blatt vor den Mund, wir waren offen zueinander, aber dahinter verbarg sich nichts als Falschheit. Es war ganz entsetzlich. Ich will sie nicht mehr wiedersehen und auch nichts mehr von ihr hören. Als sie sagte, sie werde nicht oft kommen, hätte ich am liebsten geschrien: *Finito!* Nein, sie ist nicht meine Freundin«,[31] lautet Katherines scharf mit der Cousine ins Gericht gehende Reaktion. In *A Cup of Tea* soll der Mansfield eine Retourkutsche gelungen sein: Rosemary, auf ihre Art ansehnlich, extravagant und großzügig, die sich darin aus schwindelnden gesellschaftlichen Höhen gnädig zu einem armseligen jungen Mädchen herabläßt, es in einem Anfall von Nächstenliebe von der Straße aufliest, mit einer Tasse Tee bewirtet, ja wohlmeinende Pläne schmiedet und dann ihre selbsternannte Schutzbefohlene wie eine heiße Kartoffel wieder fallenläßt, als der zwischenzeitlich heimgekehrte Hausherr anmerkt, es handele sich da aber um ein ausgesprochen hübsches Mitbringsel[32] – diese Rosemary, wird also vermutet, trage Elizabeths Züge. Wohl hält Katherine Mansfields kritische Studie einer High Snobiety den Spiegel vor, einer Gesellschaftsschicht, der sich Elizabeth durchaus verpflichtet fühlt. Aber wäre jene Rosemary, die ihren Philipp zu kennen scheint, nicht von allen guten Geistern verlassen, wenn sie anders reagierte? Nun gut, am 11. Januar 1922, einem Tag, an dem auch Elizabeth bei der Cousine erscheint, entsteht innerhalb von 4 bis 5 Stunden dieser Beitrag zu einer Sammlung, die zu schreiben sich Katherine Mansfield immerhin im Oktober des Vorjahres bereits vorgenommen hatte.[33] Das zeitliche Zusammentreffen von Elizabeths Besuch und ihrem verbalen Ausrutscher hinsichtlich *An der Bucht* mit Katherines Arbeit an *A Cup of Tea* könnte verräterisch, könnte jedoch ebensogut zufällig sein.

Etliche übereinstimmende Verhaltensmuster und das daraus resultierende gewisse Verständnis füreinander helfen diesen beiden Beauchamp-Frauen dennoch, ihre persönliche Beziehung stets wieder ins rechte Lot zu bringen.

So beispielsweise äußern sich Zeitgenossen bezogen auf Katherine Mansfield:

»Ich mochte sie«, meint Leonard Woolf. »Sie hatte ein maskenhaftes Gesicht und schien noch mehr als Murry immer auf der Hut zu sein vor einer Welt, die sie für feindlich hielt. Von Natur aus war sie sicher fröhlich, zynisch, amoralisch, ordinär [andere Übersetzer entschieden sich für *derb*, Anm. d. Verf.], geistreich . . . amüsant. Ich glaube, niemand hat mich je so zum Lachen gebracht wie sie . . . während Blitze ihres bitterbösen Witzes die außerordentliche Komik der Geschichte steigerten . . . Sie war eine sehr ernsthafte Schriftstellerin . . . mit einem wundervollen Sinn für Ironie und tiefgreifenden Zynismus . . . Ab und zu sagte sie *sotto voce* irgend etwas Bitteres und Bissiges . . .«

Seine Frau Virginia vergleicht die Freundin mit einer Katze: rätselhaft, fremdartig, träge, immer einsam sei die Mansfield gewesen. Immer stark belastet und heimatlos, vom Leben verwundet, hätte sie der Gerechtigkeit halber hinzufügen sollen. In der Reichweite ihres Mannes, wird ebenfalls konstatiert, verliere Katherine leicht das innere Gleichgewicht. Auch anziehend, irritierend, talentiert, ehrgeizig, empfindsam und skrupellos sind Adjektive, die auf die Zweiunddreißigjährige abzielen.

Ein schwieriges Kind, außenseiterisch, stark emotional mit Wutausbrüchen, soll Katherine gewesen sein – und hochmusikalisch: Sie spielt Cello. Von ihrer Mutter wurde sie des pubertären Dickseins wegen verachtet und verspottet – die schöne Schwester, Charlotte (Chaddie), machte das Rennen um deren Gunst. Der Erwachsenen bescheinigen Freunde mit Einblick eine große Fähigkeit, visuelle und kommunikative Impulse aufzunehmen, zu bewahren, zu selektieren, um sie literarisch zu verwerten. Als Bühne betrachte Katherine das Leben; gelinge es ihr nicht, die Hauptrolle zu spielen oder jemanden in ihren Bann zu schlagen, gehöre jener bald in die Schublade der Menschen, die sie lediglich gnädigst akzeptiert, wenn nicht sogar meidet und mit Bosheit verfolgt.[34]

Lady Ottoline Morrell stellt einmal mit Erstaunen fest, daß irgend etwas an Katherine Mansfields Wesen sie zu drängen scheine, eine Menge absurder Dinge von sich zu geben. Und D. H. Lawrence wertet gar ihre koloniale Herkunft als Kennzeichen einer Neigung, sich überall, wo sie gerade ist, fehl am Platz zu fühlen.

Liest sich das nicht stellenweise wie eine Charakterisierung Elizabeths?

Am 23. November 1921 stirbt der beruflich und menschlich hochgeschätzte Arzt Sydney Beauchamp bei einem Verkehrsunfall in der Londoner City: der verläßliche ältere Bruder, ihr Ratgeber, das letzte ihr Leben wirklich stabilisierende Element. Stirbt, einfach so, innerhalb von Sekunden. Sydneys Tod hinterläßt eine von niemandem mehr zu füllende Lücke. Hatte sich Elizabeth auf die gleiche Weise wie hier ihr literarisches Alter ego Fanny Skeffington hin und wieder moralische Rückendeckung von Sydney erschmeichelt:

»... nun sei doch nicht albern und schütte kaltes Wasser auf meine herrlichen Pläne. Sei ein guter Bruder, und gib mir deinen Segen – bitte, mein Liebling.«[35] Ihre Trostgedanken, von nun an beinahe zwanzig Jahre lang unausgesprochen bewahrt, wird sie gleichfalls beim Entstehen ihres allerletzten Romans in folgende Worte kleiden: »Und nun war er tot, für immer verschwunden hinter den klirrenden Gittern des Todes... trotz allem war gut daran... [daß] er nie alt zu werden brauchte. War es nicht ein Glück, den geliebten Bruder vor den drohenden Schatten für immer geschützt zu wissen?«[36]

Beistand, den von allen Menschen Sydney Beauchamp am verläßlichsten leistete, den Elizabeth dennoch zumeist entbehrte, fordert man nun von ihr selbst. Alexander Stuart Frere kommt nach Abschluß des Cambridge-Studiums gut voran. Ausgezeichnete Kontakte seiner Gönnerin zum publizierenden Gewerbe setzten ihn auf eine erfolgversprechende berufliche Schiene. Der anfangs bequem gewiesene Weg zu Nelson Doubleday in die USA mündet durch Engagement und persönliche Leistung in eine vorzeigbare Direktorenkarriere im englischen Verlagshaus Heinemann. Elizabeth genießt »diese Erleichterung... wieder gebraucht zu werden, einen Menschen um sich zu haben, der sich freute, bei ihr zu sein, der gern mit ihr zusammen war, der mit ihr lieber als mit irgend jemand sonst auf der Welt zusammen war«. – »Ehe er anfing, sich danebenzubenehmen.«! Vielleicht, so der sich ihr allmählich aufdrängende schreckliche Verdacht, gehört auch Frere zu jener Kategorie anhänglicher junger Männer mit besonders stark entwickeltem Geschäftssinn, deren Zuneigung bei vollbrachter Nützlichkeit in mürrische Pflichterfüllung umschlägt. Gemeinsam auf dem Lande, in Lynton, Devonshire, verbrachte Osterfeiertage des Jahres 1922 gestalten sich jedenfalls höchst unerfreulich. Das niederdrückende Gefühl, unter dem Einfluß von Aprilkälte und Dauerregen bald zehn Jahre älter auszusehen als noch vor Tagen, lassen Elizabeth einfach nicht los. Auch nicht die Angst, um einige Grade abgekühlte Liebesbeweise könnten ein vorschnelles Ende der Beziehung signalisieren. Er (und das münzt die Schriftstellerin auf Christopher, den jugendlichen Helden in *Liebe,* hinter dem sie ja Frere nur unzulänglich verbirgt) »müßte eigentlich sofort und für immer weggeschickt werden, aber zwei Gründe sprachen dagegen: zum einen, daß er nicht gehen würde, und zum anderen, daß sie es gar nicht wollte. Wider jedes Rechtsgefühl, jedes Anstandsempfinden war sie unglaublich froh . . . bei ihm zu sein« . . . »Nun, da es schließlich, spät in ihrem Leben, über sie gekommen war, schien es sie in eine verzweifelt ringende Seligkeit zu reißen.« . . . »Es gab nun keine Halbheiten mehr, das fühlte sie, keine Halbtöne, keine neutralen Bereiche. Es war entweder alles hell oder würde – und wie entsetzlich das wäre – alles schwarz sein.«[37]

Ein besseres Licht auf ihre Beziehung werfen »zauberhafte Pfingsttage« in Goring[38] an der Themse. Dem himmlischen Wetter, den Butterblumenfeldern, dem Kanuausflug, aus Keats Werken vorgelesenen Gedichten und einem hübschen kleinen Cottage, vertraut sie am 3. Juni 1922 ihrem Tagebuch erleichtert an, sei Dank. Dankenswert ist vermutlich auch die Tatsache, daß irritiert fragenden Blicken Fremder, da dem ins Auge springenden Verhältnis – Mutter/ Sohn? Tante/Neffe? – intime Gesten irgendwie zu widersprechen scheinen, durch zielstrebiges Ansteuern abgeschiedener Plätzchen auszuweichen war.

Acht Tage später, im Hafen von Calais, wohin Frere Elizabeth auf ihrem Weg in die Schweiz begleitet hatte, bleibt seine Absicht, in diesem Sommer nicht oder nur für wenige Tage ins *Chalet Soleil* zu kommen, unausgesprochen. Bis Ende Juni, solange die allerletzte Überarbeitung von *Verzauberter April* und eine Stippvisite von Marie Mallet Elizabeths Tage ausfüllen, lassen sich trübe Gedanken vorerst vertreiben. Auf einen Juli ohne Gästetrubel – bestenfalls angereichert mit Besuchen von John Middleton Murry und bei Katherine Mansfield – reagiert Elizabeth mit Schwermut: »Ich bin hier *mutterseelenallein*, und ich schäme mich zu bekennen, daß ich es hasse, allein zu sein. Ich dachte, ich sei gern allein und stark und innerlich frei genug, um mich dieses Zustands zu erfreuen. Zu meiner Verärgerung und Enttäuschung stelle ich fest, daß ich all das nicht bin . . . Ich fiel in ein tiefes, schwarzes Loch und hatte Mühe, herauszukommen, das ist alles.«[39]

Kommen ihr da Gedanken an Nassenheide? Durch Rückzug ins *Treibhaus* erkämpfte *sie* sich noch die ersehnte Einsamkeit. Das Gutshaus schien ihr überzuquellen – von Menschen, die allezeit allzu viele Ansprüche stellten: von hurtigen Kleinkindern, die peinigender waren als Mücken und deren jeweils zehn Finger in ihrem Tintenfaß rührten, bevor Elizabeth ein Wort zu Papier gebracht hatte; von Lehrern, Zofen, Gouvernanten, von Köchin, Dienstboten, Gutsarbeitern. Geht ihre unstillbare Sehnsucht nach Gesellschaft jetzt Hand in Hand mit dem Verdacht, man habe begonnen, sich von *ihr* zu separieren? »Nein, ich glaube an meine unbesiegbare Seele«, hatte Elizabeth als Gräfin Arnim noch ohne Umschweife betont. »Ich bin der Herr meines Schicksals. Ich bin der Lenker meiner Seele . . .«[40] Wochenlang hatte sie allein sein können, niemals nach Unterhaltung gejammert und war sich des Alleinseins kaum jemals bewußt geworden.

Die Vorzeichen des Lebens haben sich seither gewandelt.

Ein neues Buch sei in Arbeit, hält Elizabeth in der ersten Juliwoche 1922 fest, und sie werde es *Escape – Flucht* – nennen. Es wird, zumindest unter diesem Titel, nicht mehr erwähnt. Vielmehr flüchtet sie sich in Vorbereitungsarbeiten für den herbeigesehnten Gästeansturm: geschäftiges Hin und Her bestimmt ihre Tage:

31. Juli 1922: »Herrlicher Tag. Den ganzen Vormittag fürchterlich fleißig, um die Zimmer fertig zu kriegen . . . weil sie nicht ordentlich gemacht waren, als ich nachsah. Zwei Stunden treppauf, treppab . . . Sylvia Gleichen und Betty Clifton kamen an . . .« Ihre alte Clique trudelt nach und nach ein: Maud Ritchie, Anna Paues, Thelma Cazalet, der gute alte Edward Strutt. Ein Lichtblick ist die Ankunft von Bertie und Dora Russell. Überdies schaut Frere ganz kurz vorbei, »in einer Stimmung, einfach lästig«.

Am 31. August hat sich das Haus vorübergehend geleert; auch Katherine Mansfield reiste aus dem ihren ab:

»Mein Geburtstag heute . . . wie anders war der Tag im letzten Jahr! Keine Briefe . . . außer von Trix . . . Der trübseligste Geburtstag seit langem.«[41]

Soweit das Tagebuch.

Und ihre Version für den Freund?

2. September 1922: »Ich verlebte einen sehr gemütlichen Geburtstag.« Und sie fügt noch hinzu: »Ich vermisse Klein-Thelma – es war so lustig mit ihr – so ein fröhliches, kleines, furchtloses Teufelchen und so süß.«[42] Mehr und mehr, immer ausschließlicher, geistern lustige, fröhliche, zauberhafte und auch furchtlose junge Damen durch Elizabeths Briefe und durch ihr *Chalet*. Ruft das Alexander

Stuart Frere, seinerseits einen Begleiter im Windschatten, erneut und völlig unerwartet auf den Plan? »Weit wundervoller«, als seine »nervösen Attacken« ertragen und lautstarke Vorwürfe anhören zu müssen, dünkt Elizabeth bald nach seiner Ankunft die konzentrierte Arbeit im *Kleinen Chalet*.[43]

Homosexualität oder lesbische Liebe werden vor und in den *Golden Twenties* zum um sich greifenden emotionalen Phänomen. Was man bis dato zumeist hinter vorgehaltener Hand geheimnisvoll flüsternd andeutete, ist – und zwar nicht nur in europäischen Metropolen wie London, Paris und Berlin – Gegenstand offenherziger Gespräche und anerkannte Tatsache. Vita Sackville-West beispielsweise steht dazu, mehr als nur Ehefrau von Harold Nicolson zu sein. Beide Partner haben gleichgeschlechtliche Affären, doch Vitas Liebesbeziehung zu Virginia Woolf oder viel mehr noch die zu Violet Trefusis tut der Wärme in der Beziehung zu ihrem Mann und ihren beiden Söhnen keinen Abbruch. Die Woolf ist es auch, die sich 1928 für das Erscheinen eines Kultbuches, *Quell der Einsamkeit* von Radclyffe Hall, die keinen Zweifel an ihren Neigungen aufkommen läßt, stark macht. Stilvolle Damen ziehen dagegen *Orlando* vor – Virginias literarische Liebeserklärung an Vita. Das Ganze entwickelte sich in aufgeschlossenen Zirkeln zur tolerierten gesellschaftlichen Note.

Wenn Elizabeth sich also nicht scheut, mittlerweile weibliche Huldigungen entgegenzunehmen, dann möglicherweise auch deshalb, weil ihr auf der männlichen Seite des Spektrums vieles versagt bleibt.

Spätestens am Ende des Jahres, nach gemeinsamen Weihnachtsfeiertagen auf der Isle of Wight, gerät die Beziehung zu Frere, wie Elizabeth ihrem Tagebuch anvertraut, in ruhigere Fahrwasser. Was immer das heißt.

1923 beginnt mit einer niederschmetternden Nachricht. Katherine Mansfield stirbt am 9. Januar in Fontainebleau. Eines ihrer letzten schriftlichen Zeugnisse[44] ist an Elizabeth gerichtet: »Good-bye my dearest Cousin.« Einhundert geliehene Pfund erstattet sie Elizabeth gleichzeitig zurück, liebevolle Zuwendung spricht aus ihren Worten und gleichwohl Hochachtung vor dem im Herbst veröffentlichten Roman *Verzauberter April*: »Es ist ein köstliches Buch; die einzige Person, die es noch geschrieben haben könnte, ist Mozart. Wie schaffst Du es, so etwas zu schreiben? Wie, wie?«[45]

# Kapitel X: 1923-1930

*»Für mich sei das Wahre meine Arbeit, das Gute meine Kinder
und das Schöne, mich . . . nur mehr diesen beiden zu widmen . . .«*
Alle meine Hunde

Elizabeths Billetts vom Whitehall Court überfluten Maud
Ritchie. Bitten um Besuche und Begleitung: ». . . komm
mit mir am nächsten Donnerstag . . . in die *Unsterbliche
Stunde*. Ich würde es so begrüßen, mit Dir zu gehen . . .«[1]
Am 18. April 1923 gönnt sie sich ein elftes Mal jenes kel-
tisch-mystische Musik- und Sprechdrama. Die Aufführungen im Londoner Regent Theatre müssen auf Frauen ganz
besonders gewirkt haben, denn die folgen dem Ensemble
von einem Aufführungsort zum anderen. Um eine imagi-
näre Nation geht es da, ohne Ehen und Männerdomänen.
Elizabeths Augenmerk gilt darüber hinaus dem jungen
Hauptdarsteller. So erklärt sich auch, warum in *Liebe* gerade
während einer Vorstellung der *Unsterblichen Stunde*[2] der in-
itialisierende Funke zwischen Freres Prototyp Christopher
und der zwanzig (!) Jahre Älteren – Catherine – überspringt. Die eigenen über das im Roman beschriebene Maß
noch hinausgehenden Erfahrungen aus einem dreißigjährigen Altersunterschied mag die Schriftstellerin ihren literarischen Stellvertretern nicht aufbürden. *Liebe* bestimmt
von nun an Elizabeths Alltag, als Interpretation von Ver-
gangenem und Vorwegnahme dessen, was sie auf sich zu-
kommen sieht.

Mit ihrer Keltomanie weiß sich Elizabeth übrigens in guter Gesellschaft; so gibt sich unter anderen George Moore,
anglo-irischer Schriftsteller, als Anhänger jener vorchrist-
lich orientierten Renaissancebewegung zu erkennen. Zwi-

schen dem jetzt Einundsiebzigjährigen und Elizabeth besteht ein regelmäßiger Briefwechsel. Von George Moore stammt auch die vielzitierte Frage: »Warum sind die Männer, die Sie in Ihren Büchern darstellen, immer unangenehm?... ist der unangenehme Mann ein unverzichtbarer Bestandteil Ihres Stils, so wie die dicken Frauen bei Rubens?«[3] – In Wirklichkeit, das soll Elizabeth ihm der Überlieferung nach entgegnet haben, erschienen ihr die Männer noch weitaus unangenehmer.

In Deutschland findet eine vergleichbare Wiederentdeckung des Ahnenkults Ausdruck in heldenverehrender Germanentümelei. Richard Wagners Opern stehen hüben wie drüben seit Jahrzehnten hoch im Kurs. Londoner genießen *Siegfried*, *Rheingold*, *Götterdämmerung* und *Walküre* im Covent Garden, und englische Wagnerianer reisen noch in den dreißiger Jahren in hellen Scharen nach Bayreuth zu den Festspielen. Hugh Walpole verzehrt sich bei jeder sich ihm bietenden Gelegenheit in anbetender Liebe zu Lauritz Melchior; als Elizabeth dem Wagnersänger einmal während eines Essens gegenübersitzt, findet sie dessen Vorliebe für blutige Steaks zwar erschreckend, ihn selbst jedoch sehr süß und *treuherzig*.

Sie stehe in den Startlöchern zur Abreise in die Schweiz, erfährt Liebet am 27. Mai 1923 von der Mutter: zwei Monate werde sie *mutterseelenallein* dort verbringen, wie halte man das nur aus. Nichts gehe, fällt ihr da wieder einmal ein, über einen verwöhnend-umgänglichen Gatten. Gern verschriebe sie ihrem »ängstlichen Herzen... die Ehe... als das einzige Natürliche, einen Mann den du schon jahrelang gehabt hast und an den du gewöhnt bist...«[4] Keinen wie Francis, denn besser für immer allein als in dessen Klauen. Ihr bliebe harte Arbeit als Ersatz. Über banges Warten auf junge zärtliche Hände wird die Tochter besser nicht informiert.

Briefe an Frere klingen betont heiter: von Einsamkeit gebe es keine Spur, wundervoll sei alles nach acht Monaten London, vielen Freunden habe sie noch zu schreiben, am Montag beginne die Arbeit am neuen Buch; mattblaue Iris säumten die Wege ... das Licht auf dem Weißhorn ... brillante Tage ... keine Schmerzen ...[5] Elizabeth hatte zu kränkeln begonnen.

Und was berichtet das Tagebuch?

9. Juni 1923: »Meditierend am Irisweg nach dem Frühstück. *Deum sempiternum immensum omnipotentem transeuntem vidi et obstipui.*[6] Arbeitete an *Liebe* (wie ich diese neue Sache für den Augenblick nennen will – aber in Wahrheit wird es irgend etwas sein wie ›*Sie hätte es nicht tun sollen*‹).

10. Juni 1923: »So anders als der letzte Sommer ... äußerst merkwürdige, trübselige Stimmung – lese Goethe und Bettina [von Arnims] Briefe in englisch ...«

17. Juni 1923: »Lese Tschechow und beendete Dostojewskis Briefe ...«

18. Juni 1923: »Es schneit ...«

21. Juni 1923: »Hab' mich zum ersten Mal einsam gefühlt. Man muß eben einen Freund bei der Hand haben – nicht zu nahe, aber bei der Hand. Nun ja, ich werde darüber hinwegkommen.«[7]

Rettende Ufer sucht Elizabeth im Rückgriff auf das Plusquamperfekt, das heißt vorerst im spontan angetretenen Fünf-Tage-Trip nach Deutschland zu Beatrix.[8] Eine, wie sie es für Frere formuliert, sonderbare kannibalische Sehnsucht nach dem eigenen Fleisch und Blut hatte sie übermannt. Sie mußte sofort gehen und ihr Kind umarmen. Für Liebet hält sie gleichfalls eine Überraschung bereit. Ihr Plan: ein Alterssitz auf der anderen Seite des Atlantiks, ganz in der Tochter Nähe, mit Blumen, einem Baum zum Daruntersitzen, Ruhe ohne Froschgequake – Wohnzimmer, Schlafraum und Badezimmer hübsch geräumig, einer kleinen Küche – dazu ein Mädchen, das nach der Arbeit verschwindet... Wenn das alles zuträfe, würde sie niemals mehr wünschen, dort wegzugehen.[9]

»›Ach – Kinder!‹... Wie süß waren sie doch, wie kostbar, wie liebenswert... Und sie blieben einem; es gab sie nicht, wie Rosen, nur im Sommer, sie verschönten nicht nur, wie Hyazinthen, den Frühling. Blumenzwiebeln waren ja schön und gut, doch Kinder...«![10] – Gedanken der jungen Mutter aus *Elizabeth und ihr Garten?* Nein, seit kurzem erst spuken sie Elizabeth im Kopf herum und lassen sich kaum mehr vertreiben.

Gäste: Maud Ritchie, Hugh Walpole, Thelma Cazalet sowie erstmals Lady Sybil Colefax, eine Prominentenjägerin, deren Salon mit dem von Lady Ottoline erfolglos konkurriert und von deren Anwesenheit sich die meisten Mitmenschen eine Woche lang erholen müssen, helfen ihr über den Sommer, bis Frere auftaucht: »Launisch und langweilig. Früher oder später ist er hier immer langweilig... Er spricht über seine Zukunft etc....«[11] Die ängstliche Frage nach dem, was sich unter Elizabeths eifrig schriftstellernder Hand (in *Liebe*) womöglich über ihm zusammenbraut, wollte Frere keine Ruhe lassen. Und ihr Hinweis, Handlung und Figuren verselbständigten sich im Fortschreiten des Manuskripts, vorläufig sei alles, mehr noch als zu Beginn, in der Schwebe, erzielt bei dem jungen Mann, dem *Vera* natürlich bekannt ist, ganz und gar keine beruhigende Wirkung.

Am 31. August 1923 kommt ein Telegramm von Frere, desgleichen von George Moore und von H. B.; Elizabeth arbeitet ein wenig, fühlt sich kläglich. Geburtstage verlieren an Glanz. Kein Tag vergeht jetzt ohne Schmerzen: so lange, bis am 15. September eine muntere und energiegeladene Person aufkreuzt: »Teppi, an der ich sehr hänge... die liebe Teppi – sie wiederzusehen, nach über neun Jahren – kehrte ins *Chalet* zurück.«[12] Nach dem Juni-Besuch bei Trix und vor ihrer Rückkehr in die Schweiz hatte Elizabeth, einem Impuls folgend, am Starnberger See Halt gemacht. In Niederpöcking betreibt Teppi Backe zusammen mit ihrer Lebensgefährtin das Mädcheninternat *Haus Buchenheim.*

Während des Krieges wurde die ausgebildete Erzieherin zunächst nach Bremen verschlagen, dort beförderte man sie wegen ihrer augenfälligen Tüchtigkeit zur stellvertretenden Oberin des Kinderkrankenhauses und stellte ihr eine erfahrene Pflegerin an die Seite: Schwester Elisabeth. Teppi berichtet über das Verhältnis der beiden Frauen überraschend freimütig: »Und in gemeinsamer Arbeit mit dieser entwickelte sich aus Wertschätzung Liebe, und aus dieser eine Verbundenheit für mein weiteres Leben... räumliche Trennung zeigte uns unsere Abhängigkeit voneinander... das und die tiefe Liebe, die uns verband, waren ausschlaggebend für eine dauernde Vereinigung und wir schmiedeten Pläne für die Zukunft. Der Name Elisabeth wurde für mich schicksalhaft.«[13]

Als Teppi, die durch die Inflation in Deutschland ihrer Barmittel beraubt ist, Elizabeths Einladung ins *Chalet* ablehnen mußte, wurde ihr spontan mit einer entsprechenden Summe in Schweizer Franken ausgeholfen.

Anfang Oktober, noch während Fräulein Backes Aufenthalt im Wallis, sucht John Middleton Murry unverhofft Elizabeths Gesellschaft. Offenbar hat er bei ihr sein mäßig schlechtes Gewissen erleichtert, denn nicht von ungefähr liest und kommentiert am darauffolgenden Tag seine Beichtmutter *Kangaroo* von D. H. Lawrence. Denn Frieda Lawrence, Ehefrau und Muse des Romanciers[14] sowie sein Prototyp für *Lady Chatterley,* und ihr zeitweiliger Reisebegleiter Murry waren sich unterwegs sehr nahegekommen. Doch nach dem ungeplanten, von Frieda bis ins hohe Alter nie vergessenen, an sich erfreulichen Vorfall hatte sich der angeblich Überredete wohl aus Angst vor Wiederholung und vor drohenden Sanktionen ins *Chalet Soleil* abgesetzt.[15] Der schrecklich eifersüchtige und mißtrauische D. H. Lawrence wird seinem Freund Murry tatsächlich einmal entsprechend inquisitorische Fragen stellen.

Denkwürdige Ereignisse anderer Art beschert Elizabeth der Londoner Herbst. Zum soundsovielten Male die *Unsterbliche Stunde.* »Ersten Abend der Wiederaufnahme des Stücks mit Molly Cazalet [besucht].«[16] Dann ist der lästige Umzug um wenige Straßenmeter zu organisieren: von bisher 2, Whitehall Court zur kleineren Wohnung im Haus Nummer 4. Unterm gleichen Dach logiert H. G. Wells. Und geradezu unnachgiebig beharrt Alexander Frere neuerdings auf Tanzveranstaltungen in gleißend hellen Sälen: »Tanztee. Regent's Park Country Club...«...»Ging anschließend mit Frere ins Savoy und tanzte dort... unsagbar gräßlich... hatte überhaupt keinen Spaß.«[17]

Sequenzen, die in Elizabeths Tagebuchaufzeichnungen ein Seelentief markieren, finden sich als zynisch formuliertes Highlight in *Liebe* wieder: »Der Hausball machte ihr keinen Spaß. Christopher konnte sie nicht zum Tanzen bewegen... und nachdem sie sich gegenseitig kläglich auf die Füße getreten waren, gab er es auf und ließ sie sich hinsetzen. Aber er mußte bei dieser Musik einfach tanzen, und Catherine, die ihm zuschaute, wie er mit einem Mädchen nach dem anderen herumschwebte, die ihr alle Wunder an Jugend und Schönheit zu sein schienen, amüsierte sich nicht... ›Das ist meine Tochter‹, sagte eine ältere Frau und deutete auf ein sehr hübsches Mädchen, das gerade mit Christopher tanzte. ›Welche ist Ihre?‹«[18]

Gegen unerklärliche Krankheitsschübe und Depressio-

nen verschreibt Elizabeths Arzt ausgerechnet eine Schiffs-
passage über Weihnachten und den Jahreswechsel nach
1924 hinaus, dann einige Wochen Erholung im sonnigen
Kapstadt begleitet von absoluter Ruhe. Vollkommener Verzicht aufs Schreiben und viel Schlaf würden sie schon
wieder hinbiegen. Die widerstrebend angetretene Reise bestätigt einmal mehr: Elizabeth verabscheut enge muffige
Schiffskabinen ebenso wie Gemütlichkeit vorgaukelnde
Hotelzimmer. Leeres Geschwätz bei Stehempfängen in Pro-
vinzgrößengegenwart ist ihr gleichermaßen unerträglich
wie übereifrige Lobhudeleien südafrikanischer Damen. An-
haltende Schlaflosigkeit zermürbt. Der ganze Ausflug, so
das Resümee im Februar, war ein Alptraum – vom Anfang
bis zum Ende.

Im Juni 1924 wird es einmal mehr Zeit fürs *Chalet*. »Du
mußt mir nicht versprechen, alle Tage zu schreiben – ich
hasse versprochene Briefe... Schreibe wenn und wie
Dir danach ist, niemals sonst«, wird Frere zuvor instruiert,
denn »ich las Deinen letzten Brief mit größtem Interesse
und tiefstem Verständnis. Ich verstehe immer mehr als Du
denkst...«[19]

Ungeachtet ihrer mißglückten Südafrika-Reise setzt
Elizabeth stärker denn je auf die wohltätige Wirkung der
vom Vater ererbten Unart: immer dann, wenn es brenzlig
wird, unverzüglich die Tapeten zu wechseln. Kaum in
Randogne angekommen, setzt sich Elizabeth darum wieder
in Bewegung. Genau fünfzig Jahre nach der ersten steht wieder eine Tour du Lac auf dem Programm. Es wird eine Rundfahrt in memoriam. Ida Baker, die nach Katherine Mansfields Tod ebenfalls nicht mehr so recht weiß, wohin sie
gehört, ist eingeladen. Zu Beauchamp- und Lassetter-Kind-
heitsstätten am Genfer See bringt die beiden Frauen ein immer »lächelnder adretter Chauffeur und ein mit rosaroten

Anemonen geschmückter Fiat 15/30 h. p.«; und auch das will Elizabeth als gutes Vorzeichen werten:

11. Juni 1924: »Verließ das *Chalet* um 10.50 Uhr. Ein treuherziger junger Mann, vielleicht zwei- oder dreiundzwanzig in der Bergbahn... mit italienischem Blut – kam immer zurück auf l'amour...«

Dennoch schlägt die Stimmung unversehens um:

»Vevey. Absolute Stille... versuchte, satt zu werden. Es endete hauptsächlich mit Erdbeeren, nachdem ich verschiedene Sachen probiert habe, die alle zu süß, zu sauer oder einfach eklig waren... Wachte um 4 auf und schlief wieder ein. Der Regen hatte aufgehört. Träumte, Liebet wäre angekommen, so hübsch und nett und ich zerzauste ihr Haar... widerliches Frühstück... endlose grüne Alleen, grasüberwachsen und traurig, ganz ähnlich der Allee, die in Schlagenthin zum Mausoleum führt... Schloß Coppet – voller freundlicher Geister – wie zu Zeiten de Staël, Récamier. Dachte an Urgroßvater der Kinder, Prinz August, der hier eifrig bemüht war, Madame Récamier den Hof zu machen... wunderschöner Rosenstrauch am Haus mit Myriaden kirschroten Blüten setzte mich in Entzücken... Ferney. Fühlte mich übel und krank und legte mich bis zum Abendessen und danach hin. Ida saß bei mir im dunkelwerdenden Zimmer bis 10 und wir sprachen über viele Dinge... Fühlte mich sehr schäbig – sehr. – Voltaires Haus. Ich weiß nicht, ob diese Geisterbesuche von Mausoleumshäusern wirklich erbaulich sind. Besuche von toten Häusern... Schlechtes und schmuddeliges Essen. Froh, wegfahren zu können.«[20] Auch dieser Ausflug ist kein Erfolg.

Gedankenreisen müssen helfen – und sind aufgezeichnet in einem Brief: »Oh, meine kleine Lieb, wünschst Du Dir nicht, wir könnten für eine Woche alle in Nassenheide zusammenkommen und die Orte aufsuchen, wo wir immer so glücklich waren – Horst und den Glambecker See und Laak und Rennenwerder? Wenn mir jemand eine Million vermachte, würde ich das Haus von Nassenheide maßstabgetreu in England nachbauen lassen . . .«[21]

Fürs erste reicht eine 1500-Dollar-Anweisung aus, um Elizabeths größten realisierbaren Wunsch zu erfüllen. Im Juli kommt Liebet in die Schweiz, gefolgt von Trix. Die Schwestern haben sich seit 1913 nicht mehr gesehen. Nach zwei Wochen reisen beide Richtung Deutschland. Sie werden ersetzt durch Frere, der sich endlich für einige Tage loseisen konnte. Und als Liebet für den Rest ihres Europatrips ins *Chalet* zurückkehrt, trifft sie dort auf eine Vielzahl ihr völlig unbekannter, ziemlich aufgekratzter Damen jeden Alters.

»Dick und lautstark nach schneller Arbeit schreiend«[22] kommt im September 1924 ein Stoß *Liebe*-Korrekturbögen zurück mit der Aufforderung, den letzten Teil zu überarbeiten. Eine vollkommen neue Erfahrung. Das Resultat: Ernüchterung, Resignation und Wut. Wut deshalb, weil Elizabeth nach getaner Arbeit glaubt, auf Verlangen ihres Verlegers Macmillan sei der ursprünglich bewußt offengehaltene Ausgang ihrer Erzählung zu etwas, das ihr nun nicht mehr gehöre, mutiert: zum Produkt einer Betrachtungsweise aus der Sicht eines *Mannes* . . . Er, der Schluß, bleibt ihr suspekt.[23]

Der Roman über Anfang und Anfang vom Ende ihrer schier endlosen Liebesgeschichte mit Frere, einfach bestechend durch spöttelnde Situationskomik und freimütige Selbstironie, erscheint am 24. März 1925 und findet auf dem Literaturmarkt freundliche Aufnahme. Das, was man ihr – sie sich? – hier in *Liebe* noch in letzter Konsequenz zu bekennen verbot, wird Elizabeth nach weiteren zehn Jahren Bedenkzeit, in *Alle meine Hunde*, auf den Punkt bringen:

»Ich bin der Meinung, daß sich nur Gleichaltrige zu Paaren zusammenfinden sollten, die Vierzigjährigen mit den Vierzigjährigen, die Zwanzigjährigen mit den Zwanzigjährigen. Sollten sich die Vierzigjährigen, wie es zuweilen vorzukommen pflegt, aus ihren Altersgenossen nichts machen und sich lieber den Zwanzigjährigen zugesellen, dann sollte man sie in ihrem eigenen Interesse davon zurückhalten; und ebenso sollte man den Zwanzigjährigen, die sich in der Unerfahrenheit ihrer Jugend einbilden, daß sie auf die Dauer mit Vierzigjährigen glücklich sein könnten, solche Gedanken ausreden.«[24] Dieser Quintessenz handelt Elizabeth 1924 noch zuwider. Da hat die Achtundfünfzigjährige angesichts des Achtundzwanzigjährigen keine andere Wahl. Was läßt sie Catherine in *Liebe* stellvertretend denken: ». . . wenn jemand wie ich daher kommt, der schon an der Reihe war, der nicht mehr an der Reihe ist . . . [und der die unverhoffte Chance ergreift, noch einmal] zu zweit zu sein mit jemandem vom anderen Geschlecht, einem der stark war, der einen in seine Obhut nehmen konnte, bei dem man sich sicher und geborgen fühlte, mit einem jungen Menschen, der all das gern tat, was das ewige Kind in einem selbst so gern tut, aber nie zu tun wagte, aus Mangel an Rückhalt, aus Angst, ausgelacht zu werden – wie himmlisch.«[25] Ja, und wie teuflisch schwierig zugleich.

Sobald die neue Version ihres Romans auf den Weg gebracht ist, macht sich Elizabeth, anstatt wie gewohnt auf nach England, lieber auf und davon. Mit Maud Ritchie und Anna Paues geht es nach Venedig und anschließend an die Riviera, zu einem neuerlichen Fehlversuch mit Hotels. Dünkt ihr all das besser als die hellerleuchteten Ballsäle Londons? Anfang Januar 1925 zieht es sie, die Schwester im Schlepptau, zurück in die Schweiz. Die Tage gehören bis April dem Schreiben, ein Gutteil von *Introduction to Sally* entsteht; abends am Kamin greifen Elizabeth und Charlotte zum Schachspiel.

Nur mit Venedig im Mai läßt sich Frere noch einmal ködern. Ihr Treffen verstärkt das Mutter-Sohn-Syndrom.

Auch vom sich anschließenden Aufenthalt im *Chalet* gäbe es kaum Erfreuliches zu berichten, wäre da nicht ein junger Mann aufgetaucht. Und der, in Elizabeths Briefen als ungemein anregende Bereicherung der großen Besucherschar hervorgehoben, entpuppt sich in ungeschminkten Tagebuchaufzeichnungen als ungehobelter Klotz, auf den seine Gastgeberin keinen passenden groben Keil zu setzen weiß. Mehr und mehr kommt sich die generöse Gastgeberin nur so lange wie eine im eigenen Haus nachsichtig Geduldete vor, wie sie sich im *Kleinen Chalet* auf ihren zeitraubenden tagtäglichen Broterwerb konzentriert und nicht mehr als unbedingt notwendig stört. Zur einzigen Elizabeth miteinbeziehenden Aufregung im Kreise jener allsommerlichen Gesellschaft kommt es, als Sibyl Colefax durch typisch englische Vorliebe für Gartenarbeit die empörte, und gottlob nach viel gutem Zureden wieder zurückgenommene, Kündigung des wirklich unersetzlichen Gärtners heraufbeschwört. Ende August leert sich das Haus. Der Koch fährt als letzter mit der Bergbahn zu Tal, ihr Standardpersonal bleibt und überwintert im *Chalet*.

Mangels Standfestigkeit in der Gegenwart wirft Elizabeth ihren Rettungsanker erneut in die Vergangenheit und trifft auf Treibsand. 2. September 1925: »Berlin – Stettin – Nassenheide. Frühmorgens von Berlin los und um zehn Uhr in Stettin . . . mieteten einen Wagen und fuhren nach Nassenheide. Wir stiegen beim *Pflasterweg* aus und schickten den Fahrer nach Boeck, um dort auf uns zu warten. Sonnig und windig. Machten zuerst einen Spaziergang durch das Wäldchen gleich hinterm Dorf . . . ein heftiger Regenschauer durchnäßte uns bis auf die Haut, während wir vergebens versuchten, in den Garten zu gelangen. Alles verrammelt und verriegelt. Stürmischer Regen. Heulender Wind. Das Tor ist schon so lange verschlossen, daß Bäume hindurchwachsen, und die ganze Auffahrt war von Gras und Gestrüpp bedeckt. Gingen durch den Hof der Meierei und klingelten vergebens an der Haustür. Matsch und Regen. Trostlosigkeit. Eine grimmige Frau, die hinter dem Fenster nähte, das einst zum Eßzimmer gehörte, erblickte uns, öffnete die Tür einen Spalt breit und fragte, was wir wollten. Wir sagten ›Sambale‹, und sie führte uns ums Haus herum (ohne uns auch nur einen Blick ins Haus werfen zu lassen) zu ihnen ... Wir tranken Tee und sie trockneten uns die Strümpfe. Dann wurde der Hausverwalter überredet, uns mal kurz in die Räume im Erdgeschoß gucken zu lassen ... Hennings Arbeitszimmer – ein Holz- und Kohlenschuppen (die alte Tapete immer noch an den Wänden), das Schulzimmer eine Küche, die Bibliothek zweigeteilt und der Kamin zugemauert ... das blaue Zimmer ein abscheuliches *Herrenzimmer* ... und auch das lange Zimmer geteilt ... Trix und ich durchstreiften den Garten. So traurig und verlassen. Da kam die Sonne heraus, und durch die Bäume hindurch sah nun das Haus genauso aus wie früher, denn wir konnten die Verwüstung nicht sehen, die man dort angerichtet hat ...«[26] Das Resümee der Pilgerreisenden ohne Option auf Wunder: »Ich will nicht mehr hin.«

Erinnerungen projizieren geliebte vergilbte Bilder vor desillusionierende: vier kleine Mädchen, die jauchzend durch den Garten rennen, ihrem schmunzelnden Vater entgegen, der sie alle nacheinander auffängt – Matrosenkleidchen, leuchtendweiße Sonnenhauben, gerüschte Schürzen über Sonntagsstaat – der kleine H. B. von ihren jungen Armen hinaufgehoben aufs Podest der Sonnenuhr – die allabendliche Prozession zum Dinner – Neckereien mit Tutoren – Perlenschnüre durch das hochgesteckte, volle Nackenhaar gewoben – Evi, oder war es vielleicht Liebet?, stolz und niedlich auf dem Stühlchen, posierend beim Photographen Brasch in Berlin, Leipziger Straße – an Rückkehrtagen von den Englandreisen dicke feuchte Freudenküsse ihrer Kinder . . .

Insgesamt fünf Wochen nimmt sich Beatrix Zeit für ihre Mutter. Am 5. Oktober verläßt die Tochter das *Chalet Soleil* und übergibt Elizabeth ein in fehlerfreiem Englisch verfaßtes Buchmanuskript zur Bewertung. Perfekt sei ihre *Mutter*sprache, zu perfekt, um wirklich amüsant zu sein, lautet das mit Bangen erwartete Urteil, und: »Liebste kleine Trix, übergib Dein [Buch] tapfer den Flammen und verschwende keinen Gedanken darauf, sondern gürte Deine Lenden und bete und faste und mach Dich an eine neue deutsche Geschichte, in der es weder Dich noch einen Antonius [Anton von Hirschberg, Anm. d. Verf.] gibt«, lautet die von der Mutter noch hinzugefügte wohlmeinende, Beatrix hingegen kaum wohltuende Empfehlung.[27] Was in dieser Form[28] dann selbstverständlich nie geschieht.

*Introduction to Sally* (*Sallys Glück*) ist abgeschlossen. Im Folgejahr, 1926, wird der Roman in englischer und deutscher Sprache erscheinen. Keine ganz große Sache. Sie weiß darum. Eher eine – Elizabeth zur seelischen Gesundung gereichende – »nette kleine Story«[29] mit einem gehörigen Schuß augenzwinkernder Gesellschaftskritik. Eliza Doolittle stand ein wenig Patin für Sally: ein schönes unverbildetes Mädchen, mittellos, charakterlich absolut untadelig. In Würde verarmte vornehme Witwe ließ Sohn allerbeste Erziehung angedeihen. Der wiederum ehelicht eben jene unstandesgemäße, seiner in Aussicht genommenen Karriere vorerst im Wege stehende Sally und reicht sie zur weiteren Behandlung seiner gleichfalls heißgeliebten Mutter weiter. Doch als es dieser aufgrund strengster Unterweisungen endlich gelungen ist, die Manieren der so duldsamen wie lernfähigen jungen Frau auf präsentables Niveau anzuheben, schleicht sich Sally davon. Wie weise. Denn nun kann ein begüterter Aristokrat sehr fortgeschrittenen Alters und ohne jede zweideutige Absicht das schöne Kind unter seine schützenden Fittiche nehmen und mit einem großzügigen Legat deutlich aufwerten. Für Mutter und Sohn endet das alles mit einer unerwartet guten Partie, für Sally mit neu entdecktem Selbstbewußtsein gegenüber ihrer Schwiegermutter und dem Gatten.

Nicht nur die glanzvolle Rolle als Hausherrin des *Chalet Soleil* scheint für Elizabeth ausgespielt, auch reduzierte Engagements für Gastspiele auf Londons gesellschaftlicher Bühne verheißen allmähliches Abgleiten in die Statisterie. »Wie ein Häufchen Unglück hockte ich auf der Bettkante und dachte zurück an die glücklichen Jahre in Pommern . . . und an die herrlichen Zeiten in der Schweiz . . . Je mehr ich darüber nachdachte, desto klarer wurde es mir, daß ich für das Stadtleben . . . nicht geschaffen war . . . So wandte ich eines schönen Tages London wieder den Rücken und übersiedelte wieder aufs Land.« Resignation treibt Elizabeth in die Suche nach trügerischen Idyllen. Vergaß sie die niederdrückenden Erfahrungen mit *Blue Hayes*? 1925 fällt die Entscheidung für das winzige strohgedeckte Häuschen im New Forest, um, wie sie ebenfalls bekennt, sich »vor der Welt zu verstecken und die Vergangenheit zu vergessen«.[30] Es wird ein kurzes Intermezzo, zumal Frere nicht zuvor gefragt wurde, welcher Art Vergnügungen er nunmehr Vorrang einräumt. Denn zum Golfspielen besteht dort weit und breit keine Gelegenheit. Beim zweiten Anlauf wird somit eine von einschlägig Ambitionierten hochgelobte Sportstätte in

Wentworth/Virgina Water für Elizabeth absolut handlungs-
leitend. »Ich wählte meinen Wohnsitz nur einige zwanzig
Meilen von London entfernt, so daß ich immer die Möglichkeit hatte, meine Freunde für ein paar Stunden zu besuchen, falls ich ein Bedürfnis nach der Gesellschaft anderer
Menschen verspürte. Aber trotz der Nähe der Großstadt
lebte ich in völlig ländlicher Abgeschlossenheit, zumal
mein Haus ganz allein stand und auf der einen Seite von
einem Golfplatz und auf den drei andern von Wald umgeben
war . . . Das Haus war wirklich reizend; es ging solche Ruhe
und so ein wohltuender Frieden von ihm aus. Die Wipfel der
herbstlich bunten Bäume neigten sich schützend über sein
Dach, und vorn erstreckte sich die Weite des Golfplatzes,
der bei unserem Einzug im Nebel verödet dalag. Vor meinem Wohnzimmerfenster stand ein Taubenschlag, den der-
selbe Freund, dem ich meine beiden Hunde verdankte, mit
Tauben bevölkert hatte . . . und vor dem Kamin saß – auch
ein Geschenk meines ›zoologischen‹ Freundes – ein kohl-
schwarzer Glückskater . . .«[31] Anstatt sich, wie erhofft, regelmäßig zum Golfspielen in *White Gates* einzufinden, hatte
Frere ein Ablenkungsmanöver ersonnen: denn ältere Damen, so seine mit sicherem Instinkt angestellte Vermutung,
entdecken in aller Regel ihr noch zu heftig pulsierendes
Herz für Tiere. »Wenn er mich besuchte, saß er, von seinen
vierbeinigen Geschenken umgeben, zufrieden da, trank seinen Tee und hatte keine Ahnung, daß ich noch vor wenigen Stunden . . . meine Knöchel wundgebissen hatte, aus
lauter Verzweiflung über meine Unfähigkeit . . . ›resolut‹ zu
leben.«[32] Als Erklärung für ihre Niedergeschlagenheit bevorzugt Elizabeth in alter Tradition Hinweise auf grauenvol-
les englisches Wetter. Einsamkeit und trübe Tage bilden
eine unheilige Allianz. »War es möglich, daß das Alter sich
bei mir auf eine so banale Weise bemerkbar machte? Daß es

sich in einem gesteigerten Wärmebedürfnis und heftiger Abneigung gegen einen ewig grauen Himmel äußerte, einen Himmel, der sich nicht aufhellen wollte?«[33]

»Warum lebst Du nicht in meiner Nähe? Ich weiß ein kleines Haus mitten im Olivenhain.«[34] Bridget Guinness' Vorschlag stößt zunächst auf verhaltene Gegenliebe. Elizabeth traf die einflußreiche Gesellschaftsdame und Gattin von Benjamin Seymour Guinness erstmals 1919 in New York. Die Freundschaft wurde in England fortgesetzt. Jetzt residiert die Millionärin an der französischen Riviera. Nicht unmittelbar an der Küste, überlegt Elizabeth, »sondern weiter weg . . . in einem Winkel der Provence baue ich mir womöglich ein kleines Haus für die Wintermonate – etwas ganz Kleines, Bescheidenes wie ein Kloster und verdoppele meine Arbeitsleistung – finde vielleicht sogar Zeit, Theaterstücke zu schreiben . . . ich war in Schwermut gehüllt wie in ein Gewand . . . Aber ich habe gearbeitet wie der Teufel. Oh Himmel, dem sei tausendmal Dank, der mir als erster in den Kopf setzte, Geschichten zu schreiben! Schlecht oder passabel, in diesem Sommer will ich . . . schreiben . . . so weit ich sehe, werde ich den ganzen Juli allein sein. Ich bin froh darüber, weil es bedeutet, daß ich mit *Expiation* vorankomme – treffender Titel!«[35] Frere wird also am 1. und 7. Juni 1926 genauestens über ihre Pläne auf dem laufenden gehalten. Einst heftiger Briefwechsel halbierte sich zum einseitig ausgerichteten Informationsstrom. Der Juliwink stößt auf taube Ohren.

Gottlob erscheinen Anton und Beatrix bald darauf in Randogne: »mit Billy [der am 3. Juni 1920 geborenen Tochter Sibylla] und ihrer treuen Mine, und noch einem weiteren Baby [Elisabeth, geboren am 14. Januar 1927, Anm. d. Verf.] unterm Mieder, das bald herausgeholt werden wird . . .«[36] Ganze Photoserien dokumentieren die positive

*Elizabeth mit Tochter Beatrix von Hirschberg während eines
Aufenthaltes der Hirschberg-Familie im ›Chalet Soleil‹ (1926).*

*Elizabeth mit ihrem Schwiegersohn Anton von Hirschberg ( 1926).*

Wirkung der Hirschberg-Familienmitglieder auf Elizabeths Befinden. »Trix war ein Schatz, so selbstlos und die ganze Zeit um andere Leute besorgt. Sie gewinnt an Charme, stelle ich entzückt fest. Ich wünschte, das könnte ich auch von mir behaupten. Ich werde, scheint es, nur immer giftiger und pingeliger.«[37] Dem stets galanten Schwiegersohn gelingt es zumindest zeitweilig, sie durch kleine harmlose Flirts umzustimmen.

Pünktlich, sobald die Kalenderblätter Hochsommer anzeigen, erklimmt die altbekannte putzmuntere Riege den Bergpfad zum *Chalet Soleil*: Emmy, Sylvia, Joan, Leonora, Ruby, Cynthia... trudeln ein. Nach kurzer Begrüßung erobern die Damen ihr Terrain, hernach halten sie ihre Gastgeberin für kaum noch der Rede wert: »Zwei Frauen stehen schwatzend auf einer Treppe, und ich kriege sie weder nach oben noch nach unten.« – »Wie kann ich das, was mir noch vom Leben bleibt, in neue Bahnen lenken, damit es nutzbringend ist und nicht nur Makulatur?«, fragt sich Elizabeth nun doch höchst irritiert durch die unverhohlen zur Schau getragene Mixtur aus Gleichmut und Arroganz. »Ja, wirklich, ich sollte mein verrücktes Leben in Ordnung bringen.«[38] Rückendeckung verspreche Maud Ritchies bevorstehende Ankunft, wird im gleichen Atemzug erleichtert vermerkt. Und die nimmt dann als einzige, so will es scheinen, Notiz vom 31. August 1926, Elizabeths sechzigstem Geburtstag.[39]

Einen goldenen Herbst in *White Gates* mit Ruhe für intensive Arbeit, behauptet sie gegenüber ihrem Tagebuch, sei alles, was sie sich jetzt wünsche. Das findet man dort, allerdings weit mehr, als ihr momentan bekommt. Wohl sorgt Frere für einen gewissen Ausgleich: Er erweitert das Hundeduo zum Terzett. Elizabeths Spaziergänge in Begleitung ihrer vierbeinigen Freunde beginnen niemals vor Ein-

*Elizabeth Russell und Anton von Hirschberg auf den Stufen einer Terrasse des ›Chalet Soleil‹ (1926). Die beiden verstanden sich ausgezeichnet.*

treffen und Durchsicht der Post. Keine Menschenseele kündigt sich an. Tagtägliche Fehlanzeigen übersteigen zum Jahresende ihre Kräfte. Wie gebannt starrt sie auf ein magisches Datum. Nur noch größere Angst vor Einsamkeit als vor Hotelaufenthalten erklärt den Entschluß, sich bei ihrer Herbergssuche ausgerechnet auf ein Weihnachtspauschalangebot des *Danny-Park*-Landhauses in Sussex einzulassen. Eigentlich hatte das *Times*-Inserat verheißungsvoll geklungen, zumal es unvergeßliche Feiertage in nobler Gesellschaft versprach. Nichts als Worthülsen.

Zäh ziehen sich nun trostlose Stunden zu endlosen Tagen. Als wären alle in der Hotelhalle Versammelten miteinander versippt, so ähneln sich die ohne sehenswerte Erfolge gepuderten und gerougten weiblichen oder graugelb verblichenen und erschlafften männlichen Gesichter. Gesichter, die sich, selbst wenn man größte Sorgfalt auf sie verwendete, nicht in ihren früheren Zustand zurückversetzen ließen. Von Bitterkeit geformte spitze Münder hatten im allerfestlichsten Moment ein beinahe unverständlich genuscheltes *Cheerio* hervorgebracht. Ein furchteinflößendes skurriles Bild: »Und sie malte sich aus, wie sie nach und nach zur Karikatur ihrer selbst würde, einer unfreundlichen Karikatur – schlimmer noch als unfreundlich, einer hochgradig boshaften Parodie dessen, was sie früher gewesen war...« – »So schwer man sich das auch vorstellen kann...«, hört sie sie förmlich einander zuraunen, »... die alte Dame mit dem Stock, deren Kopf einfach nicht stillhalten will – sie war früher eine berühmte Schönheit.«[40] Impressionen aus dem miterlittenen Weihnachtsfegefeuer armer Seelen, von nun an im Kopf archivierte und nach Jahren wieder hervorgekramte Szenen.

1927 bringt fürs erste einen Abstecher nach San Remo und endlich eine, wie frohgemut festgehalten wird, Stimmungsaufhellung auf längere Sicht. Dafür gibt es gute Gründe. Ob sie womöglich *die* Russell sei, hatte ein distinguierter ältlicher Konsul aus Skandinavien aufgeregt wissen wollen, wirklich und leibhaftig die geniale Schöpferin von *Vera* und *Liebe*? Davon präsentiert er der angenehm Überraschten dann stolz je einen sichtbar zerlesenen, ins Dänische übersetzten Band. Jede Einzelheit dieser Begegnung ist es wert, in Elizabeths Tagebuch festgehalten zu werden. Peyloubet, wohin es sie anschließend zieht, beherbergt zuzeiten Charlotte und H. G. Wells. Halb im maurischen Stil, halb pittoresk russisch-orthodox, errichtete der Schriftsteller jüngst *Lou Pidou,* eine in Elizabeths Augen entschieden zu *pompöse* Villa an der französischen Côte d'Azur. *Von zwei Liebenden gebaut,* verrät drinnen ein Sinnspruch. Nicht Wells' seit langem leidende und in diesem Jahr sterbende Frau Jane, sondern Odette Keun, eine von Elizabeth amüsiert und gleichzeitig halb argwöhnisch beäugte, sehr langbeinige Dame, ist es, die das südliche Heim dominiert. Anderntags bittet Bridget Guinness zum festlichen Lunch. Sogar königliche Hoheiten, hier sind es griechische, erscheinen. Beinahe alle, denen man begegnet, sind von Rang und Namen: minutiös aufgelistet in anschließend reihum gereichten Gästeverzeichnissen und in Countess Russells Tagebuch. Casinobesuche, Flanieren auf großzügigen Strandpromenaden, Parties in feudalen Hotelpalästen gelten als unbedingtes Muß für exquisite Sommerfrischler. Alles, was auf sich hält, ob Geld- oder Geburtsadel, findet sich am klimatisch begünstigten italienisch-französischen Küstenstreifen ein.

Das gibt zu denken. Ihr aus aktueller Sicht der Dinge überdimensioniertes *Chalet Soleil* entwickelte sich zum Kuckucksnest, und *White Gates* blieb von vornherein hinter allen Erwartungen zurück. Ein prinzipielles Votum für den

Wechsel in die Provence fällt somit in diesem Frühjahr 1927. Elizabeth will zum Leben, wie sie es nennt, zurückkehren und orientiert sich dabei, eine vertraute Haltung, an Vorgaben der High Society. Der Bau einer Villa in Südfrankreich, ergänzend zu drei bereits existierenden Wohnstätten, erscheint ihr finanziell sehr gewagt. Als erste Konsequenz wird zunächst direkt nach ihrer Rückkehr im Mai die Londoner Wohnung gekündigt und als weitere Maßnahme ein Verkauf der Landhäuser ins Auge gefaßt. Überhaupt beginnt Elizabeth genauestens zu rechnen. Ihre Angst, sinkende Auflagen einzelner Bücher könnten durch neu hinzukommende nicht wettgemacht werden, ist verständlich, wenngleich nicht berechtigt.

Vorsichtshalber arbeitet sie ab Juni im *Chalet* mit noch mehr Nachdruck an ihrem nächsten Roman.

Biographisch weit interessanter als *Sallys Glück*, gibt Liebet zu bedenken, sei *Expiation (Das Geheimnis der Schwestern)*. Wirklich eine gezähmte Neuauflage von *Vera*, wie man in London munkelt? Eine neuerliche Abrechnung, diesmal mit Frere? Davon ist keine Rede. Als *The Widows* vor nunmehr zehn Jahren – in Amerika – begonnen, wurde das Werk in der Zwischenzeit kurz weitergeführt und danach noch einmal beiseite gelegt. Nun scheint seine Zeit gekommen.

*Expiation*, Sühne: der englische Titel trifft gleich in zweierlei Hinsicht zu. Einmal natürlich beschreibt er den Weg Millys vom Ehebruch (sie hält ihren gräßlichen Gatten eines Tages einfach nicht mehr aus und sagt das auch so), geächtet durch den sehr strengen Moralkodex einer angesehenen Familie, bis zur Rückkehr in den Schoß eben dieser. Die Heldin hat dabei starke Verbündete: zum einen die schwiegermütterliche Patriarchin, die offenbar eine ganz persönliche Affinität zur »Sünderin« verspürt – ohne daß deren Motive ganz klar werden –, vor allem aber die Entschlossenheit des Clans, keinen Schatten auf das makellose Bild fallen zu lassen, das er nach außen hin abgibt. Und Sühne, indem die Autorin ihrem Drang zu beißendem Spott nicht oder nur sehr, sehr selten nachgibt. Keine Figur scheint völlig in ihrer Schußlinie zu stehen. Wie immer schildert sie zwar gekonnt deren allzu menschliche Schwächen, zeigt aber auch die andere Seite: die für Elizabeths Alterswerke typische – mildere – Sichtweise. »In der Liebe muß entweder am Anfang oder am Ende die Form gewahrt werden, wenn man in Frieden leben will, dachte Milly... Das heißt, man muß entweder mit einem Ehemann beginnen oder enden.«[41]

Überzeugt die erste Periode von Elizabeths literarischem Schaffen durch romantische Naturbetrachtung gewürzt mit geistreich-amüsanten kritischen Kommentaren, und dominiert in der zweiten bittere Ironie, so bestimmen nun, in einer dritten sich abzeichnenden Periode, abgeklärte, verständnisvollere, obgleich weiterhin äußerst scharfsichtige Schilderungen.

Die Zeitschrift *The Delineator* veröffentlichte im vorausgegangenen Jahr *Sallys Glück* und von nun an auch *Das Geheimnis der Schwestern* als Serienroman. Das bringt ein erkleckliches Honorar. Vorab erscheint ein ganzseitiger bebilderter Artikel nach einem Interview mit *Elizabeth of the German Garden*. Alles zusammen hätte also ausgereicht, um Elizabeth weiterhin etwas aufzuheitern. Für Munterkeit spricht jedoch recht wenig in ihren Notizen, wohingegen knappste Reflexionen ereignisarmer Tage auffallend häufig mit »usual evenings« enden. Eine Redewendung, die sich untrüglich mit Tiefstständen verbindet: »Bin schrecklich einsam... Heute bin ich nun seit drei Wochen ganz allein. Ich merke, daß es Mut erfordert, besonders, wenn einen

Sorgen quälen, wie mich gegenwärtig . . . düstere Einsamkeit in meinem Herzen. – Heute morgen wartete ich, bis der Briefträger hier gewesen war, in der Hoffnung, einen Brief zu bekommen, aber es kam keiner . . . fühle mich vom Leben abgeschnitten.«[42]

Die aus mediterranem Ambiente und gesellschaftlichen Erfolgserlebnissen geschmiedete Seelenrüstung hielt alltäglichen Anfechtungen nicht lange stand. Nachdem Vernon Lee, spürbar müde und sichtlich gealtert, nach kurzem Aufenthalt im *Chalet* abgereist ist, stellt Elizabeth resignierend fest: »Armes altes Haus – Oh laß uns alle jung sterben . . . Ich meine das so, wie ich es sage!!«[43]

Frere war (und darin ähnelt er durchaus Millys abtrünnigem Liebhaber, dessen Eigenheiten für *Das Geheimnis der Schwestern* wohl aus dem Kurzzeitgedächtnis seiner Schöpferin gekramt wurden) nach seinen deutlichen Rückzugsmanövern dazu übergegangen, die ehemalige Geliebte in eine unverfänglich-familiäre Ecke, die im allgemeinen netten alten Tanten vorbehalten ist, abzudrängen. Und seither beschwört Elizabeth Geister, die sich schlecht getarnten Einflußversuchen kommentarlos entziehen: ». . . sobald Du Dich verliebst, wirst Du bestimmt heiraten, und solange das nicht der Fall ist, scheint es mir Zeitverschwendung, sich darüber Gedanken zu machen. Denn . . . solltest Du heiraten, ohne wirklich verliebt zu sein, so helfe Dir Gott. Aber . . . auch im anderen Falle würdest Du seine Hilfe nötig haben.«[44]

Elizabeth sucht erneut Schulterschluß mit der Familie, flieht Ende Juli zu Trix und mit Trix zur Pension von Frau Hilpert, Brandenburger Straße 29, in Bayreuth. Ein Opernbesuch folgt auf den andern: *Parsifal, Rheingold, Walküre, Siegfried, Götterdämmerung, Tristan.* Und dann das: Sie hasse diese Stadt, macht sich Elizabeth nach ein paar Tagen

Luft, »es war, als würden mir alle Kleider vom Leibe gerissen, so unverschämt starrten mich die abscheulichen Bayreuther an. Da kommt der Zuhälter zum Vorschein, wenn er eine Frau ohne [männliche] Begleitung sieht«.[45] Ja, sie hasse wirklich alles an Bayreuth, lautet schließlich ihr Fazit, alles daran und darin: die endlosen Opern, das mausoleumsähnliche Haus von Winifred Wagner: Engländerin, aber sonst nichts[46] – Siegfried: diese tote Motte – und sich selbst: elend und von Tag zu Tag kränker. Es langweile sie zu Tode, ständig leidend zu sein. Henning stehe ihr wieder vor Augen, im Sommer 1889. Nichts, kein Eindruck im Abstand von achtunddreißig Jahren, könne Jugendzauber heraufbeschwören.[47]

Der im Tagebuch erweckte Schein wird in einem Punkt der Wirklichkeit nicht gerecht. Niemals würde Elizabeth eine Gelegenheit auslassen, Richard Wagners Musikdramen zu sehen und zu hören. Für glanzvolle Aufführungen durchquert sie halb Europa, reist bis nach Stockholm. Eine weitere ausgeprägte musikalische Vorliebe gilt Orgelkonzerten, vorzugsweise solchen in englischen Kathedralen.[48] Aus der einstmals ausführenden Instrumentalistin wurde mittlerweile eine kritische kenntnisreiche Zuhörerin. Und Elizabeths ungewöhnliche Musikalität findet Ausdruck in ihren Romanen. Meisterlich librettiert sie Wortsinn und Wortlaut auf Satzmelodien wie diese: »Dann . . . entlockt er seiner Geige eine kleine Bachsche Fuge, eine perlende, schelmische kleine Fuge, fröhlich, obgleich in Moll, eine Handvoll leuchtender ineinander verwobener Fäden, sich umwindend und wieder lösend, als spielten sie, so könnte man meinen, Versteck, als gäben sie vor, sich ineinander verknäulen zu wollen, aber dabei stets fröhlich den Verknotungen entgehend, so daß ein jeder Faden für sich einen glänzenden Pfad verfolgt, bis sie endlich in einer letzten Umarmung zusammenfinden, wenn das Spiel vorbei ist, und sie sich zu einem wohltuenden Dur-Akkord vereinen . . .«[49]

Frere, das klärt sich definitiv im Oktober 1927, wird heiraten. Ein Abgrund tut sich vor ihr auf. »Ich wünsche nur eines: zu sterben.« . . . »*Tout passé, tout cassé, tout lassé* . . . Höre noch, was Henning damals in Meran sagte, bevor er starb. ›Dollie dear, Dollie dear, *wenn das dumme Leben zu Ende wäre – es ist nichts als Qual und Ärger.* ‹ Und ich glaubte ihm nicht. Jetzt habe ich es erfahren!«[50] So liest sich streng Vertrauliches im Tagebuch der Einundsechzigjährigen.

Liebet wird zwar unverzüglich, anstelle Freres, zum literarischen Nachlaßverwalter bestimmt, doch das Verhältnis zum Abtrünnigen darf sich, trotz allem, nicht vollkommen abkühlen – so zumindest lautet Elizabeths Entscheidung mit Selbstheilungserwartung für den Moment. Denn dessen junge Frau sei seiner ganz sicher nicht würdig, diese Ehe könne, das möchte sie beschwören, nicht auf Dauer bestehen.

Das Jahresende 1927 unterscheidet sich nur unwesentlich von vergangenen, auch kaum von dem schauerlichen unmittelbar zuvor.

Und was bestimmt 1928?

Ab Januar bis Juni: Regeneration in Südfrankreich und gleichzeitig Ausschau nach einem Bauplatz; ab und an Abstecher nach England, dort zermürbende Zusammenkünfte mit dem nun wahrhaftig verheirateten Frere; auch Fertigstellung von *Das Geheimnis der Schwestern* und Weiterleitung an Macmillan, banges Warten – der Roman wird anstandslos akzeptiert.

Unmittelbar danach: der Entschluß zum nächsten Roman, sie nennt ihn *Father (Vater)*; Abreise in die Provence, dort in wohltuend fürsorglicher Gesellschaft von Bridget Guinness; Kauf des Grundstücks in Mougins/Alpes Maritimes mit Blick von den Hügeln auf Cannes und Beginn der Bauarbeiten an ihrer Villa *Le Mas des Roses;* Wechsel ins *Chalet*, Frere kommt ein paar Tage, Elizabeth tippt für ihn Artikel.

Im Herbst: *White Gates* in Gesellschaft von Hunden, Katzen, Tauben, Legehennen, von Radio und Grammophon – wohlvorbereitet also auf Nebel und Kälte; ein kurzes Gespräch mit dem Psychologen C. G. Jung bei Hugh Walpole muß sehr lange nachwirken in weitgehender Ermangelung konkurrierender Eindrücke.

Weihnachten: friedvolle Tage bei Charlotte.

1929 beginnt erfreulich. *Das Geheimnis der Schwestern* erscheint in den USA und wird positiv rezensiert. Unter Nelson Doubledays Schirmherrschaft mehrt sich dort ihr Ruhm. Vermutlich reist Elizabeth auch aus Werbegründen am 9. März 1929 von Southampton nach New York. Erstmals seit zehn Jahren kommt es zu einem Treffen der Geschwister Evi, Liebet und H. B. mit ihrer Mutter, und alle drei winken ihr nach drei Wochen vom Kai aus nach. Noch von Bord der *Berengaria* kabelt Elizabeth ihren festen Willen, die glücklich verbrachten Tage als Vorrat für schlechte zu bewahren.

Vergangenheitsbeschwörung gehört nunmehr zum Pflichtprogramm: »Heute ist Papas Geburtstag«, liest Liebet in einem Brief vom 21. April, » – ich brauche nur das Datum zu schreiben und schon denke ich wieder daran und an die Bibliothek in Nassenheide und allerliebste kleine Kinder, drüben, wo der *Marmortisch* stand, die Papa Sträußchen von Anemonen und Leberblümchen überreichten und ihm Lieder vorsangen und er übers ganze Gesicht grinste und gütige Worte an seine *kleinen Kerls* richtete – denn auch wenn er Euch zuweilen ärgerte und auch manchmal brummig war, konnte er doch oft ganz reizend sein . . .«[51]

Alles, was aus Arnimzeiten abgelegt war, Zettel, Briefe, Tagebücher, Theaterstückchen für die Kinder, Versenktes aus schriftstellernden Anfängen, holt sich Elizabeth, im Licht der Gegenwart betrachtet, ins Bewußtsein zurück: ». . . wie *glücklich* ich gewesen bin. Inwendig so *glücklich.* «[52] Glück und Unglück, so das erstaunliche Ergebnis ihrer Spurensuche, komme ohne Ausnahme von Menschen. Und steht damit im Widerspruch zur einstmals von ihr als segensreich erkannten Naturphilosophie.

Im *Chalet Soleil* geht es ab Frühsommer 1929 in die allerletzte Runde in bekannter Besetzung. Die »Trixies«, Beatrix mit Kindern und »Antonius«, bilden so lange deren erfreulichsten Teil, bis im Juni eine ausgefallene weibliche Erscheinung Elizabeths Aufmerksamkeit ganz auf sich konzentriert. Neun Tage lang betrachtet die bald siebzigjährige Ethel Smyth, Komponistin von Balletts, Messen und der (1931) mit Erfolg in London aufgeführten Oper *The Prison,* das *Chalet* als ihre Bühne. Und deren Prinzipalin beobachtet entzückt Auftritte, die Glanzzeiten des Hauses nochmals heraufbeschwören. Dankbar quittiert Ethel durch im Anschluß lauthals verkündete Lobpreisungen und Freundschaftsbeweise mit Eruptivcharakter Countess Russells Entgegenkommen. Wer der Wirkung der Musikerin auf Zeitgenossen nachgeht, stößt auf Asymmetrien. Als gräßliche Erscheinung, stocktaube Alte mit Hörrohr, die man nur in kleinen Dosen ertragen könne, charakterisieren sie die einen; als famoses altes Haus, das nur geliebt werden wolle, zwar anstrengend und hingebungsvoll besitzergreifend, aber auch schlagfertig, praktisch und nicht kleinzukriegen sei, kennzeichnen sie andere. Mit umwerfender Vitalität poltert Ethel durchs Leben, hält sich für eine große Künstlerin und scheut keinen noch so hoch gegriffenen Vergleich. Zu offiziellen Anlässen ersetzt sie derbe ländliche Kleidung mal durch hauchdünne Kimonos, mal durch Schneiderkostüm und Dreispitz; meist strähnig herunterhängende Haare verschwinden dann rasch unter einer Perücke. Ethel Smyth hält englische Schäferhunde – alle hören auf den Namen *Pan* –, sie reitet, golft, fährt Rad und bewundert an Frauen genau das, was ihr die Natur versagte: eine schöne Stimme, vornehme Eleganz, Schönheit, Hochmut und Gelassenheit. Ethel schwadroniert, bramarbasiert, fällt lästig – nur etwas verbreitet sie absolut nie: Melancholie oder Langeweile.

Miss Smyth bevorzugt eindeutig lesbische Bindungen. Vernon Lee gleichfalls, was zu kleinen Eifersüchteleien führen wird. Bald wird sich, was Ethel angeht, das Blatt zugunsten Virginia Woolfs gründlich gewendet haben. Der fällt zu den stürmischen Gunstbezeigungen dann nur dieses ein: es sei scheußlich, schrecklich und traurig, als hätte einen ein riesiger Krebs in seinen Scheren. Und sie will dennoch nicht ganz auf die Smyth verzichten, will mit ihr »reden, reden und reden – über Musik, über Liebe, über Countess Russell«. – »Glaubst Du nicht, Du könntest dieses eine Mal nicht so streng mit mir sein und mir erzählen, was so interessant an dem ist, was sie sagt?«, schreibt Virginia im März 1930 an Ethel. Was Elizabeth nicht persönlich, sondern in ihren Büchern zu sagen hat, weiß Virginia Woolf sehr wohl zu schätzen: ». . . ich habe . . . 50 Seiten Countess Russell gelesen – bezaubernd – ich lachte laut . . . Einige ihrer Ausdrücke sind absolut erstklassig: so gut wie [bei] Dickens.«[53]

Nach Abzug aller Besucher stellt die vortreffliche Teppi gemeinsam mit Beatrix ein weiteres Mal unter Beweis, daß ein generalstabsmäßig geplanter Möbeltransport auch generalstabsmäßig verläuft. Am 19. Oktober 1929, es regnet in Strömen, verabschiedet sich Elizabeth vom Sonnen-

Chalet. Sehr froh sei sie, lautet ihr abschließender Kommentar, den Horrortagen entronnen zu sein. [54]

Das Umzugsgut wird eingelagert, *White Gates* zur vorübergehenden Bleibe. Die Weihnachtstage verbringt sie mit Charlotte und den Silvesterabend in, wie sie süffisant anmerkt, ihr angemessener Gesellschaft: der des Radios nämlich. Als trügerisch erweist sich ihre Hoffnung, den zum Jahresende fertiggestellten Roman *Vater* ein für allemal beiseite legen zu können. [55]

## Kapitel XI: 1930-1939

*»Hier, in diesem harmonischen Zusammenklang von Licht und Wärme, Farbe und Duft ist es ein Kinderspiel, ›resolut‹ zu leben.«*
*Alle meine Hunde*

Mit Angst und Sorge reagiert Elizabeth auf die Erkrankung ihrer Hauswirtschafterin. Von ihr verpflichtete beste Ärzte bestätigen erste Diagnosen: ein Karzinom. Elizabeth macht Besuche im Krankenhaus, hilft und tröstet . . . und regelt im August 1930 persönlich die Bestattungsmodalitäten, übernimmt auch die Kosten. Liebet hält in Kenntnis der Sachlage die enge Beziehung zwischen Dienstherrin und Haushälterin für nicht erklärungsbedürftig; sie offenbart in ihrer Niederschrift lediglich einen bekannten Nassenheider Namen: Frau Horn.[1] War das die Tochter von Herrn Horn, dem freudig begrüßten Nachfolger jenes unerträglichen Verwalters, den Elizabeth einst »Papst« taufte? Elise hieß die Zofe, die 1908 mit ihr von Pommern nach England ging, die den todkranken Henning nach Meran und Bad Kissingen begleitete, und eine Elise mit dem Familiennamen Horn war als Mitspielerin in einem der hübschen kleinen Nassenheider Theaterstücke erwähnt. Passende Gedankensplitter fügen sich ins Mosaik: Windig und sonnig sei dieser Tag, hält Elizabeths Tagebuch – im Wissen um Frau Horns Tod nur scheinbar zusammenhangslos – unter dem 14. August 1930 fest, ein Wetter wie am 23. September 1899. Ja, und gerade heute müsse sie sich daran erinnern, wie Horn aufgeregt in den Salon trat und ihr sichtlich konsterniert Hennings Verhaftung mitteilte.[2] Wenn Frau Horn, Elise Horn, ihr seit Jahrzehnten zur Seite stand, dann hat Elizabeth erneut eine wichtige Bezugsperson verloren.

Und noch mehr Menschen sterben ihr weg: Edward Strutt und Billy Rauch, zuverlässige alte Freunde. Die Plattform vergangener Lebensjahre, soweit Menschen sich als deren Träger erwiesen, beginnt zu schwanken. »Wie komisch es ist, daß jetzt, wo es mit dem *Chalet* zu Ende geht, auch meine Freunde einer nach dem anderen für immer gehen . . .«[3] Denn auch Bridget Guinness, einst Triebfeder des Aufbruchs in die Provence, wird noch vor Ablauf dieses Jahres einen operativen Eingriff nicht überleben. »Die Jugend ist dahin. Die Liebe war nie, was sie hätte sein können. Und ereilte einen der alten Freunde der Tod, so war das ein eher unerfreuliches als heldenhaftes Ereignis, das einem bloß die Schalheit des eigenen Lebens vor Augen führte.«[4]

Stille Tage im Wechsel mit Freres Besuchen bestimmen die erste Jahreshälfte 1930. Daß die Kurzvisiten ihres Freundes jüngst wieder etwas zunehmen, darf nicht aufs Konto weiblicher Anziehungskraft verbucht werden. Dem frischgebackenen Ehemann lief die Frau – wie prophezeit – mit einem Taxifahrer davon. Elizabeths mütterlicher Rat ist gefragt.

Wäre *Vater* endlich, wovon sie ausgegangen war, vom Schreibtisch, hätten Elizabeths Elegien Erfreulicherem weichen können. So aber wird der Roman selbst zur Quelle unerwarteter Konfrontation: Macmillan weist das Manuskript komplett zurück. »Nun ja, ich muß mich dranmachen und härter arbeiten«,[5] kaschiert der betont sachliche Kommentar vom 29. Januar 1930 tiefgreifende Verunsicherung. Nie wieder wird sie diesem Verlag einen Text anbieten, und sie hält den erzwungenen Kraftakt – in den folgenden sieben Monaten wird *Vater* erheblich modifiziert – ohnehin für »reine Zeitverschwendung«.[6] Bis zur Veröffentlichung läßt sich Macmillan weitere neun lange Monate Zeit. Drei Beiträge zu Elizabeths literarischem Lebenswerk stehen noch aus und werden, wenn es an der Zeit ist, in Freres Verlag Heinemann erscheinen.

Obwohl, schon der ersten Fassung ihres *Vater*-Manuskripts hatte auch Elizabeths uneingeschränkte Liebe nie gegolten, nicht gelten können: »Las es und war überhaupt nicht davon begeistert – wie es immer bei mir ist. Das beste daran ist die Stelle, wo Devenish Alice den Heiratsantrag macht...«[7] Zu sehr hatte Elizabeth contre cœur – Rebecca West nennt es in ihrer Buchbesprechung halbherzig – formulieren müssen, hatten allerlei Beschwernisse der eingeforderten Leichtigkeit Einhalt geboten. Eingestreute vergnüglich-ironische Passagen übertünchen qualvolles Entstehen. Auch hinsichtlich der gewohnten Synthese von Prosa und Authentisch-Biographischem spielt die Autorin hier mit sehr verdeckten Karten. Abweichend von vorangegangenen bleiben in der nun vorgelegten Erzählung Elizabeths eigene Konturen eher unscharf, und doch lassen sie sich von Eingeweihten nicht ganz übersehen.

In *Vater* beweist Jennifer Stärke und Entschlußkraft, indem sie sich Unabhängigkeit und eine erträumte pastorale Haus- und Gartenidylle sichert. Aus Elizabeths Alltag könnten da die zunehmende Bedeutungslosigkeit von Frere und der vom *Mas des Roses* erhoffte positive Stimmungsumschwung eingeflossen sein. Die weibliche Romanfigur, eine um ihre allerbesten Jahre bereits betrogene Miss, die sich davor hüten muß, keine alte Jungfer zu werden, setzt auf einen Ortswechsel. Und hält sich damit exakt an jene Vorgehensweise, der Elizabeth unbedingt auch ganz persönlich den Vorzug gibt.

Lange, zu lange hatte Jennifers verwitweter Vater die ihm vermeintlich zustehenden Opfer der untersetzten, kurzbeinigen und bis vor kurzem noch groß- und gutmütigen Tochter gedankenlos entgegengenommen. Doch nun verspricht

eine Wiederverheiratung des Haustyrannen Rettung, ge-
wissermaßen in letzter Minute. Was seiner Schöpferin, Elizabeth, stets vorschwebte und einer gewissen Realitätsferne
dennoch nicht entbehrt, leistet ihr Alter ego: Unglaublich
fabelhaft verbindet es materielle Bedürfnislosigkeit mit bewundernswert zupackender, praktischer Kompetenz. Kaum
hilft Jennifer ihrem Herzenswunsch, dem einfachen Leben
im Häuschen auf dem Lande (eine Standardausführung des
*Mas des Roses*, die Elizabeths eigenen Ansprüchen nicht gerecht geworden wäre) entschlossen nach, da hebt sie die
festgefügte kleine Welt zweier Geschwister gleich mit aus
den Angeln. James, ein scheuer junger Pfarrer, beschwört
durch unbeholfen-stürmische Liebesbeweise heftige Irritationen bei der neuen Quasi-Mitbewohnerin am anderen
Ende des Gartens herauf, aber mehr noch den unerbitt-
lichen Widerstand seiner unerfreulich herrschsüchtigen
Schwester Alice. Jennifers Hang zu stringentem Handeln
wirkt Gott sei Dank selbstverstärkend und ansteckend. So
reicht James seine schwesterliche Gebieterin an Devenish,
einen ihr in keiner schlechten Eigenschaft nachstehenden
Amtsbruder, weiter. Als sich ein Happy-End bereits abzeichnet und als die Allgewalt des Vaters Jennifer am Schluß
doch noch einzuholen droht – denn dessen infantile zweite
Ehefrau, die sich in jeder Hinsicht überfordert fühlt, wählte
ebenfalls den Fluchtweg –, da eliminiert die Autorin den
egoistischen Störenfried ganz einfach durch eine kleine
Unachtsamkeit. Männer seines Schlags verdienen eben
kein Pardon.

Eine etwas eingegrenzte Geschichte, jedoch wie gewohnt
pikant gewürzt durch exakt beobachtete und subtil herausgearbeitete menschliche Unzulänglichkeiten. Mit einigen
positiven und überwiegend negativen Einschätzungen reagieren englische Literaturkritiker auf *Vater* – zu Elizabeths

Lebzeiten. In späteren Jahren zollt man ihr das verdiente einhellige Lob.

Denn gerade mit diesem Roman heftet sich *Elizabeth of the German Garden* am spürbarsten an die Fersen einer vorviktorianischen Schriftstellerin: Jane Austen. Genausowenig wie die von deren eher ereignislosen Romanen ausgehende Faszination läßt sich die Wirkung von Elizabeths Gesamtwerk auf ihr Lesepublikum eindeutig definieren. Wie Jane Austen in *Sense and Sensibility* oder *Pride and Prejudice* und *Emma* beschränken sich Elizabeths Romanwelten vorzugsweise auf Mikrokosmen. Wenige handlungstragende Figuren agieren in überschaubaren Lebenskreisen. Grenzsituationen geben den Ton an. Selbstironie in Parodien und außergewöhnliches psychologisches Einfühlungsvermögen präsentieren sich in beider Frauen Veröffentlichungen in ausgeprägt persönlicher Sichtweise und Erzähltechnik. Die Skala reicht von mannigfaltigen stilistischen Ausdrucksmitteln über treffsichere Satire bis hin zu unverhülltem Sarkasmus sowie vollkommen unsentimentaler Bewältigung gefühlsbetonter Stoffe. Was, abgrenzend, Elizabeths Werk auszeichnet, sind gnadenlos aufgedeckte Fragwürdigkeiten angetroffener Verhältnisse, Scharfblick für institutionalisierte Rollenzwänge, exzellent verwertete Kenntnis klassischer Poesie und Prosa sowie sensitiv nachgezeichnete Naturbilder; und nicht zu vergessen: Elizabeth weiß immer genau, wovon sie schreibt! Was förderlich und hinderlich zugleich ist. Jane Austens Œuvre verbindet eine ähnliche Vorliebe für zwischenmenschliche Begegnungen auf gesellschaftlichem Parkett mit gezielten Appellen an das soziale Gewissen.

»Verschlang *Pride and Prejudice* ... es ist köstlich«, so lautet Elizabeths Urteil über die Austen. »Diese kleine hinterlistige Jane, die über ganz gewöhnliche Leute so munter draufloskritzelte, und siehe da, sie erlangte Unsterblichkeit!«[8] Auch Katherine Mansfield teilt die Bewunderung: »Neben ihr wirken, was mich angeht, moderne Episodiker wie ich als sehr inkompetente Trottel«, das hatte sie der Cousine im Dezember 1921 eingestanden.[9] Die Jane-Austen-Romane, anhand derer sie ihre damalige Meinung bildete, stammten aus Elizabeths Bibliothek im *Chalet*.

In England geht *Vater* nur zögernd über den Ladentisch, in den USA wird es immerhin Auswahlband des *Book of the Month Clubs*. Sinkende Einkünfte sowie Folgen der akuten Weltwirtschaftskrise bringen Elizabeths finanzielle Absicherung, auch wenn sie dies nach wie vor befürchtet, nicht ernsthaft in Gefahr. Wohl wird *White Gates* erst Anfang 1932 mangels Kaufinteressenten und Kaufkraft ohne Gewinn versteigert werden müssen; und was die Offerte des *Chalet Soleils* angeht, so finden sich noch über Jahre keine akzeptablen Nachfrager. Alle zwölf Monate, zumeist im Frühsommer, sieht Elizabeth in Randogne-sur-Sierre mit sehr gemischten Gefühlen nach dem Rechten.

Häuser, gibt sie Maud Ritchie in diesen Tagen zu bedenken, seien offensichtlich das eigentliche Resultat ihrer Bemühungen zu schreiben. Ihr dränge sich der Eindruck auf, Bücher bestimmten stets ihr inneres und nun, in Form von Ziegeln und Mörtel, auch ihr äußeres Sein.[10]

Erlösung – vorübergehend auch von Ethel Smyth' anhaltend vitalen Gefühlsäußerungen – suggeriert die Nachricht vom endlich, verspätet, fertiggestellten *Mas des Roses*. Beatrix eilt aus Deutschland herbei und kommt rechtzeitig und lange genug, um das im *Chalet* begonnene aufwendige Umzugswerk jetzt, im Oktober 1930, zuverlässig fortzusetzen. Die Hausherrin des *Mas* beschäftigt fortan Chauffeur, Gärtnerin, Hauswirtschafterin und Köchin.

Zuvor konnte Elizabeth sich lediglich ausmalen, »wie schön es in der Provence sein mußte«, nun weiß sie es »aus eigenem Erleben . . . Ja, ich bin tatsächlich in jenes kleine Haus gezogen . . . brauche nicht mehr vor Kälte zu zittern und mit klammen Fingern . . . zu schreiben . . . Wäre ich doch nur unmittelbar aus Pommern hierhergekommen – wie gut hätte mir das getan! Ich wäre viel länger jung geblieben, viel lebensfroher und heiterer . . . Hier, in diesem harmonischen Zusammenklang von Licht und Wärme, Farbe und Duft ist es ein Kinderspiel, ›resolut‹ zu leben«.[11] Und tatsächlich lassen zahlreiche schriftliche Selbstzeugnisse den Schluß zu, daß der zündende mediterrane Funke (wie vormals der montane im *Chalet*) überspringt – ganz im Sinne einer sich selbst erfüllenden Prophezeiung. So darf man durchaus dem Glauben schenken, was gleichfalls in *Alle meine Hunde* als Autobiographisches jener Jahre feilgeboten wird: »Ich pflegte mit allen vier Hunden auszufahren. Und zwar um drei – weil ich mich nachher dem Strudel des gesellschaftlichen Lebens, das an der Côte d'Azur von fünf Uhr bis in die Nacht hinein andauert, nicht entziehen konnte.«[12] Vorrangig als Chronik von Besuchern und Besuchen lesen sich jetzt ihre Tagebuchseiten und Briefe. Altbekannte Namen fügen sich zu neuen klangvolleren: Frere, H. G. Wells, Somerset Maugham, Frieda Lawrence, Eddie Sackville-West, Aga Khan und seine Begum, Amy Paget (Schloßherrin von Garibondy), Rebecca West, Prinzessin Karageorgevitch, die Moncreiffes, Maxine Elliot, Elsa Maxwell, Lady Winifred Fortescue mit Mann, Alice und Orlo Williams, Algernon Blackwood (Verfasser von Gruselgeschichten und ihr Dauergast), Philipp und Elsie Oppenheimer (als Nachbarn), das Ehepaar Michael Arlen (er eigentlich Armenier namens Dikran Kouyoumdjian, ein mondäner Bestseller-Autor, der bereits im *Chalet* willkommen war), Joan Arbuthnot, Marie Mallet . . . und ab Juni 1933 erneut Frere in Begleitung seiner zukünftigen zweiten

Frau Patricia, einer Tochter des Kriminalschriftstellers Edgar Wallace. Elizabeth findet Patricia ausgesprochen sympathisch und wird 1937 sogar Patin von deren und Freres Tochter Elizabeth, genannt *Little e 2*. Die ältere Elizabeth fühlt sich da an ein Luftschiff erinnert.

Bevorzugt wird Maud Ritchie über die Qualitäten ihres neuen, provençalischen Ferienziels nicht im unklaren gelassen: »Ich habe drei Fremdenzimmer und zur Not sogar vier, und es gibt sowohl ein kleines Arbeitszimmer als auch ein Wohnzimmer, und mein eigentlicher Raum zum Schreiben ist im Garten.«[13] Der Bezeichnung *Kleines Chalet* für ihre Eremitage bleibt Elizabeth treu. Die neue Mitbewohnerin südlicher Gestade findet, wie erhofft, rasch gesellschaftlichen Anschluß. Wie entzückt hätte seine direkte Nachbarin in Mougins auf Philipp Oppenheimers Laudatio reagiert, wenn es sich nicht ausgerechnet um seinen einfühlsamen Nachruf auf »Mary Annette Countess Russell« in der *Times* gehandelt hätte: »Eine Elfe... elfenfüßig, elfenäugig... Sie hatte Geist, sie hatte Charme, den köstlich funkelnden Charme eines Menschen, der es liebt zu geben, der aber das Beste seiner selbst vor der Welt zurückhält, über die er sich aber die Hälfte seines Lebens lustig gemacht hatte. Ich sehe sie vor mir... auf ihre Mittagsgäste wartend am Ende einer Doppelreihe von Iris an einem fröhlichen Aprilmorgen, ihre Hunde um sie herumtollend, eine zauberhafte Person, immer mit irgendwelchen Neuigkeiten, mit Bonmots aufwartend, um ihr Willkommen zu verschönern. Im *Mas des Roses,* dem auf den unteren Hängen der Mouginshügel gelegenen Puppenhaus von Villa mit ihrem Puppengarten hinter dem Haus war sie eine Gastgeberin von fast unirdischer Lieblichkeit...«[14]

Schlichter, beinahe kühler Eleganz, wie sie südeuropäischen Häusern mit Charakter häufig innewohnt, ergänzt

*Elizabeth mit drei Hunden an der Côte d'Azur. Sie geht auf die Siebzig zu, kann sich aber im Badekostüm noch gut sehen lassen.*

*Elizabeth mit Hund an der Eingangstür ihres 1930 bezogenen*
*südfranzösischen ›Mas des Roses‹.*

*Oben und unten: ›Le Mas des Roses‹ in Mougins bei Cannes.*

um stilsicher ausgewähltes Mobiliar und liebevoll arrangierte Details, gab Elizabeth bei Entwurf und Ausstattung ihres neuen Heims den unbedingten Vorzug. Wie vom *Chalet* bewahrten eigens angefertigte Postkarten Erinnerungsbilder an das *Mas*: kubische Architektur, zurückhaltend möblierte Räume mit üppigen Polstersesseln und anderen, zierlichen, ausgesucht schönen Einzelstücken, wertvolle Teppiche an den Wänden. Herrliche Gladiolensträuße im kühlen Innern verweisen auf die üppigere Pracht des sonnendurchglühten Gartens, Blütenkaskaden fallen dort von einer hohen Mauer. Phantasie und Vorstellungskraft müssen fehlende Motive, weite Haine, Lavendelfelder und Ausblicke von den Ausläufern der Seealpen über Cannes bis hin zum Meer, ergänzen. Elizabeths größte Liebe und Aufmerksamkeit gilt den Gehölzgruppen und Blumenarrangements. Sie stellt umfangreiche Pflanzenlisten zusammen und investiert immense Summen. Gaby, ihre Gärtnerin (die zudem Elizabeths bis zu sechs Hunde zu betreuen hat), steckt bereits in den ersten Monaten Rhizome, Zwiebeln und Knollen von 1300 Iris, 300 Tulpen, 100 Madonnenlilien, 150 Ranunkeln, 200 Fresien und 50 Cyclamen.[15] Letztere unter die Olivenbäume.

»Sanftheit lag über den Hügeln. . . . Auf dem Gras im Olivenhain unterhalb der Mauer tanzten Sprenkel funkelnden Sonnenlichts, und auf allen Feldern stand dicht der Jasmin . . . Duftende Luft umströmte sie und wartete nur darauf, ihr Gesicht zu liebkosen. ›Steh auf mein Herz, flüsterte ihr eine Stimme zu – törichte Frau, und suche Freud!‹«[16]

Mittelmeerambiente und ihr auf eine höhere Tonlage gestimmtes Lebensgefühl befördern Elizabeths neue Arbeit, deren Thema sich nachgerade angeboten hatte: Ab Februar 1931 entsteht *The Jasmine Farm*[17] (*Jasminhof*).

Von einem wichtigen Ereignis, das sie ein zweites Mal zur

*Großzügig und repräsentativ:*
*das Treppenhaus im ›Mas des Roses‹...*

Witwe machte, erfährt Countess Russell eher beiläufig beim Lunch. Erwähnungen von Francis' Tod verstecken sich im Tagebuch zwischen Alltäglichkeiten:

7. März 1931: »Es regnet. Den ganzen Vormittag im Haushalt gewütet. Marie Mallet kam an ... und erzählte mir, daß Francis tot ist – er starb letzten Dienstagabend [am 3. März 1931, Anm. d. Verf.] im Hotel Noailles, Marseilles, an Herzinfarkt nach einer Lungenentzündung ... Plauderte mit Marie bis nach dem Tee ...«

8. März 1931: »Himmlisch warmer Tag, alles treibt aus nach dem Regen ... Schrieb Briefe, antwortete auf Beileidsbezeigungen betreffs F.'s Ableben, saß mit Marie im Garten und las ihr vor, während sie zeichnete ... Nachmittags mit dem Auto unterwegs ... dann kamen Zita und zwei Mädchen zum Tee. Abends Schach.«

Nur das trifft sie hart: »Brief von Bertie, der schreibt, daß F. seinen ganzen Besitz samt persönlichen Unterlagen Miss Otter vermacht hat! [Francis Russells Sekretärin und seine Geliebte vermutlich schon während Elizabeths Präsenz, Anm. d. Verf.] Wie typisch!«[18]

Mit rasanten Schritten absolviert sie ihr restliches Jahresprogramm für 1931.

Mai: drei Wochen in England.

Juni: Randogne-sur-Sierre.

August/September: Besuch von Liebet mit Töchtern in Mougins; während die jungen Damen einer Gouvernante anvertraut werden, reisen Elizabeth und Liebet zu Teppi nach Bayern, Wagner-Opern-Besuche in München – Liebet macht einen Abstecher zu Beatrix.

Oktober: Rückkehr ins *Mas des Roses* und Reise nach Rom, ihr Personal in Frankreich macht Jahresurlaub.

Dezember: Besuch von Marie Mallet und Frere zum Weihnachtsfest.

*. . . und der Salon.*

Ein Blick auf 1932 . . .

erste Jahreshälfte: auf Teeparties folgen Abendgesell-schaften, auf ungezählte Einladungen entsprechende Gegenbitten ins *Mas* – alljährliche Reise zum *Chalet*.

Juli: Henning Bernd, dreißigjährig, kommt aus den USA (perfekte Harmonie) – Gemeinsame Reise in Elizabeths Hillman-Car durch die Schweiz – Besuch bei Teppi in Niederpöcking verbunden mit diversen Opernabenden in München.

August: Zurück an die Côte d'Azur – Gradmesser für seelisches Befinden: »Mein Geburtstag. Ein wunderschöner Tag . . . ohne Grüße von Frere, aber was kann es mir schon ausmachen, wo ich doch weiß, daß es den Frere, von dem ich glaubte, es gebe ihn, gar nicht gibt.« (Sogar angeblich »verblüfft« über ihr Alter zeigt sich Elizabeth ein Jahr später.)[19]

Dezember: Zu Weihnachten erscheint diesmal Charlotte mit sonderbarem (er gerät dem geisteskranken Vater nach) Sohn Cecil Waterlow[20] und Maud Ritchie. Erstaunt registriert Elizabeth, ihre Schwester werde alt und vergeßlich.

»So geht 1932 zu Ende«, hält die psychisch erheblich Stabilisierte vorerst, am 31. Dezember, jenem Tag, an dem sie gewohnheitsmäßig die letzten zwölf Monate noch einmal an sich vorbeiziehen läßt, in ihrem Tagebuch fest und fügt erst jetzt, als habe sie dem Frieden bislang nicht getraut, hinzu: »Im März dieses Jahres habe ich Frere ›abgelegt‹, nach fast zwölf Jahren. Es war höchste Zeit . . . wie glücklich ich bin, nun, da ich endlich sogenannte Liebesaffären aus meinem Leben gestrichen habe«, wird dieser Schlußakkord – wirklich wahrheitsgetreu? – am 28. April 1933 nochmals unterstrichen.[21]

»Sie war hereingefallen«, wird sich einmal die dann über siebzigjährige Elizabeth sagen und gleichzeitig mit ihr eine ihrer Romanheldinnen, die sie ernüchtert feststellen läßt,

*Mit dreien ihrer nunmehr sechs Hunde:*
*Elizabeth von Arnim um 1936.*

sie habe sich lächerlich gemacht: »Sie war in den Schmutz gezogen und gedemütigt worden, wie es älteren Frauen zu geschehen pflegt, die sich von jungen Männern den Hof machen lassen. Dabei konnte sie noch nicht einmal die Entschuldigung anführen, von unziemlichem Verlangen gepeinigt worden zu sein, wie es bei Frauen mittleren Alters zuweilen der Fall ist. Es war alles reine Eitelkeit gewesen, alles nur der Wunsch, sich auf ihre alten Tage immer noch attraktiv zu fühlen, immer noch die Gewißheit zu haben, schön und verführerisch zu sein.«[22]

Sorgen bereiten ihr seit H. B.'s Besuch dessen wirtschaftliche Probleme. Eine Flut von dubiosen Telegrammen hatte man ihm aus den Staaten hinterhergeschickt: »All das erinnert mich sehr stark an Papa«, erfährt Liebet, »und H. B. ist ihm äußerlich wie aus dem Gesicht geschnitten. Es ist fast, als wäre ich wieder in Nassenheide inmitten drohender Finanzdebakel . . .« Sie sieht jetzt auch gute Seiten an dem Sohn: »Er ist ganz reizend zu mir, und trotz seiner Sorgen lachen wir immerzu . . .«[23] Elizabeth interveniert bei Nelson Doubleday und bittet, H. B. ein lukrativeres Berufsfeld zu erschließen. Obwohl ihr amerikanischer Verleger ein im großen und ganzen positiv bewertetes Gespräch mit dem Hühnerfarmbesitzer führt und geneigt wäre, ihn auf Provisionsbasis zu beschäftigen, schränkt er der Mutter gegenüber ein: die daraus resultierenden unsicheren Einkünfte würden dem Familienvater nicht wirklich weiterhelfen können. So bleibt alles beim alten: »Wenn ich nicht Evi am Hals hätte, würde ich das Geld, das sie kriegt, ihm geben, damit er wieder auf die Beine kommt, aber ich kann nicht.«[24] Sie will vielleicht auch nicht.

Trotz persönlich günstiger Vorzeichen erweist sich die positive Einschätzung der Zukunft als trügerisch. Multinationaler Familienbindungen wegen registriert Elizabeth politische Vibrationen wie ein Seismograph. Seit Anfang 1933, seit Beginn der Machtübernahme der Nationalsozialisten in Deutschland mit allen schrecklichen Konsequenzen, insbesondere nach dem sogenannten Ermächtigungsgesetz vom 23. März, häufen sich in ihren tagtäglichen Aufzeichnungen die *vater*ländischen Reminiszenzen. Wehmütig beschwört sie das ihr vertraute Deutschlandbild noch einmal herauf, bald ergänzt um angstvolle Fragen hinsichtlich Beatrix' Zukunft und der ihrer Familie.[25] Elizabeths sehnsuchtsvolle Erinnerungen an *ihr* Deutschland und ihre unzweideutige Einschätzung Hitlers und seines Regimes, das eine Schandtat auf die andere häuft, füllen über Jahre hinweg die Tagebuchblätter und Briefseiten. Hier eine Auswahl aus einer Zeit, da kritische Kommentare in englischen Medien noch nicht überwiegen:

2. bis 4. April 1933: »Auf der untersten Stufe zum Gärtchen sitzend las ich meine Tagebücher von 1896 und 1897 durch. Ein anderes Leben. Beinahe eine andere Person. Und fast jeder, der darin erwähnt ist, schon ganz vergessen, alle Einladungen, Parties etc. Welch ein Traum – nur die Stunden im Garten von Nassenheide sind mir noch in lebhafter Erinnerung... Lese mein 1898er Tagebuch. Merkwürdig, wie wenig ich davon schreibe, daß Macmillan *German Garden* angenommen hat... Interessant zu sehen, daß ich Bücher schrieb, ohne die geringste Erwartung daran zu knüpfen...«

7. und 29. Mai 1933 an Liebet: »Trix schreibt, daß sie nicht verstehen kann, warum die ausländischen Zeitungen solche Dinge berichten über Juden, die geschlagen werden, und daß kein Wort davon wahr sei. Tatsache ist, daß die deutsche Presse total geknebelt ist, und sie nichts von diesen Dingen erfährt. Nur die Auslandskorrespondenten von englischen und amerikanischen Zeitungen können unver-

fälschte Nachrichten rüberbringen . . . Ich werde die Orte noch einmal besuchen, wo Henning um meine Hand anhielt und ich ›nein‹ sagte, weil es heiß war, und er vor Schweiß glänzte. Ich erinnere mich lebhaft, wie er glänzte . . .«

2. Juni 1933 [in Florenz, mit Vernon Lee]: ». . . zur Pension Piccoli unter dem Vorwand, mir Zimmer ansehen zu wollen. Sah das gleiche Sofa, immer noch dort, auf dem ich saß und überhaupt keine Ahnung hatte, was geschehen würde, als Henning hereinmarschierte, der uns von Rom gefolgt war . . .«

11. Februar 1934 an Liebet: »Hörst Du mal was von Trix? Es fällt mir sehr schwer, ihr zu schreiben, während Menschen in ihrem Vaterland totgeschlagen werden. Ich weiß, sie kann es nicht ändern, aber Grausamkeit ist mir aus tiefstem Herzen verhaßt, und ich habe solche Angst vor dem, was diese Bande noch an Schrecken über die Welt bringen wird, daß es mir fast unmöglich ist, ihr von Piepmätzen und Rosen zu schreiben. Doch wenn ich ein kritisches Wort äußerte, würde sie womöglich in einem Konzentrationslager landen . . .«[26]

Im Oktober 1934 begegnen sich Mutter und Tochter anläßlich der obligatorischen *Chalet*-Inspektion in der Schweiz. Beatrix berichtet von plötzlich verschwundenen jüdischen und nichtjüdischen Freunden. Angst gehe um, vor Denunziation, und lasse größte Vorsicht geboten erscheinen. Es kommt zu weiteren Treffen auf neutralem Boden. Was Trix nie schrieb und nur dort auszusprechen wagt, macht ihre Mutter krank. Schlaflose Nächte und Eßstörungen lassen die ohnehin leichtgewichtige Elizabeth weiter abmagern. Und als ihr gar ein deutscher Verleger anbietet, *Expiation* unter der Voraussetzung ihres lückenlosen »Ariernachweises« zu übersetzen und zu veröffentlichen, wird dessen Ansinnen mit brüsker Zurückweisung quittiert.

Wie könne sie, so ihre Worte, Sonne, Meer, ihre Hunde und Picknicks in Südfrankreich genießen, wenn Hitler voranschreitet, diese herrliche Welt zu vernichten.[27] »Ich habe jetzt ein Radio und höre mit Entsetzen von den Raubzügen Hitlers und seiner Bande. Aber die Tatsache, daß sie im 20. Jahrhundert unendlich absurd, grotesk und unglaublich anmuten, nimmt ihnen doch nichts von ihrer Schrecklichkeit. Es ist immer eine solche Erleichterung, auf den BBC-Sprecher umzuschalten und seine ruhige Stimme zu hören.«[28] Erstmals 1936 lassen Elizabeths Hinweise den Schluß zu, daß sie an Suizid denkt, falls sich die Kriegsdrohungen und eine Ausweitung des nationalsozialistischen Machtbereichs bewahrheiten sollten.

Parallel zu quälenden Gedanken fordert das Tagesgeschäft seinen Tribut. *Jasminhof*, im Juli 1934 abgeschlossen, befördert Elizabeth persönlich nach London zu Heinemann. Mehr als ein weiterer Monat vergeht, ehe das Schlußkapitel auf Verlangen des Lektors ergänzt ist und bis endgültig grünes Licht zur Veröffentlichung im November gegeben wird. Aufatmen. Signalwirkung für die Autorin hatte auch Heinemanns Erklärung, eine Vorschußzahlung von 1500 Pfund werde vom Prüfergebnis und von zufriedenstellend abgeschlossenen Korrekturarbeiten abhängig gemacht. So lange rührt sich Elizabeth nicht aus England fort, bis diese Fragen für sie endgültig positiv geklärt sind, und sie soll, trotz wohlwollender Kritiken, geäußert haben, sie beobachte an sich mit Verwunderung nachlassende Kreativität.[29]

*Jasminhof* ist eine gut konstruierte Gesellschaftskomödie, natürlich mit allen typischen Attributen. Es gibt die junge Naive, die in jeder Beziehung deftige Person um die Lebensmitte herum und die ältlichen Gentlemen, die ihre Ruhe über alles schätzen und es im allgemeinen vorziehen, erotische Abenteuer mehr auf der Ebene der Imagination – ach sagen wir es doch deutsch, der Einbildung! – abzuwickeln, und die wirkliche unangreifbare Lady. Man erfährt etwas über den Verlauf von Weekends auf englischen Landsitzen, über die Ausstattung herrschaftlicher Stadtwohnungen und darüber, wie »solche Leute« sich im Umfeld eines betont bescheidenen provençalischen Landhauses einrichten. Auch das Geheimnis der Indikatorfunktion von Nagellacknuancen in bezug auf die gesellschaftliche Positionierung seiner Trägerin wird uns enthüllt, ebenso wie die Wirkung von Wagnermusik auf Menschen – die vollgestopft sind mit unreifen Stachelbeeren. Überhaupt zeichnet sich das Buch durch ständige irritierende Sprünge zwischen der Beschreibung von Äußerlichkeiten und der des Innenlebens der handelnden Personen aus. Noch etwas zu Wagner: ». . . zuerst nur ein leises Geflüster, ein ferner Hall, aber dann, als das Kanu, von dem es drang, sich den Fluß herunter näherte, wurde es immer deutlicher und entpuppte sich zum Schluß als das Flötenspiel des Schäfers im dritten Akt von *Tristan und Isolde*.«[30] Der Tristan ist im Gegensatz zu Isolde zwar schon etwas in die Jahre gekommen, würde sich gern zurückziehen aus allen Liebeshändeln. Ein ferner Hall . . . auch Andrew-Tristan stirbt den Liebestod, ganz unspektakulär allerdings, und Isolde fährt mit einem altersmäßig besser zu ihr passenden Mann auf dem Motorrad (das erinnert irgendwie an Frere und an *Liebe*) davon. Und dann gibt es da noch einen Deutschen von Adel, der Elizabeths ambivalente Gefühle gegenüber dem teutonischen *Vater*land auf sich vereint.

Wirklich nachlassende Kreativität?

Ohne Zögern beginnt sie mit etwas Neuem. Die Initialzündung dazu kommt von Frere, und vermutlich denkt er dabei an eine therapeutische Wirkung. Der ihm selbst in *Alle meine Hunde* eingeräumte Stellenwert bleibt, nicht nur mit Rücksicht auf ihn, denkwürdig gering. Trotzdem wird es die nicht allein auf vierbeinige Weggenossen reduzierte Geschichte ihres Lebens. Memoiren? Ein mit Vorsicht zu verwendender Begriff, diese Charakterisierung hätte ihre Tücken. Elizabeth liefert sogar da, wo es sich angeblich um biographische Daten von May Beauchamp/Elizabeth von Arnim/Countess Russell handeln soll, nur allzugern Umgefärbtes. Was sie von sich preisgibt, ohne gleichzeitig einer Fama Vorschub zu leisten, entdecken uns wahrhaftiger ihre Tagebücher und auch – über das Vehikel Akteure – ihr *gesamtes* literarisches Erbe. Selbst der Briefeschreiberin, ein sehr menschlicher Zug, diktierten beschönigende bis hin zu Aufmerksamkeit heischende Absichten mitunter die Worte.

*Alle meine Hunde* wächst eingestandenermaßen rasch, und die Arbeit am Buch bereitet ihr großes Vergnügen. Letzteres ist ein Empfinden, dem Leser über weite Strecken dieser von Hundetreiben dominierten Pseudo-Lebensbeichte vergeblich nachspüren werden. Sprachlich – wo blieb der ironisch-respektlose Biß? – zählt das Ergebnis zu Elizabeths Schwächerem. Und je weiter die Chronistin fortschreitet, desto mehr hält sie sich bedeckt. Nein, coram publico will sie sich, insbesondere was ihre jüngere Vergangenheit angeht, nicht prostituieren.

Zeitgleich 1934 skizziert auch H. G. Wells Lebensdaten, und zwar speziell erotische, die 1984 erstmals veröffentlicht werden: *H. G. Wells in Love.* Sich selbst, die damalige Gräfin Arnim, darin als *Episode of Little e* über gerade sieben Seiten und ihre einstige Kontrahentin im Kapitel *Rebecca West* auf immerhin achtzehn abgehandelt zu sehen, hätte Elizabeth ernsthaft gekränkt.[31] Was H. G. Wells' aktuelle Wertschätzung seines *Little e* angeht, bestehen kaum Zweifel, denn wenige Monate nach Niederschrift seiner Amouren gibt er für die gute alte Freundin Elizabeth im Sporting Club von Monte Carlo eine große Dinner Party. Countess Russell findet ihn zwar reizend, für ihren Geschmack allerdings inzwischen viel zu altmännerhaft und beleibt.[32]

Über Liverpool, wohin sie ein Orgelkonzert in der neuen Kathedrale lockte, führt eine Englandreise Ende November 1935 zu Charlotte nach *Wilmots,* in deren zwischenzeitlich bezogenes Haus mit altenglischem Flair (die wärmeverwöhnte Elizabeth findet es antiquiert, eiskalt und zugig) in Morestead bei Cambridge. *Telegraph House* liegt da wahrlich nicht am Wege. Nein, nicht wie 1920, als sie es mit Charlotte ansteuerte und ihr Fernglas auf die Eßzimmer-Seite des Hauses richtete: »Oh the horror!«[33] Doch die wegen ihres Egoberichts *Alle meine Hunde* ohnehin rückwärts gerichteten Blicke lenken sie jetzt nochmals, beinahe zwangsläufig, zu Stätten der Vergangenheit: ». . . zum T. H., wo ich durch das verfluchte Anwesen zum Haus hochlief . . . meine Blechhütte verfallen und von Efeu überwuchert . . . traf Bertie . . . und eine Menge junger Leute, die das Wochenende dort verbrachten . . .«[34]

Elizabeths wiederum aufflackernde Neigung zu Empfindsamkeit, zu Klagen vom Nicht-mehr-Dazugehören, erhält nach der Rückkehr in die Provence neue Nahrung: einsame Heimkehr – nicht vergleichbar vergangenen Ankünften mit Defilees von Freunden und Verehrern – nun gut, man sei alt, und Alte kämen eben allein, so lautet im Januar 1936 ihre Eintragung ins Tagebuch.[35]

In das begonnene Jahr fallen erste Arbeiten an ihrem – ohne daß ihr das bewußt ist – letzten Buch: *Mr. Skeffington.* In Elizabeths Augen vorerst ein Embryo, der von nun an kaum wahrnehmbar langsam unter den Arbeitstiteln »Birthday Party« und später »Fanny«[36] wächst. Pünktlich zu ihrem eigenen Geburtstag, dem siebzigsten, im August er-

345

scheint *Alle meine Hunde.* Hinweise auf persönliche oder gar literarische Würdigungen fehlen. Dafür gibt es Elizabeths, von Liebet aufgezeichneten, Kommentar: »Bin nun endgültig eine alte Frau, und ich muß mir das stets vor Augen halten. Man ist so sehr daran gewöhnt, jung zu sein, daß man es immer noch für selbstverständlich hält. Ich darf es nicht vergessen, und meine Brille hilft mir dabei.«[37]

Wachsende Befürchtungen, daß Hitler ohne Kompromisse auf Krieg setzt, treiben Liebet und Corwin mit ihrer zweiten Tochter Ann, so paradox das klingen mag, nach Deutschland. Aufgrund eines jüngst erlassenen Reichsgesetzes sind dort Auslandsüberweisungen untersagt. Es gilt somit, so unverfänglich wie möglich, große Beträge von Bankkonten abzuheben, bevor das Arnim-Erbteil in einer maroden Kriegswirtschaft untergeht. Die Butterworth-Familie gibt den über Monate ausgedehnten – in Wahrheit aber nicht so kostspieligen – Europatrip als Verwendungszweck an. Ob Liebet auch im Namen ihrer in Amerika lebenden Geschwister aktiv wird, bleibt unklar. Murnau, den oberbayerischen Wohnort der Hirschbergs, umfaßt die Reiseroute ebenso wie das südfranzösische *Mas des Roses.* Auf die von Liebet vorgeschlagene gemeinsame Zeit am Golf von Sorrent möchte Elizabeth aber doch lieber verzichten; im Beisein von Schwiegersohn Corwin und Enkelin Ann (laut Einschätzung der auf Äußerlichkeiten außerordentlich empfindsam reagierenden Großmutter eine, genau wie deren Schwester Clare, monströs wirkende, übergewichtige Erscheinung) würde ihr das kaum Freude bereiten.[38]

In Salzburg im August 1937 kommt es dennoch zum Familientreffen. Die drei amerikanischen Butterworths fühlen sich an dessen Ende gegenüber der adligen Hirschberg-Fraktion deutlich zurückgesetzt. Beatrix' Tochter Sibylla wird sich noch als alte Dame lebhaft daran erinnern, daß ihre

*Während eines Europatrips der Butterworth-Familie:*
*Elizabeth mit Tochter Liebet Butterworth, Enkelin Ann –*
*und Hunden (um 1937).*

Cousine der Großmutter ehrerbietig die Hand küssen mußte, während sie selbst (als hübsche, kleingewachsene und zartgliedrige Siebzehnjährige, die der jungen Elizabeth damals sehr ähnlich sah) beim Abschied am Bahnhof auf die Wange geküßt wurde. Der Stachel sitzt tief.

Elizabeth mag eben aristokratisches Beiwerk. Die neue ländlich-vornehme Hirschberg-Villa kann unbedingt damit aufwarten. Den Wunsch, das auf einem Point de vue zwischen Staffelsee und Murnauer Moos erbaute Haus kennenzulernen, erfüllt sie sich durch den Weihnachtsbesuch 1937. Der stilvolle Rahmen, die charmanten Galanterien des noblen Schwiegersohns, Trixis souveräne Haushaltsführung, ihr Esprit, die beiden reizenden Enkeltöchter: All das wird hocherfreut registriert.

Murnauer Impressionen, aber auch an das im Hintergrund der oberbayerischen Idylle lauernde Hitlerregime gemahnende Worte, finden sich in Elizabeths handschriftlich festgehaltener Kurzgeschichte *Christmas in a Bavarian Village (Weihnachten in einem bayerischen Dorf)*. *Heiliger Abend – Stille Nacht, heilige Nacht – Baumkuchen – Glühwein – Leberwurst,* all diese mit deutscher *Gemütlichkeit* verbundenen Begriffe kommen ihr wieder in den Sinn und werden wenige Tage danach in München ergänzt um furchteinflößende: *Judenausstellung – Stürmer.* Elizabeth erwirbt den schockierenden Katalog zur Ausstellung und das letztgenannte Pamphlet für Bertrand Russell als »widerwärtiges Anschauungsmaterial«.[39] »Himmel und Erde« setzt sie später in Bewegung, um »einen deutschen Juden« bei sich in Frankreich aufzunehmen. »Aber die Schwierigkeiten waren unüberwindlich groß und ich mußte es aufgeben.«[40] In Trix' Salon kommt es am 26. Dezember zu einer erfreulicheren Begegnung. Bernd und Maggie von Arnim-Criewen machen, von Rom kommend, halt, um ihre Schwägerin zu begrüßen. Die gute alte

Maggie sei leider, so Elizabeths respektlose Bemerkung, kaum mehr fähig zu hören und zu sehen, doch wie eh und je zutiefst ignorant. Auch Bernd sei beinahe unverändert: lebhaft und *schlau* – gleichfalls stocktaub und stets vergeblich auf der Suche nach Worten.[41]

Elizabeth war vom Gardasee kommend nach Murnau gereist und kehrt jetzt dorthin zurück. Wochenlang verkriecht sie sich, nur von Teppi kurz besucht, mit dreien ihrer nun insgesamt sechs Hunde in einem einsamen Ferienhaus, *Eremitaggio*, in Torri del Benace. Dann geht es in die Schweiz, und schließlich bewohnt sie gar wechselnde Domizile ganz in der Nähe von Cannes. Sie brauche Ruhe zum Schreiben, legte sie sich als Erklärung für das Ausweichmanöver zurecht, und habe Freunden das *Mas* für vier Monate überlassen. Vermutlich war ihr vorübergehend ganz einfach nicht nach jenem tagtäglichen und oft auch nächtlichen Trubel, den Teppi nach ihren zwei Besuchen, 1938 und 1939, in Mougins hellauf begeistert beschreibt: »Diesmal lernte ich auch das französische Gesellschaftsleben kennen, da ich fast zu allen Einladungen mitgenommen wurde.«[42] In liebenswürdiger Weise sei sie, die Deutsche, dort aufgenommen worden, was auf die große Beliebtheit von Countess Russell zurückzuführen sei. Ohne Frage verfehlen erst- und zweitklassige Namen, Graf Sigray, Lord Beaverbrook, Lady Charles Montagu, Baroness Kahler, schwedische königliche Hoheiten, Thornton Wilder, Elsa Maxwell, nicht ihre Wirkung auf die mittlerweile sechzigjährige Teppi. Rose Macaulay, die Gäste in großer Gala in Restaurants einzuladen pflegt, um sich über ihre und anderer Schriftsteller bedeutende Werke verbreiten zu können, sucht in jener Zeit gleichfalls, und nicht zum ersten und nicht zum letzten Mal, Elizabeths Nähe. Auch Ethel Smyth taucht ab und an auf.

Es gibt noch andere Auslöser für innere Unruhe, für

Fluchttendenzen und Angstzustände: Elizabeths Beklemmungen verbinden sich eng mit politischen Daten, bald auch mit alarmierenden des Jahres 1938.

Bislang setzte man in England noch auf Beschwichtigung. Doch Krieg, das verbreiten jetzt die britischen Medien, stehe unmittelbar bevor. Gasmasken wurden auf der Insel bereits vorsorglich verteilt. Die faschistische »Achse Berlin – Rom« steht. In Spanien etabliert sich das Regime des »Caudillo« Franco. In Frankreich befindet sich die Volksfront-Regierung in Auflösung. Österreich stimmt für den »Anschluß ans Reich«. Hitlers tollwütiges Geschrei tönt unüberhörbar aus dem Äther. Die Herren Chamberlain, Daladier, Mussolini und Hitler treffen sich am 29. September in München. Ihr Abkommen bestätigt: Abtretung sudetendeutscher Gebiete an Deutschland und deutsch-englische Nichtangriffserklärung. Ein teuer erkaufter Aufschub. Eine Galgenfrist. Am 21. Oktober der »Führerbefehl« zur »Erledigung der Rest-Tschechei«.

Ihr Schicksal und das ihrer Hunde scheint für Elizabeth, nachdem sie Hitlers sich überschlagende Stimme, seine Drohungen im Radio hörte, besiegelt.[43] Briefe aus Deutschland wirken durch zunehmende Beschränkung auf Marginalien erst recht verdächtig. Erst beim Treffen im November auf Schweizer Territorium in Romanshorn wagt die Tochter wieder zu reden: Sie teilen unter Tränen ihre große Sorge. Drei Monate zuvor hatte Elizabeth an Beatrix auf deren dringende Bitte hin das »*Tiefste-Noth*-Röhrchen« mit Tabletten gesandt, im Vertrauen darauf, daß ihr selbst, wenn es sein müsse, »eine andere Methode einfallen« wird . . .[44]

## Kapitel XII: 1939-1941

*»Unmöglich, wirklich unmöglich, daran zu glauben, daß dieser*
*Lebensabschnitt friedlich, heiter und licht sein kann...«*
Mr. Skeffington

Unter dem Titel *Leiden an Deutschland* werden 1946 Tagebuchblätter publiziert: »Dachte in der Stille des Abends
über mein Leben nach... Ich glaube doch, zuletzt werde
ich seiner recht müde sein... Genug, genug!... Der Sinn
des Wortes ›lebensmüde‹ ist nicht persönlich, er ist umfas-
send. – Sanary-sur-Mer, 23. Juni 1933.«[1] Nicht sehr weit
von Cannes und Mougins entfernt suchen deutsche Gegner
des Naziregimes Zuflucht. Manche kommen für Wochen,
manche für Monate, andere bleiben oder benutzen den südfranzösischen Küstenstreifen als Sprungbrett in ein noch
sichereres Land. Stellvertretend für seine Frau Katja, für
Alma Mahler-Werfel und Franz Werfel, für Lion und Marta
Feuchtwanger, für seinen Bruder Heinrich, für René Schik-
kele, für Marcuse oder Bert Brecht bringt Thomas Mann
mit den zitierten Sätzen seine Wut, Ohnmacht und Ungewißheit zum Ausdruck. *Der Haß, Es kommt der Tag* und *Mut*
lauten Titel von 1933, 1936 und 1939 zusammengestellten
Sammelbänden mit Artikeln und Essays jener Zeit.

Auch Elizabeth schärfte in den vergangenen Jahren ihren
Blick für das, was über Europa und die Welt hereinbricht.
Die sichere Erwartung einer noch größeren Katastrophe
nach kaum zwanzig Friedensjahren raubt ihr endgültig die
Ruhe. Mit der nationalsozialistischen Machtübernahme
büßte sie auch einen Teil ihrer Identität, ihre Arnimsche,
ein. Wie kann sie dieses deutsche Land noch lieben? Berlin,
Schlagenthin, Pommern, die Ostsee, Rügen... *teutonische*

Bilder waren niemals verblaßt. 21. April 1939: »Papa ist heute 88 . . . Erinnerst Du Dich an Sträuße aus Leberblümchen und Buschwindröschen« und »drei kleine Mädchen in einer Reihe, die *Petit Papa, c'est aujourd'hui ta fête* sangen? Ich ja. Lebhaft.«[2] Liebet, die sich erinnern soll, ist, als sie das liest, im Herzen nicht einmal mehr halb eine Deutsche.

Auch das schreibt Elizabeth ihr an diesem Tag: »Französisches Militär sitzt mir im Nacken.« Die Einquartierung von sieben Offizieren in Wohn- und Gästezimmern des *Mas des Roses* – »ich lebe im Schlafzimmer« –, fünfundzwanzig einfache Soldaten in ihrer Garage – »mein Auto schläft jetzt im Freien –«[3] und eine komplette Wagenladung Waffen mit Munition im Garten versteckt (noch im März hatte sie eine große Anzahl Blumenzwiebeln bestellt und stecken lassen) machen ihr angst. Die Entdeckung, daß hinter Rosmarin- und Rosenhecken bereits Gerätschaften zur Luftabwehr deutscher Bomber aufgebaut wurden, löst Panik aus. Elizabeths unverzüglich eingeleitete Konsequenzen: Erledigung von Paßformalitäten, Fahrt nach Nizza zum Konsulat, Gesundheitszeugnis für einen der Hunde, Verkauf des Citroën, 2500 Francs Abfindung für den Chauffeur . . . Vorbereitungen zur Emigration.

Damit, sie weiß und notiert das erst nach sehr genau einem Jahr, beginnt ihre »Amerikanische Odyssee«.[4]

Der Tag, an dem Liebet erstmals mit der Möglichkeit konfrontiert wurde, ihre Mutter könne sich einen Ort in den USA als Alterssitz erwählen, liegt bereits sechzehn Jahre zurück. Wie war noch die Überlegung gewesen? Vorausgesetzt, es gebe Blumen, den Baum zum Daruntersitzen, keine Schnaken oder Froschgequake, je ein geräumiges Wohn-, Schlaf- und Badezimmer sowie eine kleine Küche und eine Frau, die nach getaner Arbeit heimgeht, vorausgesetzt es gebe insbesondere sie, die Tochter, und zwischen ihnen nur eine Mauer, die nicht wirklich trennt, dann wäre sie glücklich bis an ihr Lebensende, und nichts würde sie bewegen können, je wieder fortzugehen. Ja, so sah Elizabeth ihre Zukunft 1923. Danach kamen ihr Zweifel: »Manchmal denke ich: soll ich mich ein für allemal entwurzeln und auswandern und meine restlichen Jahre in der Nähe von Liebet verbringen? Aber ich frage mich ernsthaft, ob man sich in meinem Alter entwurzeln und neue Wurzeln schlagen und glücklich werden *kann*...«[5] Angesichts akuter Kriegsgefahr klingen ihre Ankündigungen wieder konkreter: »Ich möchte mein Haus vermieten und rüberkommen – wohin denkst Du wohl? Nach *Charleston*. Ich höre, es ist reizend und hat ein angenehmes Winterklima. Finde es bitte für mich heraus... Ich möchte alle Hunde mitnehmen!... Wenn ich Trix überreden könnte, würde ich auch Billy mitnehmen.«[6] Und sie meint damit die knapp neunzehnjährige Sibylla von Hirschberg, Schauspielschülerin in Berlin. Die Enkelin hatte den dringenden Wunsch geäußert, sich ihr anzuschließen, um der Gewaltherrschaft zu entkommen. Trotz etlicher Bemühungen wird deren Ausreise boykottiert: in erster Linie von Beatrix, die eingedenk eigener Erfahrungen befürchtet, ihrer Mutter mangele es einfach an Kontinuität im Umgang mit Schutzbefohlenen.[7]

Am 15. Mai 1939 besteigen Elizabeth und der bildhübsche rotgoldblonde Spaniel Billy – so benannt nach eben jener Enkelin gleicher Haarfarbe – die Eisenbahn nach Paris. Das Terrierpaar übernahm Elsie Oppenheimer, ein weiterer Hund bleibt ebenfalls bei einer Pflegefamilie zurück. Zwei wurden vom Tierarzt eingeschläfert und im Garten des *Mas des Roses* begraben.

Die *Queen Mary* läuft am 22. Mai in New York ein. Tags darauf steht Elizabeth, fast dreiundsiebzigjährig, auf der *Sunset-Farm* der Butterworth' in West Hardford, Connecticut,[8] und schließlich in einem kleinen Häuschen. Tür an Tür mit Liebet, ganz wie in ihrem 1923er Traum. Ein wahrer Glücksfall, gäbe es keine Störfaktoren: die Hausangestellte tituliert Elizabeth stets *Meine Liebe*, eine Nachlässigkeit, die mangels Kochkunst absolut nicht wettgemacht werden kann – und kaum etwas ist Elizabeth verhaßter als Besuche von Teeparties bei reizenden amerikanischen Hausfrauen, die sich in ihren kritischen Augen wie ein Ei dem anderen gleichen.

Seit ihrer Ankunft mehren sich quälend schlaflose Nächte. Hautnahe Kontakte nach Aufnahme in den Familienschoß führen zu permanenten Reibereien. Schwiegersohn Corwin schwört auf geordnete Verhältnisse, Extravaganzen sind ihm ein Greuel. Spießern und Kleingeistern, so im Gegenzug die unumstößliche Devise einer Countess Russell, begegnet man am besten mit Mißachtung, wenn nicht arrogantem Spott. Beide suchen Rückendeckung bei Frau und Tochter. Liebet hält dem Dauerbeschuß nicht sehr lange stand.

Gewissenhafte Durchsicht von Korrekturbögen für *Mr. Skeffington* (750 Pfund bringt ihr die Vorveröffentlichung als Zeitschriften-Serienroman) lenkt nicht genügend ab. »Fühle mich ins tiefste Exil verbannt«,[9] lautet Elizabeths Quintessenz nach wenigen Wochen. »Meine Muse verließ mich wegen der Lebensumstände«, beklagen Zeilen an Maud Ritchie; genau 4640 Meilen, rechnet sie der Freundin gleichzeitig vor, lägen nun zwischen London und ihr; doch: »Es ist so sonderbar, auf einmal so weit weg von Hitler zu sein«,[10] fügt die Emigrantin als Mutmacher im Brief vom 19. August 1939 noch rasch hinzu. Ein Standbein, das *Mas* in Mougins, bleibt ihr unbedingt in Europa, das *Chalet Soleil* wurde endlich verkauft. Mit 50000 Schweizer Franken erzielt Elizabeth gerade ein Sechstel der Kosten, die sie für das

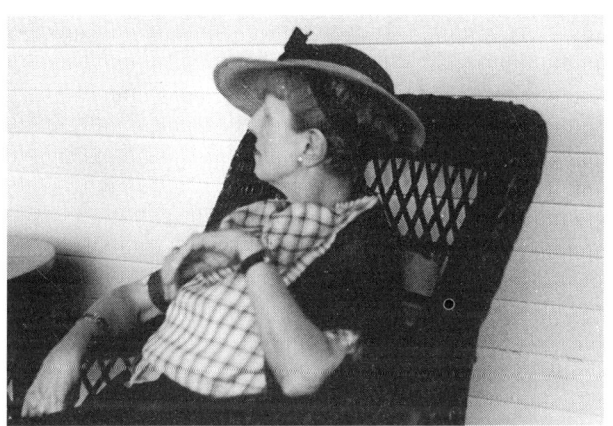

*Die dreiundsiebzigjährige Elizabeth 1939 in Dublin,
New Hampshire, USA.*

*Elizabeth mit Spaniel Billy, ihrem einzigen Reisebegleiter im amerikanischen Exil.*

Anwesen 1912 aufgewandt hatte; doch tröstet sie sich mit dem Gedanken, daß ausgerechnet ein Landsmann – so ihre eigene Darstellung – diesen Glückstreffer zog.

Zu den ersten Anschaffungen im neuen Land zählt ein Auto. Wenn Elizabeth eigenhändig den Chevrolet steuert (sie mußte in den USA in ihrem hohen Alter noch eine zusätzliche Führerscheinprüfung ablegen, bezeichnet die Prozedur jedoch als harmlos), verschwindet die winzige Gestalt hinterm Lenkrad. Der Innenraum dieses Gefährts wird ihr und dem Hund Billy ab Spätsommer 1939 ein mobiles Heim. Auf vier Blättern eines kleinformatigen Notizblocks, überschrieben *I Travel with a Dog,* werden Wahrnehmungen in fahriger, kaum lesbarer Handschrift notiert. Zahlreiche Durchstreichungen und Korrekturen bekunden motorische und psychische Unsicherheiten. Ihre bittere Realität formuliert die Schriftstellerin Elizabeth an anderer Stelle als furchtbaren Verdacht: ». . . ob sie vielleicht auch einmal mit einem Hund endete, und einen Augenblick lang verfiel sie in eine Art Tagtraum und sah schließlich sich selbst . . . allein mit einem Hund. Die Summe eines schillernd aufsehenerregenden Lebens: ein Hund . . . Unmöglich, wirklich unmöglich, daran zu glauben, daß dieser Lebensabschnitt friedlich, heiter und licht sein kann . . .«[11]

Vorgedruckte Anschriften auf Briefköpfen markieren von nun an Stationen. Optisch verwechselbare Hotels unterscheiden sich durch Hundefreundlichkeit des Personals. Am Ende stereotyper Tage »*usual evenings*«, ihr bekannter Tagebuch-Code für sinkenden Mut und Verzweiflung. Nicht »*usual*« wären schon Musik vom Schallplattenspieler oder eine kleine Partie Schach. Angaben zu Aufenthaltsorten reduzieren sich auf Wetterdaten, Reihenfolgen angesteuerter Ziele könnten x-beliebig sein: Nur im Dublin Inn/ New Hampshire hält sie es einige Monate aus.

*Elizabeth mit Spaniel Billy in Beaufort, South Carolina, USA.*

1940 folgen Peckett's on Sugar Hill, Lake Morey, Villa Margherita/Charleston, Gold Eagle Tavern/Beaufort, The Halcyon Inn/Summerville, Gardenside, Middleton Springs, Williamstown, Liebets und Corvins *Sunset Farm*, Hotel Gotham/New York, Wardman Park Hotel/Washington, Charlottesville, Villa Margherita/Charleston, Gold Eagle Tavern/Beaufort, The Carolina/Summerville, Knoxville, The Homestead/Hot Spring, Cascades Inn/Healing Springs, Charlottesville, Vermont, Woodstock, Liebets *Sunset Farm*, New York, Charlottesville, Summerville, Beauford . . . Am Ende der weit längeren vollständigen Liste steht nochmals The Halcyon Inn in Summerville, South Carolina . . . Irgendwo dort lebt während der Jagdsaison immerhin ihr Verleger Nelson Doubleday, einer der wenigen verbliebenen Freunde.

Briefe, die bis Anfang 1941 an Zurückgelassene in Europa adressiert werden, streichen vermeintliche Vorzüge heraus. Tagebuchseiten nähern sich vorsichtig der deprimierenden Wahrheit: Blutungen, schwere Arthritis in der rechten Hand, eine Wucherung auf dem Auge, Röntgen-Bestrahlungen ohne Erfolg. Die ganze ungeschminkte Wahrheit lastet auf ihrer Romanfigur Fanny: »Das Leben ist ein Spiel, in dem jeder am Ende als Verlierer dasteht, sagte sie sich. Man mag wohl eine Zeitlang immerzu gewinnen, wie sie andauernd gewonnen hatte, und dann verliert man wahrscheinlich im selben Verhältnis, in dem man gewonnen hatte . . . Würde sie wohl eines Tages selbst so werden? So alt, daß . . . sie sich von einem Hotel zum anderen schleppte . . . wochen-, monate-, vielleicht sogar jahrelang dort in derselben Stille sitzen würde . . . ?«[12]

Elizabeths letzter Roman erscheint im August 1940 in England und in den Vereinigten Staaten. Ein großer Wurf. Das Beste, behauptet *Times Literary Supplement*, von Eliza-

*Elizabeth und ihr amerikanischer Verleger Nelson Doubleday,*
*1940 in South Carolina.*

beth überhaupt. Darüber ließe sich streiten. Aber schonungslos, leidenschaftslos, desillusionierend, maliziös, ja tragikomisch darf man Mr. *Skeffington (Die sieben Spiegel der Lady Frances)* wohl nennen. Pointen sitzen. Sätze werden der Fünfzigjährigen mit dem Herzen einer Dreißigjährigen und allen äußeren Merkmalen einer weit Älteren (nämlich denen ihrer gut siebzig Lebensjahre zählenden Schöpferin) in den Mund gelegt, die wirklich Fünfzigjährigen Schauder des Entsetzens über den Rücken jagen. Hat man sich allerdings vom ersten Schock erholt, so verspricht das Buch einen Lesespaß der ganz besonderen Art. Vor zwanzig Jahren war Fanny ihr erster Gatte, Mr. Hiob Skeffington, abhanden gekommen. Nun taucht er – vollkommen unaufgefordert und nur ihr sichtbar – an den unmöglichsten Plätzen und zu den unpassendsten Gelegenheiten wieder auf. Allein, als schwache Frau, mag sich Fanny diesem Phänomen und allen anderen von Tag zu Tag unüberwindlicheren Hürden, die das Leben errichtet, nicht mehr stellen. Warum nicht Verflossene als Stützen reaktivieren? In unterschiedlichsten Verkleidungen läßt Elizabeth im Endeffekt unbrauchbare Männer Revue passieren: Wells beispielsweise oder Russell und Frere . . . Bis endlich der einzig Wahre und Richtige wieder auftaucht: Mr. Skeffington, verhärmt, verarmt, zermürbt und, was am wichtigsten ist, blind, auch gegenüber Fannys zerstörter Schönheit, kehrt zurück in offene verwelkte Arme. Henning von Arnim stand für Hiob Pate.

*All the Men of my Life – Alle meine Männer* hätte Elizabeth diesen Roman durchaus nennen können.

Anfang 1941 zeigen sich bei Elizabeth Symptome einer Grippe. Liebet kommt sofort, am 17. Januar trifft sie nach endlos langer Autofahrt ein. Bald darauf legt sich die Tochter mit Fieber nieder, Elizabeth fühlt sich wieder gesund.

Dann: »Halsschmerzen – ärgerlich – dachte ich sei mit der Grippe fertig / Mit Billy und Lieb in den Dünen – über den Rest des Tages müßig / Schöner Tag – fühl' mich nicht gut...«[13] Soweit letzte Tagebucheintragungen, abbrechend am 29. Januar.

Am Abend des 1. Februar sinkt sie ins Koma, der Tod tritt am 9. Februar 1941 im Krankenhaus von Charleston ein. Fünfundsiebzig wäre sie im August geworden.

»Wissen Sie«, argwöhnte Elizabeth knapp zwei Jahre zuvor im März 1939, »ich sterbe ganz sicher einmal sehr jung.« Danach aber mußte sie, berichtet uns Teppi, »ebenso herzlich lachen wie ich«.[14]

# Spurensuche
## 1994-1996

Juli 1994: Ostende – Ramsgate, die Überfahrt mit der Kanalfähre, die ersten Stationen unserer Reise nach England teilen wir bereits mit Elizabeth und gleichfalls die Route durch Kent und East Sussex. Uns lacht zumeist der Himmel. Doch 1907 entsprach das Hochsommerwetter mehr der landläufigen Meinung vom typisch englischen: Es war sogar ausgesprochen ungemütlich, windig und naßkalt. Aber vielleicht erfreute sich Elizabeths Reisegesellschaft während jener Caravantour kurz nach der Jahrhundertwende dennoch an ganz den gleichen zartlila Moschusmalven an den Wegrändern wie wir (nachdem wir uns an den Linksverkehr gewöhnt hatten, denn bis dahin war unser Blick fest auf die Straße selbst geheftet!), die wir uns nun auf die Suche nach Spuren eines Lebens machen.

»Sehen Sie, dort oben liegt H. G. Wells' *Spade House*«, der reizende Antiquitätenhändler bittet uns nach einem angeregten Gespräch schließlich vors Geschäft an der verkehrsreichen Straße zwischen Folkestone und Sandgate (»ungewöhnlich«, wird er bei sich denken, »zwei Deutsche, die sich für die englische Arts-and-Crafts-Bewegung interessieren«, und »erstaunlich«, geht uns durch den Kopf, »ein Engländer, der diese Epoche mit dem deutschen Werkbund in Verbindung zu bringen weiß). Und er macht uns auf ein großes helles Gebäude auf dem Scheitel der Kalkfelsen aufmerksam. Wir können das heutige Altenheim nicht ohne Voranmeldung besichtigen, selbst der Garten ist versperrt. *Uppark*, Wells' Geburtshaus, liegt, ein tröstlicher Gedanke, noch am Weg zum *Telegraph House*. Doch West Sussex wird vertagt.

Tags darauf nieselt es, das einzige Mal im Verlauf dieser Reise. Scheibenwischerschlieren lassen uns das Hinweisschild übersehen. Wenden, zurück. Dunstschleier begünstigen den spontanen Vergleich von Francis Russells Landsitz mit einer »langweiligen grauen Alte-Männer-Trevirahose«. Wer von uns beiden hatte das zuerst gedacht oder gesagt? Gut gewähltes Beiwerk – der Staudengarten in warmen Goldtönen und geschickt plazierte Gehölzgruppen – werten ihn erfreulich auf. Dreist dringen wir vor bis in den rückwärtigen Hofraum. Das ruft den Gärtner auf den Plan. Nein, seine Herrschaft sei nicht zu sprechen, sei im Norden der Insel auf der Jagd, ja, wir könnten uns – natürlich nach Erläuterung unserer sehr ehrenwerten Gründe – draußen gern alles in Muße betrachten. Durchs Erdgeschoßfenster neugierige Blicke ins Haus. Speisezimmer der Upperclass wirken zeitlos dezent. Streifzüge durchs unübersehbar weitläufige Gelände. Schafe, Kühe: helle Tupfen in feuchtgrünen Rasenfernen. Wir stellen noch ein paar Fragen. Nun ja, eine alte Blechhütte habe es bis vor kurzem hier gegeben, sie sei Aufräumungsarbeiten zum Opfer gefallen. Elizabeth, beschließen wir, wäre das wohl egal gewesen, und denken auch, daß uns ein Leben in *Telegraph House* vermutlich ebenso aufs Gemüt schlagen würde wie ihr. Allein schon die – wir werden den Kilometerzähler gleich im Auge behalten – 1,6 Kilometer lange bedrückend imposante *Copper-beeches*-Allee muß Stimmungsaufhellungen im Keime ersticken. Bewegt sich nicht im ersten Stockwerk eine Gardine? Elizabeth stand einmal dort am hohen Schlafzimmerfenster, sah Francis mit sehr gemischten Gefühlen nach London verschwinden, bedachte die erlösende Wirkung eines Sprungs vom Turm . . . und beschrieb all das in *Vera.*

H. G. Wells stellt sich also wiederum quer: Auch *Uppark,* einen Katzensprung entfernt, hat sich uns entzogen,

*Das von Francis Russell geliebte und von Elizabeth gehaßte
›Telegraph House‹ heute – mit dem berüchtigten, im Roman »Vera«
beschriebenen Turm.*

*Front- und Gartenansicht des vom englischen Architekten*
*Charles F. A. Voysey entworfenen ›Ropes‹, einst Landhaus von*
*Charlotte Waterlow, Elizabeths Schwester.*

denn am 30. August 1989 brannte der Traum eines großen englischen Landsitzes bis auf die Grundmauern ab. Noch dauern die äußerst aufwendigen Restaurierungsarbeiten an. Wir erfahren, daß sie wohl bald abgeschlossen sein werden.

Hingegen öffnen sich die Türen von *Ropes*. Zum ersten Schritt dorthin verhilft die *Bed-and-breakfast*-Anbieterin des *Peartree Cottage* in Fernhurst. »Oh, *Elizabeth of the German Garden*«, selbstverständlich kenne sie die Schriftstellerin und deren Bücher. Gleichfalls sei ihr der in Frage kommende Eigentümer des von uns gesuchten Landhauses von sonntäglichen Kirchgängen her bekannt. Frauen, die sich zur schreibenden Zunft bekennen, erweist sich im Fortgang der Recherchen, haben bei englischen Vermieterinnen einen erheblichen Vertrauensbonus.

Mr. Wright, der Eigentümer von *Ropes*, läßt sich unser Anliegen, die Spurensuche, erklären, läßt sich Brief- und Buchkopien mit Hinweisen auf sein Haus vorweisen, befragt telephonisch eine örtliche Historikerin. In seinem Haus lebten, erfährt er zum eigenen Erstaunen, Charlotte Waterlow und zeitweilig die bekannte Autorin Elizabeth von Arnim, eine spätere Countess Russell. »Ah, das also waren die beiden Schwestern, die das Haus von Voysey bauen ließen.« Der kleine Irrtum wird korrigiert. Das von Elizabeth für sich und die Kinder umgebaute Kutscherhaus – nun *Little Ropes,* wie eine Holztafel davor besagt (wir hatten es den Beschreibungen nach zu Recht gleich am Tor links vermutet) –, dürfen wir nach Zustimmung des heutigen Bewohners sehen. Ein freundliches kleines Puppenhaus. Auch Bertrand Russells Sommerdomizil, so hatte die ortsgeschichtskundige Dame Mr. Wright telefonisch erinnert, sei von nicht zu unterschätzender Bedeutung. Wie oft mag Elizabeth den kurzen Spaziergang durch das Wäldchen, über die Brücke, den schmalen Fußweg hinunter gemacht haben?

›Little Ropes‹, Elizabeths winziges umgebautes Kutscherhaus auf dem
Gelände von ›Ropes‹: zwei Schlafkammern, ein Wohn- und
Arbeitsraum, eine Wohnküche – alles in lichtblauer
Farbe gehalten.

Broad Clyst liegt auf einem flach und weit zur Exemündung und zum Kanal hin sich absenkenden Höhenzug in Devon. Exeter ist ganz nah – und London sehr weit entfernt, die beiden Jugendlichen, die als einzige auf der Dorfstraße anzutreffen sind, versuchen mit schwarzen Lederklamotten, karottengelben Haarbüscheln, Piercing und Tattoos die Distanz zur Metropole zu überwinden. Und auch mit dem fahrbaren Untersatz, den sie gerade bearbeiten. Sie weisen uns den Weg nach *Blue Hayes*, dem Haus, das nach Elizabeths Wunsch ein kleines englisches Nassenheide hätte sein sollen. Das mußte mißglücken, zu neu – selbst aus heutiger Sicht –, zu glatt, zu sachlich liegt das zweistöckige weiße Gebäude auf makellosem smaragdgrünem Rasen. Zu bemüht wirken die Zitate englischer Gartenkunst auf dem überschaubaren Grundstück: die zu riesigen Vögeln geschnittenen Eibenhecken, der Wisteria-Walk, das Folly, das Aha, die Rabatte. Das Haus ist leer, es steht zum Verkauf, ungestört streifen wir herum, entdecken im Küchengarten, was uns die Sprache verschlägt: eine Sammlung steinerner Hunde. Zwei Dutzend werden es wohl sein, in allen möglichen Größen, schöne alte Stücke sind darunter, aber auch gnadenloser Kitsch. Aus steinernen, tönernen, gußeisernen Augen starren sie auf das einzige von Elizabeths Häusern, das nahezu unverändert erhalten blieb.

Die Autobahn streift Londons ausfransenden Stadtrand im Westen. Da: Abfahrt Goring! Mindestens zweimal war Elizabeth dort in einem ihrer Traumcottages – zuerst mit ihrem künftigen Mann, Henning von Arnim, und viele Jahre später mit ihrem ach so jungen Geliebten Frere. Unsere Informationen sind zu ungenau, als daß wir fündig werden könnten. Wir überlegen, nach Elizabeths Wohnungen in der City und den früher noch ländlichen Vororten zu suchen – immerhin: die Adressen von über einem Dutzend

*Kirche und Friedhof von Tylers Green in England (oben).*
*Die Urnengräber von Elizabeth und ihrem Bruder Sydney Beauchamp*
*befinden sich unter dem Grasstreifen, der das Gotteshaus umläuft,*
*Granittafeln, die an beide erinnern, an der Mauer direkt*
*darüber (unten).*

wären aufzulisten. Doch der ständige Wechsel verhinderte wohl Bindungen. Also nein. Zugegeben, wir können es kaum erwarten, eines unserer wichtigsten Ziele anzusteuern, doch einen Umweg müssen wir zuvor noch machen.

Beaconsfield, Landstraße, von Penn kein markanter Übergang nach Tylers Green. Ein ländlicher Friedhof in England: Rasenflächen innerhalb einer niedrigen Flintsteinumwallung, Einlaß gewährt das schmiedeeiserne Tor. Links und rechts der Kieswege verwitterte Grabsteine, alte Rosenbüsche, Ebereschen, schattenspendende dunkelrotblättrige Buchen – *copper beeches*. Die dazugehörige Dorfkirche trägt an ihrer Südostecke eine schlichte dunkelgraue Granittafel zur Erinnerung an MARY ANNETTE COUNTESS RUSSELL »ELIZABETH« DIED FEBRUARY 9th 1941. PARVA SED APTA. Unmittelbar darunter eine besser lesbare Inschrift: Sydney Beauchamp. Der Bruder.

»Verzeihung – Sie wissen etwas über ›Elizabeth‹?« Die Motorsense schweigt. »Wie bitte?« »Countess Russell, die Schriftstellerin. Sie nannte sich ›Elizabeth‹ – Elizabeth von Arnim. Ihre Bücher sind Bestseller. Noch heute. Die Urne kam 1947 aus Amerika hierher.« Verlegenes Zögern des Friedhofsgärtners. »Tut mir leid.« Von uns möchte er alles erfahren.

Eine andere Spur hatte zunächst nach München geführt. Ein Hinweis durch die Akademie der Wissenschaften, Abteilung *Neue Deutsche Biographie*: Beatrix von Hirschberg *London 3. 4. 1894, noch kein Sterbeeintrag. Dafür die Anschrift im oberbayerischen Murnau. Jetzt wäre sie hundert. Wir kommen zu spät. Das Geburtsdatum wiederum fehlt auf ihrem Totenzettel mit Bild. Verstorben, lesen wir, am 3. Januar 1987.

Die Freifrau sei, berichten uns ihre Bridgedamen beim Tee, eine bis in die Fingerspitzen dem Adel verpflichtete

Grande dame gewesen, noch in hohem Alter ungemein geistreich, mitunter spitzzüngig und amüsant. Vom Landhaus an der Kohlgruber Straße sei sie, erfahren wir von anderer Seite, mit dem Rucksack auf dem Rücken zum Einkauf in die Marktgemeinde gewandert. Ein Widerspruch nur scheinbar – wir kennen das von ihrer Mutter! Elizabeths letzte deutsche Weihnacht: *Christmas in a Bavarian Village*. Das war in Murnau. Wir verstehen nun, daß ihr das alpenländisch-traditionelle Ambiente, Beatrix' Refugium im winterlich verschneiten Garten, so sehr gefiel. *Villa Hirschberg* – die gußeiserne Platte am Tor versteht sich als Geste gegenüber den Vorbesitzern. »Viele englische, sehr viele typisch englische Pflanzen«, verrät uns die neue Hausherrin, »blühten hier bereits bei meinem Einzug«, und sie bittet uns ins beinahe unveränderte Haus.

Daran und an unser stilles Innehalten an Beatrix' Grab nahe der barocken Murnauer Kirche denken wir plötzlich beim Abschied von Elizabeths letzter Ruhestätte auf dem Friedhof von Tylers Green.

*Very British* ist auch die Station unserer Reise, der wir nun mit größter Spannung entgegenstreben: Sibylla und William Ritchie, deren wundervoller Garten, das Haus. Sibylla von Hirschberg, Billy, Elizabeths Lieblingsenkelin, selbst Großmutter derweil. Klein, zierlich, die rotgoldenen Haare inzwischen ergraut. Lebhaft, charmant. Die Übereinstimmung, die Ähnlichkeit in dritter Generationenfolge verblüfft. In einem leicht bayerisch eingefärbten Deutsch hatte sie uns telephonisch eingeladen, das Familienarchiv zu sichten. Wir hätten sie gleich beim Ankommen dafür umarmen mögen. Und nochmals, als sie uns, ohne zu zögern, Koffer, Kartons und Kisten überläßt, gar erlaubt, Material mitzunehmen und in Deutschland durchzuarbeiten. Was wir aus der Vergangenheit ans Licht der Gegenwart befördern! Henry Herron Beauchamps Tagebücher, Teppis Manuskript, Briefe über Briefe – darunter die von Henning an seine Kinder, die zwischen Elizabeth und Maud Ritchie gewechselten und Briefe Elizabeths an Tochter Beatrix –, Zeitungsausschnitte, amtliche Dokumente... Eine Urkunde halten wir in Händen und haben endlich Gewißheit über das Geburtsland Mary Annettes. Kirribilli, so haben wir inzwischen herausgefunden, lag einst als Sommerfrische vor den Toren von Sydney, heute ist es hineingewachsen, man schaut von dort auf die weltberühmte Oper. In der Bibliothek finden wir Bücher mit Elizabeths Exlibris – auch eine in dunkelgrünes Leder mit Goldprägung gebundene, sehr zerlesene Shakespeare-Dünndruckausgabe. Diejenige, die sie einst von ihrer Cousine Katherine Mansfield erbte? Oder jene, in der sie im verzauberten April in Portofino blätterte? Auch Erstausgaben »by the Author of ›Elizabeth and her German Garden‹« stehen im Regal... Jochen von Arnims ausgezeichnete Bibliographie hatte uns gut vorbereitet.

Und dann ein in dieser Fülle unerwarteter ungehobener Schatz: Postkarten, Photos, Alben! Motive aus der Schweiz, Elizabeths *Mas des Roses*, das *Chalet Soleil*. Das große Haus in den Walliser Alpen, sagt Mrs. Ritchie, sei irgendwann in die Hände von Nonnen gekommen und inzwischen verschwunden – abgebrannt. Es stand noch auf unserem Programm. Elizabeths südfranzösisches Heim zu finden, sei ihr und ihrem Mann nicht mehr gelungen. Auch die Ergebnisse unserer Nachforschungen bleiben vage. Wohl gibt es ein prachtvolles Besitztum, ein gemessen an uns bekannten Beschreibungen recht ausladendes *Mas des Roses* in Mougins, das zumindest kurz nach Elizabeths Zeiten einem sehr *Hochgeborenen* Franzosen, einem Comte de Paris, gehörte. Und der stille Pavillon, versteckt im eineinhalb Hektar großen Park der Villa, war in den dreißiger Jahren Marcel Pagnols Rückzugsmöglichkeit, um ungestört zu schreiben. Was dann folgte, hätte Elizabeth weniger gut gefallen. Demimonde-Glamour bestimmte rauschende Nachkriegsfeiern, lärmende Disco-Parties sorgten für negative Schlagzeilen in unseren Tagen. Im Mai 1994 steht dieses Anwesen zum Verkauf.

Weiterblättern in den Photoalben: Seiten um Seiten Nassenheide. Gehört das verblaßte sepiafarbene Bild von der festlich gedeckten Tafel zu denen, fragen wir uns sofort, die Elizabeth noch vor der Jahrhundertwende eigenhändig knipste und entwickelte? Eine Photoserie – vor nunmehr neunzig Jahren aufgenommen. Beatrix' Bildunterschriften helfen uns beim Identifizieren: Kindergesichter, ländliche Motive, Picknicks, Familienszenen, Schnappschüsse, arrangierte Posen . . . die Halle, Salons, die Bibliothek . . . die runde Büchersäule! Das Schloß auf Platte gebannt von allen Seiten . . . Und, mein Gott, Photos vom Treibhaus im Nassenheider Garten, so sah es, sah er damals aus! Und strahlt Henning nicht vor Stolz, als man ihn bat, ganz still sitzen zu bleiben, trotz schmusender molliger May auf seinem Schoß? Das Glück ist nicht zu fassen . . . Auch die Platinotypien des Hofphotographen C. Brasch, der, wie wir aus Elizabeths Tagebüchern wissen, sogar nach Nassenheide herauskam, um Aufnahmen zu machen, sind da. Die Caravantour! Die Pferdewagen . . . Frühstück auf einer Wiese . . . Regenschirme . . . Bilder, die sich beim Lesen von Elizabeths Büchern und Tagebuchaufzeichnungen automatisch einstellten, halten den mit der Kamera eingefangenen Momentaufnahmen oft nicht so recht stand. Als wir Wochen später eine Sendung mit Photos aus Amerika, von Liebets Tochter Ann Hardham herübergeschickt, auspacken, ist uns einiges schon vertraut. Neu und anrührend: die Bilder aus Elizabeths letzter Lebenszeit.

Was von all den pommerschen Impressionen werden wir in Polen noch vorfinden? Enttäuschungen sind zu befürchten. 1944 überrollte die Front Nassenheide mit Bombardements, Artilleriebeschuß, Bränden, Verheerung. Menschen, solche, die den Krieg überlebten, wurden einfach ausgetauscht. Manche Narben verheilen schwer oder gar nie.

21. April 1995 (der Zufall wollte es so, es ist Hennings Geburtstag): Die Natur im Nordosten der Republik läßt wieder einmal auf sich warten. Allererstes Grün spitzt aus Holundersträuchern, unter noch blattlosen Buchen nutzen Leberblümchen, Anemonen und Scharbockskraut die Gunst der Frühlingssonne. Blau-weiß-gelbe Blütenteppiche zwischen vorjährigem Laub. Am Grenzübergang nach Stettin stellen Fahrer aus Protest gegen die schleppenden Abfertigungen ihre Lastkraftwagen quer. Kein Durchkommen mit dem Auto. Einige Kilometer Fußmarsch, und der Kontrollpunkt ist erreicht. Taxifahrer machen nicht nur mit Heimwehtouristen ihre Geschäfte. Der unsere spricht, ein erheblicher Vorteil, deutsch, und er kennt Nassenheide. Nein, er kennt das Dorf nur unter seinem polnischen Namen: Rzedziny. Die Fahrt dorthin dauert kaum 15 Minuten.

Die ersten einsamen Straßenkilometer säumt Wald, hier und da gibt es einen Weiler, Wiesen, noch unbestellte Felder, Sozialbrachen, Hecken, Schlehen in Weiß, Eschen, Ulmen, Buchen, Tümpel und überall torfig-schwärzliche Gräben. Nassenheide – nasse, moorige Heide auf Sand. Zuletzt eine holprige Allee, mit Granitfindlingen gepflastert, erste langgestreckte, niedrige Häuschen, verfallende landwirtschaftliche Gebäude aus jüngerer Zeit, streunende Hunde, glückliche Hühner. »Vorsicht, ein Bündel auf der Straße!« Der Fahrer bremst, fährt vorsichtig an dem dort Liegenden vorbei, ein Betrunkener, stellt sich beim Näherkommen heraus. »Warum bringt man den Mann nicht in

Sicherheit?« »Hier fahren sonst so gut wie keine Autos.« Das Dorf bekommt ein Gesicht. Und seine Menschen: aufgeregt herumalbernde Kinder, skeptisch-kritisch blickende Männer und Frauen. Wir steigen aus, sehen uns um. »Wo bitte stand – oder steht? – das Schloß?« fragt für uns der Fahrer. Achselzucken. Demonstratives Schweigen. Noch ein mit nicht ganz so großer Zurückhaltung quittierter Versuch. »Wir würden«, denken wir und gestehen uns das später, »in deren Situation vielleicht ebenso reagieren.« Die Dorfjugend rückt schließlich zu uns auf. Lächeln auf beiden Seiten verbindet. Vorsichtig folgen wir der Kastanienallee, beginnen mit der Erkundung des von einer Mauer eingefaßten und von ehemaligen gutsherrlichen Landarbeiterhäusern umstellten Terrains. Mindestens zwei, wenn nicht drei Fußballplätzen mit allem Drum und Dran, so unsere Überlegung, gewährte die Grundfläche wohl Raum. Hier herrschte einmal lebhaftes Treiben, hier befanden sich das Schloß, Wirtschaftsgebäude, Treibhaus, Eishaus, große Ställe, Remisen, Platz für Hennings Saatgut, für seine Kartoffeln, Elizabeths Garten mit der Sonnenuhr mittendrin. Auf einer Treppe stellten sich einmal kleine Mädchen und ein kleiner Junge lachend für den Photographen – die Photographin? – in Positur. Ist es die gleiche Treppe, auf der sich nun Kinder, uns im Visier, aneinanderdrücken? Schwanken zwischen Hoffnung und Zweifel. Nein, dieses, heute einfachsten Wohnzwecken dienende Gebäude ist nicht das Schloß, eher die ehemalige Gutsverwaltung. Aus der Arnim-Ära stammt auch ein vergleichsweise guterhaltener Backsteinbau, vormals Pferdestall, an seiner Stirnseite steht in großen Ziffern zu lesen: 1859. Im Hintergrund ist die alte Brennerei zu erkennen, nicht weit davon hielten ehedem Eisenbahnzüge. Wir erreichen Buschwerk, bahnen uns den Weg und schauen unvermittelt auf die Lichtung. Stand ge-

*Nassenheide in unseren Tagen (oben): Blick aufs ehemalige*
*Verwalterhaus und einen alten Pferdestall (rechts). Vom ›Schloß‹*
*genannten Gutshaus der Arnims blieben – vielleicht – ein paar brüchige*
*in den Waldboden gesunkene Stufen. Das Schloß in Schlagenthin*
*(unten) ist dagegen äußerlich beinahe unverändert.*

›Blue Hayes‹ bei Exeter, wie es sich derzeit präsentiert.

nau hier einst das Schloß, stehen wir vor Elizabeths Garten? Im Gestrüpp finden sich ein paar brüchige steinerne Stufen . . .

Viele viele gestutzte Fliederhecken bilden einen Halbkreis, der sich zum freien Gelände hin öffnet und der den Blick auf den Wald im Hintergrund lenkt. Einen solchen Ausblick soll Elizabeths Treibhaus geboten haben! Der kleine Schuttberg, von Grün überwuchert – sind das die Überreste der Schreibstube? Man möchte unbedingt etwas wiedererkennen. Zwei Gebäude an der Straße wenigstens gab es bereits auf einer alten Aufnahme, und auch die Schule steht noch an ihrem Platz. Die Menschen von Rzedziny lassen uns nicht aus den Augen. Es ist uns etwas peinlich, alles zu photographieren.

»Fahren Sie bitte zurück.« Der Taxifahrer verabschiedet sich, ganz höflicher Pole, mit formvollendeten Handküssen von uns.

Eigentlich könnte man von Nassenheide über den Moränenzug auf einem Spaziergang von weniger als einer Stunde ins benachbarte Blankensee gelangen. Die Hauslehrer der Arnimschen Sprößlinge, Edward Morgan Forster und Johannes Steinweg, machten diesen Weg oft, besuchten mit Vorliebe die dortige Kneipe und gaben vor, ihr Ziel sei die Kirche. Heute liegt zwischen Nassenheide und dem Pfarrhaus von Blankensee, mit dessen Bewohnern die Arnim-Familie freundschaftlich verkehrte, eine Staatsgrenze, und darum machen wir dorthin einen Umweg von etlichen Kilometern. »Wo wohnt Ihr Pfarrer?« soll uns der Alte auf der Hausbank verraten. »Der ist nicht mein Pfarrer«, beginnt die kurze und bündige Antwort, »schräg gegenüber, Sie sind schon dreimal vorbeigefahren«, setzt er allerdings noch hinzu. Man hat uns also wieder im Blick. Die Frau des Pastors, Elli Mack, begrüßt uns herzlich und vertritt den

*Eine der zum ehemaligen Gut Nassenheide gehörenden Brennereien
blieb erhalten (oben). Das ›Halali‹ im Ostseebad Binz (unten) ist keine
Pension mehr. Elizabeth mietete sich dort gern mit ihren Kindern ein,
und »Elizabeth auf Rügen« traf hier ihre –
fiktive – Cousine Charlotte.*

abwesenden Gatten. Ihren Auskünften und geduldiger Durchsicht der Kirchenbücher verdanken wir sehr wichtige Hinweise.

Anderntags nimmt Berlin uns auf: laut und hektisch, ganz wie zu Elizabeths Zeiten, als sie die preußische Hauptstadt mit fliegenden Fahnen Richtung Nassenheide verließ. Jetzt aber wollen wir unbedingt wissen, warum auch Schlagenthin nicht zu ihren bevorzugten Aufenthaltsorten gehörte. Berlin, Potsdam, hinter Brandenburg Richtung Genthin – dieser unbefestigte Weg, der von Vehlen aus nach Schlagenthin führende, kann nicht der einzig richtige sein. Während unser Pkw nur tiefe Spurrillen zurückläßt, quälen sich Mutter und Tochter Kaufhold mit Rädern durch den Sand. »Das Schloß«, werden wir beschieden, »ist ohne Hilfe nicht zu finden.« Am besten sei es, wir führen ihnen voraus bis zu ihrem Häuschen, das zu finden uns allerdings zugetraut wird. Dann würde man schon sehen. Und was wir dann beim frischgebrühten Kaffee zu sehen bekommen, ist die gerade entstandene Chronik von Schlagenthin. Hernach auch das Arnimsche Gutshaus, es liegt mitten im Ort. Elizabeths dezidierte Abneigung können wir nicht ganz nachvollziehen. Heute ist es ein Heim für Jugendliche. Hennings ehemaliges großes Forsthaus wurde liebevoll restauriert. Es duckt sich direkt unter den Hügel, auf dem das Mausoleum thronte. Dort ruhten die verstorbenen Arnim-Schlagenthins jedoch nur bis zur Weltwirtschaftskrise. Anfang der dreißiger Jahre waren Grabschänder auf der Suche nach verwertbaren Beigaben erfolgreich am Werk; 1945 wurde die Begräbnisstätte eingeebnet, russische Soldaten verfügten eine anderweitige Verwertung der Steine. Die eingemeißelte Krone über den Initialen könnte ein Auslöser gewesen sein.

Spurensuche auch auf der Insel Rügen. Touristenströme

blockieren das Stralsunder Nadelöhr von Land zu Land. Elizabeth hatte zur Jahrhundertwende den Stahlbroder Bootsmann gebeten, Kutsche, Pferde und Reisende übers Wasser zu schaukeln. Auch wir benutzen diese Fährverbindung, denn mittlerweile wurde der regelmäßige Schiffsverkehr nach Glewitz wieder eingerichtet.

Lauterbach – Göhren – Thiessow . . ., überall finden wir noch heute die Hotels, in denen Elizabeth mit ihrer Reisebegleiterin nächtigte – und archaische Alleen auf dem Weg in das von unserer Protagonistin geliebte und vielfach besuchte Ostseebad Binz: neu erwachendes Belle-Époque-Fluidum. Weiter nördlich, durch Kiefernwälder von der Landstraße getrennt, die viele Kilometer des herrlichsten Strandes verschandelnde Obszönität Prora als verräterisches nationalsozialistisches Erbe. Elizabeth mußte das nicht mehr sehen.

War uns deren überstürzte Emigration 1939 nicht mitunter voreilig erschienen? Hier holen uns ihre Ängste, holen uns ihre Fluchtgedanken nach Jahrzehnten noch ein.

*Anhang*

# Anmerkungen

*Kindheit und Jugend: 1866-1889*

1 Henry Herron Beauchamp führte die Eintragungen ab 1870 kontinuierlich bis zu seinem Tod im Jahr 1907 fort. (Zitiert wird künftig aus der maschinegeschriebenen Fassung – ohne fortlaufende Seitenangabe.)

2 »Pa, are him bellied?« statt »buried« als Zeugin einer Seebestattung, und »Doggy-pup's tails« statt »Puppy-dog's tails« in einem Kinderreim. Daß May mit dem Begriff *beerdigt* noch nichts Konkretes verband, sich darum ganz einfach versprach und *geschwollen* verwendete, paßte zu ihrem Alter, der Disgrammatismus beim Kindervers könnte auf auditive Verarbeitungsprobleme hinweisen. Vgl. Henry Herron Beauchamp's Journal.

3 Vgl. April, May und June, S. 10.
Mays Kinder werden einmal glauben, daß die häufig übers pommersche Schloß fliegenden Störche die Babies bringen: »Storch, Storch guter, bring mir einen Bruder. Storch, Storch bester, bring mir eine Schwester!« werden sie mit umgekehrten Attributen singen.

4 Henry Herron Beauchamp's Journal.
Über Matty Levein schrieb er: ». . . daß ich ihrer (jetzt, im Januar 1870) Erwähnung tue, muß als Ausdruck meiner Gewissenhaftigkeit und Zuneigung hingenommen werden.«

5 Ursprünglich war Henry Herron Beauchamp im Auftrag des Londoner Handelsunternehmens gereist, für das er schon seit seinem dreizehnten Lebensjahr gearbeitet hatte, beschloß aber nach zwei Jahren, sich als Kaufmann und Reeder selbständig zu machen. Vgl. Leslie de Charms: Elizabeth of the German Garden, London 1958, S. 10 und Henry Herron Beauchamp's Journal.

6 Eine weitere Tochter war tot geboren worden.

7 Hier und da gab es Verwechslungen mit Neuseeland. Dort wurde jedoch ihre Cousine Kathleen Beauchamp, später Katherine Mansfield, geboren. Wohnsitz der Familie Henry Herron Beauchamp war nach Mays Geburtsurkunde am 8. 10. 1866: R. D. Ward, Berry Street, St. Leonhard, als ihren Geburtsort nennt das Genealogische Handbuch des Adels das wenige Kilometer davon entfernte Kirribilli Point.

8 Henry Herron Beauchamp's Journal.

9 a.a.O.

10 a.a.O.

11 Vgl. a.a.O.

Unter dem 11. 5. 1870 findet sich die Eintragung: »Welche Krankheit man sich in Eisenbahnwagen zuzieht, hängt ab von der Klasse, in der man reist, weshalb man in der ersten wahrscheinlich Scharlach aufschnappt (der daher als vornehm gilt), in der zweiten Masern und in der dritten Windpocken.«

12 a.a.O.

13 E. M. Forster konnte sich in späteren Jahren ein Urteil erlauben: »Sydney (ein Enkel Henry Herron Beauchamps) hatte den Spitznamen ›Monarch‹ und tat sehr vornehm; die ganze Familie trug den Kopf etwas höher als nötig.« Mays Art zu sprechen erkannte er als die »gedehnte Sprechweise der besseren Gesellschaft«, die Töchter fand er »versnobt«. Vgl. dazu z. B. Philip Nicholas Furbank: E. M. Forster – A Life, Vol. I, The Growth of the Novelist 1879-1914, London 1977, S. 122 ff.

14 Vgl. Henry Herron Beauchamp's Journal.

15 Vgl. April, May und June, S. 56 f.

16 Vgl. Leslie de Charms: Elizabeth of the German Garden, S. 11.

17 Vgl. Karen Usborne: Elizabeth, London 1986, S. 25.

18 Mrs. de Charms und Mrs. Woodin laut Henry Herron Beauchamp's Journal.

19 Alle meine Hunde, S. 16.

20 a.a.O., S. 10 f. und 19.

21 Henry Herron Beauchamp's Journal.

22 Ein weiterer Knabe, der in Lausanne Verwandten übergeben werden sollte, war – laut Henry Herron Beauchamp's Journal – mit von der Partie.

23 Vgl. The Pastor's Wife, S. 405, und Henry Herron Beauchamp's Journal.

24 Henry Herron Beauchamp's Journal.

25 a.a.O.

26 Voltaire: Correspondence. Genfer Ausgabe, Band 26, S. 176, zitiert nach Georg Holmsten: Voltaire, Hamburg 1991, S. 100.

27 Henry Herron Beauchamp's Journal.

28 Vgl. a.a.O.

29 a.a.O.

»Der Dorfhahn und seine Frau – ein Geschenk der lieben Tante Leslie an die liebe kleine May – 1871.«

30 a.a.O.

31 Vgl. Leslie de Charms: Elizabeth of the German Garden, S. 413 (in korrigierter Schreibweise). »Bestraft sie«, forderte Harry.

Elizabeth erinnerte sich in einem Brief an Harry vom 29. 7. 1940: »Wer hätte sich in den Schultagen mit Zellie und Deinem ›Poonissez la‹-Geschrei träumen lassen . . . «

32 Henry Herron Beauchamp's Journal.

33 a.a.O.

34 a.a.O.

35 Vgl. a.a.O.

Demzufolge verließ die Familie Lassetter die Schweiz am 3. 6. 1872. Der Grund war vermutlich Shads siebte Schwangerschaft, das Baby sollte in England zur Welt kommen. Henry erfährt von der Geburt des Kindes auf Reisen. Bei seiner Rückkehr erwarten ihn, mittlerweile wieder in die Schweiz zurückgekehrt, Fred und Shad mit sieben Sprößlingen! Die Namensähnlichkeit von Shad und Shaddy könnte Ursache für eine fälschlich angenommene Schwangerschaft der jungen Beauchamp-Tochter sein, für die es jedoch keinen Anhaltspunkt gibt.

36 Henry Herron Beauchamp's Journal.

37 Vgl. a.a.O.

Waterlow & Son druckten später die Noten für die Bank of England.

38 Vgl. auch Beschreibung Judiths, Ingeborgs Schwester in *The Pastor's Wife*.

39 Vgl. Alle meine Hunde, S. 12 f.

Das Foto, das Elizabeth einer frühen Ausgabe dieses Buches beifügte (siehe Abb. S. 62), zeigt jedoch nicht sie selbst als Kind, sondern eine ihrer Töchter. Das Hündchen wurde nachträglich »einmontiert«.

40 a. a. O, S. 14.

41 Henry Herron Beauchamp's Journal.

42 Laut Henry Herron Beauchamp's Journal hatte Chaddie bereits am 20. 1. 1874 zusammen mit ihm begonnen, Deutsch zu lernen.

43 Henry Herron Beauchamp's Journal.

44 Die Erwachsene notiert später in ihrem Tagebuch in regelmäßigen Abständen ihr Gewicht – wie es auch ihr Vater zu tun pflegte.

45 Henry Herron Beauchamp's Journal.

46 a.a.O.

47 1911 wird Sydney Waterlow Virginia Woolf einen Heiratsantrag machen, noch vor dem Ersten Weltkrieg geht er als britischer Minister nach Athen, wird schließlich für seine Verdienste geadelt. Währenddessen gibt es privat einige Turbulenzen; so beschäftigten ihn gleichzeitig die Annullierung einer Eheschließung wegen Impotenz und eine Vaterschaftsklage.

48 Henry Herron Beauchamp's Journal.

49 Vgl. a.a.O.

50 Zu der Zeit ist er auch unter Spitznamen wie »de Monk« und »Guardy« Vormund Katherine Mansfields. Vgl. Claire Tomalin: Katherine Mansfield, Frankfurt a. M. 1990, S. 35 u. a.

51 Alle meine Hunde, S. 21.

52 Henry Herron Beauchamp's Journal.

53 In The Pastor's Wife schildert sie höchst eindrucksvoll die Wirkung von Bischöfen auf junge weibliche Gemeindeglieder – und umgekehrt.

54 Henry Herron Beauchamp's Journal.

55 Elizabeth und ihr Garten, S. 15.

56 Vgl. Henry Herron Beauchamp's Journal.

57 a.a.O.

58 Vgl. Leslie de Charms: Elizabeth of the German Garden, S. 26.

59 Henry Herron Beauchamp's Journal.

60 a.a.O.

61 a.a.O.

62 Vgl. The Benefactress.

63 Im 19. Jh. waren Bildungsreisen als Möglichkeit der Kontaktaufnahme im Bürgertum Mode – neben Familienfesten und Sport (besonders Tennis und Eislaufen). Vgl. Gunilla-Friederike Budde: Auf dem Weg ins Bürgerleben. Kindheit und Erziehung in deutschen und englischen Bürgerfamilien 1840-1914, Göttingen 1994, S. 31 ff.

Kapitel I: 1889-1896

1 Henry Herron Beauchamp's Journal.

2 a.a.O.

3 a.a.O.

4 a.a.O.

5 Vgl. Alle meine Hunde, S. 101.

6 . . . nach der Neuen Deutschen Biographie – Auguste Arend nach dem Genealogischen Handbuch des Adels.

7 Henry Herron Beauchamp's Journal.

8 Vgl. Beatrix Freifrau von Hirschberg, geb. Freiin von Arnim: Über das Haus Schlagenthin. Henning Graf von Arnim-Schlagenthin und seine Nachkommen. Beiträge zur Geschichte des Geschlechts von Arnim, II. Band, Kiel 1969, S. 162 ff.

9 Alle meine Hunde, S. 24 f.

10 »Bis dahin war ich nur eine Null gewesen, und plötzlich jemand zu sein, während einiger Zeit sogar die Hauptperson . . . « a.a.O., S. 25.

11 a.a.O., S. 25.

12 Henry Herron Beauchamp's Journal.

13 Alle meine Hunde, S. 25 (alle drei »Zaubersprüche«).

14 a.a.O., S. 24.

15 Henry Herron Beauchamp's Journal.

16 Brief Louey an Jessie – Luzern, 22. 6. 1889, zitiert nach Leslie de Charms: Elizabeth of the German Garden, S. 30.

17 Hans Mayer: Richard Wagner, Mitwelt und Nachwelt, Stuttgart und Zürich 1978, S. 299.

18 a.a.O., S. 273.

19 Brief Louey an Jessie – Bayreuth, 24. 7. 1889, zitiert nach Leslie de Charms: Elizabeth of the German Garden, S. 31.

20 a.a.O.

21 Vgl. Brief Elizabeth an Hugh Walpole, zitiert a.a.O., S. 34.

22 Brief Louey an Jessie – Bayreuth, 24. 7. 1889, zitiert a.a.O., S. 31.

23 Vgl. Brief Louey an Jessie – Bayreuth, 31. 7. 1889, a.a.O., S. 32.

24 Brief Louey an Jessie – Dresden, 24. 8. 1889, zitiert a.a.O., S. 35.

25 Brief Louey an Henry – Dresden, zitiert a.a.O., S. 36.

26 Henry Herron Beauchamp's Journal.

27 Sydney Beauchamp hat dort seine Praxis.

28 Die ganze Sequenz Henry Herron Beauchamp's Journal.

29 Henry berichtet von einem transportablen Operationstisch und einem Team von Pflegerinnen. Es war sozusagen eine »Hausoperation« – damals keine Seltenheit.

30 Henry Herron Beauchamp's Journal.

31 The Pastor's Wife, S. 131.

32 G. P. Wells (Hrsg.): H. G. Wells in Love, Boston und Toronto 1984, S. 93.

33 Alle meine Hunde, S. 29.

34 So der genaue Name, der den Familienast des Hauses Schlagenthin besonders kennzeichnet.

35 Vgl. Karen Usborne: Elizabeth, S. 46.

36 Eva Sophia Luise Anna Felicitas Freiin von Arnim nach dem Genealogischen Handbuch des Adels.

37 Alle meine Hunde, S. 38.

38 a.a.O., S. 37 f.

39 Auf der »höheren Ebene« einer anderen deutsch-englischen Ehe – der des deutschen Kronprinzen und Kaisers für 99 Tage mit einer Tochter von Queen Victoria – hatte erstmals 1888 diese Diskussion mit umgekehrten Vorzeichen stattgefunden. Es war dem englischen Arzt Sir Morrell McKenzie ein Fehlurteil in der Behandlung Friedrich III. angelastet worden: Er hatte sich gegen die frühe Kehlkopfkrebsoperation ausgesprochen und wurde dann für den Tod des Patienten mitverantwortlich gemacht. Der binationale medizinische Expertenstreit hatte schon bei der Entscheidung für deutsche Assistenz bei Mays ersten Geburten Gewicht, nun erfolgt auf Familienebene die Retourkutsche. Vgl. Karl Heinz Wocker: Königin Victoria, München 1978, und Leslie de Charms: Elizabeth of the German Garden, S. 42.

40 Henry Herron Beauchamp's Journal.

41 a.a.O.

42 Vgl. Beginn von *Liebe*.

43 Vgl. Karlheinz Wocker: Königin Victoria, S. 367.

44 Evis Tagebuch, vgl. Karen Usborne: Elizabeth, S. 47.

45 Vgl. John Francis Russell: My Life and Adventures, London 1923.

46 Vgl. Elizabeths Tagebuch, beispielsweise die Eintragung vom 11. 12. 1898.

47 Vgl. a.a.O., Januar und Februar 1896.

48 Vgl. Alle meine Hunde, S. 35.

49 Vgl. Elizabeths Tagebuch, 6. 1. 1896, nicht identifiziert.

50 a.a.O., 10. 2. 1896.

51 Elizabeths Tagebuch, Sequenz (außer Anmerkung 50) zitiert nach Leslie de Charms: Elizabeth of the German Garden, S. 44.

52 Das Ergebnis der Suche ist aus den Dokumenten nicht eindeutig abzuleiten. Liebet erinnert sich an einen Umzug Anfang 1896 vom Lützowufer in die Brückenallee. Elizabeth schreibt dagegen in ihrem Tagebuch ab Anfang Februar 1896 häufig von Wohnungsbesichtigungen, am 22. Mai findet sie eine: »Victoria 5«. Dennoch ist kein Umzug dorthin

vermerkt, allerdings der Auszug aus der Brückenallee sowie die Existenz eines Zimmers für Hennings Stadtaufenthalte im September des gleichen Jahres. Fährt Elizabeth nach Berlin, so geht sie künftig ins Hotel bzw. Hospiz.

53 Elizabeths Tagebuch, 10. 2. und 7. 3. 1896.


## Kapitel II: 1896-1898

1 Ab diesem Zeitpunkt sind ihre Tagebücher – allerdings mit großen Lükken – noch vorhanden. Vgl. dazu Leslie de Charms: Elizabeth of the German Garden, S. 39.

2 Elizabeths Tagebuch, zitiert nach Leslie de Charms: a.a.O., S. 66. Die Bedeutung von F. W. ist danach unklar.

3 a.a.O.

4 Elizabeths Tagebuch, 6. 11. 1897, zitiert nach Leslie de Charms: a.a.O., S. 68.

5 Offizieller Hofdichter der königlichen Familie in Großbritannien.

6 Vgl. Henry Herron Beauchamp's Journal.

7 a.a.O.

8 Elizabeths Tagebuch, Sequenz zitiert nach Leslie de Charms: Elizabeth of the German Garden, S. 53.

9 Elizabeth und ihr Garten, S. 26.

10 Elizabeths Tagebuch, Sequenz zitiert nach Leslie de Charms: Elizabeth of the German Garden, S. 51.

11 Elizabeths Tagebuch, 30. 6. 1896.

12 Henry Herron Beauchamp's Journal.

13 Vgl. Leslie de Charms: Elizabeth of the German Garden, S. 59.

14 Elizabeth und ihr Garten, S. 11.

15 Vgl. Alle meine Hunde, S. 30.

16 Elizabeths Tagebuch, 9. 3. 1896.

17 a.a.O., 19. 3. 1896.

18 Elizabeth und ihr Garten, S. 8 f.

19 Vgl. Einsamer Sommer, S. 47.

20 Vgl. a.a.O., S. 123.

Zu den Stettiner Familien, mit denen Elizabeth und Henning verkehrten, zählen z. B. Manteuffels, in Pasewalk besuchen sie Schlieffens... Stettin ist aber auch die ganze Nassenheider Zeit hindurch Elizabeths

Einkaufsstadt, wenn sie nicht die Möglichkeit hat, nach Berlin oder gar nach London zu fahren.

21 Vgl. a.a.O., S 55.

22 Elizabeths Tagebuch, 24. 5. 1896.

23 Elizabeths Tagebuch, zitiert nach Leslie de Charms: Elizabeth of the German Garden, S. 54.

24 Elizabeth und ihr Garten, S. 113.

25 Elizabeths Tagebuch, 15. 1. 1897.

26 a.a.O., 21. 1. 1897.

27 Vgl. Elizabeth und ihr Garten.

28 Alfred Austin: The Garden that I Love, illustrierte Ausgabe, London 1906, S. 112.

29 Das war lange bevor Vita Sackville-West in den dreißiger Jahren ihren berühmten Weißen Garten kreierte. Gertrude Jekylls Farbthemen für Gärten hat May hingegen zu diesem Zeitpunkt sicher gekannt. Im September und Oktober 1915 ist sie mit ihrer Schwester Charlotte bei der prominenten Gärtnerin zum Tee eingeladen.

30 Rebecca West 1921 in einer Rezension von *Vera* im *New Statesman.* Vgl. Karen Usborne: Elizabeth, S. 233.

31 F. Zühlke, Hofgarten-Direktor Sr. Majestät des Kaisers und Königs zu Sans-Souci, Direktor der Landesbaumschule und Gärtnerlehranstalt; königl. Gartenbau-Direktor, Ehrenmitglied, Mitglied und korrespondierendes Mitglied vieler gelehrten, landwirtschaftlichen und Gartenbau-Vereine, Ritter mehrerer Orden: Gartenbuch für Damen, 4. überarbeitete Auflage, Berlin 1889, S. 5 f.

32 Elizabeth und ihr Garten, S. 65.

33 a.a.O., S. 21.

34 Einsamer Sommer, S. 88

35 Vgl. Elizabeth und ihr Garten, S. 52 ff.

36 Vgl. Beatrix von Hirschberg: Über das Haus Schlagenthin . . . »Immer wieder neue Sorten wurden auf den Tisch gebracht. Nebeneinander stand eine Reihe von Pappdeckeln, mit verschiedenen Kartoffelfamilien gefüllt und dann mußten wir alle probieren und kritisch beurteilen, welche Familie am besten schmeckte. Wir setzten Kennermienen auf und versuchten möglichst intelligente Gutachten abzugeben, obwohl uns eine Kartoffel wie die andere schmeckte und wir trotz aller Bemühungen keinen Unterschied entdecken konnten. Aber zugeben konnten wir es natürlich nicht.«

37 Maschinegeschriebenes Programm vom 30.6. ohne Jahresangabe. Beispielsweise am 26. 6. 1907 schreibt Elizabeth an Evi: »Nächsten Sonntag kommen dreißig Landwirte zum Mittagessen und um sich Papas Sämlinge anzusehen.«

38 Leila (Lalla) Stavely, Freundin aus Berliner Zeiten.

39 Henry Herron Beauchamp's Journal.

40 Christian Graf von Krockow: Die Reise nach Pommern, München 1993, S. 128.

41 Es war vermutlich die Kirche von Boeck, die Elizabeth an höheren Feiertagen mit Familie und Gästen besuchte. Dort müßte auch das Wappen des Grafen von Lepel zu finden gewesen sein – leider war uns dieses Gotteshaus nicht zugänglich. Blankensee jedoch konnte besichtigt werden: auf leichter Anhöhe ein schmuckloses Kirchlein mit holzverkleidetem Turm, der Innenraum weiß getüncht, die etwa fünfzehn Bankreihen mit graublauer und rostroter Ölfarbe frisch gestrichen, dem Chorgestühl wurden schmale Goldleisten zugestanden. Altar und Kanzel sind ebenfalls protestantisch-schlicht. Das Dorf selbst besteht aus zwei sich im rechten Winkel treffenden Straßen. Von Nassenheide trennen es ausgedehnte Kiefernwaldungen, die einen flachen, sandigen Landrücken überziehen.

42 Vgl. den Auszug aus der Pfarrchronik von Blankensee. Pastor Hökel war es auch, der Elizabeths Nichte Margery Waterlow während ihres Aufenthalts in Nassenheide Deutschstunden gab. Laut Tochter Liebet ist er das Vorbild für den Pastor Manske in *The Benefactress*.

43 Christian Graf von Krockow: Die Reise nach Pommern, S. 133 f.

44 Hedwig Courths-Mahler (1867-1950) war eine Zeitgenossin Elizabeths.

45 Elizabeths Tagebuch.

46 a.a.O.

47 Im August hat sie eine Miss Summerhayes (die alte Lehrerin?) zu Gast, die ein Mädchen namens Minora mitbringt.

48 Elizabeths Tagebuch, Sequenz zitiert nach Leslie de Charms: Elizabeth of the German Garden, S. 68.

49 Henry Herron Beauchamp's Journal.

50 Elizabeth und ihr Garten, S. 57 f.

51 Elizabeths Tagebuch, Sequenz zitiert nach Leslie de Charms: Elizabeth of the German Garden, S. 71.

52 Auch dieses Buch wurde später in einer illustrierten Auflage veröffent-

licht, 1906 erschien es im Verlag Adam and Charles Black, London. Sechzehn wunderhübsche Farbdrucke nach Vorlagen von George S. Elgood verstärken die in den Texten erzeugte Stimmung. Elizabeth kann diesen Effekt noch viel unmittelbarer durch die Photographien der Schauplätze ihrer ersten Bücher erzielen.

53 *This book belongs to Elizabeth* – mit dem Zusatz: *Chanterai ma Chanson.*

## Kapitel III: 1898-1902

1 Die ganze Sequenz Elizabeths Tagebuch, zitiert nach Leslie de Charms: Elizabeth of the German Garden, S. 71 f.

2 Elizabeths Tagebuch, 23. 6. 1898, zitiert nach Leslie de Charms: a. a. O., S. 74.

3 Elizabeths Tagebuch, 28. 7. 1898.

4 Leslie de Charms: Elizabeth of the German Garden, S. 76.

5 a.a.O., S. 76.

6 Daß sich Elizabeth selbst so sieht, bezeugt folgende Tagebucheintragung vom 5. 8. 1901. Nach der Lektüre von Marianne Norths *Recollections of a Happy Life* schreibt sie: » – das war auch so eine glückliche Person – auch so eine Egoistin, würden vermutlich die Leute sagen, die meinen, daß man andauernd durch die Gegend flattern und seinen Nachbarn auf die Nerven gehen muß.« In diesem Jahr überliefert sie uns auch ihr Bild in einer Hängematte schaukelnd, den Kopf tiefer als die Füße, übermütig die Baumkronen vor dem Himmelsblau schwingen lassend. Auch daß Elizabeth auf einem Ball von jugendlichen Tänzern mit ›Fräulein‹ angesprochen wird, läßt sie uns wissen. Wohl nie mehr wird sie dieses ganz aus Eigennutz geborene Glücksgefühl so genossen haben.

7 Henry Herron Beauchamp's Journal.
Dennoch hat die Tochter den Eindruck, er mag das Buch nicht, und sie »heulte deshalb den ganzen Tag . . . «, wie sie ihrem Tagebuch anvertraut.

8 1898 nach der Erinnerung der Tochter Liebet.

9 Elizabeths Tagebuch, zitiert nach Leslie de Charms: Elizabeth of the German Garden, S. 81.

10 Henry Herron Beauchamp's Journal.

11 The Pastor's Wife, S. 210.

12 a.a.O., S. 149.

13 a.a.O., Nachwort, S. 490.

14 Elizabeths Tagebuch, 31. 5. 1934.
   Ein Vers aus einem Gedicht von Thomas Gray hatte sie an die fast fünfunddreißig Jahre zurückliegende Fahrt mit dem Neugeborenen und seiner Nurse zum damaligen Landhaus *Uplands* ihrer Schwester Charlotte, auch Tit genannt, erinnert.

15 a.a.O., 19. 9. 1899.

16 Elizabeths Tagebuch, zitiert nach Leslie de Charms: Elizabeth of the German Garden, S. 82.

17 a.a.O., S. 83.

18 Vgl. a.a.O., S. 82 ff.

19 Schriftliche Mitteilung des Vorpommerschen Landesarchivs Greifswald vom 29. 6. 1994.

20 Leslie de Charms: Elizabeth of the German Garden, S. 85 f.

21 a.a.O., S. 86.

22 a.a.O., S. 83.

23 The Benefactress, Vol. II, S. 213 ff.

24 Leslie de Charms: Elizabeth of the German Garden, S. 85.

25 Brief Elizabeth an Henry Herron Beauchamp, zitiert a.a.O., S. 87.

26 The Benefactress, Vol. II, S. 199. Auch in Mr. *Skeffington* kommt sie darauf zurück.

27 Elizabeths Tagebuch, zitiert nach Leslie de Charms: Elizabeth of the German Garden, S. 89.

28 The Benefactress, Vol. II, S. 245.

29 Als Kate Greenaway an den Illustrationen arbeitete, ging es ihr gesundheitlich sehr schlecht. Sie quälte sich im Frühjahr und Sommer 1900 durch die Arbeit und schrieb klägliche Entschuldigungsbriefe an Elizabeth. Vgl. Rodney Engen: Kate. A Biography, London 1981, S. 209 f.

30 Elizabeths Tagebuch, 22. 5. 1901.

31 Ein anderer Arnimscher Besitz.

32 Die ganze Sequenz (außer Anmerkung 50) Elizabeths Tagebuch, zitiert nach Leslie de Charms: Elizabeth of the German Garden, S. 90 ff.

33 Elizabeths Tagebuch, 30. 7. 1901.

34 Elizabeth auf Rügen, S. 97 f.

35 a.a.O., S. 99.

36 Elizabeths Tagebuch, zitiert nach Leslie de Charms: Elizabeth of the German Garden, S. 96.

37 Athenaeum laut Elizabeths Tagebuch.

38 Elizabeths Tagebuch, 20. 10. 1901.

39 a.a.O., 4. 3. 1902.

40 Elizabeths Tagebuch, Sequenz zitiert nach Leslie de Charms: Elizabeth of the German Garden, S. 97.

Die für die einschlägige Zeit lückenlos vorhandenen Tagebücher Elizabeths und ihres Vater verzeichnen keinen Englandbesuch bzw. kein Treffen Elizabeths mit Francis Russell. Die von Elizabeths englischer Biographin geäußerte Vermutung, Russell könnte H. B.'s Vater sein, kann daher nicht geteilt werden.

41 Bernd von Arnim-Criewens älteste Tochter heiratet Bernhard von Plessen.

42 Vgl. Countess Russell Collection, The Huntington Library, San Marino.

43 Beatrix von Hirschberg: Über das Haus Schlagenthin . . .


*Kapitel IV: 1902-1908*

1 Auf viele Jahre hinaus bleibt Whitehall Court ihr bevorzugtes Londoner Viertel; sie wird dort verschiedene Wohnungen mieten.

2 Brief Henning an Henry vom 16. 12. 1902, zitiert nach Leslie de Charms: Elizabeth of the German Garden, S. 100 f.

3 The Pastor's Wife, S. 178 f.

4 Vgl. Henry Herron Beauchamp's Journal.

5 Beide Zitate a.a.O.

6 Vgl. Karen Usborne: Elizabeth, S. 102 f.

7 M. L. Backe: Erinnerungen an die Autorin: Elizabeth and her german garden (Teppis »Erinnerungen« – zitiert wird künftig aus der maschinegeschriebenen Fassung – ohne fortlaufende Seitenangabe).

8 a.a.O.

9 Leslie de Charms: Elizabeth of the German Garden, S. 114 f.

10 Beatrix von Hirschberg: Über das Haus Schlagenthin . . .

11 Elizabeth und ihr Garten, S. 114.

12 Beatrix von Hirschberg: Über das Haus Schlagenthin . . .

13 a.a.O.

14 Teppis »Erinnerungen«.

15 Vgl. Leslie de Charms: Elizabeth of the German Garden, S. 102.

16 The Pastor's Wife, S. 329.

17 Vgl. Beatrix von Hirschberg: Über das Haus Schlagenthin . . .

18 Vgl. Leslie de Charms: Elizabeth of the German Garden, S. 101.

19 Sequenz zitiert nach Beatrix von Hirschberg: Über das Haus Schlagenthin . . .

20 Drei dieser Herren sind später als Autoren hervorgetreten: allen voran natürlich Edward Morgan Forster, dann Hugh Walpole, aber auch Frank Woodyer Stokoe.

21 1905 ist es Mlle L. Auger de Balben, deren Bild und Beschreibung in nahezu alle Forster-Biographien Eingang gefunden hat: »Mlle ist ein nie versiegender Freudenquell: immer in Marineblau gekleidet und mit einer bestickten Schürze und einem breiten Ledergürtel angetan. Sie ist nicht mehr die Jüngste, hat merkwürdiges Kraushaar, hinkt außerdem und hat weniger Bücher gelesen und sich weniger Bildung angeeignet, als ich es für möglich gehalten hätte.« Mary Lago and Philip Nicholas Furbank (Hrsg.): Selected Letters of E. M. Forster, Vol. I 1879-1920, London 1983, S. 71.

22 Das Zitat findet sich bei Vergil, Aeneis VI 258. Die Formel war bei antiken Mysterien zur Abwehr von Uneingeweihten üblich.

23 Die ganze Sequenz Mary Lago and Philip Nicholas Furbank (Hrsg.): Selected Letters of E. M. Forster, Vol. I 1879 -1920, S. 64 f.

24 Nicola Beauman: Morgan – A Biography of E. M. Forster, London 1993, S. 4.

25 Leslie de Charms: Elizabeth of the German Garden, S. 101 ff.
Für diese Biographie hatte Forster seine Recollections of Nassenheide zusammengestellt. Er überarbeitete sie dann für eine Rundfunksendung, deren Wortlaut The Listener abdruckte.

26 Mit Menschen, die noch Kontakt zu ihren elementaren Gefühlen haben, konfrontiert er seine englischen Helden in Italien – und läßt keine Seite ohne Schaden davonkommen. Elizabeth wird einmal ein Buch schreiben, in dem Engländerinnen nach einem verzauberten April Italien mit Gewinn verlassen. Forster-Biographen sehen sehr wohl den bei aller Unterschiedlichkeit in der Ausführung gleichartigen Ansatz beider Werke.

27 Teppis »Erinnerungen«.

28 Brief Elizabeth an Hugh Walpole, zitiert nach Leslie de Charms: Elizabeth of the German Garden, S. 105. Smith & Elder ist Elizabeths Verlag.

29 Walpoles Tagebuch, beide Zitate a.a.O., S. 106.

30 Hugh Walpoles Wirkung auf Virginia Woolf gleicht der auf Elizabeth verblüffend: »Virginia sah in ihm, wie die meisten, einen einfachen, liebenswerten und etwas albernen Menschen, den man gerne neckte. Trotz seiner Angst vor ihr, vertraute er ihr alles mögliche an . . . schilderte . . . ihr die intimsten Einzelheiten seines Liebeslebens . . . « Quentin Bell: Virginia Woolf, Frankfurt a. M. 1982, S. 402.

31 Vgl. Brief Elizabeth an Evi vom 5. 7. 1907, zitiert nach Leslie de Charms: Elizabeth of the German Garden, S. 118.

32 a.a.O., S. 107.

33 Brief Hugh Walpole an Charles Mariott, zitiert a.a.O., S. 106 f.

34 Brief Hugh Walpole an seine Mutter, zitiert nach Leslie de Charms, a.a.O., S. 106.

35 E. M. Forster: Recollections . . . , zitiert nach Leslie de Charms, a. a. O., S. 103 f.

36 Vgl. Elizabeth und ihr Garten, S. 76 f.

37 Beatrix von Hirschberg: Über das Haus Schlagenthin . . .

38 Philip Nicholas Furbank: E. M. Forster – A Life. Vol. I, S. 129.

39 Vgl. Robert Skidelsky: John Maynard Keynes. Hopes betrayed, 1883-1920, London 1992, S. 33, S. 247.

40 Vgl. Philip Nicholas Furbank: E. M. Forster – A Life. Vol. I, S. 123 ff. und S. 142, wo der Forster-Biograph Vermutungen äußert, daß Elizabeth sowohl in *The Longest Journey* als auch in *Howards End* für Romanfiguren Vorbild war.

41 Teppis »Erinnerungen«.

42 Leslie de Charms: Elizabeth of the German Garden, S. 109.

43 Vgl. Teppis »Erinnerungen«.

44 ». . . the German Garden I cannot find«, schreibt er beispielsweise an Arthur Cole. Zitiert nach Mary Lage and Philip Nicholas Furbank (Hrsg.): Selected Letters of E. M. Forster, Vol. I, 1879 – 1920, S. 64 f.

45 Briefe Elizabeths an Evi, zitiert nach Leslie de Charms: Elizabeth of the German Garden, S. 116.

46 Elizabeth zu Wells, vgl. Karen Usborne: Elizabeth, S. 136.

47 Vgl. E. M. Forster in einem Brief an seine Mutter, zitiert nach Leslie de Charms: Elizabeth of the German Garden, S. 106.

48 Brief Elizabeth an Evi, zitiert a.a.O., S. 117.

49 Vgl. a.a.O., S. 108.

50 Brief Elizabeth an Evi, zitiert a.a.O., S. 118.

51 Teppis »Erinnerungen«.

52 a.a.O.

53 Brief Elizabeth an Evi, zitiert a.a.O., S. 118.

54 Vgl. Philip Nicholas Furbank: E. M. Forster: A Life. Vol. I, S. 155.

55 Elizabeths Tagebuch.

56 Vgl. Victoria Glendinning: Vita Sackville-West, Frankfurt am Main 1990, S. 44.

57 Vgl. Jane Brown: Vita's Other World. A Gardening Biography of V. Sackville-West, London u. a. 1987, S. 109 ff.

58 Die Reisegesellschaft, S. 254 und 256.

59 Vgl. Philip Nicholas Furbank: E. M. Forster: A Life. Vol I, S. 156.

60 Teppis »Erinnerungen«.

61 Vgl. Die Reisegesellschaft, S. 341 ff.

62 Vgl. Brief Henning an Beatrix vom 23. 8. 1907.

63 Aus Äußerungen der Kinder (besonders Evi in ihren Erinnerungen *Ten Times Round* und auch Liebet in *Elizabeth of the German Garden*) ist erkennbar, daß sich nach der Caravantour das Verhalten der Eltern zueinander tiefgreifend gewandelt hat.

64 Fräulein Schmidt and Mr. Anstruther, S. 229 f.

65 Die ganze Sequenz Henry Herron Beauchamp's Journal.

66 Brief Elizabeth an Evi, zitiert nach Leslie de Charms: Elizabeth of the German Garden, S. 125.

67 »Ich mühe mich nämlich mit einem Buch über dasselbe Thema ab, und auch meins ist weitgehend erfunden, und ich würde Deins schrecklich gern mal sehen, und vielleicht sind ja Passagen drin, die ich in meins aufnehmen könnte, und dann wärst Du meine Mitarbeiterin! Also schick es mir zu.« ». . . Ich habe Deine Wohnwagenreise sehr genossen und über manche Passagen so gelacht, daß Coco auf seinem Sofa mich für verrückt hielt und wütend bellte.« Diese Briefe Elizabeths an Evi, zitiert a.a.O., S. 126, zeigen, daß Mutter und Tochter sich über ihre Schriftstellerei austauschten. Daß kaum etwas aus Evis Entwurf in Elizabeths satirischen Roman paßte, ist leicht nachzuvollziehen.

68 Pressestimmen zitiert a.a.O., S. 128.

69 Vgl. Beatrix von Hirschberg: Über das Haus Schlagenthin . . .
   In England dagegen liefert es den Stoff für ein Hörspiel.

70 Brief Elizabeth an Evi, zitiert nach Leslie de Charms: Elizabeth of the German Garden, S. 126.

1 Alle meine Hunde, engl. Ausgabe.

2 Leslie de Charms: Elizabeth of the German Garden, S. 131.

3 Fräulein Schmidt and Mr. Anstruther, S. 240.

4 Die ganze Sequenz Leslie de Charms: Elizabeth of the German Garden, S. 130 f.

5 Teppis »Erinnerungen«.

6 Vgl. Karen Usborne: Elizabeth, S. 136.

7 Elizabeth und ihr Garten, S. 101 und 166.

8 Elizabeth auf Rügen, S. 99.

9 Fräulein Schmidt and Mr. Anstruther, S. 42 f.

10 Alle meine Hunde, S. 61 ff.

11 Einsamer Sommer, S. 74 f.

12 Alle meine Hunde, S. 61 ff.

13 Einsamer Sommer, S. 43 f.
   Hier bezieht sie die Beschreibung auf ein französisches Kindermädchen.

14 Vater, S. 73.

15 Elizabeth auf Rügen, S. 222.

16 Alle meine Hunde, S. 62.

17 a.a.O., S. 79.

18 a.a.O., S. 64 ff.

19 Briefe Henning von Arnims an seine Kinder bzw. an Beatrix vom 7.5., 17.5. und 16. 6. 1908.

20 Alle meine Hunde, S. 66.

21 Elizabeth und ihr Garten, S. 22.

22 a.a.O., S. 47.

23 Teppis »Erinnerungen«.

24 Alle meine Hunde, S. 90.

25 Die von Elizabeths englischer Biographin herausgestellte spätere literarische Bedeutung des jungen Mannes sowie gute Kontakte Reynolds' zu Leonard und Virginia Woolf erscheinen zu weit hergeholt. In keiner der einschlägigen Biographien oder Autobiographien ist der Schriftsteller erwähnt.

26 Philip Nicholas Furbank: E. M. Forster – A Life. Vol I, S. 151 f.

27 Teppis »Erinnerungen«.

28 Handschriftliche Eintragung in der Pfarrchronik Blankensee.

29 Brief Henning von Arnims an Beatrix vom 5. 3. 1910.

30 Schriftliche Mitteilung des Vorpommerschen Landesarchivs Greifswald vom 29. 6. 1994.

31 Briefe Henning von Arnims an seine Kinder vom 12. 10. 1909, 5. 3. 1910 und 21. 3. 1910.

32 Briefe vom 20. und 21. 8. 1910, zitiert nach Leslie de Charms: Elizabeth of the German Garden, S. 138.

33 Teppis »Erinnerungen«.


## Kapitel VI: 1910-1913

1 Teppis »Erinnerungen«.

2 Brief an Liebet vom 8. 10. 1910, zitiert nach Leslie de Charms: Elizabeth of the German Garden, S. 141.

3 Teppis »Erinnerungen«.

4 In dieser Zeit beginnen bereits Verhandlungen wegen des Verkaufs von Schlagenthin.

5 Krabben, so nennt Elizabeth die Kinder.

6 Teppis »Erinnerungen«.

7 Mündliche Informationen des heutigen Eigentümers. Voysey ist Mitbegründer des Deutschen Werkbundes.

8 Teppis »Erinnerungen«.

9 Leslie de Charms: Elizabeth of the German Garden, S. 144.

10 Alle meine Hunde, S. 70.

11 Abschrift der Verfügung vom 28. 7. 1870, Königliches Heroldsamt Berlin, Tgb. Nr. 145/18 vom 26. 1. 1918.

12 Beatrix Freifrau von Hirschberg: Über das Haus Schlagenthin . . .

13 Die ganze Sequenz Teppis »Erinnerungen«.

14 Michael Coren: The Life and Liberties of H. G. Wells, London 1993, S. 91.

15 Beverly Nichols (1898-1984) galt als einer der hervorragendsten englischen Journalisten. Außerdem schrieb er erfolgreiche Reiseberichte, Essays und Kriminalromane. Vor allem aber verstand er es, Garten- und Hausbücher wie amüsante Romane zu schreiben.

16 Vater, S. 104.

17 Fräulein Schmidt and Mr. Anstruther, S. 205 f.

18 Deutscher Buchtitel: Mr. *Polly steigt aus.*

19 Die Fabian Society, 1884 gegründet und seit 1918 der Labour Party angeschlossen, verfolgte das Ziel einer schrittweisen verfassungskonformen Durchsetzung des Sozialismus.
Der Name spielt an auf ein altes römisches Patriziergeschlecht und dessen berühmtestes Mitglied Konsul Quintus Fabius Maximus, der Cunctator (Zauderer) genannt wurde und im 2. Punischen Krieg jede offene Schlacht vermied.

20 Vera, Vorwort der englischen Ausgabe.

21 Die ganze Sequenz G. P. Wells (Hrsg.): H. G. Wells in Love, S. 88 f.

22 Teppis »Erinnerungen«.

23 Rebecca West heißt eigentlich Cicely Isabel Fairfield. Sie nennt sich nach einer Gestalt aus Ibsens *Rosmersholm*, der Mätresse eines verheirateten Mannes. Das Pseudonym, meinte die West später, sei übereilt gewählt worden, denn sie schätze weder Stück noch Person.

24 G. P. Wells: H. G. Wells in Love, S. 89.

25 Victoria Glendinning: Vita Sackville-West, S. 157.

26 Vera, Vorwort der englischen Ausgabe.

27 Brief an Frere vom 7. 9. 1922, zitiert nach Leslie de Charms: Elizabeth of the German Garden, S. 246.

28 Die Rede ist von D. H. Lawrences erster Reaktion auf die Beurteilung von *The Saga of Siegmund*. Der Roman wurde später unter dem Titel *The Trespasser* veröffentlicht. Vgl. D. H. Lawrence: Briefe, Zürich 1979, S. 56.

29 Robert Lucas: Frieda von Richthofen. Ihr Leben mit D. H. Lawrence, München 1972, S. 149.

30 G. P. Wells: H. G. Wells in Love, S. 81 f.

31 Alle meine Hunde, S. 82.

32 The Pastor's Wife, Nachwort.

33 Alle meine Hunde, S. 85 und 92.

34 G. P. Wells: H. G. Wells in Love, S. 91.

35 Vincent O'Sullivan (Hrsg.): Katherine Mansfield. Briefe, Frankfurt a. M. und Leipzig 1992, S. 313.

36 Nachruf von Elizabeth Wansbrough auf Mary Countess Russell in der Times, 11. 2. 1941.

37 Zudem als Vormund bestellt war ein ebenfalls erklärtermaßen atheistischer Hauslehrer der Russell-Söhne, der jedoch bald darauf verstarb. Es ging Lord Russell darum, Francis und Bertrand dem in seinen Augen verderblichen Einfluß der Kirche zu entziehen. Die Großeltern gingen

gegen Cobden, der war zu diesem Zeitpunkt noch erfolgloser Anwalt, vor und holten die Jungen in ihr Haus. Dort bescherte man ihnen eine im großen und ganzen freudlose Jugend.

38 Brief an Liebet vom 3. 9. 1912, vgl. Leslie de Charms: Elizabeth of the German Garden, S. 144.

39 William Wordsworth: Präludium oder Das Reifen eines Dichtergeistes, Stuttgart 1974, S. 203.

40 Brief an Liebet vom August 1920, zitiert nach Leslie de Charms: Elizabeth of the German Garden, S. 209.

41 Alle meine Hunde, S. 74 und 79.


### Kapitel VII: 1913 · 1916

1 Diese Bilder verwendet Elizabeth sowohl in *In the Mountains* als auch in *Alle meine Hunde*.

2 Alle meine Hunde, S. 81.

3 Nachruf von Elizabeth Wansbrough auf Mary Countess Russell in der *Times*, 11. 2. 1941.

4 Alle meine Hunde, S. 101.

5 Als sein Bruder, der spätere Mathematiker, elf Jahre alt war, lehrte ihn Francis die euklidische Geometrie: Es sei dies, so Bertrand Russell, eines der größten Ereignisse seines Lebens gewesen, atemberaubend wie die erste Liebe.

6 Vgl. The Pastor's Wife, S. 132.

7 Alle meine Hunde, S. 108.

8 Mr. Skeffington, S. 160.

9 Brief an J. M. Murry vom 10. 11. 1920, zitiert nach Vincent O'Sullivan: Katherine Mansfield. Briefe, S. 226.

10 Teppis »Erinnerungen«.

11 Elizabeths Tagebuch, Sequenz zitiert nach Leslie de Charms: Elizabeth of the German Garden, S. 152.

12 Vgl. Karen Usborne: Elizabeth, S. 175.

13 Teppis »Erinnerungen«.

14 a.a.O.

15 Elizabeth und ihr Garten, S. 85.

16 Brief an Liebet vom 21. 4. 1917, zitiert nach Leslie de Charms: Elizabeth of the German Garden, S. 194.

17 Eines ihrer zahlreichen deutschen Lehnwörter im englischsprachigen Tagebuch.

18 Elizabeths Tagebuch, Sequenz zitiert nach Leslie de Charms: Elizabeth of the German Garden, S. 163 f.

19 Brief vom 26. 9. 1923, zitiert a.a.O., S. 262.

20 Elizabeths Schrecken ist also groß, als sie höchst irritierte Anfragen aus der Arnim-Familie erreichen. Offenbar war der Staatsbürgerschaftswechsel anrüchig geworden. Natürlich hat sie heftig dementiert.

21 Felicitas war das Klavierspielen zur Strafe untersagt worden. Vermutlich spielt sie nun Geige und benötigt etwas Geld, um das Instrument reparieren lassen zu können.

22 Briefe vom 15. 5., 6. 6., 25. 6., 15. 7., 28. 11. und 19. 12. 1915 an Beatrix.

23 Brief aus der Schweiz an Beatrix vom 19. 8. 1919.

24 Ursprünglich Standort einer Telegraphenstation. Zwischen 1795 und 1814 bestand ein optisches Telegraphennetz zwischen London und Plymouth, das ausschließlich militärischen Zwecken diente. Die einzelnen Balkengestelle mit Signalklappen befanden sich 8 bis 16 Meilen voneinander entfernt; Signale konnten mit Fernrohren beobachtet und weitergegeben werden.

25 Leslie de Charms: Elizabeth of the German Garden, S. 168.

26 Elizabeths Tagebuch, 6. 6. 1915, zitiert a.a.O. S. 171.

27 Unter dem Baldachin von *Bloomsbury* hatten sich junge Leute zusammengefunden, die sich von viktorianischen Traditionen lösen wollten. *Bloomsbury* sei, so der Schriftsteller E. M. Forster 1929, der dieser Gruppe nahestand und wohl zu ihren Mitbegründern gezählt werden darf, die einzige echte Bewegung in der kulturellen Entwicklung Englands gewesen und bestehe aus im Grunde anständigen Leuten, die ähnliche Meinungen haben und gern zusammen sind. Diese hätten sich eine Kultur angeeignet, die mit ihrer gesellschaftlichen Stellung harmoniere: akademischer Hintergrund, finanzielle Unabhängigkeit – wenn auch oft bescheidene –, Begeisterung für das kontinentale Europa, exzentrische Neigungen und Reden über Sex sowie eigentlich alles mögliche. Vgl. Angelica Garnett: Freundliche Täuschungen. Eine Kindheit in Bloomsbury, Berlin 1990, S. 10.

28 Elizabeths Tagebuch, 13. 6. 1915.

29 Elizabeths Tagebuch, Sequenz zitiert nach Leslie de Charms: Elizabeth of the German Garden, S. 168 ff.

30 Sein korrekter Name lautet Jorge Augustín Nicolás Ruiz de Santayana y Borrás (1863 – 1952). Er lebte in Spanien, Amerika, England, Deutschland und Italien.

31 Vgl. Leslie de Charms: Elizabeth of the German Garden, S. 154 f.

32 Mollie bekommt bis an ihr Lebensende jährlich 400 Pfund zugesichert, die nach Francis Russells Tod sein Bruder Bertrand zahlt. Die Adressatin wird über 90 Jahre alt.

33 Leslie de Charms: Elizabeth of the German Garden, S. 175.

34 Elizabeths Tagebuch, 1.4., 2.4. und 6. 5. 1916, zitiert a.a.O., S. 177 ff.

35 Etwa Kiste, kleiner Stall.

36 Elizabeths Tagebuch, 4. 6. 1916, und Brief an Liebet vom 7. 6. 1916, zitiert nach Leslie de Charms: Elizabeth of the German Garden, S. 179.

37 Brief an Beatrix vom 6. 6. 1916.

38 Leslie de Charms: Elizabeth of the German Garden, S. 180.

39 Alle meine Hunde, S. 124 f.

40 Teppis »Erinnerungen«.

41 Aus dem Wortlaut der Todesanzeige vom 9. 6. 1916, abgedruckt in der Abendausgabe der Berliner *Kreuzzeitung*.


*Kapitel VIII: 1916-1920*


1 In Elizabeths literarischem Nachlaß fanden die Autorinnen ein maschinengeschriebenes Manuskript zu einem Vortrag über die Schwestern Brontë. Aus dem Text geht hervor, daß sie sich das Thema hatte wählen können. Eine »Pilgerfahrt« nach Haworth habe sie, so ihre Anmerkung, zum Anlaß genommen, über Werke und Leben sowie insbesondere die zwischenmenschlichen Beziehungen von Emily, Charlotte und Anne zu philosophieren.

2 Mr. Skeffington, S. 1 f.

3 Alice Cholmondeley war eine Erfolgsautorin der 1890er Jahre.

4 Christine, Vorwort und S. 250.

5 Brief an Liebet vom 21. 4. 1917, zitiert nach Leslie de Charms: Elizabeth of the German Garden, S. 194.

6 Leslie de Charms: a.a.O., S. 190 f.

7 Evi wird von Elizabeth immer finanziell unterstützt werden. Mutter und Tocher sehen sich zwar sehr selten, es werden jedoch regelmäßig nicht sehr tiefschürfende Briefe ausgetauscht. Ihre Tochter sei, ähnlich ihrer

deutschen Großmutter, sentimental und nur schwer in der Lage, die Dinge realistisch zu beurteilen, notiert die Mutter, als sie Evis alte Tagebücher 1923 noch einmal liest.

8 Brief an Liebet vom 21. 2. 1918, zitiert nach Leslie de Charms: Elizabeth of the German Garden, S. 198.

9 Mr. Skeffington, S. 5.

10 Vera, S. 101 f.

11 Vgl. Nigel Nicolson and Joanne Trautmann (Hrsg.): The Question of Things Happening. The Letters of Virginia Woolf Vol. II: 1912-1922, London 1976, S. 480.

12 Brief an Liebet vom 31. 3. 1919, zitiert nach Leslie de Charms: Elizabeth of the German Garden, S. 201.

13 Vera, S. 232 ff.

14 Elizabeths Tagebuch, 11. 2. 1921 – ihr fünfter Hochzeitstag.

15 Verzauberter April, S. 142.

16 Alle meine Hunde, S. 119.

17 Leslie de Charms: Elizabeth of the German Garden, S. 203.

18 Elizabeths Tagebuch, 11. 2. 1919, zitiert a.a.O., S. 205.

19 In the Mountains, S. 1.

20 a.a.O., S. 12.

21 Laut notariellem Vertrag, Berliner Notariatsregister für 1924, Nr. 42.

22 Elizabeths Tagebuch, zitiert nach Leslie de Charms: Elizabeth of the German Garden, S. 205 f.
Der Hinweis, daß sie mit einem neuen Buch beginnt, wiederholt sich erstaunlicherweise. Da in beiden Fällen nur Vera in Frage kommt, könnte das Interesse am Stoff vorübergehend nachgelassen haben. Eine Erklärung wäre das zwischenzeitliche Auftauchen ihres neuen jungen Freundes Frere.

23 Vera, Vorwort der englischen Ausgabe.

## Kapitel IX: 1920-1923

1 Brief Frere an Elizabeth vom 14. 2. 1920, zitiert nach Leslie de Charms: Elizabeth of the German Garden, S. 207.

2 Ted Morgan: Somerset Maugham, London 1980, S. 331.

3 Mr. Skeffington, S. 43.

4 Fräulein Schmidt and Mr. Anstruther, S. 202 und 212.

5 Ihre englische Biographin spricht von der Möglichkeit einer in den USA vorgenommenen Schönheitsoperation.

6 Jasminhof, S. 217.

7 Alle meine Hunde, S. 89 f.

8 Liebe, S. 266.

9 Vgl. a.a.O., S. 20 f., 53, 192, 223.

10 Brief an Liebet, zitiert nach Leslie de Charms: Elizabeth of the German Garden, S. 210 f.

11 Vgl. a.a.O.

12 Elizabeth und ihr Garten, S. 9 f.

13 Vera erscheint im September 1921.

14 Elizabeths Tagebuch, Sequenz zitiert nach Leslie de Charms: Elizabeth of the German Garden, S. 215 f.

15 Elizabeths Reisetagebuch von Juni 1924, Rundfahrt um den Genfer See.

16 Der Stoff wurde von Kane Campbell dramatisiert.

17 *Verzauberter April* wurde 1993 verfilmt.

18 Elizabeths Tagebuch, 18. 4. 1921, zitiert nach Leslie de Charms: Elizabeth of the German Garden, S. 216.

19 Fräulein Schmidt and Mr. Anstruther, S. 19.

20 Verzauberter April, S. 267.

21 Die ganze Sequenz Verzauberter April, S. 8, 12, 14, 39, 109, 172, 267.

22 Eine Eigenschaft, über die Elizabeths Romanheldinnen entweder verfügen oder die sie zumindest anstrebenswert finden.

23 Victoria Glendinning: Vita Sackville-West, S. 373.

24 Vgl. Victoria Glendinning: Rebecca West. A Life, London 1987.

25 Elizabeths Tagebuch 15. bis 17. 8. 1921, Sequenz zitiert nach Leslie de Charms: Elizabeth of the German Garden, S. 224.

26 Trotz dieser Anrede entbehrt die Beziehung inzwischen jeder Erotik. Ida Baker ist für Katherine Mansfield unentbehrliche Freundin, Haushälterin, Dienerin und Beschützerin. Sie wohnt nicht beim Ehepaar Murry, sondern logiert in einer Pension im Dorf.

27 Claire Tomalin: Katherine Mansfield, S. 280.

28 Elizabeths Tagebuch, 30. 7. 1921, zitiert nach Leslie de Charms: Elizabeth of the German Garden, S. 223.

29 Brief an Dorothy Brett vom 22. 12. 1921, zitiert a.a.O., S. 228.

30 *An der Bucht* erschien im Januar 1922 in der Zeitschrift *London Mercury*.

31 Katherine Mansfields Tagebuch 11. 1. 1922, zitiert nach Leslie de Charms: Elizabeth of the German Garden, S. 230.

32 Vgl. Katherine Mansfield: Meistererzählungen. Frankfurt a. M. 1989.

33 Vgl. John Middleton Murry (Hrsg.): Journal of Katherine Mansfield, London 1954, S. 283 ff.

34 Vgl. Leonard Woolf: Mein Leben mit Virginia, Frankfurt a. M. 1994, S. 139 f.

35 Mr. Skeffington, S. 41.

36 a.a.O.

37 Die ganze Sequenz Liebe, S. 185, S. 266 und 267.

38 Der Ort, an dem sie noch vor der Eheschließung mit Henning zusammentraf.

39 Brief an Liebet vom 6. 7. 1922 und Brief an Frere vom 25. 7. 1922, zitiert nach Leslie de Charms: Elizabeth of the German Garden, S. 240 f.

40 Elizabeth und ihr Garten, S. 31, und Fräulein Schmidt and Mr. Anstruther, S. 41.

41 Die ganze Sequenz Elizabeths Tagebuch.

42 Elizabeths Tagebuch, Sequenz zitiert nach Leslie de Charms: Elizabeth of the German Garden, S. 243 ff.

43 Leslie de Charms: a.a.O., S. 246.

44 Zur gleichen Zeit schrieb die Mansfield ihren letzten Brief an ihren Vater Harold Beauchamp.

45 Brief Katherine Mansfields an Elizabeth vom Jahresende 1922 aus Fontainebleau, undatiert, zitiert nach Leslie de Charms: Elizabeth of the German Garden, S. 251 f.

### Kapitel X: 1923-1930

1 Leslie de Charms: Elizabeth of the German Garden, S. 254.

2 Liebe erschien 1926 als Die unvergeßliche Stunde erstmals in deutscher Sprache. Der Untertitel lautete »Die Liebe einer reifen Frau zu einem schwärmerischen Jüngling. Entzückende Schilderungen aus dem Gesellschaftsleben«.

3 Undatierter Brief des Jahres 1929 von George Moore an Elizabeth, zitiert nach Leslie de Charms: Elizabeth of the German Garden, S. 325.

4 Leslie de Charms: a.a.O., S. 254.

5 Brief an Frere vom 2. 6. 1923, vgl. Leslie de Charms, a.a.O.

6 *Ich sah den ewigen unendlichen allmächtigen Gott vorübergehen und ich er-starrte* – Nicht ganz wörtliche Wiedergabe des Beginns der Vorrede von Carl von Linnés *System der Natur.* Elizabeth wird diese Worte zwei Wochen später in schwarzen Lettern an die Hauswand der Terrasse malen lassen.

7 Elizabeths Tagebuch, Sequenz zitiert nach Leslie de Charms: Elizabeth of the German Garden, S. 256 f.

8 Offenbar lebt Beatrix mit ihrer Familie jetzt in Berlin und bald darauf für kurze Zeit in Insterburg.

9 Vgl. Leslie de Charms: Elizabeth of the German Garden, S. 256 f.

10 Vater, S. 135.

11 Elizabeths Tagebuch 19.8. und 25. 8. 1923, zitiert nach Leslie de Charms: Elizabeth of the German Garden, S. 259.

12 Brief an Frere vom 8. 9. 1923 und Elizabeths Tagebuch 15. 9. 1923, zitiert a.a.O., S. 260.

13 Teppis »Erinnerungen«.

14 Frieda Lawrence war mit dem Ziel Baden-Baden zum Besuch ihrer Mutter, Baronin Anna von Richthofen, und Murry war auf der Suche nach einem deutschen Psychiater für T. S. Eliots Frau nach Freiburg unterwegs.

15 Vgl. Martin Green: The von Richthofen-Sisters, New York 1974, S. 250.

16 Elizabeths Tagebuch 30. 10. 1923, zitiert nach Leslie de Charms: Elizabeth of the German Garden, S. 264.

17 Elizabeths Tagebuch, 14. 11. 1923, zitiert a.a.O., S. 265.

18 Liebe, S. 324 f.

19 Briefe an Frere vom 10.6. und 16. 6. 1924, zitiert nach Leslie de Charms: Elizabeth of the German Garden, S. 270 f.

20 Elizabeths Reisetagebuch von Juni 1924, Rundfahrt um den Genfer See.

21 Leslie de Charms: Elizabeth of the German Garden, S. 269.

22 Elizabeths Tagebuch, 11. 9. 1924, zitiert a.a.O., S. 274.

23 Elizabeths Tagebuch, 21. 9. 1924, vgl. a.a.O.

24 Alle meine Hunde, S. 91.

25 Liebe, S. 224 f.

26 Elizabeths Tagebuch zitiert nach Leslie de Charms: Elizabeth of the German Garden, S. 285 f.

27 Brief an Beatrix vom 19. 10. 1925.

28 *Briefe, die ihn nie erreichen* schreibt Beatrix von Hirschberg einmal handschriftlich in ein Schulheft; die Worte richten sich an ihren verstorbenen Mann.

29 Hier stimmt das Etikett, das sie Katherine Mansfield einst anheften
wollte.

30 Alle meine Hunde, S. 142 f.

31 a.a.O., S. 144 f.

32 a.a.O., S. 151 f.

33 a.a.O., S. 153.

34 Leslie de Charms: Elizabeth of the German Garden, S. 290.

35 a.a.O., S. 290 f.

36 a.a.O., S. 291.

37 Brief an Liebet vom 28. 7. 1926, zitiert a.a.O., S. 293.

38 Leslie de Charms: a.a.O., S. 294.

39 Vgl. a.a.O., S. 294.

40 Mr. Skeffington, S. 56 f.

41 Expiation, S. 122.

42 Elizabeths Tagebuch, 15. bis 25. 7. 1927, zitiert nach Leslie de Charms:
Elizabeth of the German Garden, S. 307 f.

43 Elizabeths Tagebuch, 25. 1. 1927, zitiert a.a.O., S. 307.

44 Brief an Frere vom 15. 6. 1927, zitiert a.a.O., S. 306.

45 Elizabeths Tagebuch, 31.7. bis 5. 8. 1927, zitiert a.a.O., S. 308.

46 1915 hatte die achtzehnjährige Winifred Williams den achtundzwanzig
Jahre älteren Siegfried Wagner geheiratet und zwischen 1917 und 1920
zwei Töchter und zwei Söhne geboren. 1930 stirbt Siegfried wenige
Monate nach seiner Mutter Cosima. Winifred ist Herrin des Wagneria-
nischen Bayreuth und befreundet mit Adolf Hitler.

47 Die ganze Sequenz Elizabeths Tagebuch, 15., 16., 20. und 30. 7. 1927,
sowie Brief an Frere vom 5. 7. 1927, vgl. und zitiert nach Leslie de
Charms: Elizabeth of the German Garden, S. 307 ff.

48 Elizabeths musikalisches Interesse geht so weit, daß sie sich im August
1914 sogar bemüht, das Trommeln zu erlernen.

49 Fräulein Schmidt and Mr. Anstruther, S. 131 f.

50 Elizabeths Tagebuch, 29.10. und 12. 12. 1927, zitiert nach Leslie de
Charms: Elizabeth of the German Garden, S. 313.

51 Elizabeths Tagebuch, 21. 4. 1929, zitiert a.a.O. S. 320 f.

52 Elizabeths Tagebuch, 11. 10. 1929, zitiert a.a.O., S. 324.

53 Die ganze Sequenz Nigel Nicolson and Joanna Trautmann (Hrsg.): A

Reflection of the other Person. Letters of Virginia Woolf Vol. IV: 1929-1931, S. 144 f. und 208 f.

54 Vgl. Leslie de Charms: Elizabeth of the German Garden, S. 324.

55 Vgl. a.a.O., S. 325.

## Kapitel XI: 1930-1939

1 Vgl. Leslie de Charms: Elizabeth of the German Garden, S. 326.

2 Vgl. Elizabeths Tagebuch.

3 Leslie de Charms: Elizabeth of the German Garden, S. 89 und 326 f.

4 Jasminhof, S. 79.

5 Leslie de Charms: Elizabeth of the German Garden, S. 326.

6 a.a.O.

7 Elizabeths Tagebuch, 25. 3. 1931, zitiert a.a.O., S. 330.

8 Elizabeths Tagebuch, 7.3. und 8. 3. 1938, zitiert a.a.O., S. 375.

9 Claire Tomalin: Katherine Mansfield, S. 311.

10 Brief an Maud Ritchie vom 9. 12. 1930, vgl. Leslie de Charms: Elizabeth of the German Garden, S. 329.

11 Alle meine Hunde, S. 154.

12 a.a.O., S. 161.

13 Brief an Maud Ritchie 25. 11. 1930, zitiert nach Leslie de Charms: Elizabeth of the German Garden, S. 329.

14 Nachruf auf Mary Countess Russell in der *Times*, 11. 2. 1941.

15 Bei der Aufzählung handelt es sich lediglich um eine Auswahl aus weit umfangreicheren Bestellungen.

16 Jasminhof, S. 222 f.

17 Seit Jahren geistert eine sich und ihren Kindern die verlorene Heimat ersetzen sollende *flowerfarm* durch Briefe an Liebet und Trix. Ob auch Evi und H. B. in diese fixe Idee ihrer Mutter eingeweiht wurden, bleibt offen. Die Informierten reagierten allerdings mit diskretem Überlesen. Das literarische Gegenstück weist nur sehr geringe Parallelen auf.

18 Elizabeths Tagebuch, 7., 8. und 14. 3. 1931, zitiert nach Leslie de Charms: Elizabeth of the German Garden, S. 330.

19 Elizabeths Tagebuch, 31. 8. 1932 und 31. 8. 1933, zitiert a.a.O., S. 342 und 348.

20 Charlottes jüngster Sohn Cecil Waterlow nimmt sich wenig später das Leben.

21 Elizabeths Tagebuch, zitiert nach Leslie de Charms: Elizabeth of the German Garden, S. 344 ff.

22 Mr. Skeffington, S. 46.

23 Brief an Liebet vom 10. 7. 1932, zitiert nach Leslie de Charms: Elizabeth of the German Garden, S. 340.

24 Brief an Liebet vom 4. 9. 1932, zitiert a.a.O., S. 342.

25 Beatrix und Anton von Hirschberg bewohnen nun ein villenartiges Landhaus im oberbayerischen Murnau.

26 Die ganze Sequenz Leslie de Charms: Elizabeth of the German Garden, S. 346 ff.

27 Vgl. a.a.O., S. 361.

28 Brief an Liebet vom 21. 3. 1936, zitiert a.a.O., S. 361.

29 Vgl. Leslie de Charms: a.a.O., S. 355.

30 Jasminhof, S. 78 f.

31 1937 erscheint in London ein in diesem Zusammenhang bemerkenswertes Buch von Margaret Lawrence mit dem Titel We Write as Women mit Aufsätzen über Autorinnen aus dem 18. und 19. Jahrhundert wie Jane Austen, die Brontë-Schwestern, George Elliot sowie mit einem speziellen Teil für die »past war scene of feminism . . . «: hier steht Elizabeth direkt hinter Rebecca West – und vor Victoria Sackville-West. Natürlich kommen auch Rose Macaulay, Radclyffe Hall, Katherine Mansfield und Virginia Woolf darin vor.

32 Vgl. Elizabeths Tagebuch, 19. 2. 1937.

33 Elizabeths Tagebuch, 23. 5. 1920.
In den zwanziger Jahren mietet Bertrand Russell Telegraph House von seinem Bruder und richtet dort eine ganz spezielle Schule für seine beiden eigenen und weitere Kinder ein.

34 Elizabeths Tagebuch, 8. 12. 1935, zitiert nach Leslie de Charms: Elizabeth of the German Garden, S. 359.

35 Vgl. Leslie de Charms: a.a.O., S. 360.

36 1939 zunächst als Fanny auf dem Buchmarkt – Mr. Skeffington ab 1940, nachdem der Roman unter diesem neuen Titel als Fortsetzungsroman erschienen war.

37 a.a.O., S. 364.

38 Vgl. Elizabeths Tagebuch, 25. 4. 1937.

39 Brief an Liebet vom 31. 12. 1937, zitiert nach Leslie de Charms: Elizabeth of the German Garden, S. 371 f.

40 Brief an Liebet vom 22. 1. 1939, zitiert a.a.O., S. 384.

41 a.a.O.

42 Teppis »Erinnerungen«.

43 Vgl. Elizabeths Tagebuch, 26. 9. 1938.

44 Elizabeths Tagebuch, 27. 9. 1938, zitiert nach Leslie de Charms: Elizabeth of the German Garden, S. 379.

## Kapitel XII: 1939-1941

1 Hans Wysling und Yvonne Schmidlin (Hrsg.): Thomas Mann. Ein Leben in Bildern, Zürich 1994, S. 318 f.

2 Brief an Liebet vom 21. 4. 1939, zitiert nach Leslie de Charms: Elizabeth of the German Garden, S. 387.

3 a.a.O.

4 Elizabeths Tagebuch, 15. 4. 1940.

5 Briefe an Liebet vom 2. 6. 1923 und 4. 2. 1929, zitiert nach Leslie de Charms: Elizabeth of the German Garden, S. 258 und 320.

6 Brief an Liebet vom 10. 4. 1939, zitiert a.a.O., S. 386.

7 Sibylla heiratet am 29. 8. 1939 William Ritchie, einen Neffen von Maud Ritchie. Sie verläßt damit ihre Heimat drei Tage, bevor deutsche Truppen mit dem Angriff auf Polen beginnen, das unmittelbar zuvor mit England einen Bündnisvertrag abgeschlossen hatte.

8 Liebet und Corwin Butterworth hatten ihren Wohnsitz von Kalifornien hierher verlegt.

9 Elizabeths Tagebuch, 19. 6. 1939, zitiert nach Leslie de Charms: Elizabeth of the German Garden, S. 391.

10 Brief an Maud Ritchie vom 19. 8. 1939.

11 Mr. Skeffington, S. 218 und 49.

12 a.a.O., S. 107 und 36 f.

13 Elizabeths Tagebuch, 27., 28. und 29. 1. 1941, zitiert nach Leslie de Charms: Elizabeth of the German Garden, S. 423.

14 Teppis »Erinnerungen«.

# Bibliographie

*Werkverzeichnis Elizabeth von Arnim*
(auf der Basis des Verzeichnisses von
Jochen von Arnim)

1  1898: Elizabeth and her German Garden
   Deutscher Titel: Elizabeth und ihr Garten
2  1899: The Solitary Summer
   Deutsche Titel: Der einsame Sommer; Einsamer Sommer
3  1900: The April Baby's Book of Tunes
   Deutscher Titel: April, May und June
4  1901: The Ordeal of Elizabeth
5  1901: The Pius Pilgrimage
6  1901: The Benefactress
   Deutscher Titel: Anna Estcourt
7  1904: The Adventures of Elizabeth in Rügen
   Deutscher Titel: Elizabeth auf Rügen
8  1905: The Princess Priscilla's Fortnight
   Deutscher Titel: Priscilla auf Reisen
9  1907: Fräulein Schmidt and Mr. Anstruther
   Deutscher Titel: Fräulein Schmidt und Mr. Anstruther
10 1909: The Caravaners
   Deutscher Titel: Die Reisegesellschaft
11 1910: Priscilla Runs Away
   Bühnenfassung von The Princess Priscilla's Fortnight
12 1914: The Pastor's Wife
13 1917: Christine
14 1919: Christopher and Columbus
   Deutsche Titel: In ein fernes Land; Jenseits des Meeres
15 1920: In the Mountains
16 1921: Vera
   Deutsche Titel: Der normale Ehemann; Vera
17 1922: The Enchanted April
   Deutsche Titel: Urlaub von der Ehe; Verzauberter April
18 1925: Love

Deutsche Titel: Die unvergeßliche Stunde; Liebe

19  1926: Introduction to Sally
    Deutsche Titel: Hochzeit; Flucht und Ehestand der schönen Salvatia;
    Sallys Glück

20  1929: Expiation
    Deutscher Titel: Das Geheimnis der Schwestern

21  1931: Father
    Deutscher Titel: Vater

22  1934: The Jasmine Farm
    Deutscher Titel: Jasminhof

23  1936: All the Dogs of my Life
    Deutscher Titel: Alle meine Hunde

24  1939: Fanny. 1940 als Fortsetzungsroman: Mr. Skeffington
    Deutscher Titel: Die sieben Spiegel der Lady Frances

25  ohne Jahr: The Matchmakers

1927 in New York: Kane Campbells Adaption *The Enchanted April –
A Comedy in a Prologue and 3 Acts* nach Elizabeths gleichnamigem Buch.
*The Caravaners* wurde von der BBC als Hörspiel produziert.
*Mr. Skeffington* wurde verfilmt, ebenso *The Enchanted April*.
Elizabeth verfaßte darüber hinaus eine Vielzahl größtenteils unveröffent-
lichter Theaterstücke, Kurzgeschichten, Buchbesprechungen.


*Elizabeths Werke in den Ausgaben,*
*aus denen zitiert wurde*


Alle meine Hunde, Frankfurt am Main 1993
April, May und June, Frankfurt am Main 1995
Christine, London 1917 (Übersetzungen Angelika Beck)
Die Reisegesellschaft, Frankfurt am Main 1994
Einsamer Sommer, Frankfurt am Main 1994
Elizabeth auf Rügen, Frankfurt am Main 1993
Elizabeth und ihr Garten, Frankfurt am Main 1990
Expiation, Leipzig 1929 (Übersetzungen Angelika Beck)
Fräulein Schmidt and Mr. Anstruther, Being the letters of an independent
    Woman, Leipzig 1907 (Übersetzungen Angelika Beck)
In the Mountains, London 1929

Jasminhof, Frankfurt am Main 1995

Mr. Skeffington, London 1993 (Übersetzungen Angelika Beck)

The Benefactress, Vol. I + II, Leipzig 1902

The Pastor's Wife, London 1987 (Übersetzungen Helga Herborth)

Vater, Frankfurt am Main 1993

Vera, Frankfurt am Main 1995

<br>

*Weitere zitierte Quellen*

Henning von Arnims Briefe an seine Kinder (Unveröffentlichte handschriftliche Originale aus dem Familienarchiv Sibylla Ritchie)

Alfred Austin: The Garden that I Love, illustrierte Ausgabe, London 1906

M. L. Backe: Erinnerungen an die Autorin: Elizabeth and her German garden (Unveröffentlichte Abschrift aus dem Familienarchiv Sibylla Ritchie)

Henry Herron Beauchamps Journal (Unveröffentlichte Abschrift der Jahrgänge 1870 bis 1907 aus dem Familienarchiv Sibylla Ritchie)

Nicola Beauman: Morgan – A Biography of E. M. Forster, London 1993

Quentin Bell: Virginia Woolf. Eine Biographie, Frankfurt am Main 1982

Leslie de Charms: Elizabeth of the German Garden, London 1958
  (Hinter dem Pseudonym verbirgt sich Elizabeths Tochter Liebet Butterworth.)

Michael Coren: The Life and Liberties of H. G. Wells, London 1993

Elizabeths Briefe an Beatrix und an Maud Ritchie (Unveröffentlichte handschriftliche Originale aus dem Familienarchiv Sibylla Ritchie)

Elizabeths Tagebuch (Unveröffentlichte Abschrift aus der Countess Russell Collection)

Philip Nicholas Furbank: E. M. Forster – A Life. Vol. I, The Growth of the Novelist 1879-1914, London 1977

Victoria Glendinning: Vita Sackville-West, Frankfurt am Main, 1990

Beatrix Freifrau von Hirschberg, geb. Freiin von Arnim: Über das Haus Schlagenthin. Henning Graf von Arnim Schlagenthin und seine Nachkommen. In: Beiträge zur Geschichte des Geschlechts von Arnim, II. Band, Kiel 1969

Georg Holmsten: Voltaire, Hamburg 1991

Christian Graf von Krockow: Die Reise nach Pommern, München 1993

Mary Lago and Philip Nicholas Furbank (Hrsg.): Selected Letters of E. M. Forster, Vol. I, 1879-1920, London 1983

Robert Lucas: Frieda von Richthofen. Ihr Leben mit D. H. Lawrence, München 1972

Hans Mayer: Richard Wagner. Mitwelt und Nachwelt, Stuttgart und Zürich 1978

Ted Morgan: Somerset Maugham, London 1980

Nigel Nicolson and Joanne Trautmann (Hrsg.): The Question of Things Happening. The Letters of Virginia Woolf. Vol. II: 1912-1922, London 1976

Vincent O'Sullivan (Hrsg.): Katherine Mansfield. Briefe, Frankfurt am Main und Leipzig 1992

Claire Tomalin: Katherine Mansfield. Eine Lebensgeschichte, Frankfurt am Main 1990

George Philip Wells (Hrsg.): H. G. Wells in Love, Boston & Toronto 1984

William Wordsworth: Präludium oder Das Reifen eines Dichtergeistes. Ein autobiographisches Gedicht, Stuttgart 1974

Hans Wysling und Yvonne Schmidlin (Hrsg.): Thomas Mann. Ein Leben in Bildern, Zürich 1994

F. Zühlke: Gartenbuch für Damen, Berlin 1889

### Weitere Quellen und ausgewählte Literatur

Harold Beauchamp: Reminiscences and Recollections, New Plymouth (New Zealand) 1937

Otto von Bismarck: Gedanken und Erinnerungen, Reden und Briefe, Berlin 1951

Jane Brown: Vita's Other World. A Gardening Biography of V. Sackville-West, London 1987

Gunilla-Friederike Budde: Auf dem Weg ins Bürgerleben. Kindheit und Erziehung in deutschen und englischen Bürgerfamilien 1840-1914, Göttingen 1994

Jonathan Cape: The Life of Katherine Mansfield, London 1980

Ronald Clark: The Life of Lady Ottoline Morrell, London 1976

Lovat Dickson: H. G. Wells. His Turbulent Life and Times, London 1969

Rodney Engen: Kate Greenaway. A Biography, London 1981

Edward Morgan Forster: Where Angels Fear to Tread, London 1905

Angelica Garnett: Freundliche Täuschungen. Eine Kindheit in Bloomsbury, Berlin 1990

Mark Girouard: Life in the English Country House, New Haven/London 1978

Victoria Glendinning: Rebecca West. A Life, London 1987

Evi Graves: Ten Times Round (Unveröffentlichte Erinnerungen)

Martin Green: The von Richthofen-Sisters, New York 1974

Johann Jacob Grümbke: Streifzüge durch das Rügenland, Leipzig 1991

Rupert Hart-Davies: Hugh Walpole, London 1952

Sandry Darroch Jobson: The Life of Lady Ottoline Morrell, London 1976

Dietrich Kienscherf (Hrsg.): Dorfchronik von Schlagenthin, Neubrandenburg 1991

Margaret Lawrence: We Write as Women, London 1937

Katherine Mansfield: Meistererzählungen, Frankfurt am Main 1989

Katherine Mansfield: Selected Stories, Oxford 1991

John Middleton Murry (Hrsg.): Journal of Katherine Mansfield, London 1954

Thomas Nipperdey: Deutsche Geschichte 1866-1918. Erster Band. Arbeitswelt und Bürgergeist, München 1991

Gordon N. Ray: H. G. Wells and Rebecca West, London 1974

Bertrand Russell: Autobiographie, Frankfurt am Main 1973

John Francis Russell: My Life and Adventures, London 1923

Mollie Russell: Five Women in a Caravan, 1911

Robert Skidelsky: John Maynard Keynes. Hopes betrayed, 1883-1920, London 1992

Karen Usborne: Elizabeth, London 1986

Hans-Ulrich Wehler: Deutsche Gesellschaftsgeschichte. Dritter Band. Von der »Deutschen Doppelrevolution« bis zum Beginn des Ersten Weltkriegs 1849-1914, München 1995

Wolfgang Weidlich (Hrsg.): Schlösser und Herrensitze in Pommern, Frankfurt am Main 1978

Karl Heinz Wocker: Königin Victoria, München 1978

Leonard Woolf: Mein Leben mit Virginia, Frankfurt am Main 1994

## Nachschlagewerke

Encyclopaedia Britannica

Genealogisches Handbuch des Adels. Band 69, Limburg 1979

Genealogisches Handbuch des in Bayern immatrikulierten Adels. Band XIV, Neustadt a. d. Aisch 1982

Genealogisches Handbuch der Freiherrlichen Häuser. Freiherrliche Häuser A, Band XI, Limburg 1979

Historische Kommission bei der Bayerischen Akademie der Wissenschaften (Hrsg.): Neue Deutsche Biographie. Erster Band, Berlin 1953


## Archive

The Huntington Library, San Marino, Countess Russell Collection

Familienarchiv Sibylla Ritchie

Familienarchiv Jochen von Arnim

Vorpommersches Landesarchiv, Greifswald

Archiv der evangelischen Pfarrei Blankensee, Mecklenburg-Vorpommern


## Bildnachweise

Ann Hardham: S. 75, 114, 115, 118, 120, 330, 331, 355, 358, 360.

Frank Pompé: Farbliche Bearbeitung des Titelbildes

Sibylla Ritchie: Titelbild und Frontispiz, S. 13 (links und rechts), 48, 51, 52, 57, 59, 62, 71 (oben und unten), 72 (oben und unten), 73, 113, 122, 123, 124, 125, 126, 127, 128, 129, 130, 135, 146, 154 (oben und unten), 155 (oben und unten), 164, 198, 213 (oben und unten), 214, 215, 216, 240, 242, 246, 307, 308, 310, 332 (oben und unten), 334, 336, 338, 347, 356.

Brigitte Roßbeck / Kirsten Jüngling: S. 365, 366 (oben und unten), 368, 370 (oben und unten), 377 (oben und unten), 380.

Karlheinz Jüngling: S. 378.

# Personenverzeichnis

86/1/3.95

## Biographien, Leben und Werk
## im insel taschenbuch

# Biographien, Leben und Werk
## im insel taschenbuch

Theodor Fontane. Leben und Werk in Texten und Bildern. Von Otto Drude. it 1660

Sigmund Freud. Sein Leben in Bildern und Texten. Herausgegeben von Ernst Freud, Lucie Freud und Ilse Grubrich-Simitis. Mit einer biographischen Skizze von K. R. Eissler. Gestaltet von Willy Fleckhaus. it 1133

Klaus Goch: Franziska Nietzsche. Eine Biographie. Mit zahlreichen Abbildungen. it 1623

Goethe. Sein Leben in Bildern und Texten. Vorwort von Adolf Muschg. Herausgegeben von Christoph Michel. Gestaltet von Willy Fleckhaus. it 1000

Manfred Wenzel: Goethe und die Medizin. Selbstzeugnisse und Dokumente. Herausgegeben von Manfred Wenzel. Mit zahlreichen Abbildungen. it 1350

Herman Grimm: Das Leben Michelangelos. it 1758

Gernot Gruber: Mozart. Leben und Werk in Texten und Bildern. it 1695

Otto Hahn. Leben und Werk in Texten und Bildern. Mit einem Vorwort von Carl Friedrich von Weizsäcker. Herausgegeben von Dietrich Hahn. it 1089

Heinrich Heine. Leben und Werk in Daten und Bildern. Von Joseph A. Kruse. Mit farbigen Abbildungen. it 615

Hermann Hesse. Sein Leben in Bildern und Texten. Mit einem Vorwort von Hans Mayer. Herausgegeben von Volker Michels. it 1111

Volker Michels: Hermann Hesse. Leben und Werk im Bild. Mit dem ›kurzgefaßten Lebenslauf‹ von Hermann Hesse. it 36

Marie Hesse: Ein Lebensbild in Briefen und Tagebüchern. Mit einem Essay von Siegfried Greiner. Mit frühen Lithographien von Gunter Böhmer. it 261

Hölderlin. Chronik seines Lebens mit ausgewählten Bildnissen. Herausgegeben von Adolf Beck. it 83

Eckart Kleßmann: E.T.A. Hoffmann oder Die Tiefe zwischen Stern und Erde. Eine Biographie. Mit zahlreichen Abbildungen. it 1732

Peter Huchel. Leben und Werk in Texten und Bildern. Herausgegeben von Peter Walther. it 1805

Erhart Kästner. Leben und Werk in Daten und Bildern. Herausgegeben von Anita Kästner und Reingart Kästner. it 386

Marie Luise Kaschnitz: Tage, Tage, Jahre. Aufzeichnungen. it 1453

Harry Graf Kessler: Tagebücher 1918-1937. Herausgegeben von Wolfgang Pfeiffer-Belli. it1 1779

162/2/12.95

# Biographien, Leben und Werk
## im insel taschenbuch